중국불교 연구입문

岡部和雄・田中良昭 編, 『中國佛敎硏究入門』(大藏出版, 2006)

Original Title : An Introduction to Research on Chinese Buddhism
ⓒ Kazuo Okabe, Ryosho Tanaka 2006
All rights reserved.
First Original Japanese edition published by Daizoshuppan Co., Ltd.
Korean translation rights arrangement with Daizoshuppan Co., Ltd.

중국불교 연구입문

中國佛教研究入門

오카베 가즈오 · 다나카 료쇼 엮음

박용진 옮김

혜안

이 책은 중국불교를 공부하는 사람들을 위한 연구 안내서로 집필한 것이다. 주로 대학이나 대학원에서 중국불교에 대한 강의를 듣거나, 학사논문이나 석사논문을 준비하는 학생들을 염두에 두고 이들에게 보탬이 될 수 있게 하였다. 중국불교에 대한 연구는 일취월장하여 국내외의 연구문헌은 방대한 양에 달한다. 따라서 도저히 그 전체를 망라할 수가 없어 주요 저서와 논문을 선택하고, 연구사 개요와 함께 필요한 해설을 덧붙였다. 이 책을 읽고 각자 "이 부분에 문제가 있어 보인다"든가 "좀 더 다른 각도에서 더 깊이 파고들어 보자"며 흥미와 관심이 생긴다면 여기에서 소개한 참고문헌들을 직접 구해 이 책의 내용을 검증해보겠다는 마음으로 열독하기 바란다. 여기에서 바로 참연구가 시작될 것이다. 이 책이 인연이 되어 독자가 새로운 문제점을 발견하고, 종래의 연구에서 맹점을 찾아내고, 나아가 누구도 시도해본 적 없던 새로운 방법론을 창출할 수 있게 된다면 그야말로 더한 기쁨이 없을 것이다. 학생들이 『중국불교 연구입문』을 각자 본격적인 연구를 펼칠 '발판'으로 활용해 주기 바란다.

범람하는 정보Information의 물결에 휩쓸리지 않고 그 안에서 '참지식 Knowledge'을 가려내는 노력이야말로, 학문적 영위의 첫 걸음이 될 것이다. "워낙 작아 공간이 없는 데로도 들어가고 워낙 커서 방향과 장소를 넘어선다細入無間 大絶方所"(『寶鏡三昧』)는 말이 있다. 배움의 길은 물론이고 연구에도 종착점은 없을 것이다. 이것은 분명 앞으로 여러분이 나서서 해야 할 일이다.

불교는 말할 것도 없이 외래종교로서 어느 시기엔가부터 중국사에 등장하였다. 이후, 불교는 중국의 역사에 확고히 편입되어 존속해 왔다. 또한 불교사상은 중국사상사 속에, 불상과 사원건축은 중국미술사·문화사 속에서 독자적인 위치를 점하며 발전해 왔다. 중국의 문예·문학에 불교가 끼친 영향도 적지 않다. 불교가 들여온 종교의례는 도교 의례에 다양한 형태로 도입되었다.

이렇게 생각하면, 중국불교를 더 깊이 이해하기 위해서는 그 전제로서 중국사, 중국사상사(중국철학사), 중국문학사, 중국문화사 등에 대한 이해를 일정하게 갖추는 것이 꼭 필요하다.

이 책에서는 이 문제를 다루기 위해 따로 장을 두지 않았기 때문에, 필요한 최소한의 기술은 〈머리말〉의 언급으로 그치기로 하겠다(상세한 것은 「中國佛敎と禪」, 『禪學硏究入門』, 大東出版社, 1994 등을 참조).

야마네 유키오山根幸夫(編)의 『中國史硏究入門』(上·下 2책, 山川出版社, 1983)은 필요에 따라 참고하기 바란다. 특히 〈총설總說〉 부분은 중국사 전반을 다룬 개설서를 들고, 문헌목록·사전·지도·색인 등의 참고서를 상세히 소개하고 있으며 중국사 사료(正史·地方志 등)에 대한 해설도 포함하고 있어 크게 도움이 된다. 『アジア歷史硏究入門』(전5책, 同朋舍出版, 1983·84)도 좋은 참고서다. 특히 제1책 서두의 〈서론〉(島田虔次) 부분은 시사점이 많아 많아 한 번 쭉 읽어보기 바란다. 사상사에서는 다케우치 요시오武內義雄의 『中國思想史』(岩波書店, 1936)가 종래의 유교중심 철학사를 수정하여 다양한 사상의 큰 흐름을 파악할 수 있도록 배려하였다. 중세 부분에서는 〈儒敎から老莊へ〉, 〈老莊から佛敎へ〉, 〈道敎の成立〉, 근세 부분에서는 〈儒學の新傾向〉, 〈佛敎の新傾向〉, 〈宋學の勃興〉을 테마로 싣고, 간결하게 사상

사의 전체 모습을 요령있게 잘 제시하였다. 모리 미키사부로森三樹三郎의 『中國思想史』(上·下 2책, 第三文明社, 1978)도 거칠지만 좋은 입문서다. 다이슈 칸大修館에서 간행한 10권의 중국문화총서中國文化叢書도 상당히 매력적인 논고를 포함하고 있는데, 여기서는 『思想槪論』(叢書2, 1968), 『思想史』(叢書3, 1967), 『宗敎』(叢書6, 1967)를 특히 권하고 싶다. 또한 혼다 와타루本田濟(編) 의 『中國哲學を學ぶ人のために』(世界思想社, 1975)는 앞으로 중국철학을 공부 하려는 학생을 대상으로 한 입문서로, 중국불교를 공부하는 사람들에게 도 흥미깊은 내용을 포함하고 있다. 중국인 학자의 손으로 이루어진 연구서로는 펑유란馮友蘭의 『中國哲學史新編』(2책, 人民出版社, 1956~60), 런지 위任繼愈(主編)의 『中國哲學史』(전4권, 人民出版社, 1963~79)가 있다. 명저로 이 름난 자크 제르네Jacques Gernet의 *Le Monde Chinois* (Paris, 1972)는 영어 번역판이 나와 있어 쉽게 접할 수 있게 되었다(*A History of Chinese Civilization*, Cambridge, 1982). 책 말미에 실린 문헌목록은 특히 유익하다.

이 같은 구미의 중국연구문헌을 검색할 때 편리한 소책자로 『中國硏究 文獻案內』(市古宙三·J. K. フェアバンク 編, 東京大學出版會, 1974)가 있다.

중국문학사 분야에는 명저가 많지만, 구라이시 다케시로倉石武四郎의 『中國文學講話』(岩波新書, 1968), 요시카와 고지로吉川幸次郎(述)·구로카와 요이치 黑川洋一(編)의 『中國文學史』(岩波書店, 1974)를 권한다. 도교는 물론 민간종교 와 소수민족 종교에 이르기까지 많은 항목을 세우고 개요를 옮긴 사전 도 나왔다(任繼愈 主編, 『宗敎詞典』, 上海辭書出版社, 1981).

뭔가 의문이 들거나 문제가 생길 때 『アジア歷史事典』(전12권, 新裝復刊本, 平凡社, 1984)을 활용하면 좋다. 여기에 『アジア歷史地圖』(松田壽男·森鹿三 編)도 별권으로 포함되어 있는데 사용이 편리해졌다. 단, 구판이 출간되고 거의 반세기가 지난 것이다 보니 내용상 오래된 부분이 있으므로 늘 새로운 연구성과를 살펴보면서 이용할 필요가 있다. 단행본 『新編東洋史 辭典』(京都大學東洋史硏究室 編, 東京創元社, 1980)은 가까이에 두고 볼 참고서의

하나다. 연표로는 후지시마 다쓰로藤島達朗·노가미 슌조野上俊靜(編)의 『東方年表』(平樂寺書店, 1955)가 좋고, 야마자키 히로시山崎宏 등이 감수한 『佛敎史年表』(法藏館, 1979)도 사용이 편하다.

　이 책의 공동편자인 다나카 료쇼田中良昭 씨는 이미 『禪學硏究入門』을 편찬하신 바 있는데 이 책의 기본 구상과 집필자 등과 관련하여 유익한 도움을 주셨다. 그럼에도 필자의 역량 부족 때문에 전체 작업이 많이 늦어져 당초 계획의 일부를 바꿀 수밖에 없는 일도 있었다. 그래도 이렇게나마 그럭저럭 모양새를 갖춰 세상에 내놓을 수 있게 된 것은 오로지 집필에 협력해 주신 여러분 덕분이다. 또 구와무로 가즈유키桑室一之 씨에게는 내내 변함없는 도움을 받았다. 말미에 기록하여 감사의 마음을 표하고자 한다.

2006년 11월

오카베 가즈오岡部和雄

중국에서는 학문과 종교를 탄압한 문화대혁명文化大革命이 1977년에 막을 내리고서야 비로소 연구가 재개될 수 있었지만, 해외와의 교류까지 막힌 오랜 혼란기를 거쳤기 때문에 불교학은 완전히 뒤처지게 되었다. 이 때문에 베이징대학北京大學 철학계 로위리에樓宇烈 교수는 고마자와대학 불교학부에 편지를 보냈는데, 일본의 선연구禪硏究 상황을 소개함과 동시에 중中·일日 연구자들이 가장 긴요한 학문적 과제를 토의하기 위해 국제학술회의에 참석해줄 것을 요청해 왔다. 이에 응하여 오카베 가즈오岡部和雄 학부장學部長을 비롯한 불교학부의 연구자 5명이 3월에 베이징대학으로 떠나 중국 각지에서 모여든 학자들 앞에서 중국선종에 관한 일본의 연구상황을 보고하고 토의를 행했다.

이 내용은 『고마자와대학 불교학부논집駒澤大學佛敎學部論集』 제20호에 총 102쪽에 걸쳐 게재되었다. 이것을 확충해서 펴낸 것이 1994년 다이토출판사大東出版社에서 간행한 다나카 료쇼田中良昭(編)의 『禪學硏究入門』이다. 이 책은 중국선종 외에도 티베트·한국·일본의 선종에 관한 연구상황을 소개하고, 당시 베이징대학에 유학해 있으면서 검토회 때 통역으로도 활약한 고마자와대학의 오가와 다카시小川隆 씨의 「原典讀解のための基礎知識」을 게재하는 등 훌륭한 선종 연구입문서가 되었다.

다만, 이 책은 어디까지나 선종 연구의 길잡이로 만들어진 것이어서, 베이징 국제회의에서 일본측 연구자로 활약한 오카베 가즈오 교수와 다나카 료쇼 교수가 편집을 맡아 중국의 여러 계통의 불교와 그 영향을 받은 한국·일본·티베트 불교에 관한 연구상황을 정리한 책을 기획하게 되었다. 그것이 바로 이번에 한국어판으로 선보이게 된 오카베 가즈오·다나카 료쇼(編)의 『中國佛敎硏究入門』(大藏出版, 2006)이다.

이 책을 옮긴 박용진 교수는, 2007년 고마자와대학 불교학부의 외국인 연구원으로서 일본을 방문해, 저의 지도로 공동연구를 행했었다. 당시 박 교수의 학문에 정진하는 모습은 학부 교원들 사이에서도 평판이 자자했을 정도였다. 그해 고마자와대학 도서관의 의뢰로 1945년 이전 한국의 중앙불교전문학교中央佛敎專門學校에서 가르치던 에다 도시오江田俊雄 교수의 유족이 기증한 에다문고江田文庫를 조사하게 되었는데, 이 일을 선종문헌 서지학의 일인자인 시나 고유椎名宏雄 선생님과 박 교수와 제가 맡아보았다. 이 문고에는 귀중서가 많았는데 그중에서도 『선원청규禪苑淸規』의 장의葬儀 관련 부분의 선구가 된 응지應之의 『오삼련야신학비용五杉練若新學備用』은 세계 유일의 희서稀書였다. 박 교수는 이 문헌을 검토하여 「應之の『五杉練若新學備用』編纂とその佛敎史的意義」(『印度學佛敎學硏究』 57-2, 2009)를 발표하였다.

이제 박 교수가 한국 불교연구자들에게 일본의 연구상황을 알리고, 고마자와대학에서 여러 선생님으로부터 많은 것을 배운 데 대한 보은으로 『중국불교 연구입문』의 한국어 번역을 발원했다. 이 책의 집필 담당자 중 한 사람으로서, 또 연구동료로서 기쁘기 그지없다. 이 번역서가 널리 읽히고, 그 내용을 바탕으로 더욱 뛰어난 업적이 한국에서 나오기를 바라마지 않는다.

2023년 8월 6일
이시이 고세이石井公成

일본어와 중국어 인명 표기는 원 발음대로 한글로 표기하고 한자 및 일본어를
작은 글씨로 병기함을 원칙으로 하되, 중국어의 경우 1911년 이전의 인명은
한자의 한글발음으로 표기한다. 단, 일본어, 중국어, 한국어, 영어 등으로 된
현대의 연구논저 제목은 독자가 참고용으로 찾아보기 쉽도록 따로 번역하거나
발음을 표기하지 않고 원래의 표기를 그대로 살린다. 서명 표시는 『 』(구미는
이탤릭체), 논문 표시는 「 」(구미는 " ") 기호를 사용한다.

이 책에서 언급된 서명 및 학술잡지의 약칭은 다음과 같다.
(일본어판 일러두기 참조)

【記念論文集】

『阿川文正古稀記念』	『阿川文正先生古稀記念' 法然淨土敎の思想と傳歷』
『朝枝善照還曆記念』	『朝枝善照博士還曆記念' 人間·社會·宗敎の硏究』
『飯田博士古稀記念』	『飯田博士古稀記念' 東洋學論叢』
『池田博士古稀記念』	『池田博士古稀記念' 東洋學論集』
『石上善應古稀記念』	『石上善應敎授古稀記念' 佛敎文化の基調と展開』
『石田充之古稀記念』	『石田充之博士古稀記念' 淨土敎の硏究』
『石濱古稀記念』	『石濱古稀記念' 東洋學論集』
『今岡敎授還曆記念』	『今岡敎授還曆記念論文集』
『內田吟風頌壽記念』	『內田吟風博士頌壽記念' 東洋史論集』
『大原先生古稀記念』	『大原先生古稀記念' 淨土敎思想硏究』
『勝又俊敎古稀記念』	『勝又俊敎博士古稀記念' 大乘佛敎から密敎へ』

『鎌田茂雄還曆記念』	『鎌田茂雄博士還曆記念論集'中國の佛教と文化』
『鎌田茂雄古稀記念』	『鎌田茂雄博士古稀記念'華嚴學論集』
『木村清孝還曆記念』	『木村清孝博士還曆記念'東アジア佛教-その成立と展開』
『桐溪順忍追悼』	『桐溪順忍和尚追悼論文集』
『櫛田博士頌壽記念』	『櫛田博士頌壽記念'高僧傳の研究』
『小尾博士古稀記念』	『小尾博士古稀記念'中國學論集』
『佐々木孝憲古稀記念』	『佐々木孝憲博士古稀記念論集'佛教學佛教史論集』
『佐藤成順古稀記念』	『佐藤成順先生古稀記念'東洋の歷史と文化』
『佐藤博士古稀記念』	『佐藤博士古稀記念'佛教思想論叢』
『佐藤良純古稀記念』	『佐藤良純教授古稀記念'インド文化と佛教思想の基調と展開』
『三教授頌壽記念』	『三教授頌壽記念'東洋學論集』
『塩入良道追悼』	『塩入良道先生追悼'天台思想と東アジア文化の研究』
『高橋弘次古稀記念』	『高橋弘次先生古稀記念'淨土學佛教學論叢』
『竹中信常頌壽記念』	『竹中信常博士頌壽記念'宗教文化の諸相』
『多田厚隆頌壽記念』	『多田厚隆先生頌壽記念'天台教學の研究』
『田中良昭古稀記念』	『田中良昭博士古稀記念'禪學研究の諸相』
『田村芳朗還曆記念』	『田村芳朗博士還曆記念'佛教教理の研究』
『塚本博士頌壽記念』	『塚本博士頌壽記念'佛教史學論集』
『筑波大學創立記念』	『筑波大學創立記念'東洋史論集』
『戶松教授古稀記念』	『戶松教授古稀記念'淨土教論集』
『內藤頌壽記念』	『內藤頌壽記念論文集』
『那須政隆米壽記念』	『那須政隆米壽記念'佛教史學論集』
『野村耀昌古稀記念』	『野村耀昌博士古稀記念'佛教史佛教學論集』
『服部先生古稀記念』	『服部先生古稀祝賀記念論集』
『平井俊榮古稀記念』	『平井俊榮博士古稀記念'三論教學と佛教諸思想』
『平川彰還曆記念』	『平川彰博士還曆記念'佛教における法の研究』
『平川彰古稀記念』	『平川彰博士古稀記念'佛教思想の諸問題』
『福井博士頌壽記念』	『福井博士頌壽記念'東洋史學論叢』
『福井文雅古稀記念』	『福井文雅博士古稀記念'アジア文化の思想と儀禮』
『藤田宏達還曆記念』	『藤田宏達博士還曆記念'インド哲學と佛教』
『古田紹欽古稀記念』	『古田紹欽博士古稀記念'佛教の歷史的展開』
『前田專學還曆記念』	『前田專學博士還曆記念'我'の思想』

『牧尾博士喜壽記念』　　　『'牧尾博士喜壽記念'儒佛道三教思想論考』
『牧尾良海頌壽記念』　　　『'牧尾良海博士頌壽記念'中國の宗敎·思想と科學』
『宮林昭彦古稀記念』　　　『'宮林昭彦先生古稀記念'佛敎思想の受容と展開』
『村上速水喜壽記念』　　　『'村上速水先生喜壽記念'親鸞敎學論叢』
『村中祐生古稀記念』　　　『'村中祐生先生古稀記念'大乘佛敎思想の研究』
『柳田節子古稀記念』　　　『'柳田節子先生古稀記念'中國の傳統社會と家族』
『山口博士還曆記念』　　　『'山口博士還曆記念'印度哲學佛敎學論叢』
『山崎慶輝定年記念』　　　『'山崎慶輝敎授定年記念'唯識思想の研究』
『山田舞文古稀記念』　　　『'山田舞文老師古稀記念'花さまざま』
『結城敎授頌壽記念』　　　『'結城敎授頌壽記念'佛敎思想史論集』
『渡邊隆生還曆記念』　　　『'渡邊隆生敎授還曆記念'佛敎思想文化史論叢』

【 雜誌·紀要 】

『印佛研』　　　　　　　　『印度學佛敎學研究』
『駒澤短大紀要』　　　　　『駒澤短期大學研究紀要』
『駒大宗敎論集』　　　　　『駒澤大學宗敎學論集』
『駒大禪研年報』　　　　　『駒澤大學禪研究所年報』
『駒大大學院佛敎年報』　　『駒澤大學大學院佛敎學研究會年報』
『駒大佛敎紀要』　　　　　『駒澤大學佛敎學部研究紀要』
『駒大佛敎論集』　　　　　『駒澤大學佛敎學部論文集』
『鈴木學術年報』　　　　　『鈴木學術財團研究年報』
『禪研究所紀要』　　　　　『'愛智學院大學'禪研究所紀要』
『禪文研紀要』　　　　　　『'花園大學'禪文化研究所紀要』
『曹洞宗研究紀要』　　　　『曹洞宗研究員研究生紀要』
『綜佛年報』　　　　　　　『'大正大學'綜合佛敎研究所年報』
『日佛年報』　　　　　　　『日本佛敎學會年報』
『花大紀要』　　　　　　　『花園大學研究紀要』
『花大禪學研究』　　　　　『花園大學禪學研究』
『佛敎文化研究所紀要』　　『龍谷大學佛敎文化研究所紀要』
『龍大論集』　　　　　　　『龍谷大學論集』
『龍大論叢』　　　　　　　『龍谷大學論叢』

제1부 총론

제2부 각 론

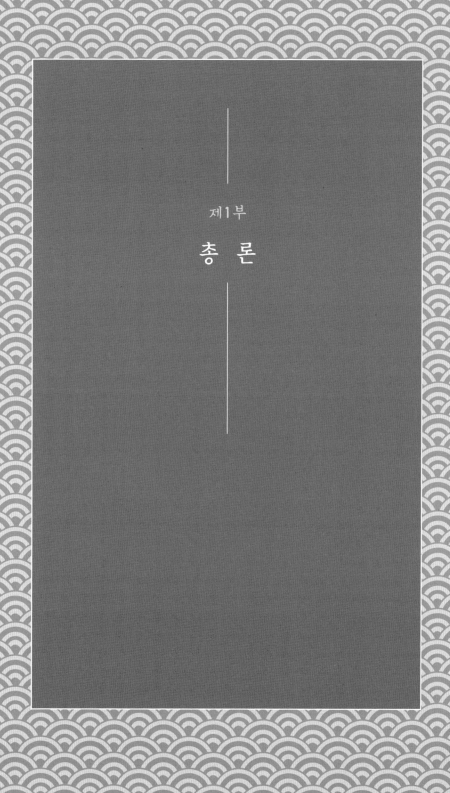

제1부

총 론

제1장 중국불교의 개요와 특색

오카베 가즈오岡部和雄
고마자와대학駒澤大學 명예교수

제1절 중국불교란

인도에서 발생한 불교는, 머지않아 아시아 거의 전 지역으로 퍼져나가 각각 특색 있는 발전을 이루었다. 기원 전후에는 중국대륙으로 전파되어 그곳을 근거지로 하여 동아시아 각지로 퍼져나가 폭넓은 불교문화권(한국·일본·베트남 등)이 형성되었다.

중국불교는 일반적으로 '중국의 불교Buddhism in China'라는 뜻으로 쓰이지만, 이는 동시에 '중국(어)화한 불교', '중국인의 불교Chinese Buddhism'를 의미한다. 후자의 경우, 인도불교나 일본불교와는 다른 '중국 독자의 불교'라는 뉘앙스가 강하다.

중국불교를 역사적·사상적으로 올바르게 이해하려면 두 가지 전제가 필요하다. 그 하나는 말할 것도 없이 불교 그 자체에 대한 정확하고 치우침 없는 지식이다. 불교는 인도가 기원이므로, 인도 고유의 불교에 대한 기본 지식이 없으면 안 된다. 다른 하나는 중국의 역사나 사상·문화에 대한 객관적 지식이다. 중국에서는 불교가 전래되기 이전에 고도의 문명이 번성하여, 인도보다 나으면 나았지 못하지 않은, 다채로운 고전철학(이른바 제자백가 사상, 특히 유가·도가 사상)을 꽃피웠다. 인도에서 전래한 불교는 그러한 중국 고유의 전통사상과 만나 대립하면서 또한 융합하였다. 외래의, 지금까지 알려진 적 없었던 새로운 종교로서의 불교는, 이렇게 하여 점점 중국 사람들에게 받아들여졌고 머지않아 한인漢人 출가자와 재가 신자도 늘어났다. 한편, 수용된 불교는 그 이전까지의 불교(인도와 서역 불교)와는 두드러지게 다른 모습을 취하며 중국화해 갔다.

이렇게 하여 '중국의 불교화'와 '불교의 중국화'는, 말하자면 중국불교의 겉과 속으로, 동일한 역사 과정 속에서 이 두 가지 계기가 공존하며 기능하게 되었다. 따라서 중국불교 연구에 뜻을 둔 사람이라면 이 두 가지를 항상 시야에 넣고, 그 종교적 역동성의 분석을 염두에 둘 필요가 있을 것이다.

제2절 중국불교 연구방법

중국불교를 연구한다고 할 때, '불교학' 중에서 중국불교를 연구하는 경우와, '중국학' 중에서 중국 연구의 일환으로 중국불교를 연구하는 경우는 자연히 관심의 방향을 달리하므로 방법론에도 차이가 날 것이다. 단순화시켜 본다면 '중국불교'라고 할 때 연구의 중점을 '중국'에 두는지 '불교'에 두는지의 차이일 것이다. 그러나 여기에서는 불교학을 중심에 두고, 가능한 한 중국학의 연구성과를 흡수 채용하는 입장에서 논술하고자 한다.

중국불교에 거의 예비지식이 없는 초심자, 혹은 나중에 이 방면의 연구를 계속할 생각인 일반 독자에게 지극히 유익할 지침서로서 다음 두 개의 입문서를 추천하고자 한다.

오초 에니치橫超慧日의 「中國佛敎硏究の道しるべ」(『佛敎學の道しるべ』, 文榮堂書店, 1980)는 원래 오타니대학大谷大學 학생들을 염두에 두고 집필한 것이지

만, 저자의 오랜 연구 생활과 연구 지도의 풍부한 경험에 바탕한 것이라 확실히 가려운 데를 긁어주는 귀중한 조언과 충고들이 도처에서 발견된다. 꼼꼼하게 연구자료(원전)를 읽고, 세세한 부분까지 소홀함 없이 숙고하는 연구 자세는, 이후 학술분야에서 정보화가 어떻게 진행되든 기본적으로는 변하지 않을 것이다. 우리는 이 저서를 통해 연구는 어떻게 진행해야 하는 것인가라는 연구의 길잡이(연구자의 왕도)를 확고히 배울 수 있다.

가마타 시게오鎌田茂雄의 「中國佛敎硏究の問題點」(平川彰 編, 『佛敎硏究入門』, 大藏出版, 1984)은 종래의 연구를 반성하면서 보다 넓은 시점에서 앞으로의 중국불교 연구를 전망한 것이다. 지금까지의 교리사와 교단사 중심 연구는 아무래도 중국사와 중국사상사 및 중국종교사 관련 문제들을 고려하는 점이 부족하였다. 문학작품과 중국미술사, 나아가 도교사, 활발하게 발굴되는 문물의 고고학적 연구 등 여러 관련 분야의 지식을 총동원하여 연구를 해나갈 필요가 있다. 불교학의 중심은 교리사·교학사이며, 방법은 오초 에니치橫超慧日가 말한 문헌학임에 틀림 없으나, 거기에 집착하다 보면 반대로 중국불교의 진면목을 보지 못하는 상황도 발생할 수 있다.

그런데 지금까지의 불교 연구방법에 대한 비판적인 견해도, 주로 중국학과 도교학 연구자에게서 나오고 있다. 그 문제점에 대해서는 미조구치 유조溝口雄三의 『方法としての中國』(東京大學出版會, 1989), 후쿠나가 미쓰지福永光司의 『道敎思想史硏究』(岩波書店, 1987), 후쿠이 후미마사福井文雅의 『歐美の東洋學と比較論』, 『中國思想硏究と現代』(모두 隆文館, 1991), 『漢字文化圈の思想と宗敎』(五曜書房, 1998) 등이 잘 보여준다.

제3절 시대구분에 대하여

이 책 제II부 각론에서는 ① 한·위·양진兩晉시대, ② 남북조시대 ③ 수·당시대 ④ 송·요·금시대 ⑤ 원·명·청시대라는 식으로, 왕조흥망의 구분에 따라 불교사도 다섯 단계로 구분하였다. 이 방법은 중국사나 중국사상사를 서술할 때 자주 사용되는 전통적인 편법이다. 다만 중국사 시대구분에 대하여는, 일본과 중국의 학설이 다르고, 일본 내에서도 나이토內藤·미야자키宮崎 설과 스도周藤·니이다仁井田 설이 대립하고 아직 결말이 나지 않았다(宮崎市定, 『中國史(上)』, 岩波全書, 1977 총론 참조).

가마타 시게오鎌田茂雄의 『中國佛敎史』(岩波全書, 1978)는 다음과 같이 4구분법을 채용한다. ① 전래와 수용(후한·삼국) ② 발전과 정착(동진·남북국) ③ 완성과 성대(수·당) ④ 실천과 침투(송·원 이후). 이러한 네 가지 구분법은 예컨대 케네스 첸Kenneth Ch'en의 ① Introduction ② Growth and Domestication ③ Maturity and Acceptance ④ Decline과도 대응하며, 더 거슬러 올라가면 일본 근대 불교사가들이 제창한 4단계설(또는 5단계설)을 수정·개량한 것이다. 그 일례로서 미치바타 료슈道端良秀의 『中國佛敎史』(法藏館, 개정신판, 1972)는 ① 전역傳譯시대(전래부터 동진까지), ② 연구시대(남북조까지), ③ 건설시대(수·당), ④ 계승시대(명 말까지), ⑤ 쇠퇴시대(청 이후)로 되어 있다. 같은 4구분법을 채용하면서 명칭을 다음과 같이 새로 붙인 설도 있다. ① 격의格義불교, ② 교판敎判불교, ③ 선정쌍수禪淨雙修불교, ④ 서민불교(『前田惠學集2』, 山喜房佛書林, 2002).

중국 런지위任継愈(主編)의 『中國佛敎史』(中國社會科學出版社, 1981)는 새로운 사관에 의거하여 중국불교를 서술하였는데, 불교가 전체적으로 봉건사회시대에 적응·발전한 것으로 보고 그 시기는 당唐을 경계로 해서 봉건 전기는 당까지, 봉건 후기는 청까지로 하였다.

제4절 한역대장경漢譯大藏經

중국에 전해진 불전은, 다라니 이외는 전부 한자로 번역되었다. 다라
니 발음도 한자로 바꿔 적었다. 이것은 중국인의 한자·한어에 대한
절대적인 신뢰와 자부심에 기초한 것으로, 한자·한어가 통용되는 이
지역이야말로 문명·문화의 중심이라고 하는 '중화'의식에 떠받쳐지고
있다. 인도 불전을 자기의 언어와 문자로 전부 바꾸어 이해하여 전승·보
존한 것, 그것이 바로 한역대장경이다. 당대唐代까지는 베껴쓴 서사書寫
대장경이 만들어졌지만, 송대宋代 이후가 되면 목판인쇄술이 발전하면
서 관판官版과 사판私版 목판대장경이 많이 만들어졌다.

일본에서 다이쇼大正(1912~1925)부터 쇼와昭和(1926~1988) 초기에 걸쳐서
엄밀한 Critical Edition으로서 편찬·간행된 『大正新脩大藏經』 전100권은,
고려판高麗版을 저본으로 삼아 거기에 송판宋版·원판元版·명판明版과 기타
를 대조한 것으로, 지금도 불교문헌을 인용할 경우 대부분 이것에 의존
하고 있다. 이 『大正藏經』이 간행된 후 중국에서 적사판磧砂版, 금판金版
등이 발견되었다. 전자는 『宋版磧砂大藏經』(전40책, 新文豊出版公司, 1986~87)으
로 간행되었고, 후자는 『中華大藏經』(전106책, 中華書局, 1985~2004)으로 교정·
출판되었다. 대장경을 돌에 새겨 후세에 남긴다는 장대한 사업도 중국
인의 손으로 실현되었다. 『房山石經－隋唐刻硬·遼金刻硬·明代刻硬·目錄索
引－』(전30책, 中國佛敎圖書文物館 編, 1988~93)은 이것을 영인한 것이다.

또 둔황敦煌 문헌의 정리·연구가 진행되어, 여기에도 이미 간행된
대장경에 수록되지 않은 불교문헌이 다수 포함되어 있는 사실이 밝혀졌
다(敦煌研究院 編, 『敦煌遺書總目索引 新編』, 中華書局, 2002). 『大正藏經』 외에 『續藏』
(大日本續藏經)에 포함된 불교문헌은 중국불교 연구에 중요하다.

『中華大藏經』과 둔황 문헌을 『大正藏經』과 대비해서 이용할 때 아주
편리한 목록도 만들어졌다. 『大正藏·中華藏(北京版)對照目錄』(國際佛敎學大

學院大學府屬圖書館, 2004), 『大正藏·敦煌出土對照目錄』(同, 2005), 『大正藏·敦煌出土對照目錄 第2版』(同, 2006)이 그것이다.

이렇게 보면 한자·한문으로 표현된 불교문헌의 양이 얼마나 방대한 지 놀라움을 금할 수 없다.

위에서 얘기한 『大正藏經』에 포함된 중국찬술불전中國撰述佛典은 33권 부터 55권까지에 해당한다. 경률론經律論의 삼장三藏에 대하여 중국 학승 들이 주석을 단 것(經疏部·律疏部·論疏部)이 33권부터 44권까지다. 중국에서 성립한 여러 종파의 종의宗義를 다룬 저작(諸宗部)이 44권 중간부터 48권 까지다. 나아가 불교 역사 관련 저작(史傳部)이 49권부터 52권까지, 불교 어휘와 기타를 수록한 것(事彙部)이 53권부터 54권까지, 경전의 목록류를 모아 놓은 것(目錄部)이 55권이다. 1권부터 32권까지는 인도 전래傳來 불전 을 번역한 것이어서 내용은 인도 찬술撰述 불전이지만, 어디까지나 표현 은 '한역漢譯'이라는 형태를 취하고 있어 이 부분의 불전도 중국불교 연구의 중요한 자료라고 할 수 있다. 삼장에 대한 주석·연구에는, 중국 에서 이미 시행되어 온 유학의 성전해석학聖典解釋學 방법이 전면적으로 도입되었다. 또한 인간의 역사 현상에 관심이 컸던 중국인은 24사二十四 史를 시작으로 뛰어난 역사서들을 남겼다. 그 특성이 불교에서도 발휘되 어, 고승전高僧傳과 경록經錄 등 불교사와 관련 있는 수많은 저작이 위의 사전부史傳部와 사휘부事彙部에 보존되어 있다. 그러한 불교사적佛敎史籍에 개제改題를 붙인 것이 천유엔陳垣의 『中國佛敎史籍槪論』(中華書局, 1962)이며, 참조할 만하다. 가마타 시게오鎌田茂雄의 『中國佛敎史』(岩波全書, 1978)의 권 말에도 〈中國佛敎史籍解題〉가 붙어 있다. 또 일본 천태종 학승이 만든 중국승려 인명사전이 있다. 교조ᷓ恕가 엮은 『僧傳排韻』 108권(大日本佛敎全 書 제99·100권[구판, 同刊行會, 1912], 同 제74권[신판, 鈴木學術財團, 1973])에 수록되어 있는데, 중국불교 연구자에게 더없이 유용한 참고서다.

제5절 중국불교의 독자성

중국불교가 가장 융성했던 수당시대에는 뛰어난 학승들이 계속하여 배출되고, 교의敎義·교학敎學이 정비·체계화되었으며, 특색 있는 교상판석敎相判釋(敎判으로 약칭)에 기초하여, 중국 여러 종파가 경쟁적으로 일어났다. 불교가 인도 아류의 불교를 벗어나, 진정한 의미에서 중국인의 불교가 새로 만들어진 시대였다. 종파宗派라는 개념은 인도불교에는 없었던 것으로, 특정 경론經論과 실천을 정점에 두고, 전체 불교를 그 하부에 조직·체계화한다는 교판敎判 이론은, 종파의 성립에서 불가결한 조건이었다. 삼론종三論宗·법상종法相宗·율종律宗·밀교密敎 등은 각각의 교판을 가지고 있기는 하지만, 인도불교와 비교적 새로운 관계를 갖고, 인도의 교의敎義·학설을 모범으로 삼으려는 경향이 강했다. 그러나 천태종天台宗·화엄종華嚴宗·삼계교三階敎·정토교淨土敎·선종禪宗 등은, 인도불교에는 없는 전혀 새로운 요소가 각 종파의 기본 성격이 되어 중국인의 불교로서 어떻게 새로운 토대를 세울지를 진지하게 모색하였다. 중국불교가 '대승大乘'을 기조로 선택한 것도 중국적인 전개에서 크게 다행이었다고 할 수 있을 것이다(岡部和雄, 「中國社會と大乘佛敎」, 『講座大乘佛敎 10』, 春秋社, 1985).

중국 선종의 '어록語錄'·'공안公案'·'작무作務'·'청규淸規' 등은, 중국의 선승禪僧들이 자신의 새로운 불교로서 독자적인 수행생활을 하는 가운데 새롭게 만든 것으로, 어떤 의미에서는 인도불교를 완전한 부정하고 그 위에 성립한 것이었다.

중국인의 사유 방법과 논리의 특징 등에 대해서는 다양하게 논의되어 왔는데, 가나야 오사무金谷治의 「易と中國人の思考方式」(『易の話』, 講談社現代新書, 1972)과 하치야 구니오蜂屋邦夫의 『中國の思惟』(法藏館, 1985), 스에키 다케히로末木剛博의 『東洋の合理思想』(法藏館, 증보신판, 2001) 등이 알기 쉽게 서술하고 있다. 나카무라 하지메中村元의 『シナ人の思惟方法』(決定版 中村元選集2, 春秋社, 1988)은 이 문제를 정면에서 다루면서 다음과 같은 전망을 내놓았다.

중국적인 불교의 여러 종파 중에서도 결국 중국불교 전체를 지배하게 된 것은 선종이다. 불교는 선종이 되면서 새로운 발전과 변용을 이루었다. 사상 형태도 현저하게 변화하였다. (중략) 선종에서 변모 이후에 대한 검토는 중국인의 사유방법을 아는 데 가장 좋은 단서가 될 것이다.

중국불교를 중국불교답게 만들어주는 본질을 탐구하기 위해서는, 각 시대에 걸친 민중의 신앙, 연중행사, 윤리관, 의례 등이 해명되어야 한다. 근래 미국의 중국학 연구자 스티븐 타이저Stephen F. Teiser는 중세 중국의 귀신절鬼節(祖靈祭)을 분석하여 민중불교 연구에서 새로운 영역을 개척하였다(Stephen F. Teiser, *The Ghost Festival in Medieval China*, Princeton Univ. 1988). 이 연구는 위경僞經, 변문變文, 보권寶卷, 도장道藏 등 교학 중심의 불교에서 보면 마이너한 자료들을 활용하여 성과를 올렸다. 쓰카모토 젠류塚本善隆, 미치바타 료슈道端良秀, 마키타 다이료牧田諦亮, 요시오카 요시토요吉岡義豊, 사와다 미즈호澤田瑞穗 등 일본인 학자들의 여러 연구를 면밀히 검토·비평한 것은 말할 것도 없다. 민중신앙에서는 불교와 도교의 구별이 명백하지 않다. 따라서 이러한 연구는 협의의 중국불교 연구의 테두리에는 넣을 수 없을 것이다. 그러나 이런 종류의 연구가 축적되지 않으면, '중국불교'의 본질에 다가설 수 없다. 이 책은『幽靈的節日 -中國中世紀的信仰與生活-』(侯旭東 譯, 浙江人民出版社, 1999)이라는 제목의 중국어로 번역되었다. 타이저 Stephen F. Teiser는 시왕경十王經에 대해서도 번역과 연구를 완성하였다(*The Scripture on the Ten Kings and the Making of Purgatory in Medieval Chinese Buddhism*, Univ. of Hawaii Press, 1994).

제6절 중국불교사(특히 통사)에 대하여

앞에서도 언급한 가마타 시게오鎌田茂雄의 『中國佛敎史』는 가장 짜임새 있는 편리한 참고서다. 같은 저자가 편집한 『中國佛敎史辭典』(東京堂出版, 1981)이 간행되었는데, 채록 항목은 그 전서판全書版인 『中國佛敎史』에 의거하였다. 역시 같은 저자의 『新·中國佛敎史』(大東出版社, 2003)는 한층 더 교과서식으로 요점을 서술한 것이다. 가마타가 심혈을 기울여 완성한 통사通史라고 하면 『中國佛敎史』(전6권, 東京大學出版會, 1982~99)일 것이다. 원래 전8권으로 기획된 것이었으나 저자의 갑작스러운 사망으로 제7권(송원의 불교)과 제8권(명청 이후의 불교)은 미완성인 채로 끝났다. 그러나 이미 간행된 6권만으로도 그 이전의 어떤 중국불교사보다 상세면밀하고, 내외의 새로운 연구성과들을 수용한 일대 통사가 되었다. 본격적으로 중국불교 연구에 착수하려면 필독서다.

히라카와 아키라平川彰의 『印度·中國·日本佛敎通史』(春秋社, 1977)는 3국의 불교를 일관된 통사로 서술한 것으로, 초심자뿐 아니라 전문가에게도 유익하다. 중국불교 통사 부분도, 특히 교리·교학의 전개 과정을 명쾌히 제시하여, 이것을 통독하면 중국불교를 개관할 수 있다.

통사로는 쓰카모토 젠류塚本善隆의 『中國佛敎通史(1)』(春秋社, 1973[초판은 鈴木學術財團, 1968])가 있다. 이것도 당초 전3권을 계획하였으나 동진의 도안道安에서 끝났다. 저자의 만년 역작으로, 불교사의 묘미를 엿볼수 있다. 그 전에 쓰카모토가 저술한 「中國佛敎史」(『中國佛敎名著名著全集5 中國の佛敎』, 隆文館, 1965)도 좋은 참고서다.

미치바타 료슈道端良秀의 『中國佛敎史』(개정신판, 法藏館, 1972)는 정치와 사회의 움직임에도 눈을 돌린 불교사로 해외 연구자들 사이에서도 사랑받고 있다. 아더 라이트 Arthur F. Wright는 이 책을 직접 영어로 번역하여 늘 참조하였다고 한다. 노가미 슌조野上俊靜·오가와 간이치小川貫弌·마키

타 다이료牧田諦亮·노무라 데루마사野村輝昌·사토 다쓰겐佐藤達玄의『佛敎史槪
說 中國編』(平樂寺書店, 1968), 마키타 다이료牧田諦亮의 「中國佛敎史の流れ」(『中國
佛敎史硏究(1)』, 大東出版社, 1981), 후세 고가쿠布施浩岳의 『中國佛敎要史』(山喜房佛
書林, 1970), 기무라 기요타카木村淸孝의 『中國佛敎思想史』(世界聖典刊行協會, 1979),
나카무라 하지메中村元·가나오카 슈유金岡秀友·가사하라 가즈오笠原一男(編)
의 『アジア佛敎史』(中國篇 5冊, 佼成出版社, 1972~76) 등도 있는데, 각각 특색이
있어 흥미롭다.

한편, 중국에서도 대규모 불교사를 계획하여 간행하였다. 런지위任繼
愈(主編)의 『中國佛敎史』(전8권, 旣刊 3권, 中國社會科學出版社, 1981~88)가 그것이
다. 런지위는 탕융퉁湯用彤에게 철학·불교학을 배운 원로학자로, 『漢唐佛
敎思想論集』(三聯書店, 초판 1963 ; 증보개정판 1973)을 저술하여, 천태·화엄·선
·법상 등의 교학에 분석과 비판을 더했다. 이 책은 일본어로도 번역
소개되었다(古賀英彦 他 譯, 『中國佛敎思想論集』, 東方書店, 1980).

완결되면 전8권이 될 『中國佛敎史』는 제4권 이하가 미간이지만, 전체
구성을 보면 다음과 같다. 제1권 동한東漢·삼국三國 불교, 제2·3권 양진兩
晉·남북조南北朝 불교, 제4·5권 수隋·당唐 불교, 제6·7권 송宋·원元·명明·청
淸 불교, 제8권 청말淸末·민초民初 불교다. 주편자는 '왜 지금 중국불교사
를 쓰는가'라는 질문을 던지고, 다음과 같은 구상과 포부를 서술하였다
(제1권 서문).

불교는 중국사에서 봉건사회 시대에 그 상부구조로서 발전해왔다. 봉건
사회는, 한나라부터 당나라에 걸친 봉건사회 전기와 송나라부터 청나라
에 걸친 봉건사회 후기로 크게 나눌 수 있다. 불교는 봉건사회의 경제발
전이나 정치투쟁과 밀접 불가결한 관계를 가지고 있어, 상부구조로서의
불교사상만을 따로 떼어 문제 삼는다면 불교 역사를 진정으로 해명한
것이 될 수 없다. 중국은 혁명 후 30년이 지났지만, 중국불교 전체를

다룬 통사를 아직 서술하지 못했다. 이에 난해한 불교 개념과 술어術語를 현대의 사회과학용어로 설명하고, 변증법적 유물론과 사적유물론에 의해 중국불교사를 분석하고 논평할 것이다.

이미 간행된 3권은 일본어로도 번역 간행되었다(丘山新·小川隆·河野訓·中條道昭 外 譯, 『定本·中國佛敎史』 전3책, 栢書房, 1992~94).

탕융퉁湯用彤(1893~1964)은 중국불교의 고전으로 불리는 몇 가지 저술을 남겼는데 특히 다음 두 저서가 유명하다. 『漢魏兩晉南北朝佛敎史』(上下 2책, 中華書局, 1955 초판 ; 橫組新版, 1983), 『隋唐佛敎史稿』(同, 1982). 탕융퉁 사후에 그의 장남인 탕이제湯一介가 이미 간행된 저서들과 미간 초고들을 정리하여 6권짜리 『湯用彤論著集』 시리즈를 간행하였다. 앞서 언급한 두 저서 역시 시리즈 안에 포함되었다. 그 밖에 『理學·佛學·玄學』(北京大學出版社, 1991)도 간행되었는데, 중국불교사를 다룬 지금까지 알려지지 않았던 논고論稿가 여기에 포함되었다.

구미의 통사로는 아더 라이트 Arthur F. Wright의 것이 유명하며(Buddhism in Chinese History, Stanford Univ. Press, 1959), 일본어 번역본으로도 나와 있다(木村隆一·小林俊孝 譯, 『中國史における佛敎』, 第三文明史, 1980). 라이트는 프랑스의 드미에빌, 일본의 쓰카모토 젠류塚本善隆를 따라 불교를 배웠다.

케네스 첸Kenneth Ch'en의 중국불교사는, 현재까지 구미에서 나온 저서 중 가장 상세한 통사라고 할 수 있다(Buddhism in China, A historical Survey, Princeton Univ. Press, 1964). 권말의 문헌목록도 충실하고, 본문만도 500쪽에 이르는 대저다. 일본어 번역은 아직 나와 있지 않다. 케네스 첸의 또 하나의 유익한 연구서(The Chinese Transformation of Buddhism, Princeton Univ. Press, 1973)는 일본어로도 번역 소개되었다(福井文雅·岡本天晴 譯, 『佛敎と中國社會』, 金花舍, 1981). 중국인의 생활을 윤리·정치·경제·문학·교육 등 다섯 분야로 나누고, 불교가 각각의 분야에서 어떤 변모를 거쳐 수용되었는지를 상세히 분석하였다.

초기 중국불교를 다룬 연구로는 네덜란드의 에릭 취르허Erik Zürcher의 연구가 유명하다(The Buddhist Conquest of China, 2 Vols., Leiden, 1959 ; 증보판, 1972). 책의 초판이 나오자 바로 발표된 미야카와 나오시宮川尚志의 서평(『佛敎史學』 9-1, 1960)은 이 책의 학술적 가치를 적확하게 평가·소개하고 있어 참조할 만하다. 근래 이 책의 일본어 번역본이 간행되었다(田中純男·成瀨良德·渡會顯·田中文雄 譯, 『佛敎の中國傳來』, せりか書房, 1995). 취르허는 여기에 〈일본어판 서문〉을 싣고 몇 가지 개정해야 할 점을 기술하였다. 일본어 번역본에는 취르허의 대표적인 논저가 추가되어 있어 이후의 연구업적을 아는 데 편리하다.

폴 드미에빌 Paul Domiéville이 프랑스 백과전서百科全書(1970)를 위해 저술한 "Le Buddhisme Chinois"(중국불교개설)은 잘 정리된 훌륭한 통사다. 이 글은 드미에빌의 Choix d'Études Bouddhiques(불교학논문선집) (Leiden, 1973)에도 수록되어 있어 참조하기 쉬워졌다.

L'inde Classique, 2 tome(École Francaise d'Éxtereme-Orient, 1947~53)은 인도연구의 좋은 안내서로 지금도 유용한데 2권에서 〈중국어 자료〉(한문자료)를 소개하고 있다(§2045~2169). 이 부분을 맡아 서술한 연구자가 드미에빌이다. 이 책은 일본어로 번역되어 나와 있어 이용하기 편하다(『インド學大事典』 전3권, 金花舍, 1981). 또 『法寶義林』의 별책으로 만들어진 Répertoire du Canon Bouddhique Sino-Japanaise, Édition de Taisho(『大正大藏經總索引』, 개정증보신판, 1978)는 「大正新修大藏經勘同目錄」(『昭和法寶總目錄』 1·3)을 함께 아우르면 한문불전을 이용할 때 크게 도움이 될 것이다. 이것도 드미에빌과 그 문하생들의 노작이다.

엘리아데M. Eliade(主編)의 The Encyclopedia of Religion(종교백과사전) (16vols. New York, 1978)에서 〈Buddhism ln China〉 항목은 에릭 취르허가, 〈School of Chinese Buddhism〉 항목은 스탠리 와인스타인Stanley Weinstein

이 각각 집필하였다. 모두 간결하고 요점정리가 잘 되어 중국불교의 대강을 알 수 있게 되어 있다.

한역대장경漢譯大藏經에 기초하여 형성된 동아시아불교 전체를 시야에 넣은 최근 논고로는 다카사키 지키도高崎直道의 「東アジア佛敎史-漢譯佛敎圈の形成-」(『岩波講座東洋思想12 東アジアの佛敎』, 1988)가 있다.

중국사상사에서 기본 개념이라 할 66개 항목을 추려 각각의 전문가들이 통사적 해설을 가한 편리한 참고서가 만들어졌다. 미조구치 유조溝口雄三·마루야마 마쓰유키丸山松幸·이케다 도모히사池田知久(編)의 『中國思想文化事典』(東京大學出版會, 2001)이 그것으로, 중국불교 연구자에게 유익할 것이다.

제2장 격의格義와 삼교교섭三敎交涉

이토 다카토시伊藤隆壽

고마자와대학駒澤大學 교수

제1절 격의格義에 대하여

중국에 불교가 전래한 즈음에는 이미 유가와 도가 사상이 중국의 고유 사상으로 성립되어 있었으며, 황로黃老·신선 사상 같은 민간신앙도 여러 형태로 존재하였다. 불교는 말할 것도 없이 석가모니에서 시작되는 종교지만, 거기에는 인도·서역 문화가 반영되어 있다. 중국에서 불교가 수용될 즈음, 당연하지만 이문화異文化와의 충돌과 교류가 일어났다. 이른바 실크로드를 통해 기원전부터 중국은 인도·서역과 인적 물적 교류를 행하고 있었을 것이므로, 불교의 존재 역시 기록된 것보다 상당히 이전 단계부터 알려졌을 것이다. 교역 종사자에게는 이미 알려져 있었겠지만, 한대漢代의 왕공사대부王公士大夫가 불교의 가르침을 처음 접했을 때의 놀라움이란 아마 원굉袁宏(328~376)의 『후한기後漢記』 권10(四部叢刊本, 5丁左)에 전해진 그대로였을지도 모른다.

격의格義란, 불전의 사수事數, 법수法數를 중국의 고전 언어에 빗대어 해석한 것(梁·慧皎, 『高僧傳』 권4, 竺法雅傳, 大正藏50)이라고 설명하듯, 중국불교에서 불전을 해석하는 방법을 가리킨다. 승예僧叡(352~436)의 「유의喩疑」(『出三藏記集』 권5, 大正藏55)에 의하면, 그것은 훈고주석적訓詁注釋的인 방법일 뿐 아니라, 중국에 불교를 보급시키기 위한 방법이기도 하였다. '배설配

說'이라고도 불렀던 듯하다. 이질적인 문화를 이해하고 수용할 때, 기존의 자기 나라 사상·개념, 나아가 관습과 문화를 기준으로 삼아 이를 적용하고 이해한다는 것은 지극히 자연스러운 일이다. 격의라는 말의 뜻은 '뜻을 헤아리다', '뜻을 밝히다'이므로 이렇게 보면, 불전의 한역이란 격의 그 자체라고 하겠다. 이는 불교의 공空을 무無 혹은 본무本無라고 번역하고, 니원泥洹, 니르바나涅槃를 무위無爲, 무아無我를 비신非身, 아라한阿羅漢을 응진應眞으로 번역한 데서 명확하며, 이 같은 예를 통해 특히 도가사상과의 관련을 예상할 수 있다. 따라서 "불전의 격의적格義的 번역"(塚本善隆, 『中國佛敎通史1』, 307쪽, 鈴木學術財團, 1968)이라고 표현한 것도 당연하다.

그런데, 격의를 인식하는 방법을 두고는 종래 두 가지 견해가 제시되었다. 하나는 시기적으로 석도안釋道安(312~385) 이전의 것으로 보는 것으로, 내용도 『반야경般若經』의 공空사상을 이해하기 위해 노장老莊의 무無사상을 가져와 덧씌웠다는 식으로 시대와 내용을 한정시키는 견해다. 한편 격의를, 이질적인 문화를 이해하고 수용하는 모습의 전형으로 보고 이른바 유교·도교·불교의 삼교교섭三敎交涉의 의미를 포함한 견해도 있다. 이는 그 내용과 시대를 한정시키지 않고 넓은 의미로 인식하려 한 것이다. 『고승전』의 설명과 같이, 중국의 고전 언어를 빌려와 불전을 해석한다는 것은 특정 시대로 한정되지 않으며, 또 단순한 어구의 대비對比·비배比配로 그치지 않고 개념 내용을 고려한 것이므로, 삼교교섭의 구체적인 예를 나타내는 것이라고 할 수 있다.

종래의 연구자들 가운데 전자의 예는 우이 하쿠주宇井伯壽·도키와 다이조常盤大定 등이 채용하였고, 후자의 예는 천인커陳寅恪·탕융퉁湯用彤·런지위任繼愈·쓰카모토 젠류塚本善隆 등이 해당한다. 자세한 것은 졸저 『中國佛敎の批判的硏究』(大藏出版, 1992)의 본론 〈第1章 格義佛敎考〉를 참조하기 바란다. 격의를 삼교교섭의 대표적인 사례로 주목하고 사료를 거의 망라하여 논한 연구자는 천인커陳寅恪다. 그 후 중국과 일본에서도 이 주제는 위진魏晉불교의 한 부분으로만 취급되었다. 필자는 1980년대 후반부터, 격의는 삼교교섭의 구체적인 사례가 될 뿐 아니라 삼교교섭의 실태를 밝히는 일은 중국 불교사상의 특질을 해명하는 데 중요한 주제라는 인식을 가지고 격의를 넓은 의미로 해석해 왔다. 필자가 졸저에서 "노·장사상의 특색을 '도道·리理의 철학'으로 인식하고, 불교를 '도·리의 철학'을 기반으로 이해하고 해석하는 것을 '격의'라고 보며, 그러한 격의적 견해에 의거한 불교를 모두 '격의불교'로 부르고자 한다"(앞의 졸저, 132쪽)고 한 것은 삼교교섭, 특히 불佛·도道 교섭의 사상적 실태를 해명하기 위한 작업가설이었다.

그러나 고바야시 마사미小林正美는 「格義佛教考」(シリーズ東アジアの佛教思想3 『東アジアの佛教思想Ⅱ-新佛教の興隆-』, 春秋社, 1997)에서, 격의에는 한정된 용도와 방법이 있다고 하면서 시대적으로는 동진시대의 특색으로 보고 '격의불교'라는 용어는 일본의 중국불교사가가 만들어낸 조어造語라고 지적하기도 했다. 또한, 펑츠창彭自强의 『佛教與儒道的衝突與融合』(巴蜀書社, 2000)에서는, 위진대魏晉代에 유행한 현학이 불교 해석에 영향을 주어 격의에 의한 불전 해석을 촉진하였고, 그것이 머지않아 동진부터 남북조 시기에 걸쳐 단골이 되었다는 견해를 제시하였다.

종래에는 격의를 불교와 도교와의 관계로 논한 것이 많았지만, 격의의 예로서 오계五戒(不殺·不盜·不淫·不妄語·不飮酒)를 오상五常(仁·義·禮·智·信)에 비견하고, 삼귀三歸(歸依三寶)를 삼외三畏(天命·大人·聖人의 말씀을 두려워하다)에 비견시킨 것은 불교와 유교를 대비한 것이며 따라서 당연히 불교와 유가의 관계에서도 격의의 문제는 존재한다.

이상과 같이, 격의는 유·도 2교二教로 대표되는 중국의 고유사상과 불교와의 교섭, 즉 삼교교섭과 관련된 사안임이 분명하다.

제2절 삼교교섭의 연구와 필요성

가마타 시게오鎌田茂雄는 예전부터 "중국불교를 이해하려면 중국 고유의 민족종교인 도교를 떼어놓고 생각할 수는 없다"(平川彰 編, 『佛敎硏究入門』, 大藏出版, 1984, 188쪽)고 하였는데, 거기에 더해 유교 역시 따로 떼어놓고 생각할 수 없어, 격의로 상징되는 삼교교섭의 실태 해명은 중국불교 연구의 최대이자 가장 중요한 주제theme라고 보아도 될 것이다. 뿐만 아니라 이는 중국사상사의 실제 모습을 밝히는 일이 것이다. 인도 혹은 서역 언어로 기록된 불전이 중국에 전해질 즈음, 불교에 마음을 의지하는 많은 사람들이 관여하고 협력하면서 불전의 번역어와 번역문에도 적잖게 반영되었다. 즉, 유교와 노장 등 고전의 사상과 용어들이 심심찮게 등장한다. 역경의 개요와 번역을 둘러싼 문제는 다른 글로 넘기겠지만, 중국에서 이루어진 불전 번역이 반드시 원전에 충실한 것은 아니라는 사실이 명백해진 이상, 인도어로 된 원전과 한역과의 비교연구는 원래 불가결하며, 삼교교섭의 시점에서 이루어지는 한역불전의 원전 비판적 연구도 중요하고 동시에 불가결한 연구과제일 것이다. 나카무라 하지메中村元의 「佛典漢譯に影響を及ぼした儒學思想」(『中村元選集9 東西文化の交流』, 春秋社, 1965)이나 후카나가 미쓰지福永光司의 「佛敎の漢譯と中國古典學」(『中國の哲學·宗敎·藝術』, 人文書院, 1988), 오카야마 하지메丘山新의 「漢譯佛典論」(『岩波講座 東洋思想12 東アジア佛敎』, 1988) 등에 근거를 두고 한층 개별적인 문제로 연구를 진척시켜 나갈 필요가 있다. 이때, 단순한 용어 사용에 대한 조사연구로 그치지 않고 중국 고유사상이 수행한 역할과 의미에 대해서도 분석할 필요가 있다. 분석 방법 및 분석 결과에 대한 평가는 연구의 방법·접근approach의 차이에 따라 달라지므로 연구자의 방법론 및 입장(의 표명)은 중요하다고 생각된다.

지금까지 한역불전의 원전 비판적 연구가 크게 진척을 보지 못했던 것은 그 연구가 갖는 어려움 때문이다. 바로 인도 혹은 서역 언어와 한어 양쪽 모두에 능통해야 하기 때문이다. 그러나, 중국불교를 해명하는 데 불가결한 연구라면 이 어려움은 극복해야 한다. 만약 한 사람의 연구자로 불가능하다면, 인도·서역 불교 연구자와 중국불교 연구자, 혹은 팔리어·산스크리트어·티베트어 능통자와 한어 능통자의 공동연구에 의해 가능해질 것이다. 하카마야 노리아키袴谷憲昭는『佛敎敎團史論』(大藏出版, 2003)에서 인도와 중국과의 중간지대, 즉 인도도 중국도 아닌 이른바 서역·중앙아시아 불교의 중요성을 지적하였는데, 그 실태가 밝혀진다면 중국 테두리 안으로 그치지 않고, 인도·서역(인도 주변·티베트도 포함)·중국의 교류 시점도 필요해지고, 장차 인도와 중국이라는 예로부터의 학문 영역상의 울타리를 제거한 연구도 이루어져야 한다. 그런 의미에서 가리야 사다히코苅谷定彦의「『大阿彌陀經』法藏菩薩說話段の異質性-『阿彌陀經』と比して-」(『佛敎學』45, 2003)은 주목할 논문이다.

삼교교섭 연구는, 불·유·도라고 하는 세 개의 서로 다른 사상의 관계 교섭을 연구하는 것이므로, 기본적·기초적 연구로서 연구대상이 된 자료에 대한 언어학적·문헌학적 연구가 이루어져야 하며, 이 연구의 목적이자 가장 중시할 것이 사상 교류의 실태와 그것이 삼교 상호간에 미친 영향·사상적 의미의 분석 연구일 것이다. 즉, 사상 연구다. 여기에서는 불교를 중심으로 보겠지만, 삼교 각각이 이미 독립된 연구영역을 이루고 있으므로, 각각의 입장에서 삼교 혹은 이교二敎의 교섭 연구가 시도되고 있다(다음 절에서 약술). 입장이나 접근의 차이라고 하면, 일본학자와 중국학자 간의 관점의 차이도 흥미로우며 상호 보완하는 바도 있을 것이다. 예컨대 일본연구자의 경우, 오랫동안 불교 연구가 축적되어 있으며 근현대의 최신 연구성과는 유용한 것이 많고 불교 교리(사상)의 이해에 뛰어나다. 한편, 중국연구자는, 근래 계속 연구성과들을 공표하고 자국의 문화에 큰 자부심을 갖고 주목할 만한 견해들을 제시하고 있지만, 불교사상(특히 인도불교)에 대한 이해와 종래의 내외 연구성과에 대한 배려가 불충분해 보인다. 이런 문제들은 오래지 않아 해소되겠지만, 어쨌든 삼교교섭 연구에서 중요한 것은 삼교 각 사상의 본질을 적확하게 파악한 후 연구를 진행해야 한다는 점인데, 지극히 당연한 이 부분에 힘을 써야 한다. 극히 당연한 부분을 굳이 강조한 것은, 사상의 본질을 적확하게 파악하는 것이 삼교 모두에게 그리 간단한 일이 아니기 때문이다. 거기에는, 불교연구자가 불교란 무엇인가를 질문하고 마치 그것이 영원한 과제라도 되는 것처럼 여기듯이, 유·도에서도 동일한 문제를 안고 있기 때문이다. 그러나 연구자로서는 삼교 모두에 대해 그 본질을 적확하게 파악해 두지 못하면 삼교교섭의 사상적 연구는 불가능할 것이다.

제3절 삼교교섭 전반에 대한 연구성과

현시점에서 필자의 시야에 들어온 삼교교섭 전반에 걸친 주요 연구성과를 열거하면 다음과 같다.

① 도키와 다이조常盤大定, 『支那に於ける佛敎と儒敎道敎』(東洋文庫, 1930).

② 구보타 료온久保田量遠, 『支那儒道佛三敎史論』(東方書院, 1931).

③ 구보타 료온久保田量遠, 『支那儒道佛交涉史』(大東出版社, 1943).

④ 다케우치 요시오武內義雄, 『三敎交涉史』(武內全集 8, 角川書店, 1978).

⑤ 팡리티엔方立天, 『中國佛敎與傳統文化』(上海人民出版社, 1988).

⑥ 탕이제湯一介, 『中國傳統文化中的儒道釋』(中國和平出版社, 1988).

⑦ 탕이제湯一介, 『儒道釋與內在超越問題』(江西人民出版社, 1991).

⑧ 이토 다카토시伊藤隆壽, 『中國佛敎の批判的研究』(大藏出版, 1992).

⑨ 탕이제湯一介, 『佛敎與中國文化』(宗敎文化出版社, 1999).

⑩ 펑츠창彭自强, 『佛敎與儒道的衝突與融合－漢魏兩晉時期爲中心－』(巴蜀書社, 2000).

⑪ 팡리티엔方立天, 『中國佛敎哲學要義』 上·下(中國人民大學出版社, 2002).

⑫ 왕샤오이王曉毅, 『儒釋道與魏晉玄學形成』(中華書局, 2003).

⑬ 두지원杜繼文, 『中國佛敎與中國文化』(宗敎文化出版社, 2003).

⑭ 이토 다카토시伊藤隆壽(著), 샤오핑肖平·양진핑楊金萍(譯), 『佛敎中國化的批判性硏究』(香港·經世文化出版社, 2004, ⑧의 중국어 번역).

①·②·③은 삼교교섭 문제를 중국으로 불교가 전래된 시기부터 명대明代에 이르기까지 전반에 걸쳐 논술한 고전으로 삼교교섭에 대한 기본서로 일독해야 할 저술들이다. ⑧은, 하카마야 노리아키袴谷憲昭의 『本覺思想批判』(大藏出版, 1989), 마쓰모토 시로松本史朗의 『緣記と空－如來藏思想批判－』(同)을 근거로 하고, 불교사상의 기본적 입장[緣記說]에 입각하여 삼교교섭의 결과로서 불교의 중국화에 대한 비판적 연구를 전개한 것이다.

⑥·⑦ 및 ⑨ 이하 중국연구자들의 논저는, 전부 불교와 중국 전통문화와의 관계, 즉 삼교교섭에 대한 연구서로, 현대중국이 이 문제에 대해 갖는 관심이 얼마나 큰지를 보여준다. 근래 이런 종류의 연구성과가 일본에서는 거의 보이지 않는 것과는 대조를 보이는데, 중국인들의 자국 문화에 대한 관심의 표현이다. 이런 저술들은 모두 각 연구자의 식견을 드러내고 있어 참고할 관점이나 견해도 많다. 그러나 연구자세와 학문의 방법 면에서, 일본에서는 상식에 속하는 종래의 대내외적 연구성과를 참조하고 자신의 견해와 새로운 지견知見을 제시하는 연구방법을 취하지 않기 때문에 일본의 연구성과나 일본에서 이루어진 논의와 동일한 수준에서 논하기 어려운 경우가 있다. 중국에서도 사정이 있겠지만, 현대의 일부 젊은 연구자들 사이에서는 이 점이 개선되고

있다. 위의 연구들 가운데 ⑩은 선행 연구성과들을 비교적 (가능한한) 참조한 후 중요한 문제를 다루고 있어 주목된다.

제4절 삼교교섭에 관한 여러 문제

먼저, 연구자세에 대해 한 마디 해두고자 한다. 삼교교섭에 대해서는 일찍이 도키와常盤·구보타久保田 등 선각자의 연구가 있다. 하지만 일본에서 중국불교에 대한 연구자세는 교넨凝然(1240~1321) 이래 삼국사관에 의거한 인도·중국·일본이라는 영역, 또 불교와 관련이 있다 해도 상호 각 학문영역은 침범하지 않는다는 사고방식이 뿌리 깊었다. 그래서 1980년대경까지도 중국불교 연구는 대개 중국사상과 인도철학·인도불교·티베트불교와 분리되어 진행되었다고 할 수 있다. 이제 이러한 연구자세는 서서히 탈피해 나가야 할 것이다. 그렇지 않으면 중국불교의 본질을 이해할 수 없기 때문이다. 1960년대부터 불교와 도교와의 관계를 밝히는 연구가 이루어지고, 1980년대 이후에는 영역의 틀에 얽매이지 않는 연구의 필요성이 깨닫게 되는데, 중국 역내의 삼교교섭 실태를 해명하고 아울러 이후 중국과 서역·인도와의 교섭을 다루는 연구도 필요해질 것이다.

다음으로, 삼교에 공통하고 중국불교를 관통하는 큰 주제는 무엇일까. 필자는 '성인론聖人論' 혹은 '성인관聖人觀'이 그 하나라고 본다. 불교에서 이것은 '불타론佛陀論'이고, 깨달음의 문제이며, '성불론成佛論'이다.

무라카미 요시미村上嘉實의 『中國の仙人』(サーラ叢書, 平樂寺書店, 1956) 등에 의해 알려진 바와 같이 중국인들은 이상적인 인격으로서 예전에는 신선(선인)을 동경하였으며, 유가 사람들은 공자와 그 가르침을 사표師表 삼아 이상적인 인격자로서의 성인·군자를 논했다. 이타노 조하치板野長

八의 『中國古代における人格觀の展開』(岩波書店, 1972)는 공자부터 전한前漢 중엽 말까지 약 5세기 동안의 사상사를 인간관에 초점을 맞춰 개관하여 참고가 된다. 또한 도가道家 사람들도 『노자』에서 보이듯 만물의 근원이자 영원불멸의 실재實在하는 '도道'와의 일체화를 이상으로 하는 지인至人·진인眞人을 논했다. 가나야 오사무金谷治의 『老莊的世界』(サーラ叢書, 平樂寺書店, 1959)는 『회남자淮南子』 사상을 알기 쉽게 기술하였다. 그리고 불교는 석가모니釋尊를 교조敎祖로 우러르고 있지만, 중국인들에게 석가모니란 실재하는 인간 석가모니, 가까운 존재라는 인식은 거의 없었던 것이 아닐까. 당초 다른 나라의 신·신선이 차츰 중국에서 이상적인 인격자로 간주된 성인·진인과 겹쳐져 받아들여진 것 같다. 불교가 전래된 초기에는 『반야경』과 선관禪觀 관계 불전과 함께 불타의 전기傳記도 잇따라 번역되었다. 중국인들은 이것을 어떻게 읽고 어떻게 받아들인 것일까. 하나의 연구 주제다. 모자牟子의 『理惑論』(『弘明集』 권1, 大正藏52) 등에는 '부처佛'의 기본성격에 대한 질문도 등장한다. 이후 시대의 불자들은 '부처'를 어떻게 이해하고, 여러 종파와 학파에서는 어떻게 설명하였을까.

중국인들은, 불교의 이상인 깨달음·성불을 생각할 때, 유가의 성인이나 도가의 진인·지인을 떠올리지 않았을까. 중국의 전통 성인관을 기준으로 삼아 불교의 깨달음이 무엇이고 성불이 무엇인지 탐구한 것은 아닐까. 이것은 불교가 전래된 당초부터 선종계 사람들, 나아가 현대 중국불교에 이르기까지 공통된 과제이며, 격의와 삼교교섭, 중국불교 사상사를 관통하는 최대 주제라 생각된다.

유교와의 관계에서 맨 먼저 고려해야 할 것은, 불교(석존)와 유교(공자)와의 공통점과 차이점일 것이다. 이에 대해 우노 세이이치宇野精一는 「儒敎思想の本質」(宇野精一·中村元·玉城康四郎 編, 『講座東洋思想2 中國思想Ⅰ』, 東京大學出版會, 1965)에서 알기 쉽게 요점을 기술하였고, 니시 준조西順藏는 「佛敎と中國思想」(『講座佛敎Ⅳ 中國の佛敎』, 大藏出版, 1958)에서 유교와 불교의 기본적

입각점이 어떻게 다른지 다루었다. 필자는 유·불의 공통점이 기본적으로 인간 중심의 사고에 입각하여 지성을 중시한 데 있다고 보는데, 석가모니 자체의 사상과, 공자 자체의 사상의 본질을 똑같이 명확히 파악해 둘 필요가 있다. 공자 본인과 이후 사람들 사이의 차이에도 유의하지 않으면 안 된다. 후대의 해석은 이해를 도와주기는 하지만 거기에 전적으로 기대는 것은 위험하다. 역시, 양자에 대한 선입관을 불식하고 직접적으로 배워야 할 것이다. 유교와 불교의 차이점을 둘러싸고 논쟁이 된 것은, 출가와 재가 문제 및 유교 윤리와 계율 문제가 있다. 사회제도와 관련하여 예경禮敬 문제도 파생하였다. 불교사에서 이 문제가 겉으로 불거지게 된 것이 석도안釋道安(312~385)부터 여산 혜원廬山慧遠(334~416) 시대다. 특히 혜원이 남긴 문장을 보면, 이 문제에 대해 불교자로서 답한 내용이 나와 있다. 기무라 에이이치木村英一의 『慧遠研究 -研究篇·遺文篇-』(創文社, 1962)는 혜원의 유문을 집대성하고 주석을 단 연구서로 이 분야에 필수불가결한 책이다. 유교윤리와의 관계에 대해서는 미치바타 료슈道端良秀의 다음과 같은 일련의 연구가 뛰어난 성과를 보여주었다. 「佛敎と實踐倫理」(『唐代佛敎史の研究』, 法藏館, 1957), 『佛敎と儒敎倫理-中國佛敎における孝の問題-』(サーラ叢書, 平樂寺書店, 1968), 『佛敎と儒敎』(レグルス文庫, 第三文明社, 1976) 등이다. 여기에서 제기된 '효孝'와 조상숭배 같은 문제는 재가신자, 민중의 존재를 의식하게 만들었을 것이다. 불교자의 실생활, 사회생활에서의 규범, 종교(불교)의례 등의 면은 유교와 얼마나 관련이 있을까. 『범망보살계경梵網菩薩戒經』은 명백히 인도계율이 간소화(중국화)된 예이며, 또 각종 각양의 위경僞經(疑經) 역시 삼교교섭의 시점에 의거한 분석과 연구를 필요로 할 것이다. 불교와 유교의 관계에서 특히 주목받아 온 것은 송·명리학宋·明理學과의 관계다. 아라키 겐고荒木見悟의 『佛敎と儒敎-中國思想を形成するもの-』(平樂寺書店, 1972)는 화엄경華嚴經, 원각경圓覺經, 주자朱子, 양명학王陽明을 다루었고, 양명학과의 관련에 대해서는 같은 저자의 『佛教と陽明學』(レグルス文庫, 第三文明社, 1974)과 『陽明學の展開と佛教』(研文出版, 1984) 등이 있다. 또한 구스모토 후미오久須本文雄의 『王陽明の禪的思想研究』(日進堂書店, 1958)와 『宋代儒學の禪思想研究』(同, 1980)도 참고가 된다. 중국에서의 연구로는 천원닝陳運寧의 『中國佛教與宋明理學』(湖南人民出版社, 2002)이 있는데, 송·명 이학이 중국문화와 외래문화의 융합에서 성공한 사례임을 논증하였다.

다음으로, 도교(도가)와의 관계는 사상 면에서 보면 유교와의 관계 이상으로 밀접하다. 예전에는 중국불교라고 하면 인도와 중국 사이에 보이는 민족·기후풍토·지리적 조건·습속·종교 등의 차이, 다시 말해 문화의 이질성이라는 면이 강조되었다. 분명 이질적인 면이 많을 것이다. 그러나 하카마야 노리아키袴谷憲昭의 『本覺思想批判』(大藏出版, 1989)과 마쓰모토 시로松本史朗의 『緣起と空』(大藏出版, 1989)을 근거로 하여 저술한 필자의 『中國佛教の批判的研究』에서는 도가 사상(필자는 그것을 도道·리理의 철학이라고 부른다)과 인도의 아트만 론論(松本史朗는 이를 dhātu-bāda, 基体說이라고 부른다)의 사상구조가 완전히 일치한다는 점을 논증하였다. 마쓰모토松本의 논증은, 대승불교의 궁극으로까지 칭해지는 여래장·불성사상의 본질이 dhātu-bāda 그 자체이므로, 도가사상과 여래장·불성사상은 명백히 일치한다고 본 중대한 지적으로서, 중국불교 연구에도 큰 영향을 미칠 것으로 생각된다. 중국불교 연구자가 이 점을 근거로 삼을 것인지의 여부는 중요 포인트가 될 것이다. 인도와 중국의 동질사상은 불교 혹은 도교에서 자연스레 밀접하게 결부되었다고 할 것이다.

종래 불교와 도교의 관계를 다룬 연구업적은 많다. 입문서로는 와타나베 쇼코渡邊照宏의 『思想の歴史4 佛教の東漸と道教』(平凡社, 1965)와 가마타 시게오鎌田茂雄(編)의 『講座佛教の受容と變容4 中國編』(佼成出版社, 1991)이 참고된다. 노장·도교와 불교를 주제로 삼은 것으로는 모리 미키사부로森三樹三郎의 『老莊と佛教』(法藏館, 1986), 요시오카 요시토요吉岡義豊의 『道教と佛教』

(3책, 國書刊行會, 1976), 후쿠이 후미마사福井文雅의 『道敎と佛敎』(『道敎2』, 平河出版社, 1983)가 있다. 또 불교 쪽에서 도교와의 관계를 논한 것으로 가마타 시게오鎌田茂雄의 『中國佛敎思想史硏究』〈第1部 佛道兩思想の交流〉(春秋社, 1968)가 있고, 나아가 도교경전에 들어 있는 불교관계 자료를 수집하여 정리한 『道藏內佛敎思想資料集成』(東京大學 東洋文化硏究所, 1968)의 서문에서 "종래, 천태교학이나 화엄교학의 교리 연구는, 매우 세세한 부분까지 행해졌지만, 널리 중국사상사 전체 안에서 그 특질과 성격을 자리매김하는 데까지 이르지 못한 것이 학계의 상황이다"라고 기술되어 있는데, 지금도 그러한 상황은 바뀌지 않았다. 그리고 도교와 도교사 연구이기는 하지만 불교를 고려한 연구로 후카나가 미쓰지福永光司의 『道敎思想史の硏究』(岩波書店, 1987), 고바야시 마사미小林正美의 『六朝道敎史硏究』(創文社, 1990)가 있다. 후쿠나가의 지적에 따르면, 지금까지의 불교연구는 대체로 중국사상사(특히 유교고전학)와 분리되어 이루어져 왔다. 그 밖에 미야카와 나오시宮川尚志의 『中國宗敎史硏究 第1』(同朋舍出版, 1983)은, 신선사상부터 도교의 성립 등 여러 문제를 취급하고 있어 유익하다. 삼교교섭의 구체적 상황이 개인의 사상에 어떻게 나타나는지를 다룬 연구는 삼교교섭의 사상적 실태를 밝히는 주요 주제인데, 이 방면의 대표적 연구가 쓰카모토 젠류塚本善隆(編)의 『肇論硏究』(法藏館, 1955)고, 육조六朝를 중심으로 한 삼교교섭의 기초자료라고 할 『홍명집弘明集』에 대한 연구가 마키타 다이료牧田諦亮(編)의 『弘明集硏究』(卷上 譯註篇上, 卷中 譯注篇下, 卷下 遺文篇의 3책, 京都大學人文科學硏究所, 1973~75)다. 육조시대와 관련된 여러 문제와 연구서는 각론으로 넘긴다.

제3장 역경譯經·경록經錄·위경僞經

오카베 가즈오岡部和雄
고마자와대학駒澤大學 명예교수

제1절 한역漢譯 불전의 특질

외래 사상과 문화가 먼저 번역을 통해 소개된다는 것은 특별히 불전 번역으로 한정되지는 않는다. 그러나 중국에서 이루어진 불전 번역(일반적으로 譯經이라 부른다)에는 다른 데에서는 볼 수 없는 특징이 있다. 그것은 번역 기간이 엄청나게 길다는 것, 따라서 그 결과 번역된 불전의 총량이 방대하다는 것, 나아가 번역된 불전이 중국에서는 원전 이상으로 신성시되고 중요하게 보존·연구되어 왔다는 점 등이다. 우선 역경 기간을 보면, 후한後漢에서 송대宋代에 이르기까지 거의 1000년 동안 계속되었으며, 당말唐末에 일시적으로 공백기가 있었지만, 전 기간에 걸쳐 불전 번역이 계속되었다. 이렇게 번역된 불전의 총량은 현존하는 것만 해도 약 1,700부에 달한다. 현재 『大正藏經』의 쪽수를 가지로 대충 계산해 보면 3만 쪽이 넘는다. 실로 놀랄 만한 분량이다. 게다가 번역이 되었어도 흩어져 전해지지 않는 것도 적지 않으므로, 중국에서 이루어진 역경은 이보다 분명 많았을 것이다. 또한 중국에서는 일단 번역이 완료되면 그 근거가 된 원전은 거의 돌아보지 않고 한역 불전만 존숭되는 것이 보통이었다. 그 때문인지 중국에 전래되었을 것으로 여겨지는 대량의 원전(梵本과 胡本)은 어느 사이엔가 사라져 버려 지금까지 거의 발견되지 않는다.

그런데 이러한 대량의 불전은 누구에 의하여 번역된 것일까. 말할 것도 없이 '역경삼장譯經三藏'으로 알려진 역경승들의 공이다. 그 수는, 이름이 알려진 사람만 해도 200명 이상이다. 이들 역경승의 전기와 역경사업에 대해서는 『고승전高僧傳』과 『경록經錄』에 상세히 기록되어 있다. 이를 읽어보면, 후세까지 이름을 남긴 역경승 외에 얼마나 많은 협력자·찬조자의 지원이 있었는지 그 남모르는 힘의 크기에 놀라게 된다.

초기 번역에서는, 서역 각지에서 중국으로 건너온 외국승의 활약이 두드러진다. 후한부터 서진에 걸쳐 활약한 번역승 중에는, 멀리 서투르크스탄 지방에서 불전을 들고 온 사람들까지 있었다. 5세기 이후에는 직접 인도와 교류하는 길도 열려, 법현法顯과 같이 법전을 구하기 위해 인도로 향하는 '입축구법승入竺求法僧'이 나타났다. 입축승入竺僧이라고 해서 전부 역경승이었던 것은 아니지만, 열렬한 구법求法의 뜻을 품고 목숨 걸고 유사流沙와 남해南海를 건너 석가모니와 연고가 있는 고지[佛蹟]를 순회하였다. 역경이라는 어려운 사업은, 이러한 도래승과 입축승들이 가진 비범한 재능과 남다른 노력, 특히 그 종교적 열정과 신념에 의해 성취된 것임을 잊어서는 안 된다.

물론 역경은 소수의 예외를 제외하면 대부분 공동작업으로 진행되었다. 아무리 천재라 하더라도 혼자 힘으로는 단기간에 대량의 불전을 번역하기란 불가능하다. 역경장譯經場에는 적어도 수명, 때로는 수십 명에 달하는 협력자가 참여하고, 각각 작업을 분담하여 번역을 진행하였다. 이런 많은 사람들의 원조와 협력이 없었으면 역경이라는 대사업은 완성을 보지 못했을 것이다. 역경에서 조수助手로 일한 사람들 가운데는 실질적으로 이름을 남긴 역경자 이상의 공적을 남긴 경우도 있었던 것 같다.

또 '봉조역奉詔譯'이라는 말로 알 수 있듯이 황제의 조칙詔勅을 받들어 번역작업이 이루어지는 경우가 많았다. 수당시대가 되면 칙명에 따라 행해지는 역경이 대부분이어서, 국가사업의 일환으로 대규모 역경이 행해지고 국립의 훌륭한 역경도량이 개설되었다. 송대에는 역경 종사자들의 역할 분담이 명확히 규정되어, 역경사업은 제도 면에서 가장 완비된 모습을 갖추었다.

제2절 불전 번역의 전개

그런데 불전 번역은 어떻게 진행되었을까. 초기 역경에서는, 일반적인 경우 한 사람이 손에 불전 원본을 들고 우선 본문을 원어 그대로 소리 내어 읽는다. 가끔은 불전을 암송한 외국승이 원본을 참조하지 않고 경전 본문을 술술 외우는 경우도 있었다. 소리내어 읽거나 혹은 암송한 경문을 들은 다른 한 사람이 발음을 그대로 한자어로 바꾸어 옮겨 기록한다. 이렇게 기록한 것은 또 다른 사람이 한문 어순에 따라 정리하여, 다시 완성된 문장(한문)으로 적는 방식으로 진행되었을 것이다. 이 경우, 번역자로 이름을 남긴 사람은 원어를 소리 내어 읽거나 암송한 사람들뿐이고, 그 밖의 다른 사람들은 기록에 남는 경우가 적었다.

경문을 전부 기억하여 틀리지 않고 구술할 수 있다는 것은 확실히 특별한 재능이다. 그러나 지금도 인도에는 베다 성전聖典을 전부 암기하는 판디트(학승)가 있는 것을 보면, 수련을 많이 쌓았기 때문일 것이다. 『고승전』에 보면, 인도승의 놀랄 만한 기억력을 전하는 에피소드가 몇 가지 소개되어 있다. 그중 특히 유명한 하나를 들어보자. 410년경 인도승 붓다야사佛陀耶舍(Buddhayasas)는 중국의 약 처방전과 호적부를 단 3일 만에 완전히 암기하여, 약을 조합하는 분량과 각 가정의 사람수를 하나도 틀림 없이 복창할 수가 있었다고 한다. 이는 붓다야사의 기억력을 시험하기 위한 테스트였다는데, 이 테스트에 훌륭하게 합격하여 그가 기억한 불전의 번역이 허가되었다. 이 불전은 한자어로 바꾸면 63만여 자가 넘었다고 한다.

그런데, 가장 초기에 번역된 불전들은 대체로 번역어와 번역문 모두 생경하다 보니 그것을 한문(중국문)으로 정확히 해독하기 매우 어렵다. 예컨대 안세고安世高가 번역한 경전을 열심히 독해하고 고심에 찬 훈독을 시도하였던 우이 하쿠주宇井伯壽는 "한문의 훈독 쪽이 범어梵語의 독해보다 어렵다"고 비명을 질렀다(『譯經史硏究』, 岩波書店, 1971). 안세고뿐 아니라 후한부터 서진 시대까지 이루어진 번역(이른바 古譯經典)은 하나같이 좀 난해하다. 훌륭한 번역으로 평가받는 오吳의 지겸支謙과 서진西晉의 축법호竺法護(239~316)의 역경도 전체적으로 이해하기 어려운 곳이 적지 않다. 이처럼 구마라집鳩摩羅什(350~409경) 이전에 번역된 경전은 대체로 난해하다. 지금의 우리에게만 어려운 게 아니라 아마 당시의 중국인이 보더라도 이해하기 쉬웠을 것 같지는 않다. 도안道安(312~385)은 그때까지 번역된 불전을 폭넓게 수집해서 비교·연구하고, 그 올바른 뜻을 찾아 처음으로 『경록經錄』을 만든 인물로 유명한데, 그 역시 난해한 번역 때문에 고생하여 새로운 정확한 번역을 기다렸다고 한다. 초기 역경이 이렇게 이해하기 어려웠던 것은 번역의 낮은 수준과 생경함 탓도 있지만 서역에서 전래한 원문 자체가 제대로 갖추어져 있지 않았다는 이유도 생각해볼 수 있다. 당시 전해진 불전은 산스크리트어(범어)로 된 것보다 서역 각지의 여러 가지 쁘라끄리뜨어(속어)로 된 것이 많았기 때문이다.

인도 본토에서도 불전 대부분을 산스크리트어로 고쳐 쓴 것은 굽타 왕조시대(4세기)고, 그 이전에는 각지의 방언과 속어를 사용하였다. 그것은 각지의 민중이 이해할 수 있도록 해당 지역의 언어(속어·방언)로 불교를 이야기하라고 가르친 석가모니의 취지에 따른 것이었다고 한다. 그러나 다종다양한 언어로 이루어진 이 불전이 서역 각지에서 전래되면서, 이를 수용하여 번역한 중국인 쪽에서 보면 불전의 참뜻을 이해하는 데 적잖은 장애로 작용한 것도 부정할 수 없을 것이다. 문제는 다른 곳에도 있었다. 당시 중국에서는 불교 술어述語를 어떻게 번역해야할지 암중모색 단계였다. 불교어를 한역할 때 원칙이 아직 정해지지 않았고, 음역을 할지 의역을 할지도 유동적이어서 번역자의 재량에 맡겨졌다. 번역어로『노장老壯』과『역易』등 중국고전에서 유래하는 용어들이 사용되기도 했지만, 이 또한 오해를 낳는 하나의 원인이 되었다. 도래승들은 중국어에 능통하지 못했으며, 그들에게 협력했던 한인승들은 인도·서역의 여러 언어에 정통하지 못했다. 또한 역경에 대한 협력태세 역시 불충분하였던 것으로 보인다.

구마라집과 현장玄奘(602~664)의 번역이 중국 역경사에서 각각 한 시기를 긋는다는 것은 말할 것도 없다. 구마라집의 시대(동진)가 되어서야 중요한 교리와 사상 용어의 번역이 간신히 정해지고 번역문도 생경함을 벗고 익숙한 중국어가 되어 읽기 쉬워졌다. 구마라집의 번역은 원문에 반드시 충실하지는 않았지만, 중국인이 좋아하는 세련되고 유려한 것이었다. 예를 들면 뛰어난 번역으로 이름 높은『묘법연화경』이 중국인의 마음에 얼마나 강력한 호소력을 발휘했는지는 이 경전이 광범위하고 장기간에 걸쳐 널리 퍼져나간 사실로도 충분히 증명된다.

현장 번역의 특징은, 무엇보다 어학적인 정확성이다. 현장 자신도 이 부분에 절대적인 자신감을 가져 자신의 번역을 '신역新譯'이라 칭하면서 이전 번역은 모두 '구역舊譯'으로 일괄하고 신역이 구역보다 우수하다는 것을 자주 역설하였다. 7세기에 현장이 인도에서 직접 가지고 돌아온 불전은 전부 산스크리트어로 되어 있었고 그것에 의거하여 역어·역문을 새로 만들었다. 그리고 이를 기준으로 삼아 구역舊譯의 음역音譯은 사투리가 많고 부정확하다고 비판하였다. 그러나 앞에서 지적한 바와 같이 4세기 이전의 역경은 서역의 여러 언어(속어)에 기초한 것이 많아 그의 평가를 그대로 옳다고는 할 수 없다. 구마라집은 『대반야경』 600권, 『대비바사론大毘婆沙論』 200권, 『구사론俱舍論』 30권, 『성유식론成唯識論』 10 권 등 분량도 많고 중요한 경론 75부를 번역하여 전무후무한 공적을 남겼다. 한 글자도 소홀함 없이 다룬 정확한 번역이 그의 특색이어서, 논리적 엄밀성을 요구받는 불교의 철학적 문헌, 요컨대 대승·소승의 논서(阿毘達磨文獻) 번역에서 특히 더 위력을 마음껏 발휘하였다고 할 수 있다.

역경의 분량과 내용으로 보아도 구마라집부터 현장에 걸친 시대가 가장 충실하며, 중국 여러 종파의 성립에 큰 영향을 주었다. 수당시대의 종파들이 성립의 기초로 삼은 불전은 거의 이 시기에 번역된 것들이다. 유일한 예외라면 불공不空(705~774) 등에 의해 이루어진 밀교密敎 경전의 번역일 것이다.

당말부터 송대의 역경에서는 특별히 내세울 만한 게 없다. 이 시기에도 대량의 불전이 들어와 번역되었으나 내용적으로는 오히려 빈약하였다. 국립 역경원이 설립되고, 역장譯場의 조직·제도도 갖추어지고, 나아가 대장경의 인쇄·간행이 시작되었음에도 불구하고, 전반적으로 저조하였다. 그 극단적인 일례를 들면, 송대에 번역된 불전 중에는 번역이라는 이름을 붙일 수 없는, 말하자면 가짜 경전이 존재하였다. 『大正藏經』제3권에 실려 있는 『보살본생만론菩薩本生鬘論』이 그것이다. 이것은 자따까말라의 이름을 사칭한 위역僞譯 경전이다. 번역이 졸렬하다거나 잘못 오역된 경전이 아니라 아예 의도적으로 날조된 경전이며 내용은 지리멸렬하다. 이런 것들이 한역대장경 안에 섞여 있었지만 중국과 일본의 연구자들은 대부분 알아차리지 못하였다. 이 문제를 지적하고 논문을 통해 밝혀낸 것은 오히려 영국의 존 브로John Brough였다. 이는 소위 말하는 '위경僞經'이 아니다. 위경처럼 하나의 주장이 있다거나 그 주장을 떠받쳐줄 사상적·사회적 배경이 전혀 발견되지 않기 때문이다. 그 번역자는 소덕혜순紹德慧詢이라고 되어 있다. 그에게 덧붙여진 범재대사梵才大師라는 칭호는 산스크리트어 대학자라는 뜻으로 사용했을 것하다. 관료화된 불교계에 어떠한 부패와 추락이 일어나는지 잘 보여주는 견본 같은 이야기다.

『노자』·『장자』·『역』 등 중국 고전철학에 쓰인 용어가 불전 번역에 이용되었다고는 하지만, 한역 불전에는 불교의 독자적인 술어가 자주 나타난다. 이것을 제대로 이해하기 위해서는, 예를 들면 나카무라 하지메中村元의 『佛敎語大辭典』 등을 늘 옆에 두고 그 원어가 무엇인지 확인할 필요가 있다. 한역어로부터 원어(범어)를 찾는 데 편리한 사전이 간행되었다. 히라카와 아키라平川彰의 『佛敎漢梵大辭典』(靈友會, 1997)이 그것이다. 이 사전을 사용하고, 『漢譯對照梵和大辭典』(증보개정판, 鈴木學術財團, 1979)으로 확인한다면, 한역어의 성립과 그 독자성에 대한 이해가 더 깊어질 것이다. 팔리어를 원어로 하는 한역 불전에 대해서는 미즈노 고겐水野弘元의 『南傳大藏經總索引』(제1·2부, 증보개정판, ピタカ, 1977)을 통해 이해를 심화시킬 수 있을 것이다.

새로운 본격적인 연구로서는 가라시마 세이시辛嶋靜志의 『正法華經詞典』(創價大學·國際佛敎學高等硏究所, 1998)과 같은 저자의 『妙法蓮華經詞典』(同, 2001)이 있다.

제3절 경전 목록의 작성

한역 불전에는, 같은 원본을 별도의 번역자가 번역한 것들이 적지 않다. 그것을 '동본이역同本異譯'이라고 한다. 서너 차례씩 번역되고 그 번역본들이 모두 상실되지 않은 채 지금까지 전해지는 경우도 있다. 예를 들면 구마라집 번역으로 유명한 『금강반야경』은 8차례나 번역되었다. '직본直本'으로 일컬어지는 축어역逐語譯본도 남아 있다. 티베트 역경은 원칙적으로 하나의 경전에 하나의 번역만 남긴다고 한다. 그것은 기존 번역을 손보아(개역하여) 항상 하나의 경전만 남긴다는 방침을 고수하였기 때문이다.

이에 비해 한역에서는 이 같은 방식이 거의 채택되지 않았다. 이역異譯 불전이 취사取捨되는 일 없이 그대로 보존되어 왔다는 것은 쓸데없는 중복이라는 인상을 주기도 하지만, 불전의 비교연구를 진행할 때 어느 것 하나 빠뜨릴 수 없는 좋은 자료가 된다. 시대에 따른 번역어의 차이와 변화, 각 번역자의 새로운 고안, 원본 자체의 발전 자취 등에 대하여, 동본이종 경전은 둘도 없는 재료를 제공해주는 것이다.

이미 4세기에 도안道安은 그 점에 착안하여 몇 가지 동본이역경을 비교 연구하였다. 그는 이 연구를 통하여 경전의 참뜻에 다가가고자 하였으나 완전하게는 성공하지 못하였다. 그 시기의 역경은 각각 일장일단이 있어서 그가 찾고자 한 바에 충분하게 답해주지 못했기 때문이다. 그러나 이 비교 연구를 통해 도안은 각 번역자의 번역어와 역경 방법譯風의 특징을 세세히 검토하여 일종의 불전번역론까지 전개하였다.

역경사譯經史 연구에서 도안이 세운 최대 공헌은 경전목록인 『도안록道安錄』(자세하게는 『綜理衆經目錄』)의 완성이다. 중국에 불전이 전해진 초기부터 200여 년에 걸친 불전의 번역 사정을 극명하게 조사·연구한 귀중한 기록이다. 이 목록은 현재 실물은 전하지 않지만 승우僧祐(445~518)가 『출삼장기집出三藏記集』에 전부 인용하고 있어 그 내용을 거의 복원할 수 있다. 중국의 초기 역경에 대해 가장 신뢰가 가는 자료는 이 목록이다.

이 『도안록』으로 시작된 '경록經錄'은 현존하는 것만 해도 열 손가락을 넘는데, 오늘날 한역대장경의 내용과 조직에 가장 큰 영향을 준 목록은 당대唐代에 만들어진『개원록開元錄』(『開元釋敎錄』)이다. 경전목록으로서 필요불가결한 모든 형식을 완비한 가장 포괄적·종합적인 경록이지만, 내용을 자세히 검토해 보면 수대隋代의『역대삼보기歷代三寶記』등에서 유래하는 오류와 허구도 적지 않다. 그러나 그런 결함과 와전을 포함시킨다 해도 오늘날 한역대장경이 이『개원록』에 크게 의존한다는 점은 틀림없다.

인도에서의 경전 성립·전승이나 중국의 번역사 등과 관련하여 그 전체 모습을 파악하는 데 가장 적당한 것으로 미즈노 고겐水野弘元의 『經典—その成立と展開—』(佼成出版社, 1980)이 있다. 와타나베 쇼코渡邊照宏의 『お經の話』(岩波新書, 1967)도 입문서로 뛰어나다. 또『水野弘元著作集』전 3권(春秋社, 1996)의 제1권에는「佛敎聖典とその飜譯」을 비롯하여 역경사와 관련하여 중요한 여러 논고들이 정리되어 있어 시사하는 바가 많다. 우이 하쿠주宇井伯壽의『佛敎經典史』(大東出版社, 1957)와 모치즈키 신코望月信亨의『佛敎經典成立史論』(法藏館, 1946)도 참조할 만하다. 다이쇼장경大正藏經 편찬사업에 깊이 관여했던 오노 겐묘小野玄妙의『佛敎經典總論』(大東出版社, 1936. 신판에서는『佛敎解說大辭典』별권, 1978 개정)은 위의 모든 것을 다 망라한 연구다. 도키와 다이조常盤大定의『後漢より宋齊に至る譯經總論』(東方文化學院 東京研究所, 1938), 하야시야 도모지로林屋友次郎의『經錄研究(前篇)』(岩波書店, 1940)와『異譯經類の研究』(東洋文庫, 1945), 우이 하쿠주宇井伯壽의『釋道安研究』(岩波書店, 1956)와『西域佛典の研究』(同, 1969) 및『譯經史研究』(同, 1971), 오노 호도大野法道의『大乘戒經の研究』(理想社, 1954), 야부키 게이키矢吹慶輝의『三階敎の研究』(岩波書店, 1927)와『鳴沙余韻解說』(同, 1933)도 참조할 만하다. 오초 에니치橫超慧日·스와 기준諏訪義純의『羅什』(大藏出版, 1982), 구와야마 쇼신桑山正進·하카마야 노리아키袴谷憲昭의『玄奘』(同, 1981)도 귀중한 성과다. 중국인이 제작한 대장경의 성립사 연구로는 팡광창方廣錩의『佛敎大藏經史』(中國社會科學出版社, 1991)가 있다.

제4절 위경僞經

인도 이외의 지역, 특히 중국에서 불설佛說을 빌려 위작된 경전을 가리킨다. 번역 경전의 모습을 취하고 있지만, 실제로는 중국에 불교를 더 잘 보급할 목적으로 통속신앙을 섞거나, 혹은 정통적·체제적 불교와는 다른 사상과 일상예절[行儀] 등을 선양하기 위하여 제작된 경전이다. 인도 이외라고 하면 의미상 서역과 남해 등 여러 지역도 포함하므로 거기에서 제작된 경전도 엄밀하게는 위경이라고 불러야 하지만 일반적으로는 포함시키지 않는다. 어디에서 제작되었건 번역(한역)된 것은, 정규 불전(眞經·正經)으로 간주되었다. 따라서, 위경이란 한자 사용지역(한자문화권) 내에서 만들어진 경전을 가리킨다. 중요한 것은 중국에서 만들어진 경전이다(조선과 일본에서도 위경이 일부 만들어졌지만 여기서는 문제 삼지 않는다).

『경록』에 따라서는, 번역된 경전이라고 간주하기엔 의문이 남으면 '의경疑經'이라 부르고, 중국에서 위작된 사실이 확실한 것은 '위경僞經'이라고 불러 서로 구별하는 경우도 있었다. 그러나 일반적으로는 '의경'·'위경'·'의위경疑僞經'은 거의 같은 의미로 사용되며, 번역경을 모방해서 중국에서 만들어진 경전을 이 같은 명칭으로 불렀다. 이른바 『경록』 내의 '블랙리스트'라 하겠는데, 이것을 하나하나 명기하여 주의를 환기한 것이다.

위경을 최초로 문제 삼은 것은 『경록』의 편찬자들이었다. 『경록』이란 원래 번역된 불전의 목록이므로 각 불전들이 번역된 것인가의 여부에 각별한 관심을 기울이는 것은 당연하다. 그들에게 위경이란 진경眞經(번역경)을 혼란시키는 존재고 그 결과 불설佛說의 진실을 속이는 것일 뿐이었다. 번역경만을 인도 전래의 불설 그 자체로 보고, 따라서 비번역경은 누군가 제멋대로 만들어낸 거짓 경전으로서 보잘것없는 망설이라

고 여겼다. 위경을 '위망僞妄' 혹은 '위망난진僞妄亂眞'으로 업신여긴 것은
『경록』 편찬자의 입장에서 보면 당연할 것이다.

그러나 이들의 심각한 우려를 비웃기라도 하듯, 위경은 시대가 지나
면서 계속 늘어났다. 동진 도안道安 때 26부 30권이었던 위경은 양梁
승우僧祐 시대가 되면 46부 56권까지 거의 2배로 늘어났다. 수隋 언종彦琮
(557~610) 때는 209부 490권을 헤아려 약 4배가 되었다. 당 지승智昇 시대
에는 406부 1,074권이 되어, 부수와 권수가 동시에 이전보다 갑절로
늘어났다. 『경록』이 전하는 이러한 부수·권수가 꼭 항상 정확하다고는
하지 못하겠지만, 시대의 흐름에 따라 위경이 증가하였다는 역사적
사실을 상당히 잘 반영하고 있다 할 것이다. 앞서 서술한 것처럼 지승智
昇이 전하는 『개원록開元錄』의 위경이, 부수에서는 400부를 넘고 권수에
서는 1,000권을 훨씬 상회하였다는 사실은 특히 주목할 만하다. 주지한
바와 같이 『개원록』에 의하면, 1,076부 5,048권의 불전이 대장경에 편입
되어[入藏] 대장경으로 현존하고 있다. 이 대장경에 편입된 경전 수를
앞서 언급한 위경 406부 1,074권과 대비해 보면, 권수에서는 아직 큰
차이가 나지만 부수는 그 절반에 미치고 있다. 당시 이미 다종다양한
위경들이 존재하였으며 민간에서 크게 유행하였던 양상을 엿볼 수 있
다. 이른바 중국불교의 완성기라고도 할 수당시대는 또한 위경의 전성
기이기도 하였다.

어째서 이렇게 많은 위경이 제작된 것일까. 또 위경들은 어떠한 주장
과 신앙을 포함하였을까. 이것이야말로 위경 연구의 중요한 과제일
것이다. 위경 하나하나는 민간의 살아있는 신앙 양상을 해명하는 데
유효하고도 구체적인 실마리를 제공해줄 것임에 틀림없다.

그런데 『개원록』은 위경으로 판정한 406부의 경전을 전부 대장경에
서 제외시켜 버렸다. 따라서 앞서 언급한 406부 1,074권은 대장경으로
편입되지 못했고 베껴서 사원의 경장經藏에 담기는 일은 없었다. 결국

정규 불전으로 존재할 자격을 영구히 박탈당했다고 할 수 있다. 민간에서 아무리 크게 유행했다 해도 『경록』의 〈위경록〉에 경전 제목만 남고 위경 그 자체는 흩어져 없어지고 말았다. 예외적으로 남아 있는 경우는 『법원주림法苑珠林』·『제경요집諸經要集』·『경율이상經律異相』 등에 인용된 일부 문장뿐이다.

그런데 20세기 초기에 둔황 석굴에서 수만 점에 이르는 고문서·문헌군이 발견되어 정리·연구가 진행되면서 이미 흩어져 사라져 버렸다고 간주된 위경류僞經類가 그 안에 적잖게 포함되어 있는 사실이 밝혀졌다. 쇼와昭和 초년경 야부키 게이키矢吹慶輝는 런던과 파리에서 스타인본과 펠리오본을 조사·연구하고, 그중 두드러진 위경 56점을 골라 그 본문을 『大正藏經』 85권(古逸部·擬似部)에 수록하였다. 야부키의 조사·연구의 성과는 『鳴沙余韻解說』(岩波書店, 1933), 『三階敎の硏究』(岩波書店, 1927)로 결실을 맺었다.

그 후 반세기 사이에 위경 연구는 장족의 발전을 이룩하였다. 둔황에서 발견된 위경은 대부분 『경록』을 통해 이름이 알려져 있는 것이었지만 가끔은 지금까지 전혀 알려진 적 없던 위경도 있었다. 『大正藏經』에는 수록되지 않았던 30여 점의 위경이 마키타 다이료牧田諦亮의 『疑經硏究』(京都大學人文科學硏究所, 1976)에 소개되었는데, 둔황 위경을 연구한 새로운 성과다. 이 책의 총론격인 「中國佛敎上において疑經の硏究」는, 각각의 성립사적 연구에서 얻어진 최신 성과를 근거로 향후의 연구 전체를 전망한 것으로, 지극히 유익한 논고다.

간혹 일본의 오래된 사원 등의 장본藏本에 남아 있던 의경류에 대해서는 이시다 모사쿠石田茂作의 『寫經より見たる奈良朝佛敎の硏究』(東洋文庫, 1930)가 참조할 만하다. 『대승기신론大乘起信論』의 중국찬술설을 제창하여 학계에 파문을 던진 모치즈키 신코望月信亨도 위경에 특별한 관심을 갖고 수많은 성과를 『佛敎經典成立史論』(法藏館, 1946) 등으로 발표하였다. 모치

즈키는 위경과 관련하여, 표방하는 신앙 혹은 주의·주장을 아래의 네 가지로 분류하여 논했다. ① 도교 및 세속 신앙에 관한 것, ② 호국 및 대승계大乘戒·보살수도菩薩修道의 계위階位, 위계에 관한 것, ③ 여래장如來藏·밀교密敎에 관한 것, ④ 마명조馬鳴造의 『대승기신론』, 마명馬鳴·용수龍樹에 가탁된 여러 의론. 또 마키타牧田는 위경의 제작 의도에 대하여 다음 여섯 가지 항목을 설정하여 논하였다. ① 주권자의 의향에 힘을 보태는 것(측천무후를 위하여 만들어진 『大雲經』), ② 주권자의 시정을 비판한 것(삼계교 경전과 『像法決疑經』·『瑜伽法鏡經』 등), ③ 중국 전통사상과의 조화, 혹은 양자의 우열을 고려한 것(『父母恩重經』·『盂蘭盆蘭經』·『須彌四域經』·『淸淨法行經』 등), ④ 특정 교의나 신앙을 고취한 것(『大通方廣經』·『觀世音三昧經』 등), ⑤ 현존하는 특정 개인의 이름을 표시한 것(『高王觀世音』·『僧伽和尙入涅槃說六道經』·『權善經』 등), ⑥ 병의 치료나 복을 비는 등 단순한 미신과 비슷한 것(『天地八陽神呪經』·『佛說延壽命經』·『佛說七千佛神符經』 등). 이상의 여섯 분류 중 특히 ⑥에 속하는 위경의 수가 압도적으로 많다고 지적하였다. 난해한 불교교학과는 거의 연이 없었던 서민·대중층이 현실의 절박한 고난으로부터 구제받기 위해 어떤 불교에 마음의 의지처를 구했을까를 생각해 보면, 이런 종류의 위경의 범람은 주목할 만하다.

또 나카무라 하지메中村元는 『廣說佛敎語大辭典』(東京書籍, 2002)의 〈疑經〉 항목에서 제작 동기는 여러 가지지만 일단 이하와 같이 네 가지로 구분하였다. ① 『시왕경十王經』·『고왕관음경高王觀音經』과 같이 통속신앙을 고취하는 것, ② 『상법결의경像法決疑經』과 같이 말세사상에 기인한 것, ③ 『인왕반야경仁王般若經』처럼 위정자에 대한 훈계를 목적으로 하는 것, ④ 『대범천왕문광결의경大梵天王問廣決疑經』과 같이 선종의 전통에 관한 것.

선종과 관계가 있는 위경류도 많이 만들어졌다. 위작僞作인 『법구경法句經』·『금강삼매경金剛三昧經』·『선문경禪門經』·『법왕경法王經』·『원각경圓覺

經』·『능엄경楞嚴經』 등이 대표적인데, 이 가운데『금강삼매경』·『원각경』
·『능엄경』은『경록』 편찬자의 착각으로 대장경에 잘못 섞여 들어간
것이다. 이것들에 대해서는 미즈노 고겐水野弘元, 야나기다 세이잔柳田聖
山, 오키모토 가쓰미沖本克己, 오카베 가즈오岡部和雄, 기무라 기요타카木村淸
孝, 이시다 미즈마로石田瑞麿 등의 연구가 있다. 미즈노水野의「菩提達磨の二
入四行と金剛三昧經」(『駒大佛敎紀要』 13, 1955)과「僞作の法句經について」(『駒大佛
敎紀要』 19, 1961), 오키모토沖本의「禪宗史における僞經-『法王經』について-」(『禪
文硏記要』 10, 1978), 오카베岡部의「禪僧の注抄と疑僞經典」(『講座敦煌8』, 大東出版社,
1980)과「僞作『法句經』硏究の現段階」(『古田紹欽古稀記念』, 創文社, 1981), 기무라木村
의「僞作『佛說法句經』再考」(『佛敎學』 25, 1988), 야나기다柳田의 『中國撰述佛典
Ⅰ(圓覺經)』(筑摩書房, 1987), 아라키 겐고荒木見悟의『中國撰述佛典Ⅱ(楞嚴經)』
(同, 1986), 이시다石田의『民衆經典(父母恩重經 外)』(同). 천태종 불교학자
세키구치 신다이關口眞大의 다음 연구도 중요하다.「敦煌出土最妙勝定經考
(附, 最妙勝定經)」(『淨土學』 22·23, 1950 ;『天台止觀の硏究』, 岩波書店, 1969). 정토교
관계 위경에 대해서는 시바타 도루柴田泰의「淨土敎關係疑經の硏究」(『禮幌大
谷短大記要』 8·9, 1974·76)가 있다.

근래, 나고야名古屋 시 나나쓰데라七寺에서 옛날에 없어진 불전이 발견
되어 그 중요 부분의 연구서가 간행되었다(『七寺古逸佛典硏究叢書』 전6권, 大東
出版社, 1994~2000). 이 시리즈에도 위경을 다룬 3개의 논고가 포함되어
있다. 마키타 다이료牧田諦亮의「新疑經硏究序說」(제1권)과「疑經硏究の今後
の課題」(제5권), 기쿠치 노리타카菊地章太의「疑經硏究文獻目錄」(제4권) 등이
그것이다.

중국에서도 대장경에 포함되지 않은 불전의 연구·출판이 진행되고
있다(方廣錩 編, 『藏外佛敎文獻』 제1집, 宗敎文化出版社, 1995).

제4장 둔황敦煌 불교

가미야마 다이슌上山大峻
류코쿠대학龍谷大學 명예교수

제1절 둔황이라고 하는 곳 -불교동점佛敎東漸의 요충-

둔황은 장안長安(현재의 西安)에서 서쪽으로 향하는 길인 하서회랑河西回廊의 최서단에 위치하며, 톈산북로天山北路, 톈산남로天山南路, 서역남도西域南道의 세 코스가 합류하는 실크로드의 요충지로 번영했던 도시다. 1세기경부터 동쪽으로 움직이기 시작한 불교는, 중국에 닿기까지 당연히 둔황을 경유하였다. 둔황은 최초로 중국이 불교를 수용한 곳이었다. "경법經法이 널리 중화中華에 흐르게 된 것은, 호護 덕분이다"라고 평가받는 월지月支 사람 축법호竺法護(265~308 활약)가 이 둔황 출생이다. 그가 활약한 3~4세기경에 둔황에서는 이미 서역승西域僧이 와서 살았고, 여러 민족과 언어가 뒤섞여 있어 축법호의 활약을 뒷받침해줄 만큼 불교계의 환경도 갖추어졌다.

제2절 매장되어 있던 불교자료 -발견·수집·보관-

천불동千佛洞 유적 둔황은 20세기 들어 두 가지의 유품으로 주목을 받았다. 하나는, 천불동으로 불리는 석굴사원이며, 또 하나는 이 석굴

중 하나인 제17 장경동藏經洞에 봉해져 있던 만권의 고사본古寫本들이다.

둔황 마을 주변의 이른바 천불동 유적은 네 군데다.

① 막고굴莫高窟 : 둔황 현성縣城의 동남쪽 약 30㎞, 명사산鳴沙山 기슭에 위치하며, 중국학자의 조사에 의하면 현재 492굴 정도 된다.

② 서천불동西天佛洞 : 둔황시 중심에서 서남쪽으로 약 30㎞, 당허党河 북 안北岸에 위치한다. 이미 무너진 굴이 많으며 현존하는 것은 22굴이다.

③ 유림굴楡林窟 : 둔황시 중심에서 동쪽으로 170㎞에 위치하며 42굴이 현존한다.

④ 수협구굴水峽口窟 : 유림굴 동쪽에 있으며, 소천불동小千佛洞 또는 하동 下洞으로 불린다. 존재하는 것은 6굴뿐이다.

이 가운데 가장 스케일이 크고 둔황을 유명하게 만든 것이 막고굴로, 명사산 기슭에 장장 1,600m에 걸쳐 크고 작은 불굴佛窟들이 들어서 있다. 이 지역에서 불교가 번영하였음을 보여주는 역사적인 기념물이다.

제3절 둔황 출토 자료와 그 연구

1) 둔황 출토 고사본들과 수집

1900년 왕위안루王圓籙라는 도사道士가 우연히 천불동 막고굴의 한 방(제17 장경동)에서 약 5만 점에 이르는 고사본들을 발견하였는데, 둔황 을 유명하게 만든 유품이다.

이 자료가 영미 사람들에게 알려지자 먼저 1907년 영국인 스타인이 둔황을 방문해서 그중 일부를 들고 돌아갔다(대영도서관에 보관). 다음으 로 프랑스인 P. 펠리오가 방문하여 또 일부를 가져갔다(프랑스국민도서관에 보관). 그 후 중국정부가 남은 자료들을 회수하였다(중국국가도서관에 보관). 이후에도 일본 오타니大谷 탐험대와 러시아 올덴부르그가 둔황을 방문하여 상당수의 자료를 수집하였다.

고사본의 구성을 먼저 언어 면에서 보면, 그 태반이 한문 사본이고 나머지는 대부분 티베트어 사본이다. 그 밖에 위구르어, 우전어, 소그드어 등 고대 중앙아시아 언어 사본이 섞여 있다. 내용적으로는 유교, 도교 등의 외교전적外敎典籍, 승니僧尼 호적조사와 토지매매계약 등 경제문서, 역曆, 문학서 등이 포함되어 있지만, 대부분은 불교경전과 그 주석서 등의 불전류佛典類다. 약간의 인쇄본(9~10세기의 것)이나 포布 등에 그려진 회화도 있지만, 종이에 손으로 쓴 수초본手抄本이 대부분이다. 시대적으로는 5세기 초 무렵부터 11세기까지 약 600년에 걸친 것들이 포함되어 있다.

이만한 분량의 사본을 어떤 경위로 석실에 넣고 봉해두었는지 그 이유는 아직 충분히 알려지지 않았다. 다만 파손된 경권經卷 등이 많은 것으로 보아 적어도 정규 경장經藏은 아니고, 오랫동안 사용하여 헐었거나 사용이 끝난 불전을 소홀히 다루지 않도록, 한 군데에 묻어 놓은 게 아닐까 하는 추정까지는 할 수 있다. 사본들의 내력에는 더욱 분명하지 않은 점이 있지만, 고사본 하나하나가 지난날 둔황 불교도들의 신앙과 생활을 직접적으로 반영한 동시대의 직접자료라는 점에서 그 자료적 가치는 지극히 높다.

2) 둔황 출토 자료 연구

둔황 고사본이 세상에 알려지자 동양학자들은 모두 그 연구에 착수하였다. 최초의 단계에서는, 중국 본토의 경우 흩어져 사라진 삼계교三階敎 전적 등 우연히 둔황 석실에 보존되어 있던 문헌들이 관심을 끌어 진본珍本으로서 세상에 소개되었다. 불전에서는 선禪 관계 자료가 주목

을 끌었다. 알려지지 않았거나 혹은 없어져 버린 문헌이 발견되는 경우
가 있었기 때문이다. 또 동양사학 전공자가 과거 중국의 경제와 법제法制
의 구체적인 예를 사본들 안에서 찾아내 신속히 연구하는 등, 각 방면에서
주목을 집중하여 '둔황학'이라는 이름의 학문분야가 탄생할 정도였다.

3) 연구방법의 전환

쇼와昭和 30년(1955) 에노키 가즈오榎一雄, 야마모토 다쓰로山本達郎 두
연구자의 노력으로 스타인 자료의 마이크로필름을 전부 일본으로 들여
와 사진 자료로 현물에 가까운 모습을 접할 수 있게 되었다. 이는 그때까
지 연구자가 관심을 갖고 '보물찾기'식으로 옛날에 사라졌거나 전하지
않게 된未傳 신출자료를 찾아내어 소개하는 식이었던 둔황 연구를 새로
운 국면으로 끌어올렸다. 즉 둔황 출토 자료를 보고 직접 둔황 불교
자체의 모습을 판독해서 재현해 내려 한 것이다. 원래 연구자라면 둔황
불교의 실태 해명을 당연한 목표로 삼아야 하지만, 그때까지는 그러하
지 못했다. 그 원인의 하나는, 둔황이 중국불교문화권에 속하였으므로
불교의 전개 역시 중국불교와 겹칠 것이라는 선입관 아래 출토 자료
역시 중국불교의 관점에서 보려 한 데 있었다. 또 하나, 설사 둔황
고유의 불교가 전개되었을 것이라고 예상하더라도 자료가 단편적이었
데다 실물을 볼 수 없다는 제약도 있었다.

그런데 자료 사진이 공개되고, 서도가이기도 한 고故 후지에다 아키라
藤枝晃 박사가 필적筆跡 변천을 통해 사본의 시대를 판정할 수 있는 방법을
개발하면서 자료의 한계가 깨어지게 되었다. 출토된 사본은 대체로
지어識語(사본 앞뒤로 그 책의 내력 등을 기록한 간기) 부분이 빠진 불완전본이
었지만, 드물게 지어가 남아 사본의 성립연도를 알 수 있었다(약 1,000점
정도). 그것들을 연대순으로 나열해 보면 자연히 시대에 따른 필적 변화
가 분명해진다. 그렇게 하여 필적 변화의 기준이 만들어지면, 그것을

척도로 삼아 설령 연대가 기록되어 있지 않더라도 필적의 특징을 보고 사본의 성립연대를 대강 추정할 수 있게 된다. 후지에다 아키라藤枝晃 박사가 제창한, 필적에 의한 연대측정법이다. 이것에 의하여 지금까지 연대불명이라는 이유로 자료로서의 유효성을 갖지 못했던 사본의 단편 들도 다시 생명을 얻게 되어 유효한 자료의 수가 늘어났다. 또한, 사진에 의한 필적뿐 아니라, 사본의 형태적 특징, 용지 등의 질적 특징 등을 통해서도 유형을 유추할 수 있게 되었다. 게다가 천불동 벽화의 제재題材 와 구성 등도 불교교학의 변천과 중첩해서 이해할 수 있게 되어, 둔황 자료 자체로 '둔황' 고유의 불교를 밝힐 수 있게 되었다.

제4절 해명된 불교도시 둔황의 성쇠

1) 북조기北朝期 불교의 흥륭

둔황 자료 중 『대반열반경大般涅槃經』의 오서奧書(일종의 판권면)에 의하 면, 533년 당시 둔황 자사刺史 원태영元太榮(544년까지 직임에 있었다)이 이 경전 외에 『유마경維摩經』·『법화경法華經』·『금광명경金光明經』 등 대표적 인 경전을 합쳐 100권을 베껴쓰게 했다고 한다. 또, 530년에는 병의 치유를 위하여 『인왕경仁王經』300부를 베껴서 비사문천毘沙門天에게 바쳤 다고 한다. 이 무렵 둔황은 북위北魏의 지배를 받게 되고(439), 이후 수隋의 통일까지 계속된다. 북위는 446년 그 유명한 폐불廢佛을 단행했지만 453년 다시 봉불奉佛로 전환하여 이후의 불교 흥륭은 경이적이었다. 둔황은 변방에 위치하여 폐불정책 아래에서도 직접적으로 피해를 받는 일이 적었고, 왕래의 요충지여서 종래로부터 이어진 불교 번영에 더해 더욱 성황을 이루게 되었다. 특히 자사刺史 동양왕東陽王 원태영元太榮은 위의 사경사업만이 아니라 둔황 천불동을 일거에 성황으로 이끈 인물로 전한다. 실제로 막고굴 중에 그가 조영한 것으로 보이는 유달리 화려한 석굴(제285굴)이 현존하고 있어 이를 증명하고 있다.

또한 다음과 같은 사실이 둔황 출토 사본으로 밝혀지게 되었다. 북조기北朝期에 속하는 둔황 사본 중에 지금까지 그 존재가 전혀 알려진 적 없던 『승만경勝鬘經』·『유마경維摩經』·『법화경法華經』·『십지경十地經』 등에 대한 경소經疏(경전의 주석서)가 상당히 존재하였다. 예를 들면 연호가 있는 것으로, 경명景明 원년(500)에 비구 담흥曇興이 정주定州 풍락사豊樂寺에서 베껴썼다고 하는 『유마경』(스타인 2106번), 대통大統 5년(539)에 비구 혜룡惠龍이 베껴썼다고 기록한 『유마경의기維摩經義記』(스타인 273번), 고창국高昌國 연창延昌 4년(564)에 베껴쓰고 '조법사소照法師疏'라고 기록한 「승만경소勝鬘經疏」(스타인 524번) 등이다. 단순한 경전의 유포와는 다르게 경소經疏 등의 존재를 보건대, 배후에 그것들을 강의하고 배우는 학습집단의 존재를 상정해야 할 것이다. 6세기 북조기의 경소 사본이 둔황에서 많이 출토되었다는 것은, 중앙에 비하여 뒤떨어지지 않는 학문활동이 둔황 지역에서 이루어졌다는 것을 말한다. 시대적으로 보건대 둔황 불교학의 보호 육성에도 동양왕東陽王의 힘이 크게 관여한 것으로 추정된다.

2) 수당시대의 둔황 불교

581년, 수隋나라는 남북으로 나누어져 있던 중국을 통일하지만 곧 멸망하고, 618년 당唐나라가 중국을 지배하게 되어 공전의 통일국가 시대가 시작되었다.

당 왕조는 하서河西지방에 양주涼州·숙주肅州·과주瓜州·사주沙州(敦煌縣과 壽昌縣을 포함)의 5주州를 설치하고(622), 648년에는 옌치焉耆(Qarasahr)·구자龜玆를 멸망시켜 구자에 안서도호부安西都護府를 두고 이를 전진기지로 삼아 서역 경영에 적극 나섰다. 둔황은 당나라 서역 진출의 거점으로서 더욱 중요성이 커지고, 동서교통의 역참도시로도 번성하였다.

727년에 구자를 통과한 혜초慧超의 보고에 의하면, 이 지역에 대운사大雲寺와 용흥사龍興寺 같은 당나라의 관사官寺가 세워지고 장안長安에서 온 한인승漢人僧이 주지가 되어 대승불교를 행하였다고 한다. 둔황에도 이러한 대운사·용흥사·개원사開元寺가 사원 중 대사大寺로 존재했다는 것이 출토문헌을 통해 확인된다. 당나라의 불교정책은 이러한 지역에까지도 골고루 미쳤던 것이다.

3) 둔황에서의 사경寫經

이 시대에 속하는 둔황 출토 고사경古寫經은 대부분 멋진 해서체로 단정하게 베껴쓴 1행 17자의 경권經卷이다. 황마지黃麻紙라고 해서 황색으로 물들인 상질의 종이를 사용하고, 25㎝(1척尺) 폭으로 가지런하게 되어 있다. 경장經藏에 수납하기 위하여 치수를 일정하게 한 것이다. 이것이 인쇄 이전의 표준 사경 형식으로, 전문 사경생寫經生이 쓴 것이다. 정규 사경으로 말하면, 둔황에서 가장 빠른 시기에 국영 사경소가 설치되었으며 거기에서 베껴쓴 것들이 남아 있다. 예를 들면, 권말에 다음과 같이 기록된 책이 그것이다.

　　　　成實論卷十四
　　　　　　經生曹法壽書寫用紙卄五張
　　　　永平四年歲次辛卯七月卄五日　　敦
　　　　煌鎮官經生曹法壽所寫論成訖
　　　　　　　典經師　令狐崇哲
　　　　　　　校經道人　惠顯　　(改行은 현재의 寫本 그대로)

둔황 사본 가운데 이런 종류의 사경은 13점이 발견되었으며, 연대는 위의 영평永平 4년(511)부터 연창延昌 3년(514)까지로 집중되어 있다. 이 시기 둔황은 진鎭제도를 채용하고 있었다. 둔황진敦煌鎭 관경생官經生이란 바로 이 둔황진의 관영 사경소에 속한 사경생寫經生을 가리킨다. 이들 사경생이 상당수의 일체경一切經을 베껴썼을 것이다. 다만 이 시기의 일체경은 1,464권으로 이루어져 있었다. 당대唐代에는 일체경의 분량이 점점 늘어나, 730년에 편찬된 경전목록『개원석교록』에 의하면 1,076부 5,048권에 달했다. 이 정도의 양을 베껴쓰고 이것을 여러 주의 개원사開元寺 등의 관사官寺에 비치하는 것만도 쉬운 일이 아니다. 둔황에서도 이 같은 수요에 응하기 위하여 사경을 했을 것이다.

둔황에서 출토한 대부분의 표준 사경에는 장안의 궁정 사경소에서 베껴쓴 것임을 명기한 훌륭한 경권經卷이 섞여 있는데 현재까지 30점 가까이 알려져 있다. 이는 중앙에서 견본으로 둔황 사경생들에게 배포한 것일 터인데, 장안의 최고 문물이 이러한 변방에까지 도달해 있었던 것이다.

그 밖에 예를 들면 담란曇鸞의『찬아미타불게讚阿彌陀佛偈』의 경운景雲 2년(711) 사본이 둔황 사본에 포함되어 있는 등, 장안에서 널리 유행한 정토교 전적도 전해졌다. 나중에 서술할 것처럼 불굴佛窟 벽화에도 정토 도안[정토변상도淨土變相圖]이 많이 등장하는 등, 중앙불교계의 영향이 두드러졌다.

당대가 되면, 천불동의 벽화와 소상塑像도 더욱 더 사실적寫實的이 되고 화려해진다. 장안에서 벽화의 밑그림을 작성하여 둔황에 보내면, 둔황에서는 그것으로 그림의 윤곽을 잡고 채색을 하는 방법이 사용되었던 것 같다. 히라야마 이쿠오平山郁夫 화백에 의하면, 제332굴 동쪽 벽의 벽화는 일본 호류지法隆寺 벽화와 같은 도안이라고 한다. 아마 같은 밑그림[下繪]이 동서로 옮겨졌을 것이다. 이 시대의 사본에는 정토경전이 많지만, 그와 함께 벽화도 〈정토변상도〉가 주류를 점하며 화려하게 묘사되었다.

4) 티베트의 둔황 점령

이렇게 융성을 구가하던 둔황에 커다란 변화가 일어난다. 전부터 힘을 키워온 티베트[토번吐蕃]가 안록산安祿山의 난(755년 발발)으로 약화된 당의 수도 장안을 제압하더니 그 기세를 몰아 하서河西의 여러 도시를 동쪽에서 서쪽으로 공략하고, 드디어 786년 둔황을 함락시키고 지배 아래 두었다. 이후 848년 둔황의 토호 장의조張議潮가 군사를 일으켜 토번을 쫓아내고 한인 지배를 회복하기까지 둔황은 '대번大蕃國'으로 칭한 티베트국의 영토가 되었다. 둔황 역사상 '티베트 지배시대'로 이름 붙여진 시기다.

둔황 자료 가운데 다량으로 존재하는 티베트어 자료는 이 시대에 티베트가 남긴 것이다. 티베트 자료까지 더해져 보존된 당시의 자료에서 이 시대 특유의 불교계 양상이 드러나게 되었다.

5) 티베트 지배시대의 불교계

마침 이 시대에 티베트는 불교를 국교로 정하고 거국적으로 그 도입(761년 불교 도입 결정)과 흥륭에 힘썼다. 이를 위해 이제까지의 불교도시 둔황의 사람·조직·사상·기술 등을 배제하는 일 없이 다소의 개변改變은 있되 대부분을 계승하여, 자국의 불교사업에 이용하였다. 벽화의 화풍 등에도 이전 시대와 큰 변화가 보이지 않는 것을 보면, 화공들 역시 그대로 채용되었음을 보여주는 흔적이다. 한문 사경과 학문도 행해졌다. 뿐만 아니라, 전란에 쫓겨 둔황으로 모여든 훌륭한 한인승을 자국 불교를 위하여 채용하였다. 예를 들면 장안 서명사西明寺에서 배운 담광曇曠(?~786년경 서거)이라는 학승은 전쟁에 쫓겨 둔황에 들어와(763년경) 여기에서 최신 학문을 강의하였다. 『금강반야경』·『대승백법명문론大乘

百法明門論』·『대승기신론』같은 연구서와 강의록이 둔황에 보존되어 있다는 것으로 그 존재를 알 수 있게 되었다. 새로 발흥한 중국 선종의 마하연摩訶衍 선사도 둔황에 와서 살았는데, 그때 티베트왕 치손데첸(742~797)의 초대를 받아 티베트 본토에서 돈오선종頓悟禪宗의 가르침을 설명하였다. 그런데 그 내용이 이미 티베트에 들어와 있던 인도 중관파계中觀派系의 점오漸悟 불교와 모순되어, 양자는 시비를 둘러싸고 치열한 교학敎學논쟁을 전개하게 되었다(792~794년경). 결국 마하연 측이 패하여 다시 추방되는 것으로 끝났는데, 한문 기록인『돈오대승정리결頓悟大乘正理決』이 둔황 장경동藏經洞에 보존되어 있어 당시 사건의 사실성史實性과 논쟁의 내용이 밝혀졌다.

법성法成은 원래 오吳씨 성을 가진 한인인데 티베트 점령 하의 둔황에서 성장하여 티베트어에도 능통하고 담광曇曠 등의 불교학을 배워 한문 불교에도 조예가 있었다. 이 어학력과 불교 지식을 인정받아 티베트 불전 번역조직에서 최고위직인 '대번국삼장법사大蕃國三藏法師'에 임명되어, 최둡Chos grub이라는 티베트 이름으로 원휘圓暉가 지은『입능가경소入楞伽經疏』등을 티베트어로 번역하고, 또 서방에서 새롭게 들어온 불전『도간경소稻芉經疏』등을 한문으로 번역하였다(833~846년경).

티베트는 티베트어로 번역된 많은 경전을 영역 내의 사원에 비치하고, 한문과 티베트문으로 된『대반야경大般若經』과『무량수경無量壽經』을 국민의 초복양재招福禳災를 위해 대량으로 사경(826~827경)할 필요가 있었다. 이러한 사경 작업에 동원된 이들이 둔황에 거주하고 있던 한인들이었다. 티베트 발음으로 기록한 그들의 서명署名이 남아 있어 이러한 사실이 밝혀졌다.

그런데 중국에서 새로운 불교지식이 들어오지 않게 되고 종이나 붓 등의 수입까지 끊어지면서, 둔황에서 독자적으로 거친 종이를 만들어 쓰고, 붓도 부족하여 티베트 문자를 쓰는 데 사용하는 목필木筆[펜]로 한자를 쓰게 되었다. 중국에서 들어오던 학문적 정보가 끊기고 그 대신 티베트에서 새롭게 유입된 인도불교 지식이 더해져, 담광曇曠이 가져왔던 한문 계통의 불교학과 인도·티베트 계통의 불교학이 융합됨으로써 둔황 독자의 불교학이 형성되었다.

6) 귀의군歸義軍 시대의 불교

티베트 세력을 몰아내고 848년 둔황을 다시 한인 지배로 되돌린 장의조張議潮가 중국으로부터 '귀의군절도사歸義軍節度使'로 임명을 받아 당분간 장씨가 둔황을 지배하게 되어 이를 '장씨 귀의군 시대'(848~905)라고 불렀다. 그 후 조曹씨가 지배하는 '조씨 귀의군 시대'(924~1030)가 되어 중국과의 문물교류도 회복하지만, 그래도 둔황은 결코 중국과 같지는 않았으며 오히려 독립국의 양상을 띠었다.

장의조의 지배가 시작되고 얼마간은 약 60년 동안 계속된 티베트 불교의 영향이 여전히 남아 있었다. 티베트 지배시대에 '대번국삼장'으로서 활약한 법성法成은 그 전까지 직함에 포함된 '대번大蕃'이라는 글자를 빼고 '국삼장법사國三藏法師'라는 이름으로 번역 활동을 계속하였고, 개원사에서 한인 승려를 위해 『유가사지론瑜伽師地論』을 강의하였다(855년 개시). 이 강연講筵에 임했던 제자들이 각각 기록한 강의록이 현재 남아 있어 그 실태가 밝혀졌다. 그는 『유가사지론』 100권 가운데 55권에서 강의를 중단하였는데(859년), 그 후 곧 사망한 것으로 보인다. 최근, 그의 장서 정리가 행해졌던 때의 목록이 발견되었다.

귀의군 시기에도 굴은 계속 조성되었고 불교 교단도 유지되었다. 그러나 이 시대의 출토자료를 보면, 일반신도용으로 불교를 알기 쉽게 설명한 '변문變文'이나 경전의 강의본인 '강경문講經文', 또 사원이나 불굴佛窟을 위한 유지조직인 '사社'의 문서 등이 많이 발견되어, 서민과의 연계를 보여주는 것이 많다.

제5절 둔황 불교의 종언

11세기 초, 둔황을 포함한 하서 전역은 서하국西夏國(탕구트족의 신흥국)이 관장하게 되고 둔황도 그 지배를 받게 된다. 서하에게 침탈 당한 둔황의 불교계는 일시 동요하였겠지만, 서하는 불교도시 둔황을 보호할지언정 승려를 박해하거나 천불동을 파괴하거나 하는 일은 없었다. 역으로 천불당千佛堂의 몇 개의 불굴佛窟은 서하시대 때 개수改修되기도 했다.

그 서하도 6대 황제 환제桓帝(1193~1206) 말기에 몽골의 공격을 받고 1227년 결국 칭기즈칸成吉思汗에게 멸망되었다. 이에 둔황도 몽골 민족의 원元나라 지배를 받게 된다. 둔황연구원敦煌研究院은 원대에 만들어진 굴로 8개를 들었는데, 이 시대의 굴에는 티베트 불교의 도상적 특징까지 가진 굴(예를 들면 제465굴)이 많다. 원나라 또한 천불동을 보호한 나라였다. 이 시기가 되면 실크로드는 이미 동서교역의 기능을 상실하였고 이와 함께 둔황도 폐허화의 길을 걷게 된다.

참고문헌

〈 개관 〉
『講座 敦煌』 전10권, 大東出版社, 1980~1990.
롱신장榮新江, 『敦煌學十八講』, 北京大學出版社, 2002.

〈 연구사 〉
간다 기이치로神田喜一郎, 『敦煌學五十年』, 築摩叢書, 1970.
다카타 도키오高田時雄, 『草創期の敦煌學』, 知泉書館, 2002.
「特集 敦煌學の百年」, 『佛敎藝術』 271, 每日新聞社, 2003.

〈 필적 판정 〉

후지에다 아키라藤枝晃, 「北朝寫經の字すがた」, 『墨美』 119, 1962.

〈 둔황의 사경 〉

「敦煌出土の長安宮廷寫經」, 『塚本博士頌壽記念·佛教史學論集』, 1961.

〈 티베트 지배시대의 불교 〉

후지에다 아키라藤枝晃, 「吐蕃支配期の敦煌」, 『東方學報』 京都31冊, 1961.
가미야마 다이슌上山大峻, 『敦煌佛敎の硏究』, 法藏館, 1989.

〈 선종 문헌에 대하여 〉

다나카 료쇼田中良昭, 「敦煌禪籍(漢文)硏究槪史」, 『東京大學文學部 文化交流施設硏
　　　　究紀要』 V, 1981 ; 『敦煌禪宗文獻の硏究』, 大東出版社, 1983.

〈 삼계교三階敎에 대하여 〉

야부키 게이키矢吹慶輝, 『三階敎の硏究』, 1927.
니시모토 데루마西本照眞, 『三階敎の硏究』, 春秋社, 1998.

〈 둔황 불굴佛窟의 예술 〉

마쓰모토 에이이치松本榮一, 『敦煌畵の硏究』, 1937(초판).
후지에다 아키라藤枝晃, 「敦煌千佛洞の中興」, 『東方學報』 35冊, 1964.
『中國石窟·敦煌莫煌窟』, 平凡社, 1990.
판진스樊錦詩·류용정劉永增, 『敦煌石窟』, 文化出版局, 2003.

제5장 대장경 개판開版

시나 고유椎名宏雄
류센인龍泉院 주직住職

제1절 대상 범위와 기본 문헌

중국불교의 연구대상은 광범한데, 그중에서도 대장경 연구는 특수한 분야에 속한다. 왜냐하면 연구대상이 대단히 광대하고, 또한 연구에는 실물을 열람조사하는 것이 필수인데 요즘 조건이 많이 좋아졌다고는 해도 전체적으로는 여전히 연구가 용이하지 않기 때문이다. 따라서 대장경을 연구대상으로 삼으려면 방법론적으로 우선 일정한 방향을 정해야 한다.

하나는, 연구대상을 어느 시기에 개판된 대장경만으로 국한시키는 방법이다. 예를 들면 북송기의 복주판福州版이나 청대의 용장龍藏 등처럼 우선 일장一藏이나 이장二藏을 대상으로 하고, 이것을 불교뿐 아니라 역사·경제·사회·문화 등의 여러 방면에서 고찰 검토하는 연구다.

또 하나는, 모든 대장경에 공통되는 부분만을 대상으로 삼는 연구다. 예를 들면 역경사나 목록학적 연구, 제기題記나 서발序跋 등을 통해 각 대장경의 기본 성격을 해명하는 연구, 시재자施財者를 조사하여 신앙 실태를 해명하는 연구, 특정 종파의 입장서入藏書를 고찰하는 문헌사적 연구 등인데, 이러한 방법은 다면적으로 이루어져도 되며 그만큼 대장 경은 큰 자료원천이다. 필자 역시 일찍이 검토대상을 매우 불충분하게

선적禪籍 입장서入藏書만으로 한정하였는데(『宋元版禪籍硏究』, 大東出版社, 1993),
위에서 언급한 두 번째 방법에 해당하는 예라 하겠다.

어쨌든, 대장경을 연구하려면 동양사, 중국 불교사·문화사 등에 대한
기초지식을 갖추고 있어야 하기 때문에, 그러한 소양이 부족하다면
동시진행적으로든 혹은 기초지식을 익혀나가는 방식으로 연구에 종사
해야 한다. 이 분야의 연구는 그 정도로 다채로운 학식을 요구하는
정말 견실한 학문이기 때문이다. 결국, 착실한 노력과 견고한 의지가
없다면 대장경 연구는 기대하기 어렵다고 할 수 있다.

이런 이유도 있고 해서 종래는 『다이쇼 신수대장경大正新修大藏經』이
편찬 간행되면서 한때 대장경 연구가 크게 고양되도 했지만 대체적으로
이 분야를 연구하는 학자는 드물었다. 그런데 예기치 않게 1980년경부
터 일본과 중국 두 나라에서 대장경 연구문헌이 자주 등장했다. 중국의
경우 대장경이 계속 영인 출판되었기 때문이고, 일본에서는 각지의
소장기관에 대한 조사가 이루어진 결과였다. 그 밖에 요장遼藏과 홍법장
弘法藏 등의 영본零本이 발견된 것도 이러한 경향에 박차를 가했다. 이처
럼 현재는 대장경의 기초자료가 속속 공간되어 연구자의 이용을 기다리
는 상황이다. 위에서 지적한 바와 같이 이 분야는 분명 연구할 가치가
충분하므로 앞으로 젊은 신진 연구자의 도전을 크게 기대한다.

그런데, 연구를 위한 문헌을 소개하기에 앞서 우선 대상으로 하는
범위를 정해 두려 한다.

중국은 광대한 다민족국가로서 오랜 역사를 지녔기 때문에, 대장경
도 한문·장문藏文·만몽문滿蒙文·서하문西夏文 등으로 구별된다. 그러나 장
문藏文(티베트어)으로 된 대장경은 요즘 티베트 불교라고 해서 '중국불교'
와는 다른 전문적인 연구분야에 속한다. 만몽문과 서하문 역시 각각의
어학을 기초로 한 역사와 지역의 문화사·민족사 등의 분야에서 다뤄지
며, 중국불교를 연구학 위해 이 대장경들을 자료로 쓰는 경우는 분명

제한된 특수연구가 될 것이다. 그래서 여기서는 가장 일반적이고 중요한 지위를 점하는 한문 문헌 대장경만을 대상으로 삼고자 한다. 다만, 한문 대장경은 고려와 일본에서도 개판開版되었기 때문에 약간이나마 국제적인 범위에서도 언급해야 한다. 또 '개판開版'이란 목판인쇄를 뜻하므로 시대적으로는 송대부터 근세 말까지로 잡고, 근대는 대상에서 제외시킨다는 점을 양해해 주기 바란다. 다만 근대에 과거의 장경을 영인 간행한 것이나 연구문헌 등에 대해서는 각각 해당 항목에서 소개하기로 한다.

말할 것도 없이, '대장경'은 불전류의 일대총서고, 일체장경一切藏經이다. 일반적으로 중국에서는 '대장경', 일본에서는 '일체경'으로 불리지만, 이는 역사적인 사정에 따른 것으로서 내용에서는 차이가 없다. 불전의 한역은 2세기부터 이루어졌고, 4세기 말에 도안道安이 이것들을 수집하여 『종리중경목록綜理衆經目錄』 1권을 만들었다. 이것이 최초로 한역불전을 총결집한 것이다. 시기가 내려와 대장경(이하, 장경)의 개판은 약 600년 후인 북송 초기에 이루어진 칙판장경(개보장開寶藏)이 처음이지만, 조직 내용은 당대唐代의 『개원석교록』(730)이 정한 1,076부 5,048권을 기본으로 하며 나중에 나온 장경류들도 이것을 답습하였다.

인도 이래의 불전 수집의 역사, 각 장경의 성립과 변천, 내용과 특징 등을 살펴볼 수 있는 종합적인 개설서라면 뭐니뭐니 해도 대장회大藏會(編)의 『大藏經-成立と變遷-』(百華苑, 1964)이 최고다. 이 책은 적절한 사진들도 풍부하게 수록하고 있어 초심자부터 전문연구자까지 널리 이용할 수 있는 유익하고 중요한 책이다. 물론 이 책이 간행된 후 발견된 장경도 있고 연구도 진전이 이루어져 당연히 보정補訂되어야 할 곳들이 일부 있다. 눈에 띄는 오식은 필자가 정오표를 발행처로 보내 현행 제4판(2001)에서는 수정이 되었다. 이보다 상세한 것으로는 『佛書解說大辭典』의 별권인 오노 겐묘小野玄妙의 『佛敎經典總論』(大同出版社, 1963 ; 개정판 1978)

이라는 대저가 있다. 이 책은 장경 전반에 대한 종합조사에 입각하여 불전의 전역사傳譯史, 녹외록外 경전과 여러 장경의 개설槪說, 중국의 개판 장경開版藏經 14종의 각 목록 등을 모두 담은 필생의 노작이다. 이는 일본인이 2차대전 전에 이 분야에서 성취해낸 걸작의 하나지만, 이에 앞서 도키와 다이조常盤大定의 「大藏經雕印考」(『哲學雜誌』 28-313·4, 316·7, 321· 2·4, 1913-14), 송판장경宋版藏經만을 대상으로 했지만 하시모토 교인橋本凝胤의 「宋版一切經考」(『大和志』 2-1·2·4, 1935 ;『佛敎敎理史の硏究』, 全國書房, 1944 재수록) 같은 좋은 논저도 있음을 기억해야 한다. 또 단출하기는 하지만 지쿠사 마사아키竺沙雅章의 『漢譯大藏經の歷史-寫經から刊經へ-』(大谷大學, 1993 ;『宋元佛敎文化史硏究』, 汲古書院, 2000)는 많은 한문 장경에 새로운 3분류 설을 주장한 연구서로서 주목할 만하다.

눈을 중국으로 돌리면, 근년 장경 연구의 고조를 배경으로 하여 주목 할 만한 저서가 간행되었다. 우선 강소고적출판사江蘇古籍出版社에서 간행 한 『中國版本文化叢書』(전14권) 제8책인 리지닝李際寧의 『佛敎版本』(2002)이 있다. 이 책 하편에서는 북송부터 청대까지 개판된 역대 장경의 컬러 도판을 풍부히 싣고 이해하기 쉽게 학술적 해설을 시도하였다. 또 리푸화李富華·허메이何梅(共著)의 『漢文佛敎大藏經硏究』(宗敎文化出版社, 2003)는 한 중일 3국에서 근대까지 간행된 각 장경의 수량을 중심으로 한 전문연구 서로서, 부록으로 편리한 8종 목록을 싣는 등 주목할 만한 성과를 보여 준다.

목록의 경우, 각 장경에는 수천 종에 이르는 불전이 수록되어 있어서 이를 정리한 목록이 필요하다. 개별 목록은 적지 않게 간행되었지만, 이를 정리된 것으로는 다이쇼 신수대장경 간행위원회大正新修大藏經刊行會 에서 펴낸 『昭和法寶總目錄』 3권(1929~1934)이 압권이다. 이 책은 『다이쇼 장大正藏』(전100권)의 편찬 과정에서, 중국과 일본의 명산대찰및 각 기관 에 비장된 장경류를 조사하고, 종래 알려지지 않았던 고장경목록古藏經目

錄과 현장목록現藏目錄 73종 등 다수를 수록한 것으로, 근대불교계가 이룬 위대한 금자탑이다. 더구나 각 장경 간 불전에는 각각 들어가고 빠진 것들이 있어서 그러한 것들을 대조한 참고서가 편리하다. 앞서 소개한 오노 겐묘小野玄妙의 『佛教經典總論』에는 장경 14종의 대조표가 실려 있지만, 나중에 나온 차이윈천蔡運辰(編)의 『二十五種藏經目錄對照考釋』(臺北: 新文豊出版公司, 1983)과 장웨이章瑋(編)의 『二十二種大藏經通檢』(中華書局, 1997)은 한층 범위를 넓혔으며, 전자에는 각 장경의 고석考釋, 후자에는 각 불전마다의 영문 해제를 덧붙였다.

근년에는 복수의 장경이 영인 간행되었다고 했는데, 역대 사간寫刊 각 장경본藏經本을 영인한 것을 모아 1책으로 묶어낸 『法寶留影』(大正一切經刊行會編刊, 1925)이 있다. 이 책은 실로 범梵·파巴·한漢·장藏·몽蒙·만滿어로 된 각 장경본을 영인한 30매[葉]로 이루어진 표본標本으로, 각각의 특징과 판별版別을 바로 비교해볼 수 있고, 판별 미상의 장경본을 판정하는 등에도 편리하다. 철본綴本〈一切經全系〉는 각 장경의 계보를 보여주고 부수와 권수를 기재한 것으로, 국제적 규모를 갖춘 이러한 종류의 계보는 다른 데서는 찾아볼 수 없다.

중국과 그 주변 나라에서 개판된 장경류와 관련 사항들에 대한 연구와 자료류 전반에 대한 문헌목록으로는 노자와 요시미野澤佳美(編)의 『大藏經關係研究文獻目錄』(立正大學東洋史研究室, 1993)이 있다. 이 책은 〈總論〉, 〈宋元版〉, 〈明版〉 등 13개 항목을 두고 그 아래 각 문헌을 성립연대 순으로 나열하였다. 연구자라면 반드시 갖고 있어야 할 참고서다. 권말에는 저자별 색인도 첨부되어 있다. 장경 문헌에 관한 유일한 종합목록으로 이용 가치가 매우 크다. 이 목록에서 〈補遺·追加〉Ⅰ·Ⅱ(『立正大學東洋史論集』 10·15, 1997·2003) 부분은 노자와 씨의 작업물이다.

각 개판 장경에 관한 중요 문헌은 장경별로 소개하겠지만, 이를 따로 모아둔 것이 있다. 타이베이臺北에서 간행된 『現代佛教學術叢刊』(전100권)

에 포함된 장만타오張曼濤(編)의 『大藏經硏究彙編』 2권(大乘文化出版社, 1977)이 그것인데, 중국과 일본에서 나온 논문 등 32편이 수록되어 있다. 그 가운데 일본 논문은 앞의 하시모토 교인橋本凝胤의 「宋版一切經考」를 비롯한 3편이며 모두 중문으로 번역되어 있다.

제2절 송원대의 장경藏經

1) 개보장開寶藏

북송칙판北宋勅版(蜀版) 장경은 요즘 개보장開寶藏으로 불린다. 개보開寶 5년(972) 사천성에서 조조雕造가 시작되어 태평흥국太平興國 2년(977) 13만 매의 조조 판목板木이 완성되었고, 그 수년 후 수도 개봉開封의 태평흥국사太平興國寺 전법원傳法院에서 인경印經이 개시되었다. 이는 송왕조가 불교 유포의 공덕사업으로 진행한 것이었기 때문에, 호화로운 대형 권자卷子로 된 5천 권 이상의 장경 세트를 주변 국가와 중국 내의 여러 절에 하사하였다. 이후 개판開版 장소와 신역新譯 경전류의 속입장續入藏 등의 변천을 거쳐, 북송 멸망(1126)까지 약 140년간 인경印經 활동이 계속되었다. 다만 현존하고 있는 개보장의 유품은 세계를 통틀어 겨우 10권 전후에 불과하다.

일본에서 개보장에 관한 연구로는 과거 쓰마키 지키료妻木直良가 교토 난젠지南禪寺에서 발견된 『佛本行集經』 권19에 대해 보고한 「開寶勅版の宋版大藏經について」(『史林』 4-2, 1919)가 주목을 받았고, 그 구성과 속장續藏 등에 대한 학문적 연구는 오노 겐묘小野玄妙의 「北宋官版大藏經と遼金元及高麗諸經との關係」(『ピタカ』 3-8, 1935)에서 처음 이루어졌다. 그 후 잠시 정체되었다가 근년 나카무라 기쿠노신中村菊之進이 「宋開寶大藏經構成考」(『密敎文化』 145, 1984)에서 기초적인 사항들을 밝혀냈다. 나카무라 씨는 따로

전법원에서 행해진 역경과 인조印造의 역사를 많은 자료를 이용하여 연보로 작성하는 『宋譯經院年譜(攷)』(2001) 작업을 한 바 있는데, 이 연보의 공간이 요망된다. 또 개보장은 종래 요遼·금金·고려의 각 개판장경開版藏經과 방산석경房山石經과의 밀접한 관계가 지적되었지만, 지쿠사 마사아키竺沙雅章가 「契丹大藏經小考」(『內田吟風頌壽記念』, 1978 ;『宋元佛敎文化史硏究』, 汲古書院, 2000, 재수록)에서 요장遼藏과 방산석경은 계통을 달리한다고 본 이래 계속 같은 주장을 펼치고 있다.

중국에서는 개보장 연구가 전전에는 거의 없었고 2차대전 후 린뤼샨林慮山의 「北宋開寶藏大般若經初印本的發見」(『現代佛學』 1961-2, 1961)과 뤼청呂澂의 「宋藏勅版異本考」(『大藏經硏究彙編(上)』, 大乘文化出版社, 1977) 등이 주목을 끄는 데 불과했다. 그러다 20세기 말에 장경 전반에 걸친 연구가 활발해지면서 퉁웨이童瑋가 엮은 전문저작인 『北宋開寶大藏經雕印考釋及目錄還元』(書目文獻出版社, 1991)이 간행되었다. 이 책은 개보장의 본장本藏과 속장續藏을 합친 1,530종에 이르는 불전목록을 명시하고, 현존 유품 11권에 대한 소개 등도 포함하였다.

2) 거란장契丹藏과 금장金藏

거란족이 세운 요遼나라가 11세기에 한문 장경을 개판한 것은, 쓰마키 지키료妻木直良가 「契丹に於ける大藏經雕造の事實を論ず」(『東洋學報』 2-3, 1912)에서 논증하여 일찍부터 알려져 있었지만, 1976년 산시성山西省 잉현應縣 목탑에서 실물 영권零卷이 발견되면서 실증되었다. 이는 목탑에서 발견된 문물을 정리한 전면 컬러판 대형 호화판 『應縣木塔遼代秘藏』(山西省文物局·中國歷史博物館 主編, 文物出版社, 1991)에 실려 이후의 거란장 연구에 크게 기여하고 있다. 이 장경은 유명한 방산석경에 크게 영향을 주었다고 하는 만큼, 석경의 연구에도 공헌하게 될 것이며 영권零卷뿐일지라도 발견 소개되었다는 의의가 크다.

같은 북방에서는, 12세기 초 북송 왕조를 멸망시킨 금金나라에서 개판된 장경 세트가 이미 1934년 산시성 자오현趙縣의 확산霍山 광승사廣勝寺에서 발견되었다. 금장金藏이 그것인데, '조성장趙城藏'이라고도 한다. 그때까지 개조開雕에 대한 어떤 기록도 없었던 만큼 이때 발견된 황권적축黄券赤軸의 권자본 약 5,000권은 당시 불교계를 크게 놀라게 했다. 광승사 발견본은 현재 베이징 국가도서관에 보관되어 있다.

발견본의 내용과 금장金藏의 전체 목록은 장웨이신蔣唯心의「金藏雕印始末攷」(支那內學院, 1935)에 일찍이 보고되었고, 이후『宋藏遺珍書目』(影印宋板藏經會, 1936)과『宋藏遺珍叙宋藏遺珍叙目·金藏目錄校釋合刊』(新文豊出版, 1976)에 재록되었다.『宋藏遺珍』은 현존하는 금장 중 고일불전古逸佛典만을 선택하여 상하이上海에서 영인 간행한 것으로, 영인송판장경회影印宋板藏經會에서 펴낸『宋藏遺珍』(1935) 40함函 120책이 그것이다. 여기에는『보림전寶林傳』과『전등옥영집傳燈玉英集』등 귀중한 고일선적古逸禪籍들도 포함되어 있다. 이 총서도 나중에 타이베이에서『宋藏遺珍』(釋範成 輯補, 新文豊出版, 1978) 6책의 양장본으로 재인쇄되어 나왔다. 나아가 베이징에서 근년 간행된 영인본『中華大藏經(漢文部分)』(正編, 中華書局, 1984~1996) 106권은 금장을 저본으로 사용하여 현존 금장본의 전모를 처음 공개하였는데, 이는 장경의 영인 출판에서 획기적인 예라 할 수 있다.

또한 금장金藏의 결본, 결권 등을 홍무남장洪武南藏, 영락남장永樂南藏, 영락북장永樂北藏, 청장淸藏 등의 진귀한 텍스트로 보충한 점도 귀중하다. 또 이 영인본을 일점一點마다 다른 장경본과 대조해서 교정하고 그 교주校注를 각 권말에 기재하는 등 학술적 가치가 높다. 상세한 총목록(1책)은 좀 늦은 2004년에 같은 출판사(中華書局)에서 출간되었다. 일본에서는 이 중화장中華藏과 다이쇼장大正藏을 대조한 편리한 목록이『大正藏·中華藏(北京版)對照目錄』(國際佛教學大學院大學附屬圖書館 編刊, 2004)으로 간행되었다.

금장金藏에 관한 연구문헌은 적지 않은데, 리푸화李富華의「趙城金藏硏

究」(『世界宗教研究』1991-4, 1991)는 기초적인 문제들을 다룬 좋은 논저다. 또 후시양扈石樣·후신홍扈新紅의 「趙城金藏史迹考」(『世界宗教研究』2000-3, 2000) 는 금장이 조조雕造되었을 때부터 『중화대장경』의 저본으로 영인되기까지 800여 년에 걸친 역사를 간략히 서술하였다.

금나라의 개조開雕 판목은 나중에 연경燕京 홍법사弘法寺로 옮겨져 계속 인조印造되었는데, 원나라 때 대규모 보수가 이루어져 관판 '홍법장弘法藏' 으로 인조되었다. 지원至元 22년(1285)에 성립된 『至元法寶勘同總錄』 10권 이 이 장경의 목록이 된다. 다만, '홍법장'의 유품은 거의 알려져 있지 않다. '홍법장'에 대한 연구문헌으로는 쑤바이宿白의 「趙城金藏和弘法藏- 釋藏雜記之一-」(『現代佛學』1964-2, 1964), 지쿠사 마사아키竺沙雅章의 「元版大 藏經概觀」(『西臺寺所藏一切經報告集』, 1998 ; 『宋元佛教文化史研究』 재수록) 등이 주목 된다.

3) 동선사장東禪寺藏과 개원사장開元寺藏

11세기 말부터 개보장의 인경이 급속히 정체된 데 비해 북송말부터 남송초에 걸쳐 멀리 복주福州의 지방사원에서는 계속 개판이 이루어지는 데 그 장경이 동선사장東禪寺藏과 개원사장開元寺藏이다. 우선 동선사장은 복주 동선사에서 원풍元豊 3년(1080)경부터 개판되어 정화政和 2년(1112) 금장이 완성되었다. 그 사이 이 장경은 숭녕만수대장崇寧萬壽大藏이란 이름을 하사받고 사찰도 동선등각선원東禪等覺禪院이라는 칙필액자를 받 았다. 또 같은 복주 개원사에서 동선사장이 완성된 정화 2년부터 소흥紹 興 21년(1151)에 걸쳐 다른 장경이 개판되었는데, 비로대장毘盧大藏이라 불린다.

복주판 동선사장과 개원사장은 모두 열람에 편하도록 접었다폈다 하는 절첩折帖 형식으로 되어 있는 것이 장점이다. 모두 완성한 후 신역新 譯 경전과 선록禪錄 등을 속입장續入藏시키면서 이후 원대 말까지 인조를 계속하였다. 속장續藏을 포함하여 위 두 장경은 모두 1세트에 6천 권이 넘는데, 중국에 남아 있는 것이 매우 적은 데 비해 일본에는 많은 세트가 전부 현존한다. 현존 권수가 2천 권 이상인 기관은, 동선사장이 아이치愛 知 혼겐지本源寺, 교토京都 시모다이고지下醍醐寺, 교토 도지東寺, 나라奈良 곤고부지金剛峯寺, 개원사장은 도쿄東京 궁내청宮內廳 서릉부書陵部, 요코하 마横浜 쇼묘지稱名寺(金澤文庫 보관), 교토 지온인知恩院 등이다. 어째서인지 모두 복주판의 두 장경이 섞여 있다. 거의가 국가중요문화재로 지정된 사정도 있고 해서 전장全藏이 영인 간행된 예는 별로 없고, 조사보고서가 공간된 것도 아직 곤고부지, 혼겐지, 쇼묘지뿐이다.

즉 곤고부지는 미즈하라 교에이水原堯榮의 『高野山見存藏經目錄』(森江書店, 1931 ; 나중에 『水原堯榮全集4』, 同朋舍出版, 1981 재수록), 혼겐지는 고지마 사토아키小島惠昭 등의 「本源寺藏宋版一切經調查報告」(『同朋學園佛敎文化硏究所紀要』 1, 1979) 및 『本源寺藏宋版一切經調查報告訂正追記』(同硏究所, 1980), 쇼묘지는 『神奈縣金澤文庫保管宋版一切經目錄』(金澤文庫, 1998)이 그것이다. 마지막 도서는 개원사장본 약 3,500첩을 중심으로 한 모든 장경본에 대한 상세한 조사보고서다.

개별 연구문헌 가운데는 오가와 간이치小川貫弌의 「福州崇寧萬壽大藏の 雕造」(『印佛硏』 6-2, 1958)와 「福州毘盧大藏經の雕印」(同 7-1, 1958), 나카무라 기쿠노신中村菊之進의 「宋福州版大藏經考」(1~3)(『密敎文化』 152-154, 1985~1986) 가 특히 중요하다. 중국에서는 유품이 적어 이에 대한 연구도 거의 없었지만, 근년 허메이何梅가 「關於毘盧藏·崇寧藏的收經及總函數問題」(『世界宗敎硏究』 1995-3, 1995)와 「毘盧大藏經若干問題考」(同1999-3, 1999)를 내놓았다.

4) 사계장思溪藏

사계장은 밀주관찰사密州觀察使 왕영종王永從과 그 일족에 의해 송대에 절강성 호주湖州 귀안현歸安縣 원각선원圓覺禪院에서 개판된 장경이다. 북송말 선화宣和 연간 무렵부터 남송초 소흥 2년(1132)경까지 이루어진 개판이다. 뒤에 왕씨가 몰락하면서 인조印造 활동은 정체되었지만, 남송 말에 사찰이 부흥하여 법보자복사法寶資福寺로 이름을 바꾸어 판목의 보각을 행하고, 새로이 속장이 더해졌다고 한다. 그러나 머지않아 이 판목은 원군元軍과의 전쟁으로 소실되고 인경은 종식되었다. 일반적으로 원각선원 시절 때의 장경을 '전사계장前思溪藏', 자복사 시대의 것을 '후사계장後思溪藏'이라 불러 구분한다. 남송부터 원에 걸쳐서는 중국과 일본 사이에 교류가 활발하여 많은 사계장이 일본으로 운반되어 현존하는 것이 많은 데 비해 중국에는 거의 없다는 상황이 복주판의 두 장경과 동일하다.

따라서 이 장경에 대한 조사보고와 연구문헌은 아직 일본 쪽이 많고 중국에는 거의 없다. 비교적 초기 연구논문에서 주목할 만한 것은 오노 겐묘小野玄妙의 「宋思溪版圓覺禪院大藏と資福禪寺大藏-水原堯榮氏發見の『圓覺禪院大藏目錄』について-」(『佛典研究』 2-18, 1930)과 「宋代思溪圓覺禪院及同法寶資福寺新雕二大藏經雜考」(『日華佛教研究會年報』 3, 1938), 오가와 간이치小川貫弌의 「思溪圓覺禪院と思溪版大藏經の問題」(『龍谷學報』 324, 1939)고, 각기 전후 양장의 개판에 관한 기본적 문제를 해명하는 데 힘쓴 좋은 책이다. 전후의 연구로는 나카무라 기쿠노신中村菊之進의 「宋思溪版大藏經刊記考」(『文化』 36-3, 1972)가 개판 시주와 원각선원에 대해서도 상세히 고찰한 최대의 노작이다. 중국에서는 근년 발표한 허메이何梅의 「何宋思溪藏·資福藏探究」(『世界宗教研究』 1997-4, 1997)가 있는데 기본문제를 다룬 착실한 논술이다.

사계장을 2,000첩 이상 소장하고 있는 기관은 사이타마埼玉 기타인喜多院, 도쿄 조조지增上寺, 아이치愛知 이와야지岩屋寺, 기후岐阜 조류지長瀧寺, 교토 사이쇼오지最勝王寺, 나라奈良 도쇼다이지唐招提寺, 나라 고후쿠지興福寺, 나라 하세데라長谷寺로 많지만, 목록이 공간된 예는 적다. 그 가운데 가장 상세한 목록은 조조지의 것으로, 『增上寺三大藏經目錄』(增上寺, 1981)과 그 별책부록인 『增上寺三大藏經目錄解說』(同)과 함께 학술적으로 유익하다. 기타 『喜多院宋版一切經目錄』(喜多院, 1969)과 『長瀧寺宋版一切經現存目錄』(文化財保護委員會, 1967) 등도 있다. 나아가 매우 전문분야의 업적으로 노자와 요시미野澤佳美의 「宋版大藏經と刻工-附宋版三大藏經刻工一覽(稿)-」(『立正大學文學部論叢』 110, 1999)은 복주판 두 장경과 사계장의 조조雕造에 종사한 각공刻工에 대한 조사보고서로, 개개 불전과 장경 전체의 조조 연도의 특정, 내지 이러한 세 장경의 관계 등을 해명하기 위한 기초작업 으로서 학술적 가치가 크다.

5) 적사장磧砂藏

남송 중기에 평강부平江府(江蘇省 吳縣)의 적사연성원磧砂延聖院에서 개판 된 장경이다. 남송 멸망과 함께 사업은 중단되었지만, 원왕조 아래서 부흥하여 속간續刊 입장入藏 등도 행해져 원말에 드디어 완성되었다고 한다.

전해져 남은 적사장은 근대에 이르기까지 소수만이 중일 양국에 알려 졌지만, 1931년 중국 시안시西安市 개원사開元寺와 와룡사臥龍寺에서 정리 된 장경이 발견되면서 유명해졌다. 금장金藏과 같이 상하이 영인송판장 경회影印宋板藏經會에 의해 『影印宋磧砂藏經』(1931~36) 60함 591책으로 영인 되었다. 후에 타이베이台北에서 『中華大藏經』 제1집(修訂中華大藏經會編刊, 1962~65)으로 재간되었고, 같은 타이베이에서 간행된 『宋版磧砂大藏經』(新文豊出版公司, 1987~88) 40책도 상하이판의 재간 양장본이다. 또한 같은 출판사에 서는 후에 적사장에 수록된 불전들의 색인과, 명대 가흥장 불전을 합쳐 『宋版磧砂·明版嘉興大藏經分冊目錄分類目錄總索引』(同, 1988)을 간행하여 연 구자에게 편의를 제공하였다.

이처럼 적사장은 일찍부터 영인 공간이 이루어져 일본과 중국 모두에서 연구문헌이 적지 않다. 초기 것으로 중요한 것이 장웨이차오蔣維喬의 「影印磧砂藏經始末記」(1)~(10)(『光華半月刊』 2-1, 3-3, 5, 1934~35)로 영인까지의 상세한 보고가 담겼다. 또한 디우썽的瞻勝의 「影印宋磧砂藏尾跋集」(『日華佛教研究會年報』 1, 1936)은 이 장경의 기초자료를 조사 보고한 귀중한 문헌이다. 근년의 연구로는 나카무라 기쿠노신中村菊之進의 「磧砂版大藏經考」(1)~(3)(『密敎文化』 184~186, 1993~94)가 적사장에 관한 많은 정보들을 소개하고, 방대한 간기의 분석 검토 등에 기초하여 개판 상황을 해명한 노작으로, 본 장경의 연구에 필수적인 논문이다. 조각공刻工名에 대한 조사연구로는 양썽씬楊繩信의 「磧砂藏刻印看宋元印刷工人的幾個問題」(『中華文史論叢』 1984-1, 1984)가 있다.

그런데 앞으로의 적사장 연구와 정보 수집에는 큰 과제가 남겨져 있다. 바로 영인판의 저본이 된 개원사·와룡사 발견 본장 부분이, 영인 전체 즉 원래의 적사장의 반수에도 미치지 못해 '影印磧砂藏'의 많은 부분을 명장明藏 등으로 보충해야 했었다. 그런데 이 영인이 이루어지고 난 뒤 산시성 숭선사崇善寺에서 적사장의 거의 전장이 발견되었고, 또 일본 오사카大阪시 다케다 과학진흥재단武田科學振興財團 교우쇼오쿠杏雨書屋와 미국 프린스턴대학도서관에 소장된 각 5,000권 이상의 장경이 모두 적사장이라는 사실이 판명되었다. 따라서 앞으로 이러한 장경에 대한 정보가 장경 연구에 반드시 필요하며, 상세한 조사목록이 공간되기를 기다린다.

6) 보령장普寧藏과 원관장元官藏

원대元代에는 적사장 외에 보령장과 관장官藏 두 가지가 개판되었다. 송대의 사계장 판목이 남송 말의 전화로 소실된 후, 강남불교계는 장경의 재조再雕를 기획하고 신흥세력인 백운종白雲宗 교단에 협력을 의뢰했다. 이에 응한 백운종이 지원至元 14년(1277)부터 항주 남산南山 대보령사

大普寧寺에서 개판을 시작하여 동 27년(1290)에 완성한 것이 보령판이고, 항주장杭州藏이라고도 부른다. 이 장경도 완성 후 보각補刻과 속입장續入藏이 가해져 원말까지 인조印造되었다.

이 장경은 사계장과 함께 일본으로 많이 건너왔고 현존하는 것도 적지 않다. 정리된 보령장의 소재는 가지우라 스스무梶浦晉의「普寧寺版大藏經について」(『西大寺所藏元版一切經調査報告書』, 1998)에 상세한데 도쿄 조조지增上寺·도쿄 센소지淺草寺·기후岐阜 안코쿠지安國寺·사가滋賀 온조지園城寺·교토京都 도후쿠지東福寺·나라奈良 사이다이지西大寺·나라 한냐지般若寺의 7개 절에 소장되어 있고, 이 중 현존목록이 간행된 것은 조조지·센소지·난젠지南禪寺·사이다이지의 것이다. 즉, 『增上寺三大藏經目錄』(增上寺, 1981), 『寶藏門建立誌』(淺草寺, 1964), 「南禪寺藏經一切經目錄一」(1929)과 상기 『西大寺所藏元版一切經調査報告書』(奈良縣敎育委員會, 1998)가 그것이다. 또한 각공들의 이름 데이터 관련 문헌으로는 기타무라 다카시北村高의「元代杭州藏の刻工について」(『龍大論集』 438, 1991)가 있고, 여기에서 더 나아간 것이 노자와 요시미野澤佳美의「元版大藏經と刻工−附磧砂藏および普寧寺藏刻工一覽(稿)−」(『立正大學文學部論叢』 112, 2000)이다. 이에 더하여 노자와 씨는 각공 분석에 입각하여 보령장이 백운종 교단에서 완조完雕된 실정을 「元代普寧寺刻工中の僧侶の信者」(『駒澤史學』 64, 2005)에서 풀어냈다. 또한 교토 난젠지의 장경은 보령장이 중심이 된 혼합장이지만, 장경 발문류를 모은 쓰지모리 요슈辻森要脩의「南禪大藏跋文集錄」(1)~(9)(『佛典硏究』 1-2~2-14, 1929~30)도 유익하다.

다음으로 원관장元官藏은 1979년 중국의 윈난성雲南省 도서관에서 장경본의 영본零本 32권이 발견되었는데, 그 보고서인 「元代官刻大藏經の發見」(童瑋 等, 『文物』 1984-12, 1984)에 의해 원관장이라는 이름으로 불리게 되었다. 신기하게도 일본에서도 쇼와昭和 58년(1983) 나가사키현長崎縣 쓰시마對馬 도센지東泉寺에서 같은 장경 중 화엄경 77권이 발견되어 무라이

쇼스케村井章介에 의해 「對馬仁位東泉寺所藏の元版新譯華嚴經について-弘法寺藏殘卷の發見-」(『佛教史學』28-2, 1986)로 보고되었다. 이 보고서에서는 홍법장弘法藏이라고 불렀는데, 나중에 앞의 『西大寺所藏元版一切經調査報告書』에 실린 지쿠사 마사아키竺沙雅章 씨의 해설 〈元版大藏經槪觀〉을 통해 윈난성 도서관에서 발견된 '원관장'과 동일한 장경의 일부로 정정되었다(앞의 『宋元佛教文化史研究』에 재록).

이처럼 '원관장'은 발견된 양이 매우 적고, 현재 남아 있는 것도 후지원後至元 2년(1336)에 태황태후太皇太后가 인조印雕했다는 사실은 밝혀졌지만 판목板木의 조조造雕 시기와 장소 등은 미상이다. 대체로 원대의 장경류 개판에 대한 검토와 해명은 해당 시대의 경록經錄인 『至元法寶勘同總錄』과의 관계 구명 등과 함께 앞으로의 중요 연구과제로 남아 있다.

이상 송원대에 개판된 장경으로 일본에서 보관중인 기관과 수량에 대해서는 가지우라 스스무梶浦晉의 「日本現存の宋元版大般若經-剛中玄柔將來本と西大寺藏磧砂版を中心に-」(『金澤文庫研究』297, 1996)에 잘 정리되어 있다.

제3절 명·청대의 경장經藏

1) 남장南藏과 북장北藏

명대에 행해진 개판 장경은 크게 남장南藏·북장北藏·가흥장嘉興藏의 셋으로 나뉜다. 남장은 난징南京에서, 북장은 베이징北京에서 모두 명왕조에 의해 조조雕造된 관판官版이고, 가흥장은 명말청초에 오대산(뒤에 徑山)에서 민간사원에 의해 행해진 개판이다. 남·북 두 장경은 개판 시기와 구성, 수량에서 약간씩 차이가 있어서, 지금은 전문화시켜 홍무남장洪武南藏·영락남장永樂南藏·영락북장永樂北藏·만력남장萬曆南藏·만력북장萬曆北藏 등으로 세밀히 구분해서 취급하고 있다. 위의 분류 중 마지막의 만력 두 장경에는 속장이 포함된다. 이러한 명대의 장경은 홍무남장을 제외하면 중국 각지에서 비교적 풍부하게 전하고 있으며, 일본의 경우 가흥장은 소재가 상당히 알려져 있지만, 남·북 양 장경은 극히 드물다. 그러다 보니 일본에서는 명장 일반에 대한 연구가 오랫동안 불모지 상태였다.

중국에서 개판 시기가 가장 빠른 홍무남장(初刻南藏)은 1938년 쓰촨성四川省(崇慶縣 光嚴禪院 上古寺)에서 1장藏이 발견되었고, 이것을 처음 소개한 뤼청呂澂의「南藏初刻考」(『江津縣 內院 雜刊 入蜀之二』, 1938)는 지금도 남장 연구사에서 높이 평가되고 있다. 이 논문은 나중에『歐陽大師遺集』제2권(新文豊出版公司, 1977)에 실렸다. 또한 장신잉張新鷹의「關于佛敎大藏經的一些資料」(『世界宗敎資料』1981-4, 1981)는 뤼청의 주장에 입각하여 홍무·영락의 각 남장에 대해 서술한 좋은 글이다.

광엄선원光嚴禪院에서 발견된 홍무남장은 나중에 쓰촨성도서관四川省圖書館으로 이관되었으며 쓰촨성도서관판공실四川省圖書館辦公室(編)의『四川省古籍善本書聯合目錄』(四川辭書出版社, 1989)에 현존목록이 공개되었다. 뿐만 아니라 1999년에는 그 영인판이『洪武南藏』242책 양장본으로 간행되었다. 이에 앞서, 영락북장의 전장全藏도 베이징 영락북장정리위원회永樂北藏整理委員會에 의해『永樂北藏』(線裝書局, 2001)으로 선장본線裝本 200합函 1,200책, 양장본 전 200책이 간행되었기 때문에, 이로써 명초 남·북 양장의 기초자료가 모두 나오게 되었다. 영인된 이 장경들은 앞으로 명장 연구에 크게 공헌할 것이다. 필자가 선적禪籍만을 대상으로 한「洪武南藏の入藏禪籍」(『駒大禪研年報』17, 2006)을 발표하게 된 것도 이 영인판 덕분이다.

일본에서 명장明藏에 대한 연구는 근년까지 매우 적었지만, 요시오카 요시토요吉岡義豊의 논고「益都文廟大藏經整理校記」(『叢林規略』, 大正大學中國研究室, 1966 ;『吉岡義豊著作集4』, 五月書房, 1989 수록)는 산둥성 문묘文廟에 보관되

어 있는 영락·만력장의 조사보고서로서 주목할 만하다. 1980년대부터
는 하세베 유케이長谷部幽蹊·노자와 요시미野澤佳美 두 연구자의 의욕적인
활약으로 기초 방면 연구가 크게 진전하였다.

즉, 하세베의 「明代以降における藏經の開雕」(1)~(3)(『愛智學院大·一般教育研究』
30-4, 31-1.2, 1983~84 ; 『明淸佛教研究資料-〈文獻之部〉-』, 駒田印刷, 1987 수록)는 명초~
현대까지 중·일 양국에서 간행된 각 장경의 성립과 변천을 논한 노작이
다. 노자와 씨는 도쿄 릿쇼대학立正大學과 야마구치현山口縣 가이유지快友寺
에 각각 소장되어 있는 일본에서 보기드문 남장南藏 조사 등에 기초하여,
남장의 성립 과정과 변천, 입장入藏 불전의 특색, 남장의 사회적 영향
등을 해명하고자 한 13편의 논문을 정리하여 『明代大藏經史の研究-南藏
の歷史學的基礎研究-』(汲古書院, 1998)를 간행하였다. 이 책은 명장明藏에 대
한 기초적 연구뿐 아니라 이후 장경 전반에 대한 연구에도 도움을
줄 획기적인 성과다.

또한 일본에 소장되어 있는 두 기관의 남장南藏은 근년 계속 상세한
조사목록이 공간되고 있다. 즉 릿쇼대학에 소장된 558권에 대해서는
릿쇼대학 도서관立正大學圖書館(編)의 『立正大學圖書館所藏 明代南藏目錄』
(1989)이 있으며 노자와野澤의 해설이 덧붙여졌다. 또 가이유지快友寺의
5,400권에 대해서는 야마구치현 교육위원회山口縣教育委員會(編)의 『快友寺
一切經調查報告書』(1992)가 있어 각각 남장 연구에 귀중한 기본자료가
되고 있다.

북장北藏에 관한 연구로는 도쿠시 유쇼禿氏祐祥의 「明初における大藏經校
刻の事業」(『密敎研究』 11, 1923)이 가장 빠르며, 이후 앞서 언급한 하세베長谷
部의 논문이 발표될 때까지는 볼 만한 것이 없다. 최근의 연구로는
관판官版 북장北藏이 하사된 상황을 조사한 노자와 요시미野澤佳美의 「明代
北藏考(1)」(『立正大學文學部論叢』 117, 2003)가 주목되며, 향후 북장에 대한 연
구가 본격적으로 시작될 것이다.

2) 가흥장嘉興藏

가흥장의 개판은 명말 만력萬曆 연간(1573~1619)에 산시성山西省 오대산五臺山 묘덕선암妙德禪庵에서 시작되어, 뒤에 항저우 교외의 경산徑山 만수선사萬壽禪寺로 옮겨 계속되었으며, 숭정崇禎 연간(1628~1643)에 정장正藏 부분이 완성되었다. 그 후 청초에 속장부續藏部와 우속장부又續藏部가 추조追雕되고, 강희康熙 15년(1676)에 완성을 보았다. 이 장경은 최초의 대철본袋綴本(方冊) 장경으로서 속장 이후에는 동시대의 불전을 많이 포함하였던바, 널리 유포되어 많은 장경이 전하고 있다. 이 장경은 판목板木을 가흥嘉興 능엄사楞嚴寺에 두고 찍었기 때문에 '가흥장嘉興藏'으로 불리며 그 밖에 '경산장徑山藏', '방책장方冊藏' 등으로도 불린다. 현재 타이베이판台北版 『中華大藏經』 제2집(修訂中華大藏經會, 1968)에 영인되어 있고, 마찬가지로 신문풍출판공사新文豊出版公司에서 양장본 40책으로 재인쇄본도 내놓아 텍스트 열람이 쉬워졌다.

다른 기본 문헌으로는 종래 난조 목록南條目錄으로 알려진 난조 분유南條文雄의 『大明三藏聖教目錄』(南條博士記念刊行會, 1929)이 있으며, 나중에 보정補正과 색인을 더해 1976년 가이메이쇼인開明書院에서 재판되었다. 연구문헌 가운데는 앞서 든 하세베長谷部의 「明代以降における藏經の開雕(二)」(1983)에서 가흥장의 성립과 변천에 대한 상세한 해명을 시도하였다. 중국에서는 취안리屈萬里의 「明釋藏雕印考」(『國學彙編』 2, 1934)가 선구적인 연구이며, 근년에는 란지푸藍吉富의 「略論嘉興大藏經的特色及其史料價值」(『新中華』 49, 1990)와 「嘉興大藏經研究」(『諦觀』 70, 1992) 등이 주목된다.

가흥장은 개조開雕·성립·변천·구성·영향 등의 여러 가지 사항, 특히 속장續藏과 우속장又續藏의 추조追雕에 대해 아직 기초적인 면에서 명확하지 않은 부분이 많아, 앞으로 밝혀내야 할 과제가 적지 않다.

3) 청장淸藏

청장은 청대 옹정雍正 말년(1735)부터 건륭乾隆 연간(1736~95)에 걸쳐서 개판된 칙판勅版 장경이기 때문에 '건륭대장경乾隆大藏經'이라고도 불린다. 각 책의 첫 권에 용패龍牌가 붙어 있어 '용장龍藏'이라고도 불린다. 대형의 호화로운 절본折本으로 장정裝訂된 전 8,000권에 가까운 이 장경은, 청조가 여러 기관에 하사하려고 만든 것이어서 인조印造한 부수도 적지 않았다. 일본에는 메이지明治 32년(1899) 서태후西太后가 교토京都 니시혼간지西本願寺에 기증한 1장이 유일한데, 후에 류코쿠대학도서관龍谷大學圖書館에 소장되었다.

청장의 판목은 현존하고 있으며 근대에도 인조印造되었는데, 근년에는 1989년 황지黃紙 절본折本의 『乾隆大藏經』724첩과 목록 1첩이 베이징 문물출판사文物出版社에 의해 인조印造 반포되었고, 동일하게 전국도서관문헌숙미복제중심全國圖書館文獻宿微複制中心에서 그 수정판으로 양장 168책을 2002년에 간행하였다. 타이베이에서도 축책縮冊 영인影印한 양장본 『新編縮本乾隆大藏經』(新文豊出版公司, 1990~91) 160책을 간행하여 과거 희귀했던 청장을 지금은 어렵지 않게 접할 수 있게 되었다. 다만 연구문헌 종류는 적으며, 이치야나기 지조一柳智城의 「淸朝の三藏」(『無盡燈』 5-1, 1900)이 청장을 처음 소개한 논고였다. 창씽常惺의 「北平柏林寺龍藏經板紀要」(『佛敎評論』 1-2, 1931 ; 『大藏經硏究彙編(下)』, 大乘文化出版社, 1977 재수록)는 청장의 판목이 황궁에서 베이징시 백림사柏林寺로 이관된 후의 변천을 서술하였다. 그 후의 문헌들은 태반이 청장에 대한 소개나 개설의 성격을 띠지만, 앞서 언급한 하세베 유케이長谷部幽蹊의 「明代以降における藏經の開雕(二)」는 기초자료를 풍부하게 사용한 뛰어난 연구다. 이상과 같이, 현재 청장은 기초적인 자료가 갖춰져 있는 만큼 명장明藏과 함께 앞으로 이에 대한 연구가 크게 기대된다.

제4절 고려와 일본의 장경藏經

1) 고려장高麗藏

고려장은, 한반도에서 거란침략이라는 국난을 맞아 11세기 초엽 고려왕조가 문화적인 국위國威의 발양과 불천佛天의 가호를 기원하여 개판한 장경이다. 개보장開寶藏이 개조開雕되고 반세기도 지나지 않아 복각覆刻된 장경으로, 역시 황색 종이와 붉은 책갑[黃卷赤軸]으로 호화롭게 장정되었다. 이것을 초조본初雕本 고려장이라고 부르지만, 남아 있는 것은 극히 드물다. 교토 난젠지南禪寺에 약간 현존한다.

11세기 말에 의천義天이 송과 일본에 흩어져 있는 불전들을 수집하여 3권의 『신편제종교장총록新編諸宗教藏總錄』을 편찬하고, 이를 개판開版하여 고려장 속장續藏이라고 이름하였다. 의천의 이런 뛰어난 업적을 연구하고, 남아 있는 유품 등의 도록을 풍부히 수록한 오야 도쿠조大屋德城의 『高麗續藏雕造攷』(3권 3책, 便利堂, 1937 ; 『大屋德城著作選集7』, 國書刊行會, 1988 재수록)는 고려장 연구사상 불멸의 업적이라 할 수 있다. 일본에는 나라奈良 도다이지東大寺에 약간의 유품이 있다.

고려에서는 13세기 중엽 몽골의 침략으로 인해 종래의 장경 판목板木이 소실되었고, 강화도로 천도하여 적군을 물리치기 위해 개판開版한 것이 재조본再雕本 장경이다. 이때 남해에 설치된 분사分司에서 『조당집祖堂集』과 『종경록宗鏡錄』 같은 중요 장외불전藏外佛典이 십수 부씩 조조雕造되었다. 재조대장경 판목은 나중에 가야산 해인사로 이관되어 현재는 '팔만대장경'의 이름 아래 귀중한 세계유산으로 되어 있다. 한·일 여러 기관에 소장되어 있는 고려장 세트는 모두 이 재조본이며, 일본에서는 도쿄 조조지增上寺, 교토 센뉴지泉涌寺, 나라 곤고부지金剛峯寺 등의 소장본이 유명하다. 예로부터 고려장은 잘 교정校訂된 선본善本으로 유명하다. 한국에서는 이 장경을 일찌감치 디지털화하여 검색의 편리를 도모하고 있다.

재조본은 위의 장외불전(후에 續藏으로 入藏)을 포함하여 동국대학교에서 『高麗大藏經』(1957~76) 전48책의 대형 양장본으로 영인 간행되었다. 동양불전연구회東洋佛典研究會에서도 『高麗大藏經』(東洋出版社, 1971~1975) 45책으로 영인본을 간행했는데 여기에 장외藏外 부분은 포함하지 않았다. 전자의 제48권은 총목록·색인·해제로 구성되었는데, 그 일본어판인 이선근李瑄根(編)의 『高麗大藏經總目錄·索引·解題(日本語版)』(同朋舍出版, 1978)는 일본의 고려장 연구자에게 필수적인 문헌이다.

연구문헌은 적지 않은데, 전전에는 일본, 근래에는 한국 쪽 연구들이 두드러진다. 테마는 일본의 경우 의천의 속장續藏과 무로마치기室町期의 수입을 다룬 것이 많고, 한국에서는 경판經板 관련이 비교적 많다. 또 장외불전에 대한 종합적 연구는 오야 도쿠조大屋德城의 「朝鮮海印寺經板攷-特に大藏經補板並びに藏外雜板の佛教文獻學的研究-」(『東洋學報』 15-3, 1926 ; 『大屋德城著作選集9 佛教古板經の研究』, 國書刊行會, 1988 재수록)가 중요한데 이 역시 연구자라면 반드시 읽어보아야 할 논고다. 한국어로 된 문헌이 많지만 여기서는 생략했다. 더 많은 내용을 알고 싶으면 앞서 언급한 노자와 요시미野澤佳美(編)의 『大藏經關係研究文獻目錄』 고려판高麗版 항목을 참조하기 바란다.

2) 덴카이장天海藏

일본에서도 중세에 몇 차례에 걸쳐 장경 개판開版이 시도되었지만, 가마쿠라기鎌倉期의 료센지판靈山寺版이 장경본을 다소 개판했을 뿐, 그 밖에는 모두 실패하였다. 시대가 내려와 근세 에도시대 초기에 천태종天台宗 종존宗存이 교토 기타노교오도北野經王堂에서 개판을 시작하였지만 몇 백권인가를 간행한 후 끊겼다고 한다. 그러므로 일본에서 최초로 전장이 완성된 것은 덴카이天海 승정의 발원과 도쿠가와 이에야스德川家光

의 지원을 받아 간에이寬永 14년(1637)부터 게이안慶安 2년(1648)에 걸쳐
에도 간에이지寬永寺에서 개판된 덴카이판 장경天海版藏經에서였다. '간에
이지판寬永寺版' 혹은 '왜장倭藏' 등으로도 불리는 본장경本藏經의 최대 특징
은 대형 절본折本에 목활자木活字를 사용한 것인데, 이 때문에 인조印造
부수에는 제한이 있었다.

적지 않은 연구문헌 중 시기가 가장 빠른 것은 도키와 다이조常盤大定의
「大藏經雕印考」(『哲學雜誌』 317, 1913)로 이 장경의 저본이 사이타마埼玉 기타
인喜多院에 소장되어 있는 송판宋版(사계장)임을 지적한 탁론이었다. 이타
하라 센쿄板原闡敎의 「天海版大藏經に就いて」(『顯眞學報』 2-4, 1932)와 오노 겐
묘小野玄妙의 「天海版一切經の底本及び校本」(『ピタカ』 4-6, 1936)은 이를 더욱
진전시켰다. 저본 문제는 사계장思溪藏의 구성과도 관련되는 중요 사항
인데, 근년 노자와 요시미野澤佳美가 「天海版大藏經の底本に關する諸說の再
檢討」(『立正史學』 77, 1993)에서 종래의 설을 총괄하고 새롭게 재검토해야
할 과제를 지적하였다.

또 마쓰나가 지카이松永知海 씨는 교토 야마시나山科 비샤몬도毘沙門堂의
덴카이장 조사에 기초하여, 종래 『昭和法寶總目錄』에 수록된 덴카이장
목록의 불완전한 점과 오류를 「天海版一切經の目錄について」(『印佛研』 44-2,
1994)에서 지적하였다. 나중에 마쓰나가 지카이松永知海에 의해 『東叡山寬
永寺天海版一切經目錄』(佛敎大學, 1999)과 함께 그 별책부록으로 이 장경본
에 존재하는 권말의 원문願文 302점의 사진을 모은 귀중한 『影印 東叡山寬
永寺天海版一切經願文集』(同)이 간행되었다.

이처럼 덴카이장은 기초자료의 공간과 함께 저본 등 기본적인 사항이
계속 밝혀지고 있어 향후의 전전된 연구가 기대된다.

3) 오바쿠장黃檗藏

오바쿠장은 선승 데쓰겐鐵眼의 고심에 찬 민간모금으로 이루어진 장

경으로, '바쿠장檗藏' 혹은 '데쓰겐판鐵眼版'으로도 불린다. 간분寬文 11년 (1671)부터 덴나天和 원년(1681)에 걸쳐, 교토 우지宇治 만푸쿠지萬福寺에서 개판되었다. 명말청초의 가흥판嘉興藏을 복각했다고 하는데, 수요에 따라 몇 차례씩 인조印造되어 전국에 걸쳐 널리 유포되었다. 현재 약 6만 매의 판목이 만푸쿠지에 전하며 국가중요문화재로 지정되어 있다. 본장이 완성된 후 교토 시시가타니鹿ヶ谷 호넨인法然院의 닌초忍澂가 이 본장을 겐닌지建仁寺가 소장하고 있는 고려장高麗藏과 대조 교정하여 『大藏對校錄』(1783) 7권을 남겼는데, 장경 문헌사에서 보기 드문 업적이었다.

연구문헌을 보면, 전전에는 거의 데쓰안鐵眼의 위업을 소개하는 정도에 그쳤지만, 전후에 기본자료로서 『黃檗鐵眼版一切經目錄』(黃檗鐵眼版一切經印行會 編刊, 1953)이 간행되었다. 이후 오랜 정체기를 거쳐 1980년 전후부터 여러 군데 소장되어 있는 오바쿠장에 대한 실물 조사가 이루어져 조사보고서가 몇 점 공개되었다. 그중에서도 조에쓰교육대학上越敎育大學 부속도서관(編)의 『上越敎育大學所藏黃檗鐵眼版一切經目錄』(1988)은, 본장에 관한 최초의 상세 조사목록이다. 이어진 불교대학불교문화연구소佛敎大學佛敎文化硏究所(編)의 『獅谷法然院所藏 麗藏對校 黃檗版大藏經並新續入藏經目錄』(1989)은 더 상세한 목록으로, 특히 마쓰나가 지카이松永知海 씨는 그 해제에서 오바쿠장의 속입장 부분에 다른 판에 의한 '입판入版'이 일부 존재한다는 사실을 처음 지적하였다. 또한 만푸쿠지와 호넨인法然院 등의 오바쿠장 각 책 가운데 보이는 간기류를 수집해서 해제를 붙여 오키 미키로大木幹郎·마쓰나가 지카이松永知海가 『黃檗版大藏經刊記集』(思文閣出版, 1994)을 펴냈다. 이 책은 데쓰안의 모연募緣과 조조의 실태, 시재자의 상황 등을 알려주는 귀중한 자료집이다. 그 후 도야마현富山縣 즈이류지瑞龍寺에서도 기타자와 히로시北澤寬·사이토 요시오齊藤善夫(共編)의 『瑞龍寺黃檗版大藏經現存目錄』(1999)을 간행하였다.

이처럼 오바쿠장에 관해서는 기본자료가 제공되어 연구자가 활용할 수 있게 되었다. 향후 전장의 구성, 속입장의 실태, 인조印造 시기와 횟수, 입판 문제, 유포 상황 등에 대한 더 상세한 해명을 기대한다.

위에서 언급한 것 외에 중국불교 연구라는 관점에서 근대 활판인쇄를 이용한 메이지기明治期의 '속장續藏'에 대해 짚고 넘어가기로 한다. 이 장경은 정식명칭이 '대일본속장경大日本續藏經'이고 메이지 30년대에 교토 조쿄쇼인藏經書院에서 간행된 '대일본교정대장경大日本校訂大藏經'(卍藏)의 속편으로 메이지 38년(1903)부터 다이쇼大正 원년(1912)에 걸쳐 같은 조쿄쇼인에서 간행된 화장판和藏版 대장경이다. 이 대장경은 내용이 갖는 특징때문에 '속장續藏'이라는 명칭으로 친숙하다. 내용은 1,671부 7,148권 대부분이 중국 찬술 불전이고, 종래 알려지지 않았거나 보기 드물었던 전적을 풍부히 수록하는 등, 중국불교 연구의 보고가 되고 있다. 수록분 가운데 선적禪籍이 약 4분의 1을 차지한다. 중국에서 몇 종의 영인판과 재편본再編本이 간행된 외에, 일본에서는 국서간행회國書刊行會에 의해 개편보정판改編補訂版으로 양장본 『新編大日本續藏經』 90책이 헤이세이平成 원년(1989)에 완성되었다. 이렇게 해서 근년까지 구하기 힘들었던 장경도 이제는 쉽게 열람할 수 있게 되었다.

이상으로 중국불교 연구를 위한 지침이라는 관점에서 중국에서 개판된 각 장경의 문헌정보와 연구과제 등을 소개하였다. 이것으로도 알수 있듯이 연구의 대상과 분야가 모두 매우 광범하고 전문적이다. 따라서 연구에는 오랜 시간과 노고가 요구되는 데 비해 혜택은 적을 수밖에 없다. 이 사정은 일본에 대장경 연구자가 다섯 손가락에도 미치지 못하는 데서도 알 수 있다. 그러나 이제는 연구자료와 문헌이 무한히 제공되고 있고, 일부 장경은 텍스트까지 전자화되어 책상에 앉아 열람·검색할 수도 있게 되었다. 젊은 학구자들의 대장경에 대한 과감한 도전을 거듭 학수고대한다.

제6장 중국불교와 주변국들

제1절 한국불교

이시이 고세이石井公成
고마자와대학駒澤大學 교수

한국불교는 다른 나라 불교를 연구할 때와는 다른 곤란한 점을 안고 있다. 예컨대 조선불교라고 해야 할지 한국불교라고 해야 할지, 조선반도라고 할지 한반도라고 할지부터가 우선 문제다.

이 글에서는 한국불교·한반도라는 호칭을 사용할 것이나, 한국불교에 대해 공부하려면, 한국이라는 호칭을 중시할 것인지, 조선민주주의인민공화국의 입장을 고려할 것인지, 2차대전 이후부터 일본이 부르던 호칭을 따를 것인지를 우선 선택해야 한다. 게다가, 일본에서는 불교수용기뿐 아니라 쇼무천황聖武天皇(701~756) 때까지도 불교는 주로 한반도에서 건너온 사람들의 지지를 받았고, 헤이안쿄平安京를 연 간무천황桓武天皇(737~806), 후지와라홋케藤原北家 전성기의 토대를 구축한 후지와라노 후유쓰구藤原冬嗣(775~826)도 백제계 도래인 씨족의 어머니에게서 태어난데다가, 남부 사원에서는 가마쿠라시대鎌倉時代까지도 신라불교로부터 강한 영향을 받았다. 따라서 전란과 유교의 강압 때문에 많은 문헌사료가 없어져 버린 한국불교를 연구하기 위해서는 한국연구자도 일본자료와 일본연구자의 연구를 이용할 수밖에 없는 상황이다.

이 같은 문제는 사실 변화가 극심했던 아시아의 어느 나라 어느 지역 불교를 연구하든 일정하게 보이는 문제지만, 일본과 한국의 관계는 깊고도 복잡해서, 한국과 일본의 학생·연구자라면 누가 되었든 한국불교 연구는 인도의 초기불교에 대한 연구와는 다르게, 내셔널리즘과 그 밖의 다양한 요소들이 뒤얽힌 복잡한 상황 속에서 자신의 선입견을 확실히 자각하고 아울러 사실史實을 직면하는 작업이 될 수밖에 없다.

이 글에서는 입수하기 쉬운 근래의 일본어 저작을 주로 소개하고, 한국어 저작에는 '서울' 등으로 따로 표식을 붙이기로 하겠다.

1) 통사와 역사개설

한국불교사를 다룬 근래 발행된 저서 중 가장 우수한 것은 가마타 시게오鎌田茂雄의 『朝鮮佛教史』(東京大學出版社, 1987)다. 역사와 교리에 대한 설명도 간단하고, 지도·표·참고문헌·사진 등도 적당히 삽입되어 있으며, 인명 등 한국어 발음도 기호로 표시해 두어 필수입문서라 하겠다. 김영태金煐泰의 『韓國佛教史』(沖本克己 監譯, 禪文化研究所, 1985)도 읽기 쉬운 통사다. 『亞細亞佛教史·中國編4 東亞細亞 諸地域の佛教』(佼正出版社, 1976)에 실린 사토미치 노리오里道德雄의 〈第1章 朝鮮半島の佛教〉는 사진 및 계보도가 많아 유익하다. 가마타 시게오鎌田茂雄(編)의 『講座佛教の受容と変容5 韓國編』(同, 1991)은 시대별로 개설을 첨부하고, 교단·의례·미술·민속신앙 등을 테마별로 설명하고 있어 전체상을 파악하기에 적당하다.

영문으로 된 통사로는 The Korean Buddhist Research Institute(한국불교연구원)에서 펴낸 *The History and Culture of Buddhism in Korea* (Dongguk Univ. Press, Seoul, 1993)가 있다. 이 책은 동국대학교 연구자들이 분담하여 집필한 것으로, 시대의 특징에 중점을 두고 서술하였다. 허진송何勁松의 『韓國佛教史』(上·下)(北京: 宗教文化出版社, 1997)는 중국연구자가 서술한 중국어 통사로서 중국과의 관계에 주의하고 있다.

에다 도시오江田俊雄의 『朝鮮佛教史の研究』(國書刊行會, 1977)는 저자 사후

에 제자들이 여러 논문을 엮어서 펴낸 것으로, 전문 논고만이 아니라 불교수용으로부터 현대에 이르기까지의 간단한 개설서도 수록되어 있다. 지금도 읽어볼 가치가 있는 훌륭한 논문이 많지만, 2차대전 이전 연구도 포함되어 있어 일본의 조선통치라는 상황에 기인하는 편향된 기술도 일부 엿보인다. 이러한 경향은 강약의 차이는 있을지언정 2차대전 이전 일본연구자들 모두에게서 발견되는데, 한국연구자가 이러한 경향에 반발하여 한국불교의 의의를 강조하려다 문헌비판이 불충분해지는 경우가 있으므로 주의를 요한다.

이능화李能和의 『朝鮮佛教通史』(上·中·下)(新文館, 1918 ; 國書刊行會, 1974)는 2차대전 이전에 한국인이 저술한 대표적인 책이다. 방대한 자료를 열거하고 간단한 설명을 곁들여 지금까지도 이용 가치가 있으나, 모두 한문으로 되어 있어 기초적인 독해력이 없으면 사용할 수 없다. 우메다 신류梅田信隆(監修), 이시야마石山·가타야마片山·와타라이渡會·가와무라河村(編)의 『朝鮮佛教史 資料編』(1·2)(棱伽林, 1996·1999)는 마찬가지로 각 시대의 문헌에서 불교관계 기술을 상세히 뽑아낸 가와무라 도기河村道器의 유고를 편집하고, 원전原典으로 소급하여 교정을 가한 페이지를 더하여 전거典據를 조사하기 쉽게 되어 있다.

불교사 이외의 일반 역사서로는 다케다 유키오武田幸男(編)의 『朝鮮史』(山川出版社, 2000)가 있다. 후루타 히로시古田博司·오구라 기조小倉紀藏(編)의 『韓國學のすべて』(新書館, 2002)는 고대부터 현대에 이르기까지 한국의 다양한 분야를 다룬 최신 개설서다. 한국사 사료를 집성한 것으로는 조선사편수회朝鮮史編修會에서 간행한 방대한 내용의 『朝鮮史』(東京大學出版會, 1995) 시리즈가 있다. 문화사는 지명관池明觀의 『韓國文化史』(朴光洙 譯, 高麗書林, 1979), 김의환金義煥의 『朝鮮文化史新講』(東洋書院, 1985)에 정리되어 있다.

2) 기초자료

한국불교 문헌은 『韓國佛教全書』(서울: 東國大學校, 1979~)에 수록되어 있다. 이는 삼국시대부터 시작하는 한국불교 문헌을 집성한 것으로, 2004년 현재 제13책 補遺編1까지 간행되었다. 한국불교 문헌의 일본어 해제로는 동국대학교 불교문화연구소(編)의 『韓國佛書解題辭典』(國書刊行會, 1982)이 있다.

1145년 편찬된 김부식金富軾(1075~1151)의 『삼국사기三國史記』는 중세 이전의 대표적인 사서史書로, 유교의 입장에 입각해 있으나 불교관계 기술도 많다. 김사엽金思燁이 번역한 『三國史記』(上·下)(六興出版, 1980~81)는 한문漢文, 일본어 번역문, 간단한 역주譯注로 되어 있다. 도요문고東洋文庫 시리즈에 수록된 이노우에 히데오井上秀雄가 번역한 『三國史記』(平凡社, 1980~1986)는 일본어 번역만 있으나 학술적 주해가 풍부하다.

고려의 선승 일연一然(1206~1289)이 쓴 『삼국유사三國遺事』는 사서史書·비문碑文·전승傳承·중국의 승전僧傳 등으로 불교관계 기술을 편집한 것으로, 한국불교사의 근본자료다. 전문연구로는 미시나 아키히데三品彰英·무라카미 요시오村上四男의 『三國遺事考證』 4권(塙書房, 1975~1995)이 있는데 주석은 상세하나 불교적 측면에서의 주석은 충분하지 않다. 김사엽金思燁이 번역한 『完譯 三國遺事』(朝日出版社, 1980)는 입수하기는 쉽지만 불교관계 번역과 주해에 틀린 곳이 상당히 많다.

1215년 각훈覺訓이 편찬한 『해동고승전海東高僧傳』에 대해서는, 이토 쓰카사伊藤丈·장휘옥章輝玉의 『大唐西域求法高僧經·海東高僧傳 現代語譯一切經 1』(大東出版社, 1993)에 장휘옥의 해설과 일본어 번역이 실려 있다.

현재, 해인사에 8만여 매의 판목이 보존되고 있는 팔만대장경으로 알려진 고려대장경은 2차대전 이후 동국대학교에서 간행되었다. 이중 제48권 이선근李瑄根이 엮은 『總目錄·索引·解題』는 일본어판(同朋舍出版, 1978)도 간행되어 있다. 고려대장경은 고려대장경연구소의 전자화 작업

을 거쳐 인터넷상으로도 공개되어 있다(http://www.sutra.re.kr/). 전자화의
부산물인 이규갑李圭甲의 『高麗大藏經異体字典』(서울: 高麗大藏經研究所, 2000)
은 색인이 실려 있어 고려대장경 이외의 문헌을 읽을 때도 도움이
된다.

조선총독부에서 펴낸 『朝鮮金石總覽』(1919 ; 國書刊行會, 1971)은 오늘날의
눈으로 보면 부족한 부분이 눈에 띄지만 책의 페이지 숫자로 인용하는
논문이 많아 지금도 필요하다. 교정을 더한 것으로는 허흥식許興植의
『韓國金石全文』(전3책, 서울: 亞細亞文化社, 1984)이 있고, 권덕영權悳永의 『韓國
古代金石文綜合索引』(서울: 學研文化社, 2002)도 간행되어 있다.

중국과 일본 등에 소재하는 한국불교 관련 한문자료는 김영태金煐泰의
『韓國佛教史料-海外文獻抄集-』(서울: 東國大學校 佛教文化研究院, 1981)에 수록되
어 있어 편리하다.

3) 논문목록

한국불교 관련 연구 논저에 대해서는 한국유학생인도학불교학연구
회韓國留學生印度學佛教學研究會가 간행한 『韓國佛教學 SEMINAR』 8(2000)의 '特
集: 日本における韓國佛教思想の研究成果と展望'(이하 '성과'로 줄임)이 있다. 이
특집에는 이시이 슈도石井修道의 「韓國佛教通史の主な研究」, 조윤호曹潤鎬·
사토 아쓰시佐藤厚의 「韓國華嚴學研究」, 기쓰카와 도모아키橘川智昭의 「新羅
唯識の研究狀況について」, 이시이 슈도石井修道의 「朝鮮禪思想に對する研究」,
후쿠시 지닌福土慈稔의 「三國時代·統一新羅時代に對する研究」, 사토 아쓰시
佐藤厚·김천학金天鶴의 「高麗時代の佛教に對する研究」, 김천학의 「朝鮮時代の
佛教に關する研究」가 실렸는데, 근대 이전의 연구사와 현대의 성과를 282
페이지에 걸쳐 해설하였다. 일본어로 된 한국연구자의 논문도 다루고,
한국의 연구상황과 앞으로의 과제에 대해서도 간단히 다루고 있어 반드
시 이 특집을 참조할 필요가 있다.

한국에서 간행된 목록으로는 방대한『韓國佛敎關係論著綜合目錄』(서울: 高麗大藏經硏究所, 2002)이 있는데 한국어로 된 논저만이 아니라, 일본어와 영어로 된 연구도 포함되어 있다. 신라불교에 대해서는, 신라문화연구소(編)의『新羅硏究論著目錄』(서울: 東國大學校出版部, 1988)에 저서와 논문뿐 아니라 간단한 목차까지 실려 있어 사용하기 편리하다. 한국의 경우 불교관련 논문에 대해서는 여성구呂聖九·장일규張日圭·남무희南武熙(編)의 『韓國佛敎學硏究叢書』 158권(서울: 佛咸文化社, 2003~04)으로 집성되었으며, 책 형태 그대로 영인 간행되었다.

4) 각 시대의 불교

고구려불교에 대해서는 문헌으로 남은 것이 거의 없어 불교수용기에 그려진 덕흥리德興里 고분벽화가 연구의 중심이 되고 있다. 몬타 세이이치門田誠一의「高句麗の初期佛敎における經典と信仰の實態」(『朝鮮史硏究會論文集』 39, 2001) 등 일련의 논문이 있다.

백제불교도 오래된 사료는 극히 조금밖에 남아 있지 않지만, 유적의 발굴과 불교미술 연구가 근래 큰 폭으로 진행되고 있어 그 성과와 사료의 대조가 과제로 되어 있다. 이른 시기에 이루어진 이 같은 시도로는 다무라 엔초田村円澄·황수영黃壽永(編)의『百濟文化と飛鳥(あすか)文化』(吉川弘文館, 1978)가 있다. 다무라는 진홍섭秦弘燮과 공동으로『新羅と日本古代』(同, 1981)라는 책도 펴내 한국과 일본의 불교관계를 해명하는 데 큰 역할을 하고 있다. 그의『日本佛敎史4 百濟·新羅』(法藏館, 1983)에는 그 같은 문제의식을 반영한 논문이 수록되어 있다.

신라에 대해서는 근래 불교수용기의 비문碑文이 한국 각 지역에서 상당수 발견되었고 후카쓰 유키노리深津行德의「法体の王-序說 : 新羅の法興王の場合-」과 그 밖의 관련 논문이『學習院大學 東洋文化硏究所調査硏究報告』 39(1993)에 수록되었다. 교리연구로는 김지견金知見·채인환蔡印幻

(編)의 『新羅佛教研究』(山喜房佛書林, 1973)가 있다. 이 책은 일본에 유학중인 한국의 젊은 연구자와 일본 연구자가, 신라의 다양한 계통의 불교를 논한 논문을 중심으로 편집한 것인데, 이런 종류의 논문집의 선구가 되었다. 한국의 연구서로는 고익진高翊晉의 『韓國古代佛教思想史』(서울: 東國大學校出版部, 1989)가 불교수용의 역사 및 삼국시대부터 통일신라시대에 걸쳐 화엄·밀교·선이 전개되는 자취를 다루었다. 신라불교에 대해서는 김영태金煐泰의 『新羅佛教研究』(서울: 民族文化社, 1987)도 정평이 나 있다. 영어 연구서로는 루이스 랭커스터L. Lancaster, 유C. S. Yu의 *Assimilation of Buddhism in Korea : Religious Maturity and Innovation in Silla Dynasty* (Asian Humanities Press, Berkeley, 1991)가 있다.

삼국시대와 통일신라시대에 관한 역사학의 성과로는 이성시李成市의 『古代東アジアの民族と國家』(岩波書店, 1998)가 시대배경과 불교의 관계에 관해 시사하는 바가 크다. 하마다 고사쿠浜田耕策의 『新羅國家の研究-東アジア史の視点から-』(吉川弘文館, 2002)도 불교관계 논문이 많아 유익하다.

고려불교에 관해서는 일본어로 된 전문서적은 없다. 허흥식許興植의 『高麗佛教史研究』(서울: 一潮閣, 1986)가 상세하여 표준으로 되어 있다. 조선불교에 대한 일본어 연구서는 다카하시 도루高橋亨의 『李朝佛教』(宝文館, 1929 ; 國書刊行會, 1973)뿐이다. 풍부한 자료를 구사한 이 책은 간행 당시 선구적인 업적으로 평가받았으나 2차대전 이전의 연구자들에게서 찾아볼 수 있는 특유의 치우친 기술이 상당 부분 엿보인다. 다카하시의 연구자세에 대해서는, 불교중심은 아니지만 권순철權純哲이 「高橋亨の朝鮮思想史研究」(『埼玉大學紀要』 33-1, 1997)에서 검토하였다. 근대불교에 대해서도 일본어로 된 단행본은 없다. 조선 말기부터 2차대전 후의 변동기 상황에 대해서는 신창호申昌浩의 「再生宗教としての朝鮮佛教と親日」(『國際日本文化センター紀要 日本研究』 25, 2002)이 문제점을 밝혔다. 한국의 최근 연구로는 김광식金光植의 『韓國近代佛教史研究』(서울: 民族社, 1996)가 있다. 정광호鄭珖

鎬의 『韓國佛教最近百年史編年』(인천시: 仁荷大學校出版部, 1999)은 자료를 연차적으로 정리하여 편리하다.

5) 각 계통의 불교

고구려에서는 삼론종三論宗이 번창했다고 하는데, 대표적인 인물이 요동遼東 출신으로 중국으로 건너가 배우고, 강남江南으로 이동하여 양梁에서 삼론교학三論教學을 부흥시킨 승랑僧朗일 것이다. 승랑을 비롯하여 강남에서 활약한 한반도 출신 승려 및 한반도의 삼론학에 대해서는 이시이 고세이石井公成가 「朝鮮佛教における三論教學」(平井俊榮 監修, 『三論教學の研究』, 春秋社, 1990)에서 통설을 재검토하였다.

현장玄奘의 귀국으로 당唐에서 법상유식학法相唯識學이 크게 발흥하자, 신라에서도 크게 유행하게 되고 오성각별五姓各別의 입장에 선 유식학파와 일승파一乘派 간의 논쟁도 당으로부터 들어왔다. 당시 중국에서 활약하며 신라와 일본에도 영향을 미친 서명사西明寺의 원측圓測(613~696)에 대해 일본의 근래 연구에서는 일승설一乘說에 이해를 보였다고 하였는데, 기쓰카와 도모아키橘川智昭의 「西明寺圓測と五姓各別論-慈恩教學との比較研究-」(『東洋學研究』 34, 1997) 등 일련의 연구는 원측이 자은慈恩 규기窺基와 입장이 비슷하다고 밝혔다.

폭넓은 활약을 보인 원효(617~686)에 대해서는 후쿠시 지닌福士慈稔이 '성과'(앞의 「三國時代·統一新羅時代に對する研究」)에서 일본과 한국의 방대한 연구를 정리하였다. 또 그의 「日本佛教に見られる元曉の影響について-日本佛教諸宗の元曉著述の引用を中心として-」(『佐々木孝憲古稀記念』, 山喜房書林, 2002)를 읽어보면 원효가 일본불교에 얼마나 큰 영향을 끼쳤는지 알 수 있을 것이다. 그의 연구는 『新羅元曉研究』(大東出版, 2004)로 정리되었다. 원효의 전기와 사상, 후대의 평가 등을 다룬 연구서로는 김상현金相鉉의 『元曉研究』(서울: 民族社, 2000)가 있다.

신라 화엄종의 개조開祖 의상義湘(625~702)에 대해서는 사카모토 유키오坂本幸男의「新羅義湘の教學」(『華嚴教學の研究』平樂社書店, 1956)이 본격적인 연구로 알려져 있다. 이시이 고세이石井公成의『華嚴思想の研究』(春秋社, 1996)에서는 법장法藏의 저작이라는『華嚴經問答』이 의상계義湘系 문헌이라는 점, 의상과 그의 제자들에게는 선종의 영향이 보인다는 점을 명확히 하였다.

고려 화엄종을 대표하는 균여均如에 대해서는 이영수李永洙의「均如大師傳の研究」(上·中·下)(『東洋學研究』7·8·13, 1973~1979)라는 훌륭한 전기 연구가 있다. 일본에서는 김지견金知見(編)의『均如大師華嚴學全書』(上·下)(後樂出版, 1977)가 간행되면서 균여에 대한 관심이 높아져, 가마타 시게오鎌田茂雄가 주최한 균여연구회의 성과로서 가마타 시게오(編)의『釋華嚴教分記円通鈔の註釋研究』가 연재되었고(『東京大學東洋文化研究所紀要』84·89·94·95·102·104, 1981·1982·1984·1987), 요시즈 요시히데吉津宜英가 이 연재를 이어갔다(『華嚴學研究』2·3, 1988·1991).

정토사상에 대해서는 한보광韓普光의『新羅淨土思想の研究』(東方出版, 1991)가 삼국시대 이후의 정토신앙을 폭넓게 검토한 좋은 저서다. 장휘옥章輝玉·이시다 미즈마로石田瑞麿의『淨土佛教の思想6 新羅の淨土教 空也·良源·源信·良忍』(講談社, 1992)에는 이해하기 쉬운 개설이 포함되어 있다. 와타나베 아키마사渡邊顯正의『新羅·憬興師述文贊の研究』(永田文昌堂, 1992)는 신란親鸞에게도 영향을 끼친 경흥憬興의 저작을 연구한 것이다. 김삼룡金三龍의『韓國彌勒信仰の研究』(教育出版センター, 1985)는 고대부터 근대에 이르기까지의 미륵신앙에 대해 자세히 서술하였다.

한국불교에서 주류를 점하게 된 선종에 대해서는, 누카리야 가이텐忽滑谷快天이 한국인 연구자의 협력을 받아 정리한『朝鮮禪宗史』(春秋社, 1930)가 획기적인 성과였다. 정성본鄭性本의「韓國の禪」(田中良昭 編,『禪學研究入門』, 大東出版社, 1994)은 단편이기는 하지만 연구사와 근래의 선 연구성과에 대한 해설이 뛰어나고 동시에 한국의 불교연구 전반에 대한 간단한 소개도 곁들였다. 정성본에게는 『新羅 禪宗의 研究』(서울: 民族社, 1997)라는 대저가 있다.

한국 조계종 개조로 되어 있는 지눌知訥(1158~1210)에 대해서는 이종익李鍾益의 『韓國佛敎の研究-高麗·普照國師を中心として-』(國書刊行會, 1980)가 자세하다. 유교에 입각하여 배불排佛정책을 쓴 조선시대에 불교를 진흥시킨 대표적 선승이자 도요토미 히데요시豊臣秀吉의 침략에 맞서 활약한 서산西山 휴정休靜(1520~1604)에 대해서는, 신정오申正午의 『西山大師の禪家龜鑑研究』(山喜房佛書林, 1991)가 시대 배경과 사상의 특색에 대해 해설하고, 휴정의 대표작인 『선가귀감禪家龜鑑』을 자세히 검토하였다. 니시구치 요시오西口芳男(編)의 『『禪門宝藏錄』の基礎的研究』(花園大學國際禪學研究所研究報告 7, 2000)는 해제·역주·관련 논문을 포함하고 있으며 한·중 선禪의 관계와 시대 배경을 서술하였다.

동국대학교 불교문화연구원은 같은 대학교 출판부에서 『韓國天台思想研究』(1983), 『韓國禪思想研究』(1984), 『韓國淨土思想研究』(1986), 『韓國彌勒思想研究』(1987), 『韓國觀音思想研究』(1988) 등을 간행하였고, 이들 시리즈의 끝부분에 참고문헌을 두어 편리하다. 또 불교사학회佛敎史學會(編)의 종파와 시대별 논문집이 민족사民族社(서울)에서 '佛敎史叢書'라는 이름으로 다수 출판되어 필독서로 되어 있는데, 근래 젊은 연구자들의 저서가 많이 간행되어 새로운 관점을 추구하는 모색 단계로 들어가고 있다.

이 밖에 계율을 다룬 채인환蔡印幻의 『新羅佛敎戒律思想研究』(國書刊行會, 1977)가 있다. 홍윤식洪潤植의 『韓國佛敎儀禮の研究』(降文館, 1976)는 고려시대와 조선시대의 불교 의례를 검토한 저서다. 밀교에 대해서는 서윤길徐閏吉이 『韓國密敎思想史序說』(서울: 佛光出版社, 1994) 등 다수의 연구를 발표하였다.

6) 일본과의 관계와 교섭

다무라 엔초田村円澄의 『古代朝鮮と日本佛教』(講談社, 1985)는 고단샤학술문고講談社學術文庫에 수록되어 입수하기 쉬워졌다. 나카이 신코中井眞孝의 『朝鮮と日本の古代佛教』(東方出版, 1994)도 선구적인 작업이다. 세키 아키라關晃의 『歸化人』(至文堂, 1956), 우에다 마사아키上田正昭의 『歸化人』(中公新書, 1965)은 제목과는 반대로, 귀화인의 이미지를 바꿔놓은 저작으로 우에다 이후 도래인渡來人이라는 명칭이 널리 쓰이게 되었다. 이마이 게이이치今井啓一의 『歸化人と社寺』(綜芸社, 1969), 단희린段熙麟의 『日本史に生きた到來人たち』(宋籟社, 1986), 권우근權又根의 『古代日本文化と朝鮮渡來人』(雄山閣出版, 1988), 이노우에 히데오井上秀雄의 『古代日本人の外國觀』(學生社, 1991), 시바 료타로司馬遼太郎·우에다 마사아키上田正昭·김달수金達壽(編)의 『日本の朝鮮文化』(中央公論社, 1991) 등을 읽고 나면 일본사를 바라보는 견해가 달라질 것이다. 한국어 저작으로는 최재석崔在錫의 『古代韓日佛教關係史』(서울: 一志社, 1998)가 풍부한 자료를 보여준다. 중국과의 관계에 대해서는 황유푸黃有福·천징푸陳景富의 『中朝佛教文化交流史』(北京: 中國社會科學出版社, 1993)가 상세하다. 현대와 연계된 일반서로는 오카자키 히사히코岡崎久彦의 『隣の國で考えたこと』(中公文庫, 1983)가 뛰어나다.

7) 사원 및 불교미술

가마타 시게오鎌田茂雄·NHK취재반取材班·오무라 지로大村次郎(사진)의 『韓國古代巡禮-百濟編-』, 『韓國古代巡禮-新羅編-』(日本放送出版協會, 1991)은 컬러와 흑백 사진을 풍부하게 활용하여 한국사찰의 역사와 신앙 현상을 해설하였다. 가마타鎌田에게는 이미 『韓國佛教の寺と歷史』(大法論閣, 1980)라는 저술이 있고, 아타고 아키마사愛宕顯昌의 『韓國佛教史-韓國佛教の手びき-』(山喜房佛書林, 1982)도 마찬가지로 불교사를 개설하고 각 지역의 절을 소개하였다. 고려 사원에 대해서는 사이토 다다시齋藤忠의 『高麗寺院史料

集成』(大正大學綜合佛教研究所, 1997)이 있다.

불교미술에 대해서는 황수영黃壽永의 『韓國佛像の硏究』(同朋舍出版, 1978),
구노 다케시久野健·다에다 미키히로田枝幹宏의 『古代朝鮮佛と飛鳥佛』(東出版,
1979), 진홍섭秦弘燮의 『韓國の石佛』(韓國美術シリーズ, 近藤出版社, 1979), 정영호鄭
永鎬의 『韓國の石塔』(韓國美術シリーズ, 同), 마쓰바라 사부로松原三郎의 『韓國金銅
佛硏究』(吉川弘文館, 1985), 고사카 야스코小坂泰子의 『韓國の石佛』(佼成出版社,
1987) 등이 있다. 박형국朴亨國의 『ヴァイローチャナ佛の圖像學的硏究』(法藏館,
2001)는, 아시아 모든 나라의 비로자나불상을 조사하고 한국 비로자나상
의 특징을 밝힌 장대한 연구서다. 또한 정우택鄭于澤의 『高麗時代阿彌陀畵
像の硏究』(永田文昌堂, 1990)를 비롯해 근래에는 고려불화에 대한 연구가
활발하다.

8) 불교의 주변

한국불교의 특색을 파악하기 위해서는 주변 종교와 민속 등에 대해서
도 조사할 필요가 있다. 도교道敎에 대해서는 차주환車柱環의 『韓國の道敎』
(三浦國雄·野崎充彦 譯, 人文書院, 1990)가 있으나, 이 책은 신선사상과 도교의
구분에 다소 문제가 있다. 풍수사상에 대해서는 최창조崔昌祚의 『韓國の
風水思想』(三浦國雄 監修, 金在浩·澁谷鎭明 共譯, 人文書院, 1997)이 유익하다. 또 조
선총독부가 2차대전 전에 간행하였던 다수의 문헌 가운데 『朝鮮の鬼神』
(1972), 『朝鮮の巫覡』(1972), 『朝鮮の風水』(1987) 등을 국서간행회가 복각하
였다. 이 서적들은 식민지 지배를 위해 실시한 현지조사 내용을 담은
것이었는데, 지금은 입수하기 어려운 귀중한 자료도 포함하고 있다.

제2절 일본불교

사토 슈코佐藤秀孝
고마자와대학駒澤大學 교수

1) 일본불교에 대하여

일본에 불교가 전래된 지 벌써 1,500년의 세월이 흘렀고, 그 사이 수많은 변천을 거쳐 일본 독자의 이른바 일본불교가 형성되었다. 일본불교는 처음 한반도를 거쳐 전래되었고 그 후에도 중국불교(조선불교 포함)의 영향을 받으며 발전하여, 어떤 때는 수많은 일본승이 중국에 유학하여 중국불교를 탐욕스럽게 흡수하고, 어떤 때는 중국불교의 영향을 극력 배제하는 형태로 독특한 사상을 확립하면서, 긴 세월을 거쳐 오늘날의 일본불교를 형상화해 왔다. 각 시대를 통해 많은 승려가 일본과 중국을 오가고, 중국 불교문헌이 일본으로 들어와 그 고사본古寫本·간본刊本이 상당량 보존되었으며 주석서류도 많이 저술되었다.

일본에서는 메이지明治시대에 폐불훼석廢佛毀釋 등의 불교 탄압, 불교 비판 등이 일부 존재했지만, 전체적으로는 불교가 전래된 이래 불교교단이 단절된 적 없이 장구하게 이어져 왔으며, 에도江戶시대에는 단가제 도檀家制度 등에 의해 사회에서 기능하는 형태로 유지되어 왔다. 근세에서 근대에 이르기까지 많은 아시아 불교국가가 구미열강(일본 포함)의 영향 아래 어쩔 수 없이 변천해 온 것에 비하면, 일본불교는 다행히도 일정하게 영향력을 견지하여 『大正新脩大藏經』과 『大日本續藏經』 등의 편찬에서 볼 수 있듯이 문헌 보존은 물론, 교학 연구의 전통도 끊김 없이 이어져 왔다는 것은 중요하다. 따라서, 일본불교를 연구하는 것뿐 아니라, 중국과 한국의 불교를 연구할 때도 일본불교의 학문적 전통과 근대 이래 중국불교에 대한 연구성과는 매우 귀중하다. 또한 일본에 남아 있는 불교문헌에 대한 이해 없이는 중국과 한국의 불교를 연구하기는 어렵다.

그러나 일본불교에서 종래의 연구는 각 종파의 종조宗祖를 중심으로
하여 그 사상과 전기傳記를 조사하고, 교단의 전개를 교리와 역사 양쪽에
서 논하는 것 등을 주로 삼아왔다. 그 같은 면은 지금도 매우 중요하겠지
만, 근래에는 종파를 넘어 교단론·제도론·여성사 등 다방면에서 독자적
인 고찰이 이루어지고, 민속학과 정치사·미술·국문학 등 관련 영역과의
관련에도 초점이 맞춰지게 되었다. 또한 사원에 묻혀 있던 고사본古寫本·
고문서古文書·금석류金石類 등에 대한 조사도 활발해져 이들 원사료를
활용한 연구도 증가하고 있다.

지면 사정으로 일본불교에 관한 방대한 연구성과를 상세히 논할 수는
없다. 이 글에서는 어디까지나 일본불교 연구에 관한 주요 문헌만을
대략적으로 언급하는 데 그치고, 개개 연구서와 연구논문 등 세세한
부분은 생략하고자 한다.

2) 기초자료와 사전·논문 목록

처음 일본불교를 연구하기 위한 기본자료로 『大正新脩大藏經』의 日本
撰述部, 『大日本佛教全書』(전162권, 同全書刊行會, 1912~1922), 『日本大藏經』이
있으며, 일본불교의 주요 문헌들이 활자화되어 있다. 또 『國譯一切經』의
和漢撰述部는 불교문헌을 일본어로 번역한 것으로 편리하다. 개개 종파
로는, 천태종에 천태종전간행회天台宗典刊行會(編)의 『天台宗全書』(大藏出版,
1935~1937)와 『續天台宗全書』(春秋社, 1987~2006)가 있고, 진언종에는 진언종
전서간행회眞言宗全書刊行會(編)의 『眞言宗全書』(同刊行會, 1933~1939)가 있다.
정토계로는 정토종에 『淨土宗全書』(淨土宗典刊行會, 1907~1914)와 『續淨土宗全
書』(宗書保存會, 1915~1928)가 있다. 선종에서는 조동종에 조동종전서간행
회曹洞宗全書刊行會(編)의 『曹洞宗全書』(鴻明社, 1929~1938)와 『續曹洞宗全書』(同
刊行會, 1973~1976)가 있고, 임제종에 가미무라 간코上村觀光의 『五山文學全集』
(裳華堂, 1906~1915)과 그 복각판(思文閣出版, 1937), 다마무라 다케지玉村竹二의

『五山文學新集』(東京大學出版會, 1967~1981)이 있다. 또한 메이지기의 신불분리神佛分離에 관해서는 무라카미 센쇼村上專精 등(編)의 『明治維新·神佛分離史料』(1926~1929)에 정리되어 있다.

일본불교에 관한 사전辭典·사전事典류 중 주요한 것들을 나열하면 다음과 같다. 이마즈미 요시오今泉淑夫(編)의 『日本佛教史辭典』(吉川弘文館, 1999)은 일본불교사와 관련된 주요 항목들을 열기한 사전이라는 데 특징이 있다. 사원에 관한 명감名鑑·사전辭典으로는 『大日本寺院總覽』(2권, 名著刊行會, 1966)과 『全國寺院名鑑』(4권, 全日本佛教會 寺院名鑑刊行會, 1969~1970) 등이 있으며, 주요 사원에 관해서는 다마무로 후미오圭室文雄(編)의 『日本名刹大事典』(雄山閣出版, 1994)이 상세하고 편리하다. 아마노 덴추天納傳中 등(編)의 『佛教音樂辭典』(法藏館, 1995) 등도 있다.

인명사전으로는 오래전 출간된 와시오 진쿄鷲尾順敬(編)의 『日本佛家人名辭書』(光融館, 1903 ; 東出版, 1996 복각)와 『增訂日本佛家人名辭書』(東京美術, 1996)에 6,000명에 이르는 인명을 수록하였으나, 표현이 고루한데다 생몰년 등에 황기皇紀를 사용하고 있다. 이에 비해 『日本佛教人名辭典』(法藏館, 1992)은 보다 폭넓게 7,100명의 인명을 수록하고, 색인 등도 첨부하여 편리하다. 이 밖에 간단한 사전류로 사이토 아키토시齋藤昭俊·나루세 요시노리成瀨良德(編)의 『日本佛教人名辭典』(新人物往來社, 1986)과 이마즈미 요시오今泉淑夫(編)의 『事典·日本の名僧』(吉川弘文館, 2005)도 있다. 각 종파의 사전으로는 진언종에 밀교학회密教學會(編)의 『密教大辭典』(6책, 法藏館, 1968~1970)과 축쇄판(1책, 同, 1983)이 있고, 사와 류켄佐和隆研(編)의 『密教辭典』(同, 1975)도 있다. 정토종에는 『淨土宗大辭典』(4책, 山喜房佛書林, 1974~1982)이 있다. 정토진종에는 오카무라 슈사쓰岡村周薩(編)의 『眞宗大辭典』(3책, 鹿野苑, 1963)과 그 개정판(永田文昌堂, 1972)이 있고, 가네코 다이에이金子大榮 등(監修)의 『眞宗新辭典』(法藏館, 1983)과 아카마쓰 데쓰신赤松徹眞 등(編)의 『眞宗人名辭典』(同, 1999)도 있다. 선종에서는 고마자와대학 선학대사전편찬소駒澤

大學禪學大辭典編纂所(編)의 『禪學大辭典』(3책, 大修館書店, 1978)과 그 신판(1책, 同, 1985)이 있고, 오산선승五山禪僧을 다룬 것으로는 다마무라 다케지玉村竹二의 『五山禪僧傳記集成』(講談社, 1983 ; 思文閣出版, 2003 新裝版)이 있다. 조동종에 이나무라 단겐稻村坦元(監修)의 『曹洞宗人名辭典』(國書刊行會, 1977)이 있고, 황벽종黃檗宗에는 오쓰키 미키오大槻幹郎·가토 마사토시加藤正俊·하야시 유키미쓰林雪光(編)의 『黃檗文化人名辭典』(思文閣出版, 1988)이 있다. 일련종日蓮宗에서는 일련종사전간행위원회日蓮宗事典刊行委員會(編)의 『日蓮宗事典』(日蓮宗宗務院·東京堂出版, 1981)이 나와 있다.

이 밖에 호조칸法藏館에서 '불교사전 시리즈'로 후쿠다 료세이福田亮成(編)의 『眞言宗小事典』(1987), 이시가미 젠노石上善應(編)의 『淨土宗小事典』(2001), 우류즈 료신瓜生津隆眞·호소카와 교신細川行信(編)의 『眞宗小事典』(1987), 이시카와 리키잔石川力山(編)의 『禪宗小事典』(1999), 고마쓰 구니아키小松邦彰·간무리 겐이치冠賢一(編)의 『日蓮宗小事典』(1987)을 간행하여 각 종파의 기본용어를 500항목 정도로 정리해서 알기 쉽게 설명하였다.

관련 영역 사전으로는 고쿠가쿠인대학 일본문화연구소國學院大學日本文化研究所(編)의 『神道事典』(弘文堂, 1994), 소노다 미노루薗田稔·하시모토 마사노부橋本政宣(編)의 『神道史大辭典』(吉川弘文館, 2004)과 사사키 고칸佐々木宏幹(編)의 『日本民俗宗敎辭典』(東京堂出版, 1998), 고야스 노부쿠니子安宣邦(監修)의 『日本思想史辭典』(ぺりかん社, 2001), 야마오리 데쓰오山折哲雄(監修)의 『日本宗敎史年表』(河出書房新社, 2004) 등이 있으며, 그 각각에 불교관계 기사도 많이 실려 있다. 또한 나카무라 하지메中村元·구노 다케시久野健(編)의 『佛敎美術事典』(東京書籍, 2002) 등도 일본 불교미술이 상당 부분을 차지하고 있어 중요하다.

연구서와 논문 목록으로는 류코쿠대학도서관龍谷大學圖書館(編)의 『佛敎學關係雜誌論文分類目錄』(百蓮苑, 1973), 불교학관계잡지논문분류목록편찬위원회(編)의 『佛敎學關係雜誌論文分類目錄』(永田文昌堂, 1973)이 있는데, 일본불교에 관한 연구논문이 상당히 많고 매우 유효하여 속편이 기대된다. 예컨대 조동종의 경우, 조동종종학연구소曹洞宗宗學研究所(編)의 『曹洞宗關係論文目錄』(曹洞宗宗務廳, 1990), 조동종총합연구센터曹洞宗總合研究センター·종학연구부문宗學研究部門(編)의 『曹洞宗關係論文目錄Ⅱ』(曹洞宗總合研究センター, 2004)가 단독으로 출판된 예도 있다.

3) 통사·개론

우선 일본불교 전반을 다룬 통사·개론에 대해 언급해 두고자 한다. 시간이 좀 지난 것으로 다마무로 다이조圭室諦成의 『日本佛教史概說』(理想社, 1940)이 있고, 쓰지 젠노스케辻善之助의 『日本佛教史』(10책, 岩波書店, 1944~1955)는 '상세편上世篇' 1책, '중세편' 5책, '근세편' 4책으로 구성되어 있다.

가사하라 가즈오笠原一男 등(編)의 『アジア佛教史·日本編』(9책, 佼成出版社, 1972~1976)은 〈飛鳥·奈良佛教'國家と佛教'〉, 〈平安佛教'貴族と佛教'〉, 〈鎌倉佛教 1 '民衆と念佛'〉, 〈鎌倉佛教2 '武士と念佛と禪'〉, 〈鎌倉佛教3 '地方武士と題目'〉, 〈室町佛教'戰國亂世と佛教'〉, 〈江戶佛教 '体制佛教と地下信仰'〉, 〈近代佛教 '政治と宗教と民衆'〉, 〈現代佛教 '信教の自由と佛教'〉로 이루어졌고, 『アジア佛教史·インド編』(6책), 『アジア佛教史·中國編』(5책)과 함께 불교의 흐름을 더듬어볼 수 있다.

새롭게 『日本佛教史』(4책, 吉川弘文館)는 '古代'편(1986·1998)을 하야미 다스쿠速水侑가, '中世'편(1998)을 오스미 가즈오大隅和雄·나카오 다카시中尾堯가, '近世'편(1987)을 다마무로 후미오圭室文雄가, '近代'편(1990)을 가시와라 유센柏原祐泉이 맡아 서술하였으며, 일본불교의 동향을 일본사의 흐름 속에 위치시켰다.

다마무로 후미오圭室文雄·히라오카 조카이平岡定海(編)의 『論集 日本佛教史』(10책, 雄山閣出版)는 〈飛鳥時代〉, 〈奈良時代〉, 〈平安時代〉, 〈鎌倉時代〉, 〈室町時代〉, 〈戰國時代〉, 〈江戶時代〉, 〈明治時代〉, 〈大正昭和時代〉, 〈日本佛教史年

表〉로 나누어 각각 일본불교의 다양한 모습과 역사를 여러 방면에서 해명하였다.

또 시바타 미노루柴田實·하야시야 다쓰사부로林屋辰三郎(企劃), 다카토리 마사오高取正男·아카이 다쓰로赤井達郎·후지이 마나부藤井學(編)의 『図說 日本佛敎史』(3책, 法藏館, 1980~1981)는 〈佛敎との出會い(古代)〉, 〈日本佛敎の成立(中世)〉, 〈國民佛敎への道(近世)〉로 나누어 풍부한 도판과 해설을 실어 일본불교의 발자취를 이해하기 쉽게 제시하였다.

다무라 엔초田村円澄 등(編)의 『図說 日本佛敎の歷史』(6책, 佼成出版社, 1996)도 〈飛鳥·奈良時代〉, 〈平安時代〉, 〈鎌倉時代〉, 〈室町時代〉, 〈江戸時代〉, 〈近代〉로 나누고 도판을 곁들여 일본불교의 역사를 알기 쉽게 설명하였다.

일본불교연구회(編)의 '日本の佛敎'(法藏館) 시리즈는 일본불교를 현대적인 시점에서 다시 파악한 획기적인 기획이라고 할 수 있다. 제Ⅰ기(6책)는 『佛敎史を見なおす』(1994), 『アジアの中の日本佛敎』(1995), 『神と佛のコスモロジー』(1995), 『近世·近代と佛敎』(1995), 『ハンドブック日本佛敎硏究』(1996), 『論点日本佛敎』(1996)로 구성되었다. 제Ⅱ기(3책)는 『佛敎と出會った日本』(1998), 『日本佛敎の硏究法』(2000), 『日本佛敎の文獻ガイド』(2001)로 나누어 서술하였는데, 최근의 연구동향을 볼 수 있다. 특히 『日本佛敎の硏究法』은 과거의 주요 연구성과를 여러 분야에서 논한 것으로, 말미에 〈文獻一覽〉을 첨부하여 유익하다.

한편 중일 교류의 역사를 다룬 것으로 기미야 야스히코木宮泰彦의 『日華文化交流史』(富山房, 1955 ; 1965 재판)가 있는데, 중일 간을 왕래한 인물들을 종합적으로 논하고 승려의 사적事跡까지 망라하여 기술하였다. 미치바타 료슈道端良秀의 『日中佛敎友好二千年史』(大東名著選14, 大東出版社, 1987)는 불교를 통한 문화교류로써 중국과의 교섭을 논한 것이다. 이 밖에 이노우에 히데오井上秀雄의 『古代東アジアの文化交流』(大修館書店, 1996), 미나모토 료엔源了円·양쩡원楊曾文(編)의 『日中文化交流史叢書4 宗敎』(大修館書店, 1996)

등에서도 불교를 중심으로 한 중일 문화교류의 동정을 더듬어볼 수 있다. 또 다나카 다케오田中健夫 등(編)의 『對外關係史總合年表』(吉川弘文館, 1999)에는 특히 고대·중세의 한반도를 포함한 중일 간 불교관계 기사가 상당 부분을 차지하고 있으며, 상세한 연표로 활용도가 높다.

4) 각 시대의 불교

각 종파의 조사祖師의 전기와 사상에 대한 연구는 번거로워 일일이 논하지 않겠지만, 각각 학문적으로 상당히 깊어지고 있으며 연구서와 전집·자료집 등의 편찬도 진전되고 있다. 요시카와코분칸吉川弘文館에서 간행한 『日本の名僧』(15책, 2003~2005)은 〈聖德太子〉, 〈行基〉, 〈最澄〉, 〈空海〉, 〈空也〉, 〈重源〉, 〈法然〉, 〈親鸞〉, 〈道元〉, 〈叡尊·忍性〉, 〈一遍〉, 〈日蓮〉, 〈蓮如〉, 〈日親·日奧〉, 〈天海·崇傳〉 등으로 구성되어 있는데, 쇼토쿠 태자聖德太子부터 에도 초기의 덴카이天海·스덴崇傳에 이르기까지 일본불교를 장식한 저명한 고승들에 대한 최신 연구성과를 담은 시리즈다. 또한 『日本佛敎宗史論集』(10책, 吉川弘文館, 1984~1985)은, 〈聖德太子と飛鳥佛敎〉, 〈南都六宗〉, 〈傳敎大師と天台宗〉, 〈弘法大師と眞言宗〉, 〈法然上人と淨土宗〉, 〈親鸞聖人と眞宗〉, 〈榮西禪師と臨濟宗〉, 〈道元禪師と曹洞宗〉, 〈日蓮聖人と日蓮宗〉, 〈一遍上人と詩宗〉 등으로 구성되어 있으며 종파마다 논고·해설·주요사료·참고문헌을 실어 편리하다. 예를 들면 선종에 관해서는 다나카 료쇼田中良昭(編)의 『禪學硏究入門』(大東出版社, 1994)에서 '日本' 항목이 연구사와 연구방법을 아는 데 빼놓을 수 없고, 이부키 아쓰시伊吹敦의 『神の歷史』(法藏館, 2001)에서 '神のあゆみ日本'도 개설과 연구사를 파악하는 데 귀중하다.

마지막으로 각 시대의 불교에 관한 연구 중 주요한 것만 추려 간략히 다루고자 한다. 고대불교에 대한 연구로 이노우에 미쓰사다井上光貞의 『日本古代の國家と佛敎』(岩波書店, 1971)와 『日本古代思想の硏究』(同, 1982)는 국가불교를 논하는 데 중요하다. 남도南都불교에 대해서는 특히 하야미 다스쿠速水侑 등(編)의 『論集 奈良佛敎』(5책, 雄山閣出版, 1994)와 호리이케 슌포堀池春峰의 『南都佛の研究』(2책, 法藏館, 1980·1982) 등이 있다. 헤이안平安 불교에 대해서는 시미즈다니 교준淸水谷恭順의 『天台密敎の成立に關する研究』(文一總合出版, 1972)와 하야미 다스쿠速水侑의 『平安貴族社會と佛敎』(吉川弘文館, 1975)가 있고, 미사키 료슈三崎良周의 『台密の研究』(創文社, 1988)·『密敎と神祇思想』(同, 1992) 등도 상당히 흥미롭다.

중세불교에 관한 연구로는 종래 종파마다 개별적으로 조사祖師의 전기와 사상을 살피는 것이 주류를 점했으나, 점차 신불교의 흥기와 구불교의 부흥이라는 틀에 사로잡히지 않고 민중불교의 시점에서 다양한 고찰이 이루어지고 있다.

좀 오래된 연구로 이에나가 사부로家永三郎의 『中世佛敎思想研究』(法藏館, 1947) 등이 있고, 주목할 만한 연구는 구로다 도시오黑田俊雄의 『日本中世の國家と宗敎』(岩波書店, 1975)·『日本中世の社會と宗敎』(同, 1990)다. 이들 저서는 모두 중세불교를 현밀체제론顯密體制論으로 위치시켜 중세불교 연구를 발전시킨 원동력이 된 명저다. 사토 히로오佐藤弘夫의 『日本中世の國家と佛敎』(吉川弘文館, 1987)도 중요하다. 또 다이라 마사유키平雅行의 『日本中世の社會と佛敎』(塙書房, 1992)는 중세불교를 계율의 부흥과 권진勸進·장송葬送·자선사업 등을 행하는 개혁파와, 잡행雜行을 배격한 이치교一行와 민중의 자각을 목표로 삼는 이단파로 나누어 논하였다. 마쓰오 겐지松尾剛次의 『鎌倉新佛敎の成立』(吉川弘文館, 1988)에서는 중세 승려를 관승官僧과 둔세승遁世僧의 둘로 나누고 둔세승이 개인 구제를 목표로 삼았던 점을 강조하였다. 또한 근래의 경향으로, 오스미 가즈오大隅和雄(編)의 『中世の佛敎と社會』(同, 2000)와 가와네 요시야스河音能平·후쿠다 에이지로福田榮次郞(編)의 『延曆寺と中世社會』(法藏館, 2004), 하라다 마사토시原田正俊의 『日本中世の禪宗と社會』(吉川弘文館, 1998) 등 사회사적 시점에 입각하여 중세불교를 연구하는 흐름이 점차 자리를 잡아가고 있다.

근세불교에 대한 연구로는 다마무로 후미오圭室文雄·오쿠와 히토시大桑齊(編)의 『近世佛教の諸問題』(雄山閣出版, 1979)가 유효하다. 또한 다마무로 후미오의 『江戶幕府の宗教統制』(評論社, 1971), 오쿠와 히토시의 『寺檀の思想』(教育社, 1979)·『日本近世の思想と佛教』(法藏館, 1989), 다카노 도시히코高埜利彦의 『近世日本の國家權力と宗教』(東京大學出版會, 1989) 등은 본말제도本末制度와 사단제도寺檀制度에 대해 논하였다.

이 밖에 하카마야 노리아키袴谷憲昭의 『本覺思想批判』(大藏出版, 1991), 마쓰모토 시로松本史朗의 『道元思想論』(同, 2000)·『法然親鸞思想論』(同, 2001) 등은 본각사상本覺思想을 비판하는 관점에서 일본불교를 논하여 파문을 던졌다. 또 오스미 가즈오大隅和雄·니시구치 준코西口順子(編)의 『シリーズ女性と佛教』(平凡社, 1989)는 여성사 측면에서 불교를 다시 파악하는 발단이 된 연구로서 주목받았고, 고라이 시게루五來重 등(編)의 『佛教民俗學大系』(名著出版, 1986~1993)는 민속학적으로 불교가 어떻게 수용되었는지를 체계화시킨 점에서 획기적이다.

제3절 티베트 불교

기무라 세이지木村誠司
고마자와대학駒澤大學 교수

머리말

티베트는 인도와 중국 사이에 낀 히말라야의 소국이다. 변경에 자리하고 있어 문물은 위 두 나라에서 배울 수밖에 없었다. 불교도 두 나라를 스승으로 삼았고, 티베트인은 이 가르침을 탐욕스레 흡수하여 이윽고 뛰어난 불교국가를 이룩하였다. 특히 불교에 관한 한, 티베트는 인도와 중국을 능가할 정도의 실력을 갖추게 되었다. 이 사실이 널리 알려지게 된 것은 비교적 최근의 일이다. 이전에는 티베트 불교라고 하면 경멸의 대상이었다. 예를 들면, 일본에서는 이를 라마교로 부르고 원과 청 왕실을 타락시킨 사교로 보아 혐오의 눈길을 보내는 경우가 많았다. 그러나 이는 부정적인 일면을 포착한 평가였고, 본령은 교리와 실천의 장대한 대계를 갖추고 서양의 철학과 신학에 필적하는 위용을 자랑하였다. 그런데 보통 티베트 학승들은 인도불교의 후계자로 자임하지만, 티베트에서 중국불교의 영향이 끊긴 것은 아니다. 8세기에 중국선中國禪이 티베트에서 크게 유행하다가, 인도불교와 항쟁·종론宗論을 거치면서 표면적으로는 모습을 감추고 결국 이단시되었던 것은 확실하다. 하지만, 중국불교적 사고가 그 저류로 남아 이름을 바꾸면서 지속되었던 것도 사실이다.

그렇다면, 여기에서 말하는 중국불교적 사고방식이란 무엇일까. 이론도 있겠지만, 첫 번째로 모든 인간은 본질적으로 불성을 갖는다는 유불성有佛性의 지지고, 두 번째는 인간의 사유 전반이 깨달음과는 본래 관계 없다고 하는 극단적인 무분별 중시주의다. 물론 이 같은 사고방식이 중국불교만의 특유한 것은 아니다. 인도와 티베트에서도 모두 보인다. 그러나 이것이 중국불교에서 주류를 점했던 것에 비해 인도와 티베트 불교에서는 공적으로 방계에 위치하였다. 그래서 이 글에서는 중국불교적 사고방식이라고 칭한 것이다. 이러한 시점은 중국불교만 연구할 경우 도저히 얻지 못할지도 모른다. 티베트 불교, 그리고 그에 직결되는 인도 불교라는 모색毛色을 달리한 불교를 매개로 하고서야 비로소 명확해지는 성질을 띤다. 중국불교 연구에서 티베트 불교가 어떤 의의를 갖는지 묻는다면, 그 답은 위와 같은 시점을 제공하는 일이라고 하면 될 것이다.

1) 개설서·목록

티베트의 불교와 역사·문화 전 영역을 다룬 가장 좋은 개설서는

야마구치 즈이호山口瑞鳳의 『チベット』(上·下, 東京大學出版會, 1987~1988)다. 이 책은 제1차 자료에 입각한 견실한 학술서이자, 초학자라도 이해하기 쉽게 서술되었다. 불교만 개설한 것으로는 그의 「チベット」(『佛敎史Ⅱ 中國· チベット·朝鮮』, 山川出版社, 1983)가 있다. 위의 두 논저를 통해 티베트 불교의 실력을 가늠하고, 중국불교와의 관련과 차이를 빠짐없이 파악할 수 있을 것이다. 스타인R. A. Stein의 『チベットの文化』(決定版. 山口瑞鳳·定方晟 譯, 岩波書店, 1993), 스넬그로브 D. Snellgrove·리처드슨 H. Richardson의 『チベット文化史』 (奧山直司 譯, 春秋社, 1998)는, 저명한 구미 티베트학자의 견해를 파악하는 데 편리하다. 복간된 것으로 다다 도칸多田等觀의 『チベット』(岩波書店, 1982), 오구루스 고초小栗栖香頂의 『喇嘛敎沿革』(綾群書類從完成會, 1982)이 있다. 이들 논저를 통해 일본 티베트학의 내력을 살펴볼 수 있다. 구미의 논저로는 주제페 투치Giuseppee Tucci의 *Tibet Land of Snow*(tr. by Oriver, J. E. S, London, 1967)가 있다. 이러한 개설서를 통해 티베트 불교에 흥미를 갖기 시작했다 면, 다음 목록들을 이용하면 될 것이다. 사다카네 아야코貞兼綾子(編)의 『チ ベット硏究文獻目錄-日本文·中國文篇1877~1977-』(亞細亞大學アジア硏究所, 1982) ·『チベット硏究文獻目錄-1978~1995-』(高科書店, 1995), 쿨피H. K. Kulpy·이마 에다Y. Imaeda, *Bibliography of Tibetan Studies*(成田山新勝寺, 1986), 쉬원칭索文 淸(編)의 『チベット硏究文獻目錄-中文·日文, 1945~1999-』(風響社, 1999) 등은 현재로서는 완벽하다고는 할 수 없지만 도움이 될 것이다.

2) 강좌·기념논집·학술서 등

다음 단계로 우선 『岩波講座 東洋思想11 チベット佛敎』(岩波書店, 1989)를 권한다. 각 분야의 전문가가 집필한 초학자용 논문집이다. 티베트의 한 종파인 닝마파와 중국선禪과의 관계, 둔황에 대한 논문도 포함되어 있다. 더 깊이 알고자 하면, 야마구치 즈이호山口瑞鳳(監修)의 『チベットの佛敎 と社會』(春秋社, 1986), 나가노 야스히코長野泰彥·다치카와 무사시立川武藏(編)

의 『チベットの言語と文化』(冬樹社, 1987)가 있다. 「特集·チベット佛教」(『東洋學術研究』221-2, 1982)도 꼭 읽어보아야 할 글 중 하나다. 이들 논저는 간행된 지 이미 상당한 시간이 흘렀지만, 학술적 가치가 여전히 매우 높다. 티베트어 문헌으로 된 초기 선종에 대한 연구 등을 보면, 일본학자가 세계를 리드한다는 사실을 이해할 수 있을 것이다. 이는 일본의 티베트학 실력을 파악하는 데 적합하다. 최근 성과로는 『チベット』(『季刊佛教』 26, 法藏館, 1994)가 있다. 학술잡지와는 경향을 달리하는 면도 있기 때문에, 독자는 참과 거짓을 가려내고 티베트 연구의 다양성에 생각을 집중해 주기 바란다. 구미의 출판물로는 국제티베트연구협회International Association for Tibetan Studies의 *Tibetan Studies*가 중요하다. 이는 세계 각지에서 개최된 국제 티베트학회의 학회 보고로서 이미 몇 개는 간행이 되었다. 가장 최근 것은 2000년 라이덴에서 개최된 학회의 보고로서 *Brills Tibetan Studies Library* (Leiden, 2002)가 전10권으로 출판되었다. 이것으로 세계 티베트학의 최신 동향을 파악할 수 있을 것이다. 또 가능하면, 일본서장학회日本西藏學會의 학회지인 『日本西藏學會會報』와 *Tibet Journal* 에도 관심을 가져주기 바란다. 이상으로 큰 틀을 제시하였는데, 다음은 테마별로 논해 보겠다.

3) 둔황 문헌

중국불교 관계자에게 둔황 문헌의 발견은 혁명적이었다. 문헌의 태반은 한문으로 되어 있었지만, 그 다음으로 많은 것이 티베트어였다. 둔황이 일시 티베트의 지배를 받았기 때문이다. 중국불교를 해명하기 위해서도 티베트어 문헌의 활용은 이미 빼놓을 수 없다. 둔황을 중심으로 한 중국·서역·티베트 불교의 전체상은, 실제로 아직 분명치 않다. 이 분야에 뜻을 두고 있다면 우선 『講座敦煌』(大東出版社, 1980~1992)을 추천한다. 이 강좌는 다음 9권으로 되어 있다. 1권 에노키 가즈오榎一雄(編)

『敦煌の自然と現狀』, 2권 에노키 가즈오榎一雄(編)『敦煌の歴史』, 3권 이케다 온池田溫(編)『敦煌の社會』, 4권 가나오카 쇼코金岡照光 외(編)『敦煌と中國道教』, 5권 이케다 온池田溫(編)『敦煌漢文文獻』, 6권 야마구치 즈이호山口瑞鳳(編)『敦煌胡語文獻』, 7권 마키타 다이료牧田諦亮·후쿠이 후미마사福井文雅(編)『敦煌と中國佛教』, 8권 시노하라 히사오篠原壽雄·다나카 료쇼田中良昭(編)『敦煌佛典と禪』, 9권 가나오카 쇼코金岡照光(編)『敦煌の文學文獻』. 모든 면에서 둔황을 고찰하여 둔황학이라는 한 분야를 이루고 있다. 이 둔황학의 정수가 가미야마 다이슌上山大峻의『敦煌佛教の硏究』(法藏館, 1990)다. 이 책은 우선, 중국불교사에서는 무명이었던 담광曇曠(8세기)·법성法成(8세기)이라는 둔황 학승의 사적을 세상에 알리고 이어 불교사에 이름 높은 쌈예bSam yas의 종론宗論를 재음미하였으며 나아가 중국 본토에서는 사라지거나 전해지지 않던 문헌들을 소개하였다. 한문·티베트어 양쪽 문헌을 활용한 뛰어난 업적이다. 사본의 지질·형상 등을 상세히 조사하는 고사본학古寫本學 수법을 구사한 점도 주목된다. 둔황의 티베트어 문헌에 매력을 느낀다면 다음 목록을 참조보기 바란다. 푸생L. V. Poussin 의 *Catalogue of the Tibetan Manuscripts from Tun-huang in the India Office Library*(London, 1962), 랄루M. Lalou의 *Inventaire des Manuscripts tibètains de Touen-houang conservés à la Bibliothèque Nationale* (1)~(3)(Paris, 1939~1961), 야마구치 즈이호山口瑞鳳·오키모토 가쓰미沖本克己(編)의『スタイン蒐集チベット語文獻解題目錄』(1~13, 東洋文庫, 1977~1990) 등이 있다. 문헌 개설로는 오키모토 가쓰미沖本克己의「敦煌發見のチベット語佛教文獻」(앞의『チベットの言語と文化』)이 있다.

4) 둔황 티베트어 선문헌禪文獻

둔황 문헌 가운데 이제까지 가장 주목을 받은 것은 선禪문헌이다. 한문 문헌을 이용한 연구에 대해서는 여기에서 논할 필요도 없을 것이다.

티베트어 문헌의 개요에는 오키모토 가쓰미沖本克己의「敦煌出土のチベッ
ト文禪宗文獻の內容」(『講座敦煌8 敦煌佛典と禪』), 기무라 류토쿠木村隆德의「敦煌
出土のチベット文禪宗文獻の性格」(同)이 있다. 연구 상황을 파악하는 데는
기무라 류토쿠의「敦煌チベット語禪文獻目錄初稿」(『東京大學文學部文化交流硏究
施設紀要』 4, 1981)와 우에야마D. Ueyama의 "The Study of Tibetan Ch'an
Manuscripts Recoverd from Tun-huang : A Review of the Field and
its Prospects"(Early Ch'an in China and Tibet, Berkley, 1983)가 매우 유용하다.
근년의 것으로는 다나카 료쇼田中良昭·오키모토 가쓰미沖本克己의『大乘佛
典 中國·日本篇11 敦煌Ⅱ』(中央公論社, 1989)의 해설이 있다. 여기에서 티베
트어 문헌이 어떻게 활용되는지를 구체적으로 살펴보기 바란다. 정각淨
覺(638~750?)이 찬술한『능가사자기楞伽師資記』는 초기 선종의 실태를 전하
는 중요한 사서다. 티베트본『능가사자기』는 그때까지 알려져 있던
정각본淨覺本과는 달리, 서序가 빠져 있고 찬자를 기록하지 않았으며,
도신전道信(581~651)傳 도중에 끝난 것이 밝혀졌다. 또한 티베트본은 고형
古形을 전한 것이고 정각본은 그것을 증광·개변한 것이라는 추정이 나왔
다. 이렇게 하여 티베트어 문헌은『능가사자기』의 성립문제를 분석하
는 데 결정적 역할을 하였으며, 한문 텍스트의 보정 가능성도 제시하였
다. 상세한 것은 가미야마 다이슌上山大峻의「チベット譯からみた『楞伽師資
記』成立の問題点」(『印佛硏』 21-1, 1973)·「チベット譯『楞伽師資記』について」(『佛教文
獻の硏究』, 百華苑, 1968)와 오키모토 가쓰미沖本克己의「『楞伽師資記』の硏究-藏
漢テキストの校訂及び藏文和譯(1)-」(『花大紀要』 9, 1978)를 참조하기 바란다. 앞
으로 티베트어 문헌의 활용은 더욱 더 필요해질 것이다.

5) 쌈예의 종론宗論

티베트 불교역사에서 최대의 사건이라면 쌈예의 종론일 것이다. 인
도승 카마라시라(740~795경)와 중국의 선자禪者 마하연摩訶衍(7~8세기)이 주

고발은 논쟁으로 유명하다. 이 종론이 사람들의 주목을 끌게 된 계기는 드미에빌 P. Demiéville의 *Le Concile de Lhasa*(Paris, 1952)였다. 이 책은 일본에서도 시마다 겐지島田虔次가 번역한 「ラサの宗論」(『東洋史硏究』 17-4, 1959)으로 소개되어 널리 알려졌다. 종론의 호칭과 역사적 경위를 중심으로, 드미에빌, 투치, 가미야마 다이슌上山大峻, 야마구치 즈이호山口瑞鳳, 이마에다 요시로今枝由郞 등의 사이에 활발한 논의와 응수가 벌어졌지만, 현재는 그 사실성조차 의문시되고 있다. 현재 가장 설득력 있는 견해는 야마구치 즈이호山口瑞鳳의 「吐蕃王國佛教史年代考」(『成田山佛敎硏究所紀要』 3, 1978)에 제시되어 있다. 상세한 것은 미마키 가쓰미御牧克己의 「頓悟と漸悟」 (『講座大乘佛敎7 中觀思想』, 春秋社, 1984)를 참조하기 바란다. 종래의 연구를 포괄적이고 적확하게 서술하였다. 마하연의 주장은 『돈오대승정리결頓悟大乘正理決』에서 더듬어볼 수 있다. 한문과 티베트문으로 된 텍스트가 있고, 근년에 가미야마 다이슌上山大峻의 『敦煌佛敎の硏究』로 교정과 번역이 이루어졌다. 티베트문 번역은 『大乘佛典 中國·日本篇11 敦煌 II』에서 오키모토 가쓰미沖本克己에 의해서도 이루어졌다. 그 밖에 마하연 관계 티베트어 문헌의 소개와 일본어 번역도 가미야마上山와 오키모토沖本 두 연구자의 저서에서 볼 수 있다. 한편 마하연과 논쟁을 벌인 카마라시라의 견해는 『수습차제修習次第』에서 확인할 수 있다. 산스크리트어 원문 및 티베트어 번역 텍스트는 주제페 투치Giuseppee Tucci의 *Minor Buddhist Texts*, pt. II(Roma, 1958)와 *Minor Buddhist Texts*, pt. III (Roma, 1971), 요시무라 슈키芳村修基의 『インド大乘佛敎思想硏究 : カマラシーラの思想』(百華苑, 1974) 등에 실려 있다. 요시무라는 일본어 번역도 제시하였다. 텍스트와 번역에 대해서는 앞의 미마키 가쓰미御牧克己의 「頓悟と漸悟」에 정리되어 있다.

한편 마하연의 기본 주장은 처음에 언급한 중국불교적 사고방식, 즉 유불성有佛性의 지지와 무분별無分別 중시주의로 집약된다. 무분별 중시주의는 『돈오대승정리결頓悟大乘正理決』에서 불사불관不思不觀으로 표

현되었는데 카마라시라는 이를 예리하게 비판하였다. 마쓰모토 시로松本史朗의 『禪思想の批判的研究』(大藏出版, 1994)는 산스크리트어 문헌도 참조하여 불사불관의 의미에 대해 명확히 사고思考의 정지停止라고 설명하였다. 마쓰모토는 종론宗論을 인도 이래의 불교사상의 흐름 속에서 보고자 하였다. 그의 방법은 좁은 전문분야의 틀을 뛰어넘으려 한 것으로, 탁월한 어학력과 폭넓은 지식이 요구되지만 중국불교 연구에 하나의 방향성을 제시한 것이라 할 수 있다. 이부키 아쓰시伊吹敦의 「摩訶衍と『頓悟大乘正理決』」(『論叢アジアの文化と思想 1』, 1992)은 중국불교 전문가의 입장에서 카마라시라의 마하연 비판을 재검토하였다. 이부키는 카마라시라의 비판에 대해 부당성을 인정하고, 불사불관을 사고의 정지로 해석하는 데에도 반대하였다. 앞으로 종론을 둘러싼 활발한 의견 교환이 기대된다. 기무라 류토쿠木村隆德의 「特論サムイエーの宗論-中國禪とインド佛教の對決-」(高崎直道·木村清孝 編, 『東アジア社會と佛教文化』シリーズ東アジア佛教5, 1996)은 역사적·사상적 문제점을 간결히 정리한 것으로, 이제까지의 연구상황을 파악하는 데 편리하다. 최근 논문으로는 오키모토 가쓰미沖本克己의 「サムイエー宗論の研究-敦煌文獻を中心として-」(『禪學研究の諸相』, 大東出版社, 2003)가 있다. 이렇게 해서 드미에빌 이래 쌈예의 종론에 대한 연구는 방대하게 축적되어 왔다. 차례로 새로운 자료들이 발견되고 역사적인 사실이 상세히 검토되면서 종론의 실태와 전후의 모습이 점차 밝혀지고 있다. 그러나 그에 따라 인도불교와 중국불교의 사상적 대결이라는 면이 간과되는 듯한 경향이 보인다. 쌈예의 종론이 갖는 참된 의의는 사상적 연구를 통해 비로소 선명해질 것이다. 아래에서 그 이유를 간단히 서술해 보겠다. 티베트를 대표하는 학승 쫑카파(1357~1419)는 실천지상주의에 경고를 보내고 마하연을 이단의 대표라고 했는데(長尾雅人, 『西藏佛教研究』, 岩波書店, 1954 참조), 이는 쌈예의 종론과 직결되는 사상적 문제다. 쫑카파의 견해는 실천을 중시하고, 중국불교의 꽃으로 찬사받는 선에 대한 비판과도 일맥상통하는데, 그 연원은 역시 쌈예의 종론이다. 중국불교 연구자에 의한 앞으로의 검토가 기다려진다. 다음으로 다른 중요한 논고도 언급해 두고자 한다. 야마구치 즈이호山口瑞鳳의 「チベット佛教と新羅の金和尚」(金知見·蔡印幻 編, 『新羅佛教』, 山喜房佛書林, 1973)은 티베트에서의 마하연 이전의 중국선에 대해 논하였다. 오바타 히로노부小畠宏允의 「チベットの禪宗と『歷代法宝記』」(『禪文化研究所紀要』 6, 1974)는 더욱 많은 자료를 이용하여 같은 테마를 다루었다. 두 논문은 쌈예의 종론 고찰에 유익할 뿐만 아니라, 중국선종사 연구를 위한 귀중한 정보를 담고 있다. 기무라 류토쿠木村隆德의 「『金剛經』を媒介とした禪と印度佛教の比較」(『佛教學』 11, 1981)는 『돈오대승정리결』에서 경증經証으로 삼은 『금강경』에 착안한 견실한 연구다. 기무라의 다른 논문인 「Cig car ḥjug paについて」(『佛教敎理の研究』 春秋社, 1982)는 티베트어 문헌에 기초하여 돈頓이란 일거에 동시에 일어나는 것이라고 보았다. 돈頓은 쌈예의 종론의 논점이기도 하고 선종문헌에서 키워드의 하나다. 한문만이 아니라 티베트어를 통한 연구는 이에 대한 이해를 비약적으로 심화시킬 것이다. 이는 다른 술어術語에도 응용해야 할 것이다. 오바타 히로노부小畠宏允의 「古代チベットにおける頓門派(禪宗)の流れ」(『佛教史學研究』 18-2, 1977)는 중국의 남종과 북종의 대립에 입각한 귀중한 연구다. 또한 『ポール·ドミエヴィル禪學全集』(林信明 譯, 『花園大學國際禪學研究所研究報告1』, 1989)은 *Le Concile de Lhasa* 이후 선보인 논문집이다. 쌈예의 종론을 세상에 알린 대석학의 견해는 경청할 만하다.

한편 종론 후, 중국선은 닝마파의 족첸Dzog chen과 결합하였다. 이에 대해 약술한 것으로 히라마쓰 도시오平松敏雄의 「ニンマ派と中國禪」(『岩波講座東洋思想11 チベット佛教』)이 있고, 상세한 내용은 히라마쓰의 『西藏佛教宗義研究3-トゥカン『一切宗義』ニンマ派の章-』(東洋文庫, 1982)을 보기 바란다.

또한 중국선은 스스로를 중관파中觀派라고 불렀다. 이에 대해 다룬 것이 가미야마 다이슌上山大峻의 「チベットにおける禪と中觀派の合流」(앞의 『チ

ベットの佛敎と社會』)다. 한편 후대에 티베트에서는 학승들이 하나같이 스스로 중관파를 칭하였으나 중관에 대한 이해가 같지는 않았다. 툴빠Tulpa (トゥルパ, 1292~1361)는 여래장 실재론을 주장하여 이단으로 간주되었지만 자신은 스스로 중관파임을 믿어 의심치 않았다. 중국선이 주장하는 중관 역시 그러한 종류일 것이다. 왜냐하면, 툴빠는 기본적으로 중국불교적 사고방식, 즉 유불성有佛性에 지지를 표명하였기 때문이다. 그러한 사고방식이 티베트에서 왜, 어떻게 부정되었는지 살펴보는 것은 중국불교 연구에 쓸모없는 일은 아닐 것이다. 툴빠의 견해를 다룬 주요 연구로는 루에그D. S. Ruegg의 *La Thèorie du Tathāgatagarbha et du gotra* (Paris, 1969), *Le traitè du Tathāgatagarbha de Bu ston rin chen grub* (Paris, 1973), 야마구치 즈이호山口瑞鳳의 「チョナンパの如來藏說とその批判說」(앞의 『佛敎敎理の硏究』), 하카마야 노리아키袴谷憲昭의 「チョナン派と如來藏思想」(앞의 『岩波講座東洋思想11 チベット』), 다니구치 후지오谷口富士夫의 『西藏佛敎宗義硏究6-トゥカン『一切宗義』チョナン派の章-』(東洋文庫, 1993), 아라이 히로아키荒井裕明의 「ツォンカパの他空說批判」(『佛敎學』 33, 1992), 마쓰모토 시로松本史朗의 『チベット佛敎哲學』(大藏出版, 1997)이 있다.

6) 기타

티베트와 중국의 관계는 원조元朝 이래 복잡한 양상을 띠었다. 쿠빌라이(1215~1294)의 스승帝師 파스파八思巴(Phagpa, 1235~1280) 문제나, 역대 달라이라마 정권과 중국과의 관계 등 중요 테마는 많다. 원元~청淸에 걸친 양국 사이의 교류를 다룬 주요 저서로는 노가미 슌조野上俊靜의 『遼金の佛敎』(平樂寺書店, 1953)·『元史釋老傳の硏究』(朋友書店, 1978), 아흐마드Ahmad, Z.의 *Sino Tibetan Relation in the Senenteenth Century* (Roma, 1970), 페텍L. Petech의 *China and Tibet in the Early* XVIIIth *Century* (Leiden, 1972), 후쿠다 요이치福田洋一·이시하마 유미코石濱裕美子의 『西藏佛敎宗義硏究4-トゥカン『一切宗義』

モンゴルの章-』(東洋文庫, 1986)가 있다. 종래 이 분야는 역사적·정치적 연구가 주류를 점했다. 이시하마 유미코石濱裕美子의 『チベット佛教世界の歷史的研究』(東方書店, 2001)는 사상 면에서 접근한 연구로 이러한 종류의 연구는 이제 시작이다. 불교 이해라는 측면에서 근대 연구자들의 찬탄을 자아낸 짱까(1717~1786)는 티베트 학승이면서 청왕조의 의향에 충실했던 인물로 전한다. 이러한 성향이 그의 저작에도 반영되었는지에 대해서는 아직 고찰되지 않고 있는 것 같은데, 이러한 테마는 향후의 과제가 될 것이다. 티베트 대장경의 개판도 빠질 수 없는 연구대상이다. 이에 대해서는 이마에다 요시로今枝由郎의 「チベット大藏經の編集と開板」(앞의 『講座東洋思想11 チベット佛教』), 미마키 가쓰미御牧克己의 「チベット語佛典槪說」(앞의 『チベットの言語と文化』), 하타노 하쿠유羽田野伯猷의 『チベット·インド學集成1 チベット篇』(Ⅰ·Ⅱ, 法藏館, 1986)를 참고하기 바란다. 최신 연구로는 아이머와 제르마노 Helmut Eimer & D. Germano(ed.)의 The Many Canons of Tibetan Buddhism (Leiden, 2002)이 있다. 티베트에서의 중국 유식사상도 매력있는 테마다. 이에 대해서는 하카마야 노리아키袴谷憲昭의 「敦煌出土チベット語唯識文獻」(『唯識思想論考』, 大藏出版, 2001)·『唯識の解釋學-『解深密經』を讀む-』(春秋社, 1994)을 보기 바란다. 두 논저는 연구의 방향성을 잡는 데 도움이 되어줄 것이다. 또한 중국과 티베트 간에 보이는 중관中觀사상의 차이에도 유의해야 하는데, 마쓰모토 시로松本史朗의 「三論敎學の批判的考察-dhātu-vādaとしての吉藏の思想-」(앞의 『禪思想の批判的硏究』), 이토 다카토시伊藤隆壽의 「僧肇と吉藏-中國における中觀思想受容の一面-」·「三論敎學の根本構造-理と敎-」(『中國佛敎の批判的硏究』, 大藏出版, 1992)는 명확한 시점을 제시해 준다. 이상으로 중국불교에서 티베트 불교가 어떤 존재였는지를 주로 사상적인 면에서 살펴보았다. 누락이 많은 점에 대해서는 양해를 구한다.

마지막으로, 티베트 불교에서 어떤 가능성을 보고, 티베트어를 배우려는 분을 위해 사전과 문법서를 소개해 둔다. 예슈케H. A. Jäschke의

A *Tibetan-English Dictionary* (London, 1881), 다스C. Das의 A *Tibetan-English Dictionary* (Calcutta, 1902)를 갖춰두기 바란다. 복각판이 린센쇼텐臨川書店에서 나와 있지만 인도의 리프린트판이 저렴하다. 불전을 읽고자 한다면 사카키 료자부로榊亮三郎의 『梵藏漢和四譯對校飜譯名義大集』(鈴木學術財団, 1973 복각판[내용상 개정판: 옮긴이])이 편리하다. 적당한 장한藏漢사전으로는 『藏文辭典』(山喜房佛書林, 1972, 복각판[내용상 개정판: 옮긴이])이 있다. 장이순張怡蓀(主編)의 『藏漢大辭典』(北京: 民族出版社, 1984~1985, 1993, 1998)은 어휘수가 풍부하며 3권짜리, 2권짜리, 1권짜리가 있다. 중국어를 영어로 옮긴 An *Encyclopedia Tibetan English Dictionary* (Beijin, 2001)도 출판되었는데, 현재 KA-NYA의 첫 번째 권만 간행되었다. 문법책으로는 야마구치 즈이호山口瑞鳳의 『チベット語文語文法』(春秋社, 1998)·『槪說チベット語文語文典』(同, 2002)·『要訣チベット語文語文典』(成田山新勝寺, 2003) 등의 세 저서가 뛰어나다.

제2부

각 론

제1장 한위양진漢魏兩晉 시대의 불교

이토 다카토시伊藤隆壽
고마자와대학駒澤大學 교수

이 시대의 중국불교를 연구할 때 참고할 책은 우선 지금까지 나와 있는 중국불교사 관련 책일 것이다. 반드시 필요한 책은 다음과 같다.

① 탕융퉁湯用彤, 『漢魏兩晉南北朝佛教史(上冊)』(1938 초간, 中華書局, 1955 ; 臺灣 商務院書館, 1962 ; 『湯用彤全集 1』, 河北人民出版社, 2000 수록).

② 에릭 취르허E. Zürcher, *The Buddhist conquest of China* 2 Vols (Leiden, 1959 ; 田中純男 ほか 譯, 『佛教の中國傳來』, せりか書房, 1995).

③ 쓰카모토 젠류塚本善隆, 『中國佛教通史 1』(鈴木學術財団, 1968).

④ 런지위任繼愈(主編), 『中國佛教史』(1·2, 中國社會科學出版社, 1981~1985 ; 丘山新 ほ か 譯, 『定本中國佛教史』Ⅰ·Ⅱ, 柏書房, 1992·1994).

⑤ 가마타 시게오鎌田茂雄, 『中國佛教史』(1~3, 東京大學出版會, 1982~1984).

중국·일본·유럽 학자들의 이 저서들을 주의 깊게 대비하며 읽어보면 저자의 시점·방법·문제의식의 차이를 엿볼 수 있고, 또한 밝혀진 것과 그렇지 않은 사안, 문제점, 더욱 더 분석과 검토를 필요로 하는 것, 시점을 바꾸어 재검토해 보아야 할 것 등의 연구과제가 떠오를 것이다. 이하에서는 시대구분에 따라 연구상황과 문제점을 개설하고자 한다.

제1절 불교 전래 전후의 여러 문제

불교는 전한前漢 말~후한 초 즈음 중국에 전래된 것으로 생각되는데, 그 무렵(서력 기원 전후) 중국의 정치·경제·문화 영역은 세계에서도 선진적인 자리를 차지하고 있었다. 종교와 철학에서는 이미 고유의 사상을 형성하고 천제天帝와 조상신祖先神을 숭배, 신앙하였으며, 유교와 도교 이론 및 그에 상응하는 의례와 방술도 행해지고 있었다. 한편, 중국으로의 불교 전래는 분명 서역과 교류가 행해진 결과다. 불교 전래에 얽힌 여러 전설은, 때와 사람을 달리하고 수용자 측의 사정을 반영하며, 전해진 불교의 내용은 전해진 시기와 전한 인물과 그 시기의 서역 및 인도 불교와 깊이 관련되어 있다. 한대부터 후한대의 불교를 연구하는 주요 문제는 다음 세 가지가 될 것이다.

1) 진·한대의 종교 사정

불교수용의 전제로서 종교적 상황, 즉 위정자의 신앙과 정책 및 관료 조직과의 관계, 민간신앙의 상황을 고려하여 그것과 불교수용과의 관련을 고찰할 필요가 있다. 이 점에 대해서는 앞의 ④ 제1권 제1장에서 개관하였고, ⑥ 앙리 마스페로 Henri MASPERO(アンリ·マスペロ)의 『道敎-不死の探究-』(川勝義雄 譯, 東海大學出版會, 1966)와 ⑦ 『岩波講座東洋思想13 中國宗敎思想 1』(岩波書店, 1990)에 수록된 후카나가 미쓰지福永光司의 〈Ⅰ. 中國宗敎思想史〉도 참고가 된다. 또한 ⑧ 펑유란馮友蘭의 『中國哲學史』(中華書局, 1961), ⑨ 런지위任繼愈(主編)의 『中國哲學史』(人民出版社, 1963), ⑩ 거자오광葛兆光의 『中國思想史』(復旦大學出版社, 2001) 등도 진·한부터 위진시대 현학玄學에 이르기까지의 사상사를 개관하는 데 꼭 필요한 논저다.

2) 불교의 전래와 봉불奉佛

이에 대해서는 전설이 많은데, 대부분은 후세(劉宋 이후) 문헌에 기록된 것으로, 불교가 중국에 정착하고 난 후의 사정(불교와 도교 논쟁 등)이 반영되어 있어 사실로서의 신빙성은 약하다. 종래에는 앞서 든 ①④ ⑤ 등에서 검토가 되었는데, 그 위에 더한 고찰이 이루어지는 연구는 이러한 검토를 완전히 새로운 시점에서 다시 검토해 본다거나 전설이 만들어지는 배경과 관련하여 새로이 위치짓기를 시도하는 경우일 것이다. 전래설과 봉불에 대해서는, 특히 서역의 불교 상황과 교류를 염두에 두면서 주의 깊게 분석할 필요가 있다.

3) 인도·서역의 불교와 교류

특히 서역 연구의 중요성을 강조하고 싶다. 한대에 사용된 좁은 의미의 서역은 『한서漢書』 서역전西域傳에 따르면, 옥문관玉門關(둔황현 서쪽)·양관陽關(둔황현 서남)에서 서쪽, 총령蔥嶺(파미르)에서 동쪽, 천산산맥의 남쪽, 곤륜산맥의 북쪽 지역, 이른바 동투르크스탄 지역을 가리켰다. 그러다 서역과의 교류가 발전하면서 이 지역을 통해 왕래하던 더 서쪽 지역 즉 서투르크스탄·서아시아·유럽의 일부, 남아시아 나라들까지 포함시켜 넓은 의미에서의 서역이라고 부르게 되었다. 이렇게 볼 경우 인도도 서역에 포함되지만, 중국 불교자의 경우 엄밀하지는 않지만 인도를 서역의 여러 나라들과는 구별하는 예가 많으므로 여기서는 이 구별에 따른다. 서역과 관련해서는 근년 중국에서 ⑪ 『西域通史』(中國邊疆通史叢書1, 中州古籍出版社, 2003)가 출판되었다.

인도·서역의 불교는 처음 전래된 때부터 후세에 이르기까지 끊임없이 자극을 주었기 때문에, 초기 중국불교를 연구할 경우 끊임없이 관심을 가질 필요가 있다. 전한 무제가 기원전 138년에 장건張騫(?~B.C.114)을 서역으로 파견한 이래 한의 서역공작이 진행되어, 기원전 60년에는 흉노가 한나라에 항복하여 처음으로 서역도호西域都護가 설치되었다. 이러한 움직임을 보고 서역 여러 나라도 민첩하게 반응하여, 기원전 57년 계빈국왕罽賓國王이 한에 사신을 보냈고, 2년에는 대월지大月氏 왕의 사절 이존移存이 찾아와 박사제자博士弟子 경로景盧에게 부도경浮屠經을 구술로 전했다고 한다. 그러나 그로부터 얼마 지나지 않은 9년경 서역국들은 한을 떠나 흉노에 복속하였고 16년경에는 서역과의 관계도 중단됐다. 이 같은 상황은 후한 초까지 이어지다가 38년 사차국莎車國·선선국鄯善國이 후한에 사신을 파견하여 왕래가 재개되었다. 74년에는 서역도호도 부활하여 다시 서역에 대한 통할제도가 확립되었다. 특히 서역도호로도 임명되었던 반초班超의 서역공작은 눈부셔서 97년에는 부하 감영甘英을 대진大秦(동로마제국)으로까지 파견하였다. 중국과 서역과의 교류 및 서역국들의 상황은 『사기史記』 서역전西域傳, 『후한서後漢書』 광무기光武紀·명제기明帝紀·서역전西域傳 등에 기록되어 있지만 모두 제한적이고, 강거康居·대완大宛·대하大夏·안식安息·대월지大月氏 등의 불교 실태를 알기는 매우 곤란하다. 그러나 후한대에 중국을 찾아온 불교자가 대개 강거·안식·대월지 출신이라는 사실은 무시할 수 없다. 특히 대월지까지 지배한 적이 있던 힌두쿠시 산맥의 남쪽, 카라코룸 산맥의 서쪽지역(간다라, 카슈미르를 대표로 하는 지역)의 불교는, 중국과 인도 양국의 불교에서 매우 중요한 위치를 점한다. 중국에서 보면 서역의 한 부분을 구성하면서 '계빈罽賓'이라는 이름으로 불린 지역으로, 불교 동점東漸의 기점이다. 인도 쪽에서 보면 기원전 3세기에 아소카왕의 판도에 편입된 '북서인도'로 불린 지역이다. 아소카왕 사후, 쿠샨왕조 시대를 절정기로 하여 굽타 왕조가 성립할 때까지 인도불교 자체의 중심지였다. 따라서 종래이 지역의 불교는 주로 인도불교에 속하는 것으로 취급되었다.

그런데 이 지역은 아소카왕 이전과 이후에 그리스인·스키타이인·파르티아인·월지인 등의 이민족들에게 차례로 지배 당했으며 이들은 중인도로도 진출했다. 4세기 굽타왕조 때 인도인이 다시 들어섰지만 여전히 간다라, 카슈미르는 에프탈(이란계 유목민)의 지배를 받고 있었다. 이러한 상황을 염두에 두면, 이 지역의 불교는 중인도와 남인도와는 다른 면을 갖고 독자적인 전개를 보인 게 아닐까 예상된다. 1914년 발행된 ⑫ 하타니 료타이羽溪了諦의 『西域之佛教』(法林館, 1914)는 '서역불교사'를 제시하게 된 획기적인 저작으로서 그 의의를 되새겨볼 필요가 있다. 결국, 독립된 연구영역·연구대상으로 설정해야 할지도 모른다. 이 지역이 설일체유부說─切有部의 근거지였다는 것, 아울러 대승불교의 성립과 깊이 관련되어 있다는 것, 간다라로 상징되는 독자적인 불교문화가 형성되었다는 것 등 따로 독립영역으로 취급해야 할 이유는 충분하다. 이 문제를 밝히기 위해서는 인도와 중국 쌍방에 남아 있는 자료를 분석해야 하는데, 종래에도 이미 그러하였지만 인도불교라는 큰 틀에서 취급하였기 때문에 서역의 특수성·지역성에 대한 인식이 희박해 보인다. 중국측 자료(역사서뿐 아니라 한역불전까지 포함)의 분석 연구는 해명에 도움은 되겠지만 충분하지는 않다. 사상(교리) 자체를 연구하고 그 성립 배경 및 기반을 밝히려면 이 지역의 종교문화, 사회구조, 사람들의 신앙 실태에 대한 이해를 전제해야 하고 나아가 정치·경제에 대한 파악도 필요하다. 이를 통해 가르침의 의미와 불교교단의 실정을 밝힐 수 있을 것이다. 중국으로의 불교 전래가 기록되기 이전, 박트리아大夏(Bactria) 왕 메난드로스 Menandoros(B.C. 163~105. 인도에서는 Milindra 혹은 Milinda, 彌蘭陀)가 나가세나 장로Nagasena(那先比丘)와 불교에 대해 주고받은 문답 내용을 한문으로 번역한 『나선비구경那先比丘經』(大正藏32. 『歷代三寶記』에는 동진東晉시대 번역자 미상으로 되어 있다. 팔리어 Milindapañha(미란다 왕의 물음)은 이 시대의 이 지역 불교를 파악하는 데 귀중한 문헌이다. 메난드로스는 아프가니스탄 카불 부근의 그리스인 도시 알라산다Alasanda(阿荔散) 왕가 태생이고, 나가세나는 계빈의 비구로 생각된다. 종래에는 ⑬ 나카무라

하지메中村元·하야시마 교쇼早島鏡正가 번역한『ミリンダ王の問い：インドとギリシアの對決』(3권, 東洋文庫, 平凡社, 1963~64)로 대표되듯 5세기경까지 지금의 모습을 갖추게 되었다는 팔리어 텍스트에 입각한 연구가 중심이었고, 그 원초적 형태에 가까운『나선비구경』에 대한 연구는 충분치 않았다.

또한 후한시대부터 잇따라 전해진 불전은 법현法顯 등의 예를 제외하면 모두 인도·서역에서 온 도래승에 의한 것으로, 도래승은 압도적으로 서역 출신이 많았다. 전래된 불전은 어디에서 만들어진 것일까. 문자로 기록되었다면 언어는 무엇이었을까. 혹은 텍스트 없이 암송에 의한 것이었을까 등등 흥미진진하다. ⑭ 오카베 가즈오岡部和雄의「中國佛教にとっての西域－譯經史を視點として－」(『歷史公論』105, 1984)은 요점을 서술한 것이고, 언어에 대한 저술로는 ⑮ 이노쿠치 다이준井ノ口泰淳의『中央アジアの言語と佛教』(法藏館, 1995)가 있다. 처음 들여온 대승경전은 지루가참支婁迦讖이 옮긴『도행반야경道行般若經』(『八千頌般若經』小品般若)인데, 지루가참은 월지(대월지) 사람으로 후한 환제桓帝 건화乾和 원년(147)에 낙양으로 와서 번역작업을 했다. 그러나 ⑯ 그레고리 쇼펜Gregory Schopen의『大乘佛教興起時代インドの僧院生活』(小谷信千代 譯, 春秋社, 2000)에 의하면, 이 경전은 인도에서 상당히 후대에 이르기까지 중히 쓰이지 않았다(7쪽)고 한다. 또 한역이 되었다고 하나 인도에서 유포한 형적도, 인도의 텍스트도 남아 있지 않은 불전도 많은데, 그 이유는 어떻게 설명해야 할까. 혹 서역이 중요한 열쇠를 쥐고 있을지도 모른다. 분명히 서역이 관련되어 있는 예로서『아미타경』의 성립과 조로아스터교와의 관계를 들 수 있을 것이다. 조로아스터교에 대해서는 ⑰ 이토 기쿄伊藤義教의『ゾロアスター硏究』(岩波書店, 1979)와 ⑱ 오카다 아키노리岡田明憲의『ゾロアスター敎』(平河出版社, 1982, 2002 新裝版) 등이 있다. 그 밖의 대승불전에 대해서도 북서인도와의 관계를 고려해야 한다. 대승불교가 성립된 시기에 인도불교의 거점이었던 곳이 북서인도였던 것으로 생각되기 때문이다.

이상과 같은 이유로 필자는 서역에 주목하고 서역불교 연구의 중요성을 강조하였다. 이에 우선 인도불교와 서역불교를 이해하는 데 참고할 책을 한두 가지 들어보겠다. 인도불교에 대해서는 ⑲ 사사키 교고佐々木敎悟·다카사키 지키도高崎直道·이노쿠치 다이준井ノ口泰淳·쓰카모토 게이쇼塚本啓祥의 『佛敎史槪說 インド篇』(平樂寺書店, 1966), ⑳ 히라카와 아키라平川彰의 『インド佛敎史』上·下(春秋社, 1974·1978), ㉑ 나라 야스아키奈良康明의 『佛敎史Ⅰ』(世界宗敎史叢書7, 山川出版社, 1979), ㉒ 『インド佛敎史』1·2(岩波講座東洋思想 8·9, 岩波書店, 1988)가 있다. 서역불교에 대해서는 ㉓ 오가사와라 센슈小笠原宣秀·오다 요시히사小田義久의 『要說西域佛敎史』(百華苑, 1980)가 요점정리가 잘 되어 있고 각각에 부록된 참고문헌 일람도 편리하다. 또 근년의 연구성과로는 앞의 ⑯ 쇼펜 교수의 저서가 북서인도의 설일체유부를 중심으로 한 출가자와 승원僧院의 실태를 명확히 하여 유익하고, ㉔ 하카마야 노리아키袴谷憲昭의 『佛敎敎団史論』(大藏出版, 2002)은 대승불교의 성립과 관련하여 종래의 재가교단기원설에 대해 출가교단기원설을 제시하여 중국불교 연구에도 시사점을 던져주고 있다. 또한 고고학적 연구성과에 기초한 ㉕ 구와야마 쇼신桑山正進의 『カーピシー=ガンダーラ史研究』(京都大學人文科學硏究所, 1990)는 북서인도의 '계빈'에서 보이는 불발佛鉢 숭배와 불영佛影 등의 성유물聖遺物 문제와 관련하여 중국측 자료(고승전 등)를 검토하여 중국에서 말하는 계빈이 5세기 이전은 간다라 지역을 가리킨다는 점을 확인하였다. 지리적 위치관계를 보려면 ⑲ ㉓ ㉕의 부도付圖 외에 ㉖ 『アジア歷史地図』(アジア歷史事典別卷, 平凡社, 1966초판), ㉗ 탄치샹譚其驤(主編)의 『中國歷史地圖集』(地圖出版社, 1982) 등이 편리하다. 대월지에 대해서는 ㉘ 오다니 나카오小谷仲男의 『大月氏』(東方書店, 1999)가 유익하다.

제2절 후한後漢(동한東漢)·삼국시대

후한·삼국시대(25~280경)는 중국과 서역과의 교류도 밀접해지고, 후한의 서역(주로 동투르크스탄)에 대한 영향도 증대하였다. 이 시대의 불교 전래설도 진실성을 띤다. 한편 서역에서는 대월지에 귀속해 있던 쿠샨貴 相 세력이 강대해지면서 대월지를 대신하여 주변 나라들까지 지배하기에 이른다. 쿠샨왕조의 성립인데, 그 시조인 쿠줄라 카드피세스 Kujula Kadphises가 60년경 서북인도(계빈)에 침입하여 왕조를 확립했다. 그 후 128년경(이설 있음), 카니슈카왕이 즉위하고 간다라를 중심으로 불교가 융성하여 인도불교의 일대 중심지로 자리하였다. 250년경까지 초기 대승경전이 성립하고, 동투르크스탄에서 중국으로 향하는 불교승이 증가하면서 불전의 한역도 활발하게 행해졌다. 이 시대는 불교가 중국에 뿌리를 내리고 발전하여 불교 역사와 중국의 역사·사상사 모두에서 매우 중요한 시기다.

1) 불교수용의 조건

전한시대에는 봉건적 대토지소유제가 크게 발전하여, 호족지주세력과 농민 사이에 빈부의 양극화가 심각해졌다고 한다. 유수劉秀의 후한정권은 바로 이 호족지주세력의 지지를 바탕으로 성립하여, 토지 착취가 격증하여 유민 문제가 심각하였으며 정치의 부패도 계속되었다. 이러한 사회상황이 불교의 수용과 새로운 종교의 형성에 토양을 제공했다고 본 견해를 꼭 부정할 수는 없다.

종교·사상 방면에서 주목할 만한 것은 첫째, 도교의 창립이다. 안제安帝(106년 즉위)부터 영제靈帝(168년 즉위) 사이에 기록된 농민폭동은 크고 작은 것을 합쳐 100여 회에 이르며, 유민폭동도 도처에서 발생했다고 한다. 이 같은 상황에서 순제順帝(125~144)대에, 낭야琅邪(산동성 린이臨沂)의 우길于吉이 『태평청령서太平淸領書』를 지어 태평도를 창시하고, 같은 무렵 촉蜀(쓰촨성) 지역에서는 장릉張陵(張道陵)이 오두미도를 창시했다. 영제 중평中平 원년(184) 장각張角 등에 의한 황건黃巾의 난은, 태평도로 농민을 동원하고 조직한 것이었다. 이러한 초기 도교에 대해서는 ㉙ 후쿠이 고준福井康順의 『道敎の基礎的硏究』(書籍文物流通會, 1952)가 있고, 도교 전반을 다룬 것으로는 ㉚ 구보 노리타다窪德忠의 『道敎史』(世界宗敎史叢書 9, 山川出版社, 1977), ㉛ 『道敎』(3책, 平河出版社, 1983), ㉜ 『講座道敎』(6책, 雄山閣出版社, 1999~ 2001), ㉝ 런지위任繼愈(主編)의 『中國道敎史』(上·下, 增訂本, 中國社會科學出版社, 2001) 등이 있다.

두 번째는 현학玄學의 형성이다. 한대의 정치·사회·사상에서 지배적 지위를 점한 것은 유가·유학이었지만, 후한에 들어서는 참위가 유행하고, 경학經學은 사람들의 마음을 잡아둘 수 없었으며, 각종 사회모순은 나날이 격화하였다. 당시 경학의 대가였던 마융馬融(79~166)과 정현鄭玄 (127~200)조차 유학 이외의 학설을 연구하기에 이르렀다. 결국, 후한부터 위魏에 걸쳐 유가사상의 지배적 지위는 크게 흔들리고, 사람들은 차츰 도가 등의 사상을 중시하게 되었다. 현학은 이러한 상황 속에서 형성되었다. 하안何晏(190~249)과 왕필王弼(226~249)이 노장老莊을 이용해서 『주역』 과 『논어』를 해석한 것은 정통 유가와의 괴리를 불러왔을 뿐 아니라 유가사상의 본질을 상실시키는 결과를 가져오지만, 현학은 사족 관료들의 지지까지 얻어내어 융성해지면서 '정시正始의 현풍玄風'이 형성되었다. 하안·왕필 사후, 사마씨司馬氏가 다시 유가의 명교名敎를 제창했지만, 계강嵇康(224~263)과 완적阮籍(210~263) 같은 현학가는 이에 대해 비판적인 태도를 취했다. 현학에 대해서는 앞에서 든 철학사와 사상사에서 서술한 것 외에 ㉞ 탕융퉁湯用彤의 『魏晉玄學論稿』(『湯用彤全集4』, 河北人民出版社, 2000 재수록) 등이 있다.

이처럼 도교의 창립에서 볼 수 있는 새로운 종교에 대한 기대, 그리고

유가의 쇠퇴와 현학의 성행 같은 여러 조건들이 불교의 수용과 정착에 크게 영향을 주었다.

2) 후한대의 불교

후한 명제明帝 시대(57~75)에는 불교와 관련된 두 가지 유명한 전설이 있다. 하나는 초왕 유영楚王劉英의 불교신앙이고, 두 번째는 명제의 감몽구법설感夢求法說이다. 전자는 『후한서』 초왕영전에 기록되어 있고, 후자는 많은 문헌에 전해지며 확대 개변되었는데 원형에 가까운 것은 아마 동진 원굉袁宏(328~376)의 「후한기後漢紀」와 『후한서後漢書』에 기재된 내용일 것이다. 명제와 유영은 어려서부터 매우 가깝게 지낸 사이여서 함께 불교를 신앙했던 것으로 보인다. 환제(146~167)도 불교를 수용하여 황로黃老와 부도浮屠(佛)를 함께 제사 지냈다. 또한 영제靈帝 대(168~189)에 착융笮融(?~195)에 의해 이루어진 불교신앙과 불사건립도 주목된다(『後漢書』 陶謙傳 ; 『三國志』 吳志·劉繇傳).

다음으로, 환제桓帝 대에 들어 인도와 서역의 승려들이 중국으로 들어와 낙양을 중심으로 본격적으로 불전의 한역이 이루어지게 되었다. 경전 번역을 전체적으로 다룬 것으로는 ㉟ 오노 겐묘小野玄妙의 『佛敎經典總論』(大東出版社, 1936초판. 나중에 『佛敎解說大辭典』 別卷, 佛典總論, 1978)과 ㊱ 도키와 다이조常盤大定의 『後漢より宋齊に至る譯經總錄』(東方文化學院東京硏究所, 1938) 등이 도움이 될 것이다.

안세고安世高·안현安玄·지루가참支婁迦讖(支讖)·축불삭竺佛朔(竺朔佛)·지요支曜·강거康居·강맹상康孟詳·축대력竺大力 등이 번역에 종사하였고, 안현과 공역자로 알려진 엄불조嚴佛調는 최초의 한인 출가자였다고 한다. 여기에서 보이는 안安·지支·축竺·강康은 출신지나 계통을 가리켜 아마도 안식·월지·천축·강거일 것이다. 이 가운데 가장 주목할 인물이 안세고와 지참이다. 이 두 사람은 환제 건화建和 연중(147~149)에 낙양에 도착하여,

안세고는 선관禪觀과 아비달마논서阿毘達磨論書 등 34부 40권의 불전을 번역하였고, 지참은 대승불전을 중심으로 14부 27권(혹은 15부 30권)의 불전을 번역했다고 한다. 거의 동시에 소승과 대승의 불전을 각각 번역했다는 말인데, 아마 이는 인도·서역의 불교 상황을 반영하고 또 번역자의 불교학에 대해서도 말해주는 것으로 보인다. 번역 상황에 대해서는 경서經序를 통해 알 수 있는데, 개개 불전을 정독하여 사상 내용을 파악하고 아울러 불전에 담긴 다양한 정보를 어떻게 해석하였는지가 중요하다. 이는 불전의 성립 문제, 사용된 언어와 텍스트 문제 등을 밝히는 데 도움이 될 것이다. 산스크리트어와 팔리어 텍스트가 존재할 경우, 한역과의 비교연구는 반드시 필요하며 양자간의 차이를 어떻게 해석할지도 과제다. 한역 불전에는 문자로 된 원본이 존재하지 않을 경우도 있다. 일찍이 이존伊存이 구두로 전수한 예가 있고, 지참과 축불삭의 『도행반야경道行般若經』 번역작업에서는 축불삭이 구두로 전수하고 지참이 이것을 글로 옮겨 전언역자傳言譯者로 불렸다(『出三藏記集』 권7, 道行經後記). 이러한 문제들은 이후의 한역불전에서도 공통된 과제였다. 안세고와 지참 등에 대해서는 ㊲ 우이 하쿠주宇井伯壽의 『譯經史硏究』(岩波書店, 1971)가 있다.

3) 삼국시대

후한말의 쟁란을 거쳐 삼국시대가 시작된다. 조조曹操·조비曹丕의 위魏(220~265. 도읍 洛陽), 유비劉備의 촉蜀(221~263. 도읍 成都), 손권孫權의 오吳(222~280. 도읍은 처음은 武昌, 나중에는 建業)다. 이 시대가 되면 불교가 중국 각지로 전파되고 많은 불전들이 번역되었다. 그러나 정권이 분산된 것도 있고 해서인지 불교가 문헌자료에 기재된 예는 적다. 특히 촉나라의 불교에 대해서는 전혀 알 수 없다. 서역과의 관계는 위나라에서 활발하여, 서역 여러 나라(동투르크스탄) 및 쿠샨왕조의 바수데바왕이

사신을 보냈다(『三國志』魏志). 한편, 오나라는 장강 중·하류 지역에서 남쪽
의 교주交州(광동·광서 및 베트남의 대부분)까지 광대한 지역을 차지하고 해
상루트를 통해 임읍林邑(베트남 최남부)·부남扶南(캄보디아)·천축·대진大秦
(고대 로마) 등과 교류하였다(『三國志』吳志 ;『梁書』諸夷傳).

위나라는 법가의 통치를 중시하면서도 유가를 정통으로 삼고 존숭하
여, 문제文帝 조비가 공자묘를 수복하고 후한대부터 유행한 황로신선의
도술과 귀신 제사를 금했다. 불교는 전대부터 황로와 함께 신을 모시는
도술의 일종으로 간주되었기 때문에 당연히 금지 대상에 포함되었을
것이다. 그러나 위나라 중기에는 이러한 금령이 해이해지고, 인도·서역
승려가 낙양에서 경전 번역에 종사하였다. 담가가라曇訶迦羅(인도)·강승
개康僧鎧(강거)·담제曇諦(안식)·백연帛延(또는 白延, 龜玆) 등이 계율과 관련된
것들과 대승경전들을 번역했는데, 특히 강승개가 번역한『욱가장자경郁
伽長者經』과『무량수경無量壽經』이 주목된다. 전자는『재가출가보살계경在
家出家菩薩戒經』으로도 불리는데, 후한 말에 안현이 번역한『법경경法鏡經』
의 다른 번역으로서 재가자도 출가의 계를 배워야 한다고 설했다. 서역
의 대승불교교단 모습을 반영한 것일까. 강승개에 대해서는『무량수경』
의 번역을 포함해서 여러 가지 의문이 제기되고 있다(境野黄洋,『支那佛教精史』,
境野黄洋博士遺稿刊行會, 1935, 241쪽 ; 平川彰,『初期大乘佛教の研究』, 春秋社, 1968, 488쪽
; 藤田宏達,『原始淨土思想の研究』, 岩波書店, 1970, 62쪽 등). 역경 외에 주목할 것은,
주사행朱士行이 위나라 말엽에『반야경』의 원본을 찾아 우전于闐(호탄)에
갔다가『방광반야경放光般若經』(大品)을 얻어 제자를 시켜 낙양으로 보내
주었다는 이야기다. 그때까지는 불교승이 서역에서 중국으로 찾아오는
일방통행이었는데, 여기에서 처음으로 한인 승려가 구법을 위해 서역으
로 향한 예가 등장한다. 주사행이『반야경』을 배우게 된 배경으로는
현학의 유행을 생각해볼 수 있으며, 구법은 불전 연구의 진전을 시사한
다. 주사행에 대해서는 승전僧傳과「주사행송부경朱士行送付經」(『出三藏記集』

권2), 「방광경기放光經記」(同 권7) 등을 통해 알 수 있다.

오나라는 삼국 중에서도 정권이 가장 오래 존속하였고(59년간), 전란도 적어 비교적 안정되었기 때문에, 후한 말부터 전란을 피해 화북인들이 대량으로 이주하였다. 이들 가운데 불교자도 포함되어 있었다. 안세고는 후한 영제靈帝 말에 강남(廬山·會稽 등)에 이르렀고, 헌제 말년에는 지겸이 고향사람(대월지 사람으로 여겨짐) 수십 명과 함께 난을 피해 오나라에 와서 역경 일에 종사하였다. 나중에 등장하는 강남 사상문화의 기초가 이 시대에 만들어졌다고 할 수 있다. 불전 번역은 지겸·강승회·유기난維祇難·축장염竺將炎 등에 의해 이루어졌다. 지겸은 중국에서 태어난 대월지의 후예로, 조부 때(후한 영제대) 수백 명의 고향사람들과 함께 귀화하였다고 한다. 어려서부터 중국고전을 익히고 6개 국어를 구사하고, 지참支讖의 제자인 지량支亮에게 불교를 배웠으나 출가는 하지 않은 재속신자였다. 222~254년경까지 36부 48권의 불전을 번역했다고 하는데 여기에는 『유마경』·『아미타경』·『서응본기경』이라는 중요 불전이 포함되어 있다. 그에 대해서는 번역 방법(編譯·改譯), 역어譯語·역문譯文 문제, 중국적 개변과 정치·사회의 반영, 지겸의 사상 문제 등 많은 연구과제가 있다. 그동안 다양한 시점에서 고찰이 이루어졌는데, 그 가운데 ㊳ 아사야마 유키히코朝山幸彦의 「志謙の『譯經の仕方』と傳力」(『印佛研』 42-1, 1993) 등 일련의 연구는 참고가 된다. 강승회는 선조가 원래 강거인으로 대대로 천축에 거주하며 장사에 종사했는데 부친 대에 교지交址(베트남 하노이 지방)로 이주하여 여기에서 태어나 출가하였다. 오나라 적오赤烏 10년(247)에 건업으로 옮겨 역경과 불교 선포에 종사하였다. 손권이 그를 위해 창건한 건초사建初寺를 중심으로 활동하였는데, 지겸과 마찬가지로 서역에서 온 이민의 후예로 중국에서 성장하여 중국의 사상문화를 익혔다는 점에 주의할 필요가 있다. 강승회가 번역한 경전 중 현존하는 것은 『육도집경六度集經』 8권뿐이지만, 『안반수의경安般守意經』

(안세고 번역)과 『법경경法鏡經』(安玄·嚴佛調 번역) 등에 주석注釋을 했다고 한다. 『육도집경』은 이후의 중국불교에 큰 영향을 주었는데, 그의 편역으로 생각된다. 강승회는 현재 중국 연구자들이 그의 사상을 '불교인도설佛敎仁道說'(앞의 ④ 등)이라고 부르는 데서 알 수 있듯이 불교와 유교를 융합시켰다. 또 윤회설과 영혼(신)불멸설을 명확히 한 점은 이보다 앞서 번역된 『수행본기경修行本起經』(竺大力·康孟詳 번역)과 『서응본기경瑞應本起經』(支謙 번역), 그리고 이후 번역된 『보요경普曜經』(竺法護 번역)과 공통되는데, 이는 '신멸불멸 논쟁'을 불러일으키게 된다. 이 문제는 중국뿐 아니라 인도·서역에도 공통되는 테마로서 불교사상의 본질과 관련된 중요한 문제다. 이에 대해서는 종래 많은 연구가 이루어졌는데 ㊴ 이토 다카토시伊藤隆壽의 「梁武帝『神明成佛義』の考察」(앞의 『中國佛敎の批判的硏究』 제4장)을 참고하기 바란다. 오왕의 비호 아래 진행된 경전 번역과 불교수용의 자세, 당시인들의 종교적 요청, 그리고 불교자 자신의 불교사상 등 지겸과 강승회에 대해서는 전체상을 밝히는 일이 중요하다. 지겸과 강승회가 사용한 번역어를 다룬 논고로는 우이 하쿠주宇井伯壽의 「志謙と康僧會との譯語と其の原語」(앞의 ㊲)가 있다.

다음으로 이 시대와 관련된 중요 문헌으로 모자牟子의 『이혹론理惑論』이 있다. 이 문헌에 대한 근년의 연구로는 앞의 ④(제1권)가 있는데, 종래의 연구에 입각하고 이를 재검토함으로써 위 문헌의 성립시기를 "삼국 오대吳代 초기"(258쪽)로 보았다. 앞의 ㉙ 후쿠이 고준福井康順의 설과 결론이 같다. 이 문헌에는 당시 불교를 둘러싼 문제들이 포함되어 있으며 내용에 대해서는 종래와 다른 시점에서 재검토가 필요하다.

그 밖에 특별히 주의할 문제가, 후한 지겸이 『반주삼매경』에서 아미타신앙을 칭찬稱讚한 데 이어, 지겸이 『대아미타경』(阿彌陀三耶三佛薩樓佛壇過度人經)을, 강승개가 『무량수경』을 번역한 것이다. 아미타불 신앙의 형성과 조로아스터교와의 관련은 앞에서 다뤘는데, 오 황무黃武 3년(224)

무창武昌(武漢市)에 도착하여 『법구경』을 번역한 유기난維祇難은 『양고승전』 권1 전기에 의하면, "대대로 이도異道를 받들고, 화사火祠를 숭상해 왔으나" 불교 사문沙門의 주술·신통력에 감탄하여 귀의 출가했다고 한다. 여기에서 대대로 받들었다는 이도異道란 조로아스터교(배화교)일 것이다. 1954년 산둥성 이난沂南에서 발견된 후한대 화상석묘畫像石墓의 팔각주에 신동神童이 새겨져 있었는데 그 머리 주위로 원 하나가 그려져 있어 마치 불광佛光과 같았다고 한다. 또한 쓰촨성 낙산樂山의 마조애묘麻浩崖墓 전실 대들보에 단좌한 불상이 새겨져 있었는데 그 역시 머리 주위로 불광이 있었다고 한다. 이 역시 후한대의 작품으로 추정된다(앞의 ④ 239~240쪽). 간다라 불상과의 관련성, 『수행본기경』과 『서응본기경』에 기록된 부처 32상 가운데 광명 등의 영향을 생각해 볼 수 있다. 중국에서 발견되는 고고학적 성과에도 주의를 기울이고 서역과의 관계도 염두에 두면서 연구가 이루어져야 할 것이다. 그리고 마찬가지로 인도·서역과 중국 쌍방 모두에 깊이 관련되어 있는 것이 지겸이 번역한 『유마경』이다. 『유마경』은 종래 공空사상을 선양하는 경전이라고 보았지만 ⑩ 하카마야 노리아키袴谷憲昭가 「維摩經批判」(『本覺思想批判』, 大藏出版, 1989)에서 이 경전이 표면적으로는 공空을 이야기하는 것 같지만 사실은 아트만 사상 dhātu-vāda을 기반으로 하고 있다고 지적하였다. 중국에서는 주인공인 유마가 부호 출신의 재가보살이라는 점에 주목하였는데, 위 경전의 성립 배경에는 그러한 재가보살의 존재가 있었을지도 모른다. 그리고 재가와 출가, 세간과 출세 간의 이항대립二項對立을 지양하고 초월하는 이론이, 중국에서 현학·청담의 유행과 함께 사족士族계급의 찬양을 받는 이유가 되었을 것이다. 위의 경전에 어떤 의의를 부여할 것인가는 서역과 중국 양 지역의 불교연구에 큰 과제일 것이다. 1999년 7월 티베트 포탈라궁에 본경의 산스크리트어 사본이 존재한다는 사실이 알려졌고, 2004년 3월 영인본과 함께 범한장梵漢藏 대조 『유마경』이 출판(大正大學出版會)되어 앞으로 연구의 진전을 기대할 수 있게 되었다.

제3절 서진西晉시대

서진(265~316)은 삼국 위나라의 재상 사마염司馬炎이 쿠데타를 일으켜 정권을 탈취하고 낙양에 도읍하여 건국한 진晉을 말한다. 태강太康 원년 (280)에 오나라가 멸망하고, 촉나라는 이미 염흥炎興 원년(263)에 멸망한 상태라 중국이 다시 통일되었다. 그러나 후한 이후, 서역과 북방의 많은 민족이 중원으로 이주하였지만 이들은 서진의 열악한 사회환경을 이겨내지 못하고 결국 여러 소수민족(흉노·선비·갈·강·저를 五胡라고 부름)이 서진에 대항하여 정권을 세우고 할거하였다. 그 가운데 흉노 유연劉淵이 영가永嘉 2년(308), 평양平陽(산시성 臨汾)에서 한제漢帝를 칭하고, 그 후 낙양에 침입하여 회제懷帝를 포로로 잡았다(영가의 난). 건국 4년(316) 흉노 유요劉曜가 장안에 침입하자 민제愍帝가 항복하면서 서진은 멸망하였다. 진晉 일족은 남하하여 건강建康(오나라 건업, 지금의 난징)으로 이주하여 동진東晉을 세웠다.

1) 불교와 현학

서진 50여 년간의 사상을 보면, 위나라 정시正始 연간(240~249)에 발흥한 현학이 더욱 유행하여 일종의 시대사조를 형성하였다. 위진의 현학은 『노자』·『장자』 사상을 기본으로 하고 거기에 새로운 철학 개념을 제기하여, 자연 및 사회·정치 본연의 자세, 인간 본연의 자세까지 논의하였다. 위나라 왕필과 하안, 이들보다 좀 늦게 계강·완적 등 '죽림7현'에 의해 청담이 흥하였고, 서진과 동진에서는 특히 『장자』가 성행하여 주석서도 많이 만들어졌다. 이 주석들 중에서도 향수向秀(대략 227~272)

와 곽상郭象(대략 252~312)의 주석이 유명하다. 현학에 대해서는 앞서 중국 사상사 등에서 논술되었고, 특히 곽상에 대해서는 ㊶ 후카나가 미쓰지福永光司의 「郭象の莊子解釋」(『哲學研究』 37-2, 1954), ㊷ 도가와 요시오戸川芳郎의 「郭象の政治思想とその'莊子注'」(『日本中國學會報』 18, 1966), ㊸ 하치야 구니오蜂屋邦夫의 「莊子逍遙遊篇をめぐる郭象と支遁の解釋」(『東京大學教養部・紀要比較文化研究』 8, 1967), ㊹ 나카지마 류조中嶋隆藏의 「郭象の思想について」(『東北大學集刊東洋學』 24, 1970), ㊺ 나카노 도루中野達의 「郭象における坐忘」(『東方宗教』 75, 1990) 등 다수의 논문이 있고, 학술서로는 ㊻ 탕이제湯一介의 『郭象與魏晉玄學』 (湖北人民出版社, 1983)이 있다. 이 시대의 현학과 불교와의 밀접한 관계는 특히 『반야경』의 번역과 해석에서 보인다. 번역 당시부터 '격의格義' 문제와 관련하여, 구체적으로는 서진부터 동진에 걸쳐 '육가칠종六家七宗'으로 불리는 해석의 차이를 보여주게 된다. 곽상은 불교가에게도 영향을 주었는데, 특히 구마라집 문하의 승조僧肇에게서 두드러졌다. '공'을 둘러싼 해석의 차이에 대해서는 이제까지 많은 학자들이 주목하였는데, ㊼ 다마키 고시로玉城康四郎의 『中國佛敎思想の形成』〈第3章 初期般若の研究批判〉(竺摩書房, 1971)과 ㊽ 모리 미키사부로森三樹三郎의 「中國における空についての論義」(『佛教思想7 空(下)』〈第16章〉, 平樂寺書店, 1982)를 언급해 둔다.

2) 불교 개황

『낙양가람기洛陽伽藍記』에 의하면, 서진 말에 수도 낙양에는 42개의 불교사원이 있었다고 한다. 나중에 나온 문헌이지만 『변정론辨正論』 권3, 『석가방지釋迦方志』 권하, 『법원주림法苑珠林』 권120에 의하면, 서진시대에 불교사원은 480, 승니는 3,700여 명을 헤아렸다. 번역 불전의 수는 『출삼장기집出三藏記集』 권2에 167부, 『역대삼보기』 권6과 『대당내전록大唐內典錄』 권2에서 모두 451부라고 하였고, 『개원석교록開元釋敎錄』에서는 정리를 거쳐 330부를 실었다. 이 시대에 불교의 중심은 낙양과 장안이었다. 서역과의 정치적 교류로 함녕咸寧 2년(276) 대완大宛이 한혈마汗血馬를 바쳤고, 태강太康 8년(287)에는 강거康居가 사신을 파견하였다. 불교승으로는 인도승 기역耆域(『高僧傳』 권9)이 있고, 축법호를 비롯하여 둔황과 우전 등의 출신이 활약하여 동투르크스탄과의 문화·인적 교류는 이전 시대와 변함없이 활발했다고 생각된다. 이 가운데 주목되는 점은, 선조는 월지·천축·서역 출신이지만 중국에서 태어난 사람이 증가한 것이다. 결국 이름에 지支·축竺·안安·강康자가 붙은 사람은 꼭 해당 지역 출신자가 아니라 귀화인의 자손일 경우가 많다. 또 이 시대에 『반야경』이 유행했을 것임은, 승전僧傳 등을 통해 수십 명의 학자를 헤아릴 수 있던 데서 분명하다. 지배층과 재속자의 불교신앙도 더욱 정착되어 갔는데 이는 『고승전』·『법원주림』에서 인용한 「명상기冥祥記」, 『홍명집弘明集』 권1 「정무론正誣論」 등을 통해 알 수 있으며, 이 기술들을 고찰함으로써 이 시대의 불교신앙 상황도 분명해질 것이다.

3) 불전의 한역

그다지 길지 않은 이 시대에 수많은 번역자가 등장하고 한역 불전의 부수가 증대한 것은, 그 내용과 함께 역경역사상 주목할 만하다. 여기에서 가장 중요한 인물이 축법호(239~316)다. 그의 선조는 대월지 출신으로 대대로 둔황에서 살았다. 8세에 출가하여 축고좌竺高座를 사사하였다. 태시泰始 2년(266)경 장안에 와서 번역에 종사하였는데 『출삼장기집』 「도안록道安錄」에는 150부가 기재되어 있다. 축법호의 전기·번역작업 등에 대해서는 이미 검토 정리가 이루어졌다. ㊱과 나중에 언급할 (51) 외에 ㊾ 오카베 가즈오岡部和雄의 「『竺法護傳』再構成の試み」(『佛教史學』12-2, 1965) 등이 있고, ④의 제2권, ⑤의 제1권에도 상당히 상세한 서술이 보인다. 번역 불전에 대한 고찰과 축법호의 사상연구가 과제다.

축법호 외에, 그의 경전 번역작업을 도운 재속신자 섭승원聶承遠과

섭도진聶道眞, 인도인의 후손인 재속신자 축숙란竺叔蘭, 우전 출신 무차라無叉羅(無羅又라고도 한다), 서역인 강량루지彊梁婁至, 안식인 안법흠安法欽, 또한 한인이라고 되어 있지만 선조가 구자龜玆 출신일지도 모르는 백법조帛法祖(또는 白法祖), 출신 미상의 법립法立·법거法炬·지법도支法度·야라엄若羅嚴 등이 있었다. 번역불전 가운데 나중에 큰 영향을 끼친 것은 축숙란과 무차라가 번역한 『방광반야경』이다. 이 경전의 원본은 주사행朱士行이 우전에서 입수한 것인데, 태강太康 3년(282) 제자 불여단弗如檀을 시켜 낙양으로 보냈다. 그것이 여기저기 전전하다 진류군陳留郡 창원倉垣(허난성 카이펑)의 수남사水南寺로 보내졌는데, 거기에서 원강元康 원년(291) 5월 무차라가 범본梵本을 손에 넣었고 이를 축숙란이 번역하여 구술하고 축태현祝太玄과 주현명周玄明이 받아적었다고 한다(『出三藏記集』 권7, 「放光經記」). 축숙란의 전기와 번역어 등을 보건대 현학의 영향을 받았던 것으로 예상되며, 이 때문에 당시 사상계에서 중시되어 유포되었을 수도 있다.

또 서진 말에는 북방의 이민족 세력이 진출하는데, 『노자화호경老子化胡經』의 제작과 뭔가 관련 있어 보이는 인물이 백법조다. 그에 대해서는 『출삼장기집』 권15 법조법사전法祖法師傳과 『고승전』 권1 백원전帛遠傳으로 알 수 있다. 노자화호설老子化胡說에 대한 종래의 연구는 ⑤ 제1권(304쪽 주)에 나와 있다. 이 시대의 불교는 반야학을 현학으로 간주하는 풍조 속에서 보급되어 나갔고, 이민족 사람들도 서역에서 전래된 불교를 한민족의 유교·도교보다 비교적 더 쉽게 받아들였을 것이다. 결국 불교는 유·도 2교보다 우위성을 지켰을 것이다. 이러한 점도 염두에 두고 노자화호설의 의미를 생각해볼 필요가 있다.

제4절 동진·16국시대

동진(317~420)은 서진이 멸망한 다음 해에 일족 낭야왕琅邪王 사마예司馬睿(재위 317~322)가 남방 건강(난징)으로 도망하여 진왕晉王을 칭하고 세운 나라다. 한편 북방과 중원에서는 흉노·갈·선비·저·강 등의 민족이 정권을 세워 할거하였는데 이를 역사적으로 5호16국(302~439)이라고 부른다. 5호가 중원으로 이동한 것과 그 평가를 다룬 것으로는 ⑤ 미사키 요시아키三崎良章의 『五胡十六國』(東方書店, 2002)이 있다.

이 시대에 동진은 물론 5호 정권이 대부분 불교를 지원하였는데, 특히 갈인羯人의 후조後趙(319~352), 저인氐人의 전진前秦(351~394), 강인羌人의 후진後秦(384~417), 흉노의 북량北涼(392~439)이 불교를 두드러지게 숭배하였다. 불전 번역은 구마라집(344~413)이 한 획을 긋고 불전의 연구해석도 크게 진전하여, 사회에서 불교의 위치와 불교신앙 상황 역시 상당히 발전하였다. 또한 인도·서역과의 관계도 이제까지는 주흐름이 거의 서역에서 중국으로 향하였다면, 법현法顯으로 대표되듯 4세기 말이 되면 중국에서 인도·서역으로 향하는 불교승이 증가한다. 이와 동시에 중국으로 건너온 불승도 4세기 중엽까지는 서역인이 다수를 점하였지만, 그 후에는 인도승에게 역전되었다. 그 배경에는 인도·서역과의 교류가 활발해진 점, 중국에서 불교연구가 발전하면서 중국승의 구법의식이 고양된 점, 그리고 인도에서 굽타왕조가 성립하여 인도의 재통일과 인도인의 복권復權이 이루어지면서 불교 중심지 역시 서역(서북인도)에서 중인도로 옮겨졌던 점과도 관계 있을 것이다.

1) 북방 호족사회와 불교

북방 이민족정권과 불교와의 관계에서 주목할 것은, 후조의 불도징佛圖澄, 전진의 석도안(312~385), 후진의 구마라집이 펼친 활동이다.

불도징은『고승전高僧傳』권9 전기에 따르면 서역인으로 본성은 백帛이다. 그러나『진서晉書』예술전藝術傳과『위서魏書』석로지釋老志 등에 보면 천축인이라고 되어 있다. 이 같은 차이에 대해서는, 중국에서 천축이라고 할 때 엄밀히 인도만을 가리키는 것이 아니라는 점, 서북인도도 포함된다는 점, 불교자와 사서 편찬자 사이에 인식의 차이가 있었을지도 모른다는 점 등이 고려되어야 할 것이다. 본성이 백帛이라는 기록을 중시하면, 그는 구자龜玆 왕족 출신이 된다.『고승전』에 "스스로 말하기를, 재차 계빈罽賓에 이르러 이름난 스승에게 가르침을 받았다"라고 하였고,『위서』석로지에서는 "오장국烏萇國에서 출가하였다"라고 하였다. 계빈은 그 시대의 간다라를 가리킬 것이다. 오장국은 간다라 북쪽의 우디야나다. 계빈이 항상 카슈미르 지방을 가리키는 것이 아니라는 점은 이미 학자들에 의해 지적되어 왔다. 한대漢代부터 서진시대에는 간다라를, 동진시대부터 남북조시대에는 카슈미르를 가리킨다는 것이 시라토리 구라키치白鳥庫吉의 설(「罽賓國考」,『東洋學報』7-1, 1917)인데, 앞서 언급한 바와 같이 ⑳ 구와야마桑山의 책에서는 5세기 이전에는 간다라 지방을 가리킨다고 논증하였다. 불도징은 서진 말 영가永嘉 4년(310)에 낙양에 도착하였다. 같은 시기에 구자 출신인 백시리밀다라帛尸梨蜜多羅도 낙양에 도착하였는데, 전란 때문에 남하하여 건강建康으로 향하였다. 구마라집은 장안으로 오기 전 352년경 계빈에 있었고, 381년에는 계빈의 승가발징僧伽跋澄이 관중에 이르렀으며, 399년에는 법현法顯 일행이 인도로 출발하였다. 401년에 구마라집, 406년에 계빈의 비마라차卑摩羅叉가 관중에 도착하였고, 412년(일설 421)에는 담무참曇無讖(315~433)이 계빈에서 구자로 들어가 거기에서 고장故藏(涼州)에 이르렀다. 불도징에 대해서는 앞의 ③·④·⑤에 매우 상세히 서술되어 있지만, 불도징이 직접 저술한 저작 등이 남아 있지 않아 사상을 해명하기는 어렵다.

석도안釋道安은 불도징의 제자로서 중국불교 역사상 다양한 면에서

높은 평가를 받는 인물이다. 중국에 불교가 전래되고 300년 정도의 시간이 흐른 뒤 드디어 등장한 뛰어난 한인 불교승이 석도안이다. 그는 전진前秦의 왕 부견에게 인정을 받아 정치고문으로 활동하기도 했지만, 전란이 전개되는 세상에서 불교 연구와 강설, 번역에 진력하고 불전 보급, 불전 정리(목록 작성), 승단의 형성과 지도 등에서 위대한 공적을 남겼다. 그에 대해서는 앞에서 든 불교사에 모두 기술되어 있고, 그 밖에 ⑤1 우이 하쿠주宇井伯壽의 『釋道安研究』(岩波書店, 1956), ⑤2 오초 에니치橫超慧日의 『中國佛教の研究 1』(法藏館, 1958), ④7 다마키玉城의 책, ⑤3 마쓰무라 다쿠미松村巧의 「釋道安における佛教思想の形成と展開」(『東洋文化』 62, 1982) 등이 있다.

구마라집은 구자에서 천축인 부친과 구자왕의 누이인 모친 사이에서 태어났다. 아버지쪽 집안이 대대로 재상을 지냈다고 하는데 중인도인지 북서인도인지는 분명하지 않다. 9세 때 모친과 함께 신두하辛頭河(인더스강)를 건너 계빈에 이르렀고, 계빈왕의 사촌동생으로 명망과 덕행이 높던 법사 반두달다盤頭達多를 만났다고 한다. 구마라집이 도착하였다는 계빈은 인더스강을 건넜다는 것을 보건대 간다라 지방이 분명하다. 그런데 왜 구마라집과 그의 모친은 부친의 고국인 천축(중인도)까지 가지 않았을까. 인도·서역승의 왕래를 보면 계빈과 구자는 밀접히 관계되어 있다. 조부의 고향인 천축이 혹 계빈을 칭하는 것은 아닐까. 구마라집의 불교사상을 해명하기 위해서도 계빈과 구자 등의 불교 실태에 대한 더욱 상세한 연구가 필요하다.

구마라집이 위대한 번역자라는 점, 중국불교사상의 형성과 발전, 일본에까지 미치는 동아시아 불교에 준 영향 등은 새삼 지적할 필요도 없다. 그에 관한 연구는 일일이 언급할 수 없을 정도지만 학술서는 ⑤4 오초 에니치橫超慧日·스와 기준諏訪義純의 『羅什』(大藏出版, 1982)뿐이다. 전기·번역활동·번역불전 문제들과 사상 등에 대해 새로운 시점을 갖춘 종합적이고도 상세한 연구가 요청된다.

구마라집에 대한 개설은 ①·④·⑤에서 이루어졌고, �555 오초 에니치横超慧日의 『中國佛敎の硏究 2』(法藏館, 1971)에서도 논급한 바가 있다. 그 밖의 논문에 대해서는 ㊶ 히라이 슌에이平井俊榮(監修)의 『三論敎學の硏究』(春秋社, 1990)에 부록으로 실린 〈三論敎學關係著書論文目錄〉이 편리하다. 이후에도 많은 연구성과가 나왔지만 생략한다. 구마라집 문하의 인물들에 대해서는 이 책의 〈隋·唐時代の佛敎2〉의 삼론종 항목을 참조하기 바란다.

2) 남방 동진사회와 불교

동진 정권은 중원의 전란으로 남하한 북방 사족士族과의 연합과 지지를 토대로 성립하고, 풍속과 문화 면에서 서진을 이어받았다고 한다. 청담·현학이 유행하고, 불교 및 도교도 더욱 발전하여 강남 특유의 문화를 이룩하였다. 특히 불교와 왕공 사족과의 관계가 지극히 밀접하여 역대 황제와 명류名流 사족들은 거의가 불교승과 교류하여 궁정불교의 막을 열었으며 청담현학적 불교가 번영하였다. 동진 말기에는 정치적 혼란과 함께 불교계도 타락하여, 정치와 불교 및 이승尼僧 교단과의 관계 등 문제가 발생하였다. 이 시대의 불교에 대한 서술로는 앞서 소개한 각 불교사 외에 ㊼ 미야카와 나오시宮川尙志의 『六朝史硏究 宗敎篇』(平樂寺書店, 1964)과 ㊽ 모리 미키사부로森三樹三郎의 『六朝士大夫の精神』(同朋舍出版, 1986)이 있다.

동진 초·중기에 걸쳐 정치정세가 일정하게 안정을 찾으면서 축도잠竺道潛(자는 法深, 286~374), 강승연康僧淵, 강법창康法暢, 지민도支愍(敏)度, 백시리밀다라帛尸梨蜜多羅, 우법란于法蘭, 우도수于道邃, 승가제바僧伽提婆, 불타발다라佛馱跋陀羅 등 남하한 불교승이 활약하였다. 그중 강승연은 강거康居쪽 사람으로 장안에서 태어났고, 백시리밀다라는 구자 왕족, 우법란의 제자인 우도수는 둔황 출신이라고 한다. 이 서역인들은 중국에 귀화하여 중국의 사회·풍속에 적응하고 궁정 및 사족과 교류하였다. 축도잠은 동진 초기의 권력자인 왕도王導와 사촌간인 왕돈王敦의 아우로 한인 귀족 출신 승려다. 경전 해석에 뛰어나고, 문학과 예술에도 정통하였으며, 궁정과 사족에게 불교를 선포하였다. 강승연·강법창과 함께 건강을 찾아온 지민도는 나중의 '심무의心無義'를 제창한 인물로 유명하며『경론도록經論都錄』(『歷代三寶記』권7 등)을 편찬하고, 『유마경』과 『수능엄삼매경』의 합본 등도 작성했다고 한다. 그에 대한 유익한 논문으로 59 천인커陳寅恪의 「支愍度學說考」(『陳寅恪集 金明館叢稿初編』, 北京: 三聯書店, 2001)가 있다.

또, 당시의 현학적 불교를 대표하는 인물로 지둔支遁(支道林, 314~366)이 있다. 그는 왕희지·왕몽王濛·왕탄지王坦之·사안謝安·손작孫綽·치초郗超 등 많은 귀족과 친교를 맺고 이 시대의 불교를 대표하였다. 그에 대해서는 앞서 소개한 ②·④·⑤·⑳에 언급되었고 그 밖에 60 나카지마 류조中嶋隆藏의 『六朝思想の研究』(平樂寺書店, 1985)에 논급되었다. 논문으로는 61 후카나가 미쓰지福永光司의 「支遁とその周邊−東晉の老莊思想−」(『佛敎史學』5-2, 1956)과 앞의 ㊸ 하치야蜂屋의 글이 유익하다. 지둔은 저작도 많은데, 현존하는 것을 집록한 62 시준石峻 등(編)의 『中國佛敎思想資料選編 1』(中華書局, 1981)이 있다. 이 책은 따로 모자牟子·치초郗超·손작孫綽·나함羅含·도안·지민도·축법온竺法蘊·혜원慧遠 등의 문장도 수록하고 있어 편리하다. 또 진말秦末부터 진송晉宋 사이의 인물에 관한 풍문과 세상에 잘 알려지지 않은 이야기들[遺聞逸事]을 분류 수록한 『세설신어世說新語』(劉宋 臨川王 劉義慶 撰)가 있는데, 지둔을 비롯한 많은 불교자에 대한 기록도 포함되어 있어 꼭 필요한 자료다. 여러 종류의 간행본이 있는데, 시중에 사부총간四部叢刊 영인본이 유포되어 있고, 그에 대한 색인을 겸한 63 장완치張萬起(編)의 『世說新語詞典』(商務印書館, 1993)도 있다. 일본어 번역본으로는 64 모리 미키사부로森三樹三郎가 번역한 『世說新語 顔氏家訓』(中國古典文學大系9, 平凡社, 1969) 등이 있다.

출가 사문과 교유한 많은 문인귀족들 가운데에서 당연히 열렬한 재속
在俗 불교신자도 배출되었다. 그들은 불교에 대한 이해가 깊었고, 신앙
본연의 자세와 가르침의 유통 등에서 출가자 이상의 힘을 발휘하였다.
이 시대에는 손작孫綽(추정 314~371)과 치초郗超(336~377)가 문장을 남겼다.
손작은 태원중군太原中郡(山西省 平遙의 서남) 사람으로, 형 손통孫統과 함께
남쪽으로 건너와 회계會稽(浙江省)로 이주하였다. 찬讚·부賦 등의 단문과
유명 승려에 대한 인물평 등 많은 글을 남겼고, 불교에 대해서는『유도
론喩道論』(『弘明集』권3)이 있다. 손작에 대한 개설은 ②·④·⑤에서 찾아볼
수 있으며 논문으로는 ⑥ 후카나가 미쓰지福永光司의「孫綽の思想−東晉にお
ける三敎交涉の一形態−」(『愛知學藝大學人文科學硏究報告』10, 1961), ⑥ 하치야 구
니오蜂屋邦夫의「孫綽の生涯と思想」(『東洋文化』57, 1977)이 있다.

치초郗超는 고평금향高平金鄕(산둥성) 사람으로 조부 때부터 동진에서
벼슬을 하였고 부친 치음郗愔은 천사도天師道를 믿었지만, 그는 불교를
받들었다. 일찍부터 명사들과 교류하였고, 석도안·축법태·지둔 등과
친교를 맺었다. 불교에 대한 이해도 깊었고, 신앙의 요점을 서술한
『봉법요奉法要』(『弘明集』권13)가 있다. 치초에 대해서는 ②·③·④·⑤에서
서술하고 있는데, ③에는 후카나가 미쓰지福永光司가 일본어로 번역한
『봉법요』가 게재되어 있다. 논문으로는 ⑥ 후카나가 미쓰지福永光司의
「郗超の佛敎思想」(『塚本博士頌壽記念』, 1961)이 있고, ⑥ 나카지마中嶋의 책에
도 논고가 포함되어 있다. ⑥ 마키타 다이료牧田諦亮(編)의『弘明集硏究譯註
篇』(京都大學人文科學硏究所, 1975)에는『유도론喩道論』·『봉법요奉法要』의 역주
가 있다.

지둔이 건강을 중심으로 유명 귀족들과 교유하며 불교를 선포하였던
데 대해, 동진 말기에 여산廬山(江西省)에 머물며 승단을 형성하고 불교계
에 가장 큰 영향을 미쳤던 인물이 혜원慧遠(334~416)이다. 그에 대해서는
앞서 소개한 모든 불교사에서 논술되어 있고, 혜원 연구의 기본자료를

모아 역주를 달고 연구성과를 수록한 ⑥⑨ 기무라 에이이치木村英一(編)의 『慧遠硏究』遺文篇·硏究篇(創文社, 1960~1962)은 연구의 기초를 제공해준다.

혜원은 석도안의 문하로 스승과 우열을 가리기 어려울 정도의 활약을 펼친 대표적인 한인 불교자다. 이미 『慧遠硏究』와 많은 논고들이 나와 있기는 하지만, 생애의 사적, 왕공 귀족과의 교류, 구마라집·승가제바僧 伽提婆·불타발다라佛馱跋陀羅(覺賢) 등 외국 승과의 관계, 불교사상과 신앙 문제, 승단의 형성, 사회·정치와의 관련 등 모든 사안에 대한 상세하고 도 종합적인 연구가 요청된다. 지둔으로 대표되는 건강과 회계 지방 중심의 불교가 대승을 주로 하는 청담현학적 불교로서 일종의 살롱 같은 느낌을 주는 데 비해, 여산의 혜원은 석도안의 가르침에 기초하는 불교교단의 이상을 추구하고, 불교 전체에 대한 이해를 심화시키려 했던 것으로 보인다. 이는 구마라집에게 던진 질문과 아비달마논서의 번역에 협력한 데서 나타난다. 구마라집과의 문답집인 『대승대의장大乘 大義章』(또는 鳩摩羅什法師大義)을 다룬 논고는 ⑥⑨ 외에 ⑤⑤도 있다. 승가제바 와 불타발다라는 모두 계빈 출신으로 되어 있다. 승가제바는 전진 건원 建元 19년(383)에 장안에 도착하여 도안의 경전번역소에 참여하여 『아비 담팔건도론阿毗曇八犍度論』을 번역하고, 후진 초에는 장강을 건너 동진 태원太元 16년(381) 여산에 도착하여 『아비담심론阿毘曇心論』·『삼법도론三 法度論』 등을 번역했다. 후자는 서역구법승 지엄智嚴과 함께 계빈에서 해로를 통해 산둥반도의 청주靑州에 도착하여 장안으로 향했으나 장안 의 구마라집 승단에서 추방당하여 혜관慧觀 등 제자 40여 명과 함께 여산으로 들어갔다. 혜원의 요구에 응해 『달마다라선경達摩多羅禪經』(『修 行方便禪經』)을 번역했다. 이 경전은 계빈에서 달마다라達磨多羅로부터 불대 선佛大先(佛陀斯那)에게 전해진 선법이라 하는데, 불타발다라와 함께 귀국 한 지엄智嚴은 계빈에서 불대선으로부터 3년에 걸쳐 선법禪法을 배웠다. 그 후 불타발다라가 도량사道場寺에서 『화엄경』을 번역했다는 것은 중요하다. 이러한 사실들을 통해 혜원이 대승불교뿐 아니라 아비달마학과 선학도 열심히 배우려 했음을 알 수 있다. 염불결사念佛結社(白蓮社)와 아울러 생각하면, 혜원의 불교사상을 볼 때는 스승 도안을 계승한 면과 함께 당시 북서인도 즉 계빈 불교의 영향도 다분히 고려해야 한다. 간다라 지방의 불교가 영향을 미친 사례로는 불타발다라가 번역한『관불삼매해경觀佛三昧海經』(大正藏15)에 보이는 '불영굴佛影窟'(佛影台)에 대한 유래가 있다. 혜원은 불타발다라의 권유로 불영굴을 만들고 '불영명佛影銘'을 찬술하였다. 이에 대해서는 ㉕ 구와야마桑山의 저서(75쪽 이하)를 참조하기 바란다. 또 혜원이 저술한『삼보론三報論』·『명보응론明報應論』·『사문불경왕자론沙門不敬王者論』은 중국에서 인과응보론과 신멸불멸 논쟁과 관계되는 중요한 글이다. 이 문제는 앞에서도 다룬 바(오나라 강승회 부분)와 같이, 불교가 처음 전래된 시기부터 당대唐代에 이르는 긴 시기에 걸쳐 논의되었으며 불교의 내부 문제와 함께 불교와 정치(왕권) 및 삼교교섭과 관련되어 있는 큰 테마다.

다음으로, 이 시대의 비교적 안정된 정치 형세를 배경으로 하여 중국에서 많은 불교승이 서역·인도로 구법 여행을 떠났다. 앞에서 언급한 지엄智嚴 외에 보운寶雲(376~449), 지맹智猛 등이 있고, 가장 유명한 인물은 법현(대략 339~420경)이다. 법현은 평양군平陽郡(산시성 臨汾 서남) 사람으로, 3세에 출가하여 20세에 구족계를 받고 후진 홍시弘始 원년(동진 隆安 3년, 399)에 동학同學 수명과 함께 계율을 찾아 장안을 출발했다. 하서회랑河西回廊을 지나 파미르를 넘어 서북인도로 들어가서 남하하여 네팔에서 갠지즈강 중하류 지역, 스리랑카, 수마트라를 거쳐, 동진 의희義熙 8년(412)에 청주靑州 장광군長廣郡(山東省 嶗山縣의 북쪽)의 뇌산牢山 남쪽 해안에 상륙하고 팽성彭城(徐州) 경구京口(鎭江)를 거쳐 413년 여름 이후 건강建康에 도착하였다. 이러한 그의 여행을 담은 기록이『법현전法顯傳』(『佛國記』)이다. 법현이 후에 등장한 현장에게 필적할 대여행을 경험하고 이 시대

서역불교의 모습을 전하는 귀중한 기록을 남긴 것은 불멸의 공적이다. 이에 대해서는 앞의 ① 하책下冊, ④의 제2권(Ⅱ), ⑤ 제3권에서 논술하였고, ㉕ 구와야마桑山의 저서에서도 언급하였다. 『법현전』에 대한 상세한 고증 연구로는 ⑩ 나가사와 가즈토시長澤和俊의 『法顯傳 譯注解說』(雄山閣出版, 1996)이 있어 참조해야 한다.

제2장 남북조시대의 불교

이시이 고세이石井公成
고마자와대학駒澤大學 교수

제1절 연구사와 앞으로의 연구방향

남북조南北朝는 남쪽의 송宋(420~478)-제齊(479~501)-양梁(502~556)-진陳 (557~589)의 4대와 북쪽의 북위北魏(386~534)-동위東魏(534~550)-서위西魏 (535~556)-북제北齊(550~577)-북주北周(557~580)의 5왕조를 가리킨다. 요즘 은 보통 수나라가 남북통일을 이룩하고 당나라가 이를 이어받았다고 보지만, 근대 이전의 중국에서는 수나라를 북위의 흐름을 이은 나라로 서 북조 중 하나로 간주하였다.

일본에서 전통적으로 이루어져온 중국불교 연구는 일본에 전래된 종파의 원류를 찾는 것에 제일의 목적을 두었기 때문에, 직접 관련이 없는 남북조 불교를 연구대상으로 삼게 된 것은 근대 이후다. 일본이 중국에 진출하면서, 일본불교의 원류를 보다 상세히 조사하려는 움직임 과 함께 일본불교와는 다른 존재로서 중국불교를 알려고 하는 움직임이 강했다. 도키와 다이조常盤大定가 다이쇼大正 9년(1920) 석벽산石璧山 현중 사玄中寺에 담란曇鸞 유적을 방문한 이래, 각지에서 실지조사를 거듭하고 도키와 다이조·세키노 다다시關野貞 등이 『支那佛敎史蹟』(10책, 佛敎史蹟研究 會, 1925~1928)을 간행한 것은 그 일례다. 특히 일본이 중국에 군사·상업 면에서 대거 진출하면서 불교 포교도 활발해졌고 중·일 불교계의 교류를 도모하게 된 쇼와昭和 초 즈음부터는 중국의 종교 실태를 파악하기 위한 연구와 역사·사상에 관한 면밀한 학문연구가 왕성하게 이루어졌다. 1935년 중국연구자와 공동으로『日華佛敎硏究會年報』가 간행된 것이나 이어 일본에서『支那佛敎史學』이 1937년에 간행된 것이 그러한 동향을 상징한다. 이러한 움직임은 도교, 유불도儒佛道의 삼교교섭, 현학, 서민신앙, 불교와 국가의 관계, 불교의 사회활동, 불교미술 등의 연구의 진전과도 연동하였다.

이런 폭넓은 시점에 기초한 연구를 추진한 연구거점의 대표는 청나라 의화단 사건의 배상금에 기초해 외무성의 원조를 받아 창설한 동방문화학원東方文化學院의 도쿄연구소東京硏究所와 교토연구소京都硏究所였다. 특히 공동연구가 활발했던 교토연구소가 1938년 동방문화연구소로 독립했다가 패전 후 교토대학 인문과학연구소에 통합되면서 쓰카모토 젠류塚本善隆 등에 의해 위진남북조 불교에 관한 공동연구를 더욱 진전시켜 중국불교에 대한 연구수준을 현저히 끌어올렸다.

다만 최근 일본에서는 연구자의 전문 분화가 진행되고, 한문 실력과 중국의 사상·역사·문학에 대한 소양 저하가 두드러진 데 반해, 해외 여러 나라에서는 중국불교 연구가 크게 발전하고 있어 앞으로 남북조불교를 연구하려면 여러 나라의 연구를 활용할 필요가 있다. 중국의 경우 각지에서 발표되는 논문 중 주목할 만한 것은 중국인민대학서보자료중심中國人民大學書報資料中心에서 간행하는『覆印報刊資料』에 재록되고 있으며 이는 일본에서도 비교적 용이하게 접할 수 있다.『中國禪學』(河北禪學硏究所, 北京: 中華書局)과『宗敎硏究』(中國人民大學佛敎與宗敎理論硏究所)처럼 일본에서도 구입 가능하고 인터넷상에서 전문을 읽을 수 있는 잡지도 늘고 있다. 또한「中國期刊全文數据庫」(中國學術雜誌全文 데이터베이스)는 학술잡지의 전자화를 추진하고 있어 본 데이터베이스를 도입한 도서관에서는 중국 각지의 잡지 논문을 열람할 수 있다. 중국의 불교연구 상황에 대해서는 인터넷 '佛學研究' 사이트에 상세히 소개되어 있어 편리하다 (www.guoxue.com).

또한 오초 에니치橫超慧日의 「中國佛教研究への道しるべ」(『佛教學への道しるべ』, 文榮堂書店, 1980), 가마타 시게오鎌田茂雄의 「中國佛教研究の問題點」(平川彰 編, 『佛教研究入門』, 大藏出版, 1984), 오카베 가즈오岡部和雄의 「中國佛教の研究狀況と 問題點」(『駒大佛教論集』 20, 1998)・「中國佛教と禪」(田中良昭 編, 『禪學研究入門』 大東出 版社, 1994) 등은 기초지식을 제시하고 아울러 종래 중국불교 연구의 다양한 문제점을 비판하며 앞으로 지향해야 할 연구방향을 시사하고 있어 남북조불교 연구에서도 필독 문헌이다.

제2절 남북조의 역사와 사회

이 시기의 상황을 이해하기 쉽게 서술한 글로 가와카쓰 요시오川勝義雄 의 「魏晉南北朝」(『中國の歷史』, 講談社文庫, 2003)가 있다. 사진과 도표 등을 많이 사용한 것으로는 오카자키 다카시岡崎敬의 「魏晉南北朝の世界」(『圖說 中國の歷史』, 講談社, 1977)가 있다. 가와모토 요시아키川本芳昭의 「魏晉南北朝」 (『中華の崩壞と再生』, 講談社, 2004)는 민족문제에 역점을 둔 통사다. 『世界歷史 大系 中國史』(松丸道雄・池田溫・斯波義信・神田信夫・濱下武志 編, 山川出版社, 1996)의 〈三國~唐〉은, 정치・제도・사회・경제・문화로 나눠 삼국시대부터 당대까 지의 상황을 묘사하였고, 『魏晉南北朝隋唐時代史の基本問題』(魏晉南北朝隋唐 時代史の基本問題編集委員會 編, 汲古書院, 1996)는 분야를 더욱 상세히 나누어 일본 과 중국에서 이루어진 연구성과를 정리하였다.

중국에서는 북방민족 연구로 알려진 왕중뤄王仲犖의 『魏晉南北朝史』(上 海人民出版社, 1981)와 뤼쓰몐呂思勉의 『兩晉南北朝史』(2책, 上海古籍出版社, 1983) 가 널리 읽히는 통사다. 중국에서의 최신 성과는 『中國通史(7・8)-中古時

代三國兩晉南北朝時期-』上·下(何玆全 編, 上海人民出版社, 1995), 후서우웨이胡守爲·양팅푸楊廷福(主編)의 『中國歷史大辭典(魏晉南北朝史卷)』(上海辭書出版社, 2000), 인셴즈殷憲主의 『北朝史硏究-中國魏晉南北朝史國際學術硏討會論文集-』(北京: 商務印書館, 2004)에서 볼 수 있다. 왕중뤄王仲犖의 『北周地理志』(2책, 中華書局, 1980)는 남북조기의 지명색인으로 이용할 수 있다.

남북조사의 기둥은 귀족제, 호족胡族, 종교(불교·도교) 문제다. 귀족제에 대해서는 미야카와 나오시宮川尙志의 『六朝史硏究 政治·社會篇』(日本學術振興會, 1956)이 전후의 연구수준을 보여주는 노작이다. 귀족제 연구는 1980년대에 한꺼번에 개화하여, 가와카쓰 요시오川勝義雄의 『六朝貴族制社會の硏究』(岩波書店, 1982), 나카무라 게이지中村圭爾의 『六朝貴族制硏究』(風間書房, 1987) 등이 속속 출판되었다. 최신 연구인 야스다 지로安田二郎의 『六朝政治史の硏究』(京都大學學術出版會, 2003)는 남조를 중심으로 하여 귀족들의 의식 변화도 다루었다. 귀족이 불교와 얼마나 깊이 관련되었는가는 후지요시 마스미藤善眞澄의 「六朝佛敎敎團の一側面-間諜·家僧門師·講經齋會-」(川勝義雄·礪波護 編, 『中國貴族制社會の硏究』, 京都大學人文科學硏究所, 1987)에서 제시되었다.

북조에서 전개된 다양한 민족의 활동에 초점을 맞춘 연구로는 다무라 지쓰조田村實造의 『中國史上の民族移動期 : 五胡·北魏時代の政治と社會』(創文社, 1985)가 있다. 또 가와모토 요시아키川本芳昭의 『魏晉南北朝時代の民族問題』(汲古書院, 1998)는 북방 여러 민족과 한漢민족 사이의 대립 및 혼혈 기타 상호 영향에 대해 검토하고 남조에서 일어난 소수민족의 한민족화漢民族化 및 한민족과의 상호 영향에 대해 논하였는데, 이는 불교에도 그대로 해당되는 문제다.

제3절 불교 이외의 사상과 종교

유교를 중심으로 한 중국사상사에서는 남북조가 연구의 공백지대에 가까운 존재였지만, 중국에서는 런지위任繼愈(主編)의 『中國哲學發展史(魏晉南北朝)』(人民出版社, 1988) 등이 간행되었다. 모리 미키사부로森三樹三郎의 『中國思想史(下)』(レクルス文庫, 第三文明社, 1978)는 불교를 중국사상의 흐름 속에서 평가하고자 노력하면서 남북조기 사상을 개관하였는데, 잘 읽히지만 편향도 눈에 띈다. 이 때문에 가노 나오키狩野直喜의 『中國哲學史』(岩波書店, 1953) 같은 고전을 통독한 후에 개별 문제들을 다룬 근년의 전문 논저들을 살펴볼 필요가 있겠다. 강좌류 가운데 『中國宗教思想史』(1·2, 岩波講座·東洋思想シリーズ, 1990)에서는 다양한 논자들이 '자연과 인과因果', '무無와 도道', '언言과 묵默', '죄와 벌'이라는 테마를 논하였는데, 남북조 사상을 다룬 논문이 많다. 또 시마다 겐지島田虔次의 「体用の歴史に寄せて」(『塚本博士送壽記念』, 同記念會, 1962), 히라이 슌에이平井俊榮의 「中國佛教と体用思想」(『理想』 549, 1979)은 남북조기의 불교와 중국사상과의 관계를 고찰하는 데 중요하다.

도교 연구는 전후 크게 발전하였는데, 그 성과와 연구상황에 대해서는 후쿠이 고준福井康順·야마자키 히로시山崎宏·기무라 에이이치木村英一·사카이 다다오酒井忠夫(編)의 『道教』(3책, 平河出版社, 1983), 노구치 데쓰로野口鐵郎·스나야마 미노루砂山稔·오자키 마사하루尾崎正治·기쿠치 노리타카菊地章太(編)의 『講座道教』(6책, 雄山閣出版, 1999~2001)로 알 수 있다. 간결한 도교 개론으로는 고바야시 마사미小林正美의 『中國の道教』(創文社, 1998)가 있는데, 도교의 성립 시기가 남조 송대라는 독자적인 견해를 내놓았다. 남북조기의 도교에 대해서는 도홍경陶弘景과 『진고眞誥』를 중심으로 다룬 이시이 마사코石井昌子의 『道教學の研究 : 陶弘景を中心に』(國書刊行會, 1980) 및 요시카와 다다오吉川忠夫(編)의 『六朝道教の研究』(春秋社, 1998), 남조 송대를 중심으로 한 고바야시 마사미小林正美의 『六朝道敎史硏究』(創文社, 1990), 『태평경太平經』과의 관계와 도교상道敎像 등 다양한 문제를 논한 가미쓰카 요시코神塚淑子의 『六朝道敎思想の硏究』(創文社, 1999), 의례를 검토한 야마다 도시아키山田利明의 『六朝道敎儀禮の硏究』(東方書店, 1999) 등이 있다. 후쿠이 후미마사福井文雅의 『道敎の歷史と構造』(五曜書房, 1999)는 도교의 정의, 불교 와 같은 점과 차이점을 비롯한 다양한 문제와 구미의 연구상황을 밝히 고 있다.

도교 연구의 선구자 중 한 명으로 불교와의 관계도 많이 다룬 요시오 카 요시토요吉岡義豊의 저작은 『吉岡義豊著作集』(五月書房, 1989~1990)으로 정 리되어 나왔다. 오부치 닌지大淵忍爾의 『中國人の宗敎儀禮 : 佛敎 道敎 民間 信仰』(福武書店, 1983)은 현대의 실지 조사기록으로 귀중한 정보의 보고라 고 할 노작이다. 도교 문헌의 인용에 대해서는 오부치 닌지大淵忍爾·이시 이 마사코石井昌子·오자키 마사하루尾崎正治(編)의 『道敎典籍目錄·索引 : 六朝 唐宋の古文獻所引(改訂增補)』(國書刊行會, 1999)이 있고, 연구문헌은 이시다 겐지石田憲司(主編)의 『道敎關係文獻總覽』(風響社, 2001)에서 분야별로 정리되 었다. 인터넷에서는 『眞誥索引』을 간행한 무기타니 구니오麥谷邦夫의 '道 氣社' 사이트(http://www.zinbun.kyoto-u.ac.jp/~dokisha/)가 편리하다.

제4절 남북조 불교의 통사

사카이노 고요境野黃洋의 『支那佛敎精史』(境野黃洋博士遺稿刊行會, 1935 ; 國書刊 行會, 1972)는 불교의 전래로부터 북주의 폐불까지를 다룬 저술로, 메이지 이후 전개된 중국불교 연구의 대표적인 예라 할 것이다. 거의 같은 시기에 간행된 탕융퉁湯用彤의 『漢魏兩晉南北朝佛敎史』(商務印書館, 1938. 再刊 다수)는 현학 등과 불교와의 관계에 주의하여, 중국사상사 안에 불교를 위치지우려 한 필독 고전이다. 도키와 다이조常盤大定의 『支那佛教の研究』
(3책, 春秋社松柏館, 1938~1943)는 남북조 불교에 대한 개설을 포함하고 있는
데, 실지조사에 기초한 식견을 활용하였다. 같은 저자의 『後漢より宋齊に
至る譯經總錄』(東方文化學院東京硏究所, 1938 ; 國書刊行會, 1973)도 수당 이전 불교
의 전체상을 해명하려 한 것으로 아직까지 가치를 갖는다.

런지위任繼愈(主編)의 『中國佛教史』(中國社會科學出版社, 1981)는 중국불교가
중국 봉건사회 전기의 정치적 과정과 평행하다는 정치주의적 관점에
입각하되, 가능한 한 실증적 연구를 지향한 책이다. 남북조기는 제3권
(1988)에서 다루었는데, 장대한 스케일의 〈第6章 南北朝時代の佛教藝術〉에
서 전후에 연구가 진행된 각지의 불교유적과 석굴의 불교예술을 소개하
고 있으며, 새로운 방향의 연구로서 주목된다. 이 책의 일본어판은
오가와 다카시小川隆·오카야마 하지메丘山新·마에카와 도루前川亨 등(譯)에
의해 『定本中國佛教史Ⅲ(南北朝時代)』(栢書房, 1994)로 간행되었다. 이 밖에
중국에서의 연구로 궈펑郭朋의 『中國佛教思想史(上)』(福州: 福建人民出版社,
1994)가 책 후반에서 남북조불교를 개관하였으며 널리 읽히고 있다.

가마타 시게오鎌田茂雄의 『中國佛教史』(岩波全書, 1978)는 정리가 잘 된 통
사로 편리하다. 이 책을 더 상세히 서술한 『中國佛教史』(전6권, 東京大學出版
會, 1982~1989)는 중국 각지를 널리 두루 조사한 경험과 내외의 연구성과
를 반영한 가장 상세한 통사로, 이중 3·4권이 『南北朝の佛教』上·下(1984·
1990)다. 이 책은 자료를 풍부히 실었을 뿐 아니라 하권에서는 〈第4章
中國的佛教の萌芽-僞經の成立-〉에 100쪽 넘는 분량을 할당하는 등, 중국
불교의 특질을 밝히려 한 점, 중국에서 불교미술사와 고고학 연구성과
를 중시한 점이 특색이라 할 수 있다.

제5절 기본사료

정사正史에 보이는 불교 관계 기사에 대해서는, 미야카와 나오시宮川尚志의 「六朝正史佛教·道教資料稿」 시리즈가 『海洋大學紀要 文學部』에 연재되었고, 『陳書』(11, 1968), 『宋書』(13, 1969), 『南齊書』(14, 1970), 『梁書』(15, 1970), 『北齊書』(40, 1983), 『魏書』(41, 1984), 『南史』·『北史』(43, 1985), 「北朝正史道教史料稿」(45, 1986) 등이 간행되었다. 이러한 정사와 『전상고삼대진한삼국육조문全上古三代秦漢三國六朝文』을 비롯한 주요 문헌은 중국·대만에서 거의 전자화되어 구입 내지 인터넷상에서의 이용이 가능하지만, 문헌을 실제로 읽고 특색을 파악하고 술어와 어법에 익숙하지 않으면 활용할 수 없다.

남북조기에 작성된 영험담, 고승 전기, 경록經錄, 불교사 등 다양한 종류의 불교문헌을, 삼보三寶에 관한 문헌의 편집이라는 입장에서 고찰한 것으로는 오가와 간이치小川貫弌의 「六朝における三寶史籍の編纂」(『佛教文化研究所紀要』 13, 1974)이 있다. 승우僧祐(445~518)의 경록인 『출삼장기집出三藏記集』에 대해서는 나카지마 류조中嶋隆藏(編)의 『出三藏記集序卷譯注』(平樂寺書店, 1997)가 중요한 서권序卷에 역주를 붙였다. 남북조기의 승려에 관한 기초자료인 혜교慧皎의 『고승전高僧傳』과 도선道宣의 『속고승전續高僧傳』에 대해서는 마키타 다이료牧田諦亮(編)의 『梁高僧傳索引』(平樂寺書店, 1972)과 마키타 다이료牧田諦亮·스와 기준諏訪義純(編)의 『唐高僧傳索引』(3책, 平樂寺書店, 1973~1977)이 효율적으로 잘 되어 있다. 불교옹호에 관한 명문을 모은 승우의 『홍명집弘明集』에 대해서는 『弘明集研究』(上中下 3책, 中世思想史研究班·弘明集研究班研究報告, 京都大學人文科學研究所, 1973~1975)가 획기적인 성과다.

정사와 대장경·속장경 등 이외의 사료 가운데, 이케다 온池田溫의 『中國古代寫本識語集錄』(大藏出版, 1990)은 둔황의 불교문헌을 중심으로 사본류의 후기를 번각飜刻하고, 그 소재와 관련 문헌을 제시한 것이다. 당시의 신앙 형태와 불전 번역 상황 등 귀중한 정보를 얻을 수 있다. 중국에서는 쉬밍許明(主編)의 『中國佛教經論序跋記集』(5책, 天津: 天津古籍出版社) 가운데 『東漢魏晉南北朝隋唐五代卷』(2002)이 같은 시도를 한 것이다. 자오차오趙超의 『漢魏南北朝墓誌彙編』(天津: 天津古籍出版社, 1992)은 근년에 자주 발견된 묘지의 해설이다. 중국에서는 『中國歷代石刻史料匯編(先秦兩漢魏晉南北朝編)』(2권, 北京圖書館, 2000)이 간행되었고, 그 전자판(北京書同文數字化技術有限公司, 2004)도 발매되었다.

중국 남북조의 불교를 연구할 때는 중국자료만으로는 불충분하므로, 일본과 한국 승려의 저작에 보이는 일문逸文과 관련 기술, 일본 쇼소인正倉院 문서의 사경 기록 등, 주변 국가의 문헌과 문물자료를 적극 활용할 필요가 있다.

제6절 북조의 불교

북위의 정사 『위서魏書』에 불교·도교 관계 기사를 정리한 '석로지釋老志'가 포함되어 있는 데서 알 수 있듯이, 북쪽 지역에서는 불교와 도교가 정치와 사회에 깊숙이 관련되어 있었기 때문에 종합적인 시점을 갖춘 연구가 필요하다. 쓰카모토 젠류塚本善隆의 『魏書釋老志の研究』(佛教文化研究所出版部, 1961)·『支那佛教史研究 北魏篇』(弘文堂書房, 1942)을 비롯한 쓰카모토의 연구들은 나중에 『塚本善隆著作集』(大東出版社)에 정리되었다. 저작집 제2권 『北朝佛教史研究』(1974)는 북위와 북주에서 불교와 정치의 관계, 룽먼龍門에서 알 수 있는 신앙의 시대적 변화 등을 다루고 있다.

다양한 분야에 걸친 연구자의 성과를 보여주는 논문집으로는 오초에니치橫超慧日의 「北魏佛教の基本的課題」를 책의 첫머리에 게재한 『北魏佛教の研究』(橫超慧日 編, 平樂社書店, 1970)가 있다. 이 책은 다양한 계통의 불교

를 통해 알 수 있는 시대와 지역의 특색을 밝히려 한 획기적인 시도로, 지금도 가치가 있는 논문이 많다. 오초橫超는 「中國南北朝時代の佛教學風」·「中國佛教における大乘思想の興起」·「中國佛教における國家意識」 등 남북조 불교에 관한 뛰어난 논문들을 수록한 『中國の佛教』(大藏出版, 1958)를 내놓았었다. 그 전후前後 시대를 다룬 같은 책 2(1971)와 3(1979)에도 예리한 문제의식으로 가득찬 논문이 많아 시사하는 바가 크다.

패전 후 북조불교 연구의 특징은 둔황 문헌과 각지의 석굴 연구를 활용한 점이다. 『北魏佛教の硏究』를 이어 이 같은 방향을 취한 최신 논문집으로는 지론종地論宗 사상을 중시한 아라마키 노리토시荒牧典俊의 「北朝後半期佛教思想史序說」을 책의 첫부분에 실은 『北朝隋唐中國佛教思想史』(荒牧典俊 編著, 法藏館, 2000)가 있다. 아라마키는 강경講經과 보살계菩薩戒 수계 방식에도 유의하여 이 시기 불교사상의 의의에 주의하였다.

둔황 문헌을 활용한 연구로는 그 밖에 히라이 유케이平井有慶의 「北朝國家と佛教學」(『三康文化硏究所年報』 19, 1987)·「中國北朝期と『涅槃經』」(『鎌田茂雄還曆記念』, 大藏出版, 1988) 등이 있다. 석각경전에 대한 연구 상황은 오우치 후미오大內文雄의 「中國における石刻經典の發生と展開」(佛教史學會 編, 『佛教の歷史的·地域的展開』, 法藏館, 2003)에 소개되어 있다.

북위·북주의 폐불에 대해서는 쓰카모토塚本의 연구가 있으며, 북주 무제武帝에 의한 폐불과 그 전후 상황을 살피고 삼무일종三武一宗이라는 여러 폐불사건에서 무제가 시행한 폐불의 위치를 밝히려 한 노무라 요쇼野村耀昌의 『周武法難の硏究』(東出版, 1968)가 있다.

북주 도안道安의 『이교론二敎論』에 대해서는 하치야 구니오蜂屋邦夫의 「北周·道安『二敎論』注釋」(『東洋文化』 62, 1982)이 있다. 야마자키 히로시山崎宏의 『支那中世佛教の展開』(法藏館, 1971)는 승관僧官 등에 의한 국가의 교단 통제, 불교의 사회활동 등을 다루었고 같은 저자의 『中國佛敎·文化史の硏究』(法藏館, 1981)는 북조를 중심으로 한 불교와 귀족의 관계와 북주의

통도관通道觀에 관한 연구를 수록하였다. 모로토 다쓰오諸戶立雄의 『中國佛
教制度史の研究』(平河出版社, 1990)는 도승격道僧格, 교단 규제, 토지 보유 문
제 등을 검토하였다. 또한 국가와 불교의 관계에 대해서는 오우치 후미오
大內文雄가 「國家による佛教統制の過程－中國を中心に－」(高崎直道·木村淸孝 編, 『シ
リーズ·東アジア佛教5 東アジア社會と佛敎文化』, 春秋社, 1996)에서 정리하였다. 위 시리
즈는 근년의 강좌인 만큼 최근 연구성과에 입각하고 있으며 남북조에
관한 논고도 많다.

북조 말기의 재가신자이자 문인인 안지추顔之推(531~590?)에 대해서는
요시카와 다다오吉川忠夫가 「顔之推論」(『六朝精神史研究』, 同朋舍出版, 1984)에서
논하였다. 안지추의 주요 저서로 유교와 불교의 조화를 도모한 『안씨가
훈顔氏家訓』에 대해서는, 우노 세이이치宇野精一의 『顔氏家訓』(明德出版社,
1982)이 역주도 간결하고 입수하기도 쉽지만, 주석으로서는 왕리치王利器
의 『顔氏家訓集解』(增補本, 中華書局, 1993)가 뛰어나다. 조상명造像銘으로 북조
의 신앙 실태를 분석한 것으로는 사토 지스이佐藤智水의 「北朝造像銘考」(『史
學雜誌』 86-10, 1977)와 「華北石刻史料の調査」(『唐代史研究』 7, 2004)가 있으며 모
두 필독 논문이다.

제7절 남조의 불교

쓰카모토 젠류塚本善隆의 저작집 제3권 『中國中世佛教史論攷』(大東出版社,
1975)는 송宋의 불교 흥륭, 진陳의 혁명시 불교 이용 등에 관한 중요
연구를 포함하고 있다. 동진에서 송대에 걸쳐 활약한 도생道生(355~434)
의 대승·소승관, 실상實相과 공空, 돈오성불설頓悟成佛說, 일천제성불의一闡
提成佛義 등의 사상, 종병宗炳(375~443)의 신불멸설神不滅說, 안연지顔延之
(384~456)의 유불 융합사상 등에 대해서는, 고바야시 마사미小林正美의

『六朝佛教思想の研究』(創文社, 1993)에서 논하고 있다. 마찬가지로, 도생의 영향을 받아 그의 돈오론을 옹호한 사령운謝靈運(385~433)에 대해서는, 아라마키 노리토시荒牧典俊의 「謝靈運-山水詩人における『理』の轉換-」(日原利國 編, 『中國思想史(上)』, ペリカン社, 1987)이 있다.

제齊나라의 귀족불교를 대표하는 문선왕文宣王 소자량蕭子良(460~499)에 대해서는 나카지마 류조中嶋隆藏의 「蕭子良の生活とその佛敎理解」(『六朝思想の研究-士大夫と佛敎思想-』, 平樂寺書店, 1985)가 있다. 이 책은 남북조 사대부의 불교비판과 중국식 불교이해를 검토한 것이다.

마찬가지로 현학玄學·유교·문학·사학史學이라는 학문과 정치·종교와의 관련 등 폭넓은 시점에서 이 시기 지식인의 사상 양상을 논한 것으로는 모리 미키사부로森三樹三郎의 『六朝士大夫の精神』(同朋舍, 1986)이 있어 참고가 된다. 미문美文의 참회의례로 후세에 큰 영향을 준 소자량蕭子良의 『정주자정행법문淨住子淨行法門』에 대해서는 시오이리 요시미치塩入良道의 「文宣王蕭子良の『淨住子淨行法門』について」(『大正大學研究紀要』 46, 1961)가 있다. 심약沈約(441~513)에 대해서는 요시카와 다다오吉川忠夫의 「沈約研究」(앞의 『六朝精神史研究』)가 상세하다. 이 책은 유교의 예제와 외래종교인 불교와의 충돌을 통해 당시 불교에 대한 반응을 밝히려 하였다. 이 시기의 예제에 대해서는 천쉬궈陳戌國가 『中國禮制史-魏晉南北朝卷-』(湖南敎育出版社, 2002)에서 정리하였다. 요시카와 다다오吉川忠夫의 『中國人の宗敎意識』(創文社, 1998)은, 죄의 자각과 유언遺言·유서에 보이는 불교의 모습을 통해 위진남북조기의 종교의식을 추급하려 한 것이다.

남조불교 연구의 중심은 양梁 무제武帝에 대한 연구로, 모리 미키사부로森三樹三郎의 『梁の武帝』(平樂寺書店, 1956)와 요시카와 다다오吉川忠夫의 『侯景の亂始末記-南朝貴族社會の命運-』(中公新書, 1974) 외에 이 시기를 다룬 연구는 많다. 스와 기준諏訪義純의 『中國南朝佛敎史の研究』(法藏館, 1997)는 양 무제의 봉불奉佛사업을 중심으로 양梁·진陳의 불교와 사회를 해명하고자 시도한 것으로, 당시의 수보살계의受菩薩戒義에 관한 논고를 포함하고 있다.

제8절 성실열반학파成實涅槃學派

종파 중심의 일본에서는 전통적으로 성실종成實宗·지론종地論宗·섭론종攝論宗이라는 호칭을 사용했는데, 근년에는 종파와는 다른 용어가 알려지게 되어 '성실학파'라는 호칭을 쓰는 예가 늘어났다. 단, 남조의 많은 성실사成實師가 가장 존숭한 것은 대승경전, 특히 『열반경』이었고 『성실론成實論』은 경전을 해석할 때 기초학으로서 『대지도론』 등과 함께 중시하였다는 것이 실상에 가깝다. 북위시대부터 활약하기 시작한 지론사地論師의 경우도, 존숭하는 『열반경』·『대집경大集經』·『화엄경』 같은 대승경전을 『십지경론十地經論』과 『섭대승론攝大乘論』에 기초하여 연구한 예가 많았기 때문에, 학파라는 호칭 역시 적절치 않을 수가 있음에 주의하기 바란다.

『성실론』 자체를 다룬 것으로 후쿠하라 료곤福原亮嚴의 『成實論の研究』(永田文昌堂, 1969)가 있는데, 중국에서의 『성실론』 연구에 대해서도 간단히 기술하였다. 최신 역주인 히라이 슌에이平井俊榮·아라이 히로아키荒井裕明·이케다 미치히로池田道浩의 『成實論』(1·2, 新國譯大藏經, 大藏出版, 1999~2000)은 수용受容의 역사와 관련 논문을 소개하고 있다. 성실론이 중국에서 환영받은 이유에 대한 고찰로는 후쿠다 다쿠미福田琢의 「『成實論』の學派系統」(앞의 『北朝隋唐中國佛敎思想史』)이 있다.

성실사의 대표인 양梁의 광택사光宅寺 법운法雲(467~529)의 현존하는 유일한 저서인 『법화의기法華義記』에 대해서는, 상세한 역주를 붙인 간노 히로시菅野博史의 『法華義記』(法華經注釋書集成, 大藏出版, 1996)가 있다. 간노는 『中國法華思想の研究』(春秋社, 1994)에서 구마라집·도생·광택사 법운·남악

혜사·길장·지의·관정 등의 『법화경』 해석을 검토하고 성실사의 해석에서 보이는 특색을 밝혔다. 성실사가 활발히 논의한 문제 중 하나가 이제二諦다. 이케다 슈조池田宗讓는 『二諦と三諦をめぐる梁代の佛教思想』(山喜房佛書林, 2002)에서 사토 데쓰에이佐藤哲英의 연구를 재검토하였다. 이제와 관련된 삼제三諦는 중국에서 성립한 『인왕경仁王經』에 보이고, 삼관三觀이라는 명칭도 역시 중국에서 성립한 『영락경瓔珞經』에 보이는데, 사토 데쓰에이佐藤哲英가 「三諦三觀思想の起源に關する硏究」(『天台大師の硏究』, 百華苑, 1961)에서 검토하였다. 중국에서 성립한 이러한 경전은 중국식 계위설階位說의 형성과도 관련이 있는데, 이에 대한 해설로 미즈노 고겐水野弘元의 「五十二位等の菩薩階位說」(『佛教學』 18, 1984)이 있다. 후나야마 도루船山徹는 「地論宗と南朝教學」(앞의 『北朝隋唐中國佛教思想史』)에서 행위설行位說에 주의하면서 남조의 성실열반학파와 북조의 지론종 교학과의 관련을 밝혔다.

또 삼론을 연구하는 그룹에는 『성실론』을 중시하는 계통과 비판하는 계통이 있는데, 후자가 길장吉藏 등의 계통과 연결되어 있고 길장 역시 『열반경』을 중시하였다는 것을 히라이 슌에이平井俊榮가 『中國般若思想史硏究-吉藏と三論學派-』(春秋社, 1976)에서 논하였다.

『열반경』 연구에 대해서는 후세 고가쿠布施浩岳의 『涅槃宗之硏究』(前篇·後篇, 叢文閣, 1941 ; 『涅槃宗の硏究』, 國書刊行會, 1973 재간)가 지금도 유일한 정리된 연구서다. 『열반경』류의 번역, 북량北涼의 『열반경』에 대한 연구로 시작하여 남북조시대 및 수나라 교학의 진전과 이후 쇠퇴 모습, 삼론종·천태종·지론종에서의 『열반경』 연구 상황 등을 상세히 그려냈다. 최전성기였던 양대梁代에 편찬된, 승량僧亮의 찬술로 전해져 온 『대반열반경집해大般涅槃經集解』 71권에 대해서는 간노 히로시菅野博史의 「〈大般涅槃經集解〉の基礎的硏究」(『東洋文化』 66, 1986)가 뛰어나다. 간노는 이 밖에도 관련 논문이 많다. 무제의 불교 이해에 대해 비판적 입장에서 논한 것으로는 그의 신명설神明說이 『기신론起信論』의 선구가 되었다고 추정한 이토 다카토시

伊藤隆壽의「梁武帝撰『神明成佛義』の考察-神不滅論から起信論への一視點-」(『中國佛教の批判的研究』, 大藏出版, 1992)이 있다.

제9절 심식설心識說과 여래장설如來藏說의 탐구

심식설 연구가 흥하게 된 것은 6세기 초 북위의 보리류지菩提流支·불타선다佛陀扇多 등이 수많은 유식唯識문헌을 번역한 데 힘입었다. 특히 한역이 이루어질 즈음 보리류지와 늑나마제勒那摩堤 사이에 다툼이 있었다고 전해지는데,『성실론』대신 북조 불교학의 기둥이 된『십지경론十地經論』의 내용과 번역 상황을 다룬 것으로는 이토 즈이에이伊藤瑞叡의『華嚴菩薩道の基礎的研究』(平樂寺書店, 1988)가 있다. 보리류지에 대해서는, 가기누시료케이鍵主良敬가『華嚴敎學序說 : 眞如と眞理の研究』(文榮堂, 1968)에서 '진여眞如'라는 번역어를 통해 그의 번역작업을 검토하였다. 또 오타케 스스무大竹晉는 보리류지의 번역으로 알려진 경론에 실제로는 그의 저작과 강의록도 포함되어 있다는 점을 밝혔는데, 다케무라 마키오竹村牧男·오타케 스스무大竹晉의『金剛仙論』(上·下, 新國譯大藏經, 大藏出版, 2003)은 같은 입장에서 펴낸 역주와 해설이다.

이 보리류지와 늑나마제 계통을 지론종이라고 하는데, 지론사地論師라는 호칭에 대해서는 요시즈 요시히데吉津宜英가「地論師という呼稱について」(『駒大佛敎紀要』31, 1973)에서 조사하였다. 지론종의 경우, 화엄종의 전단계로서, 그리고 지의와 길장이 비판한 대상으로서 연구되는 경우가 많은데, 사카모토 유키오坂本幸男의『華嚴敎學の研究』(平樂寺書店, 1956)에 수록된 지론종 관계 논고와 이케다 로산池田魯參의「天台敎學と地論攝論宗」(『佛敎學』13, 1982)이 이와 같은 관점에 입각한 연구다. 연구의 중심은 혜광慧光부터 정영사 혜원淨影寺 慧遠에 이르는 남도파南道派에 있고, 북도파에 대한 연구는 사토미치 노리오里道德雄의 「地論宗北道派の成立と消長-道寵傳を中心とする-」(『大倉山論集』 14, 1979) 등을 제외하면 많지 않다.

근년 지론종 연구가 급격히 진행된 주요 원인은 둔황 문서에 북조에서 주류를 점한 지론종 문헌 단편들이 상당히 포함되어 있었던 덕분이다. 그 연구사에 대해서는 이시이 고세이石井公成가 「敦煌文獻中の地論宗諸文獻の研究」(『駒澤短期大學佛教論集』 1, 1995)에서 정리하였다. 지의가 비판한 지론사는 혜광慧光-법상法上-혜원慧遠 계통이 아닌 혜광慧光-도빙道憑 계통임을 밝힌 아오키 다카시青木隆는 「地論宗」(大久保良俊 編, 『新八宗綱要』, 法藏館, 2001)에서 지론종 연구 현상을 소개하고, 「地論の融卽論と緣起說」(앞의 『北朝隋唐中國佛教思想史』)에서는 연집설緣集說의 변천에 따라 지론종 교리의 진전 단계를 구분하였다. 북조 말기부터 수대隋代에 걸쳐 활약한 정영사 혜원(523~592)에 대해서는 가마타 시게오鎌田茂雄가 『中國佛教思想研究』(春秋社, 1968)에서 논하였고, 혜원의 정토관에 대해서는 후카가이 지코深貝慈孝의 『中國淨土教と淨土宗學の研究』(思文閣出版, 2002)가 다양한 관점에서 논하였다.

『열반경』이 유행함에 따라 성행하게 된 불성佛性을 둘러싼 남북조의 여러 설들을 검토한 것은 도키와 다이조常盤大定의 『佛性の研究』(丙午出版社, 1930 ; 國書刊行會, 1973)가 처음일 것이다. 전후戰後에는 개별 연구가 많지만, 이 역사에 대한 고찰은 위에서 든 『佛性の研究』와 같은 초기의 선구적 연구를 제외하면 오가와 고칸小川弘貫의 『中國如來藏思想研究』(中山書房, 1976), 머우충산牟宗三의 『佛性與般若』(2책, 臺灣學生書局, 1977), 후키하라 쇼신富貴原章信의 『中國日本佛性思想史』(國書刊行會, 1988) 등으로 한정된다.

심식설心識說 연구는, 『섭대승론攝大乘論』과 바수반두Vasubandhu(世親)의 역주가 진제삼장眞諦三藏의 번역으로 북중국으로 전해지면서 크게 진전하였다. 우이 하쿠주宇井伯壽의 『印度哲學研究6』(甲子社書房, 1932)는 진제삼장 개인과 그가 번역한 『섭대승론』·『섭대승론석攝大乘論釋』 등에 관한 상세한 연구다. 진제에 대한 최근 연구로는 요시즈 요시히데吉津宜英의 「眞諦三藏譯出經律論研究誌」(『駒大佛教紀要』 61, 2003)가 있다. 우이 하쿠주宇井伯壽의 『西域佛典の研究』(岩波書店, 1969)는 남북조 말부터 초당初唐 무렵의 『섭대승론』 주석의 단편을 검토하였다. 이러한 방면의 연구로는 가쓰마타 슌교勝又俊敎의 『佛敎における心識說の研究』(山喜房佛書林, 1961), 다케무라 마키오竹村牧男의 「地論宗·攝論宗·法相宗 – 中國唯識思想史槪觀 –」(『講座大乘佛敎8 唯識思想』, 春秋社, 1982) 등이 있다.

제10절 『대승기신론大乘起信論』을 둘러싼 논의

지론학파와 섭론학파의 심식설과 불성·여래장설에 대한 연구가 발달한 요인 중 하나는, 20세기 초 모치즈키 신코望月信亨의 의문 제기로 일어난 『대승기신론大乘起信論』 찬술을 둘러싼 논쟁일 것이다. 중국에서는 양원후이楊文會(1837~1911)가 『기신론』을 하나의 근거로 삼아 중국불교의 근대화를 가늠하였기 때문에, 이 논쟁이 중국으로 비화하자 『기신론』을 중시하는 파와 부정하는 유식중시파 사이에 근대중국불교를 두고 격렬한 논쟁이 불붙었고 이후에도 논의는 계속되고 있다. 1980년대 중반까지의 논쟁사를 개관하고, 중국성립론의 입장에서 『기신론』의 중국적 성격을 논한 시도로는 공쥐안龔雋의 『『大乘起信論』與佛學中國化』(文津出版社, 1996)가 있다. 최근까지의 연구상황은 황샤녠黃夏年의 「二十世紀『大乘起信論』研究述評」(『華林』 1, 2001)에 정리되어 있다.

일본의 경우, 『기신론』에 대해서는 학문으로서의 연구가 중심이고, 이 논쟁에 의해 여래장사상, 진제삼장, 섭론종, 지론종 등의 연구가 진전하였다. 전후戰後에 히라카와 아키라平川彰는 『大乘起信論』(大藏出版, 1973)에서 상세한 역주를 달고 인도 찬술/진제眞諦 번역설을 강조하였다.

가시와기 히로오柏木弘雄는 『大乘起信論の硏究』(春秋社, 1981)에서 종래의 설들을 정리하고 인도불교의 사상적 계통을 엄밀히 조사하여 연구 수준을 높였다. 그 후 다케무라 마키오竹村牧男가 『大乘起信論讀釋』(山喜房佛書林, 1985)에서 『기신론』과 보리류지와 늑나마제의 역경이 사상과 용어 면에서 얼마나 유사한가를 지적하고, 지론종과 관계가 깊다고 밝혔다. 다방면에서 논한 논문집으로는 히라카와 아키라平川彰(編)의 『如來藏と大乘起信論』(春秋社, 1990)이 있다. 1980년대 말에는, 본각사상이야말로 차별의 근원이라고 논한 하카마야 노리아키袴谷憲昭의 『本覺思想批判』(大藏出版, 1989), 여래장사상은 불교가 아니라고 논설한 마쓰모토 시로松本史朗의 『緣起と空 : 如來藏思想批判』(大藏出版, 1989) 등의 일련의 비판이 행해지면서 『기신론』및 여래장사상·본각사상에 대한 재검토가 촉구되어 보다 엄밀한 문헌적 연구가 이루어졌다. 후자의 연구로는 다카사키 지키도高崎直道의 「『大乘起信論』の語法-'依' '以' '故' 等の用法をめぐって-」(『早稻田大學大學院文學硏究科紀要』 37, 哲學·史學篇, 1992), 오타케 스스무大竹晉의 「『大乘起信論』の引用文獻」(『哲學·思想論叢』 22, 2004) 등이 있다. 프레드릭 지라드 Frédéric Girard의 프랑스어 번역본 *Traité sur l'acte de foi dans le Grand Véhicule*(=大乘起信論)(Keio University Press, 2004)은 일본의 이 같은 연구를 근거로 한 최신 역주고, 일본에서는 다카사키 지키도高崎直道·가시와기 히로오柏木弘雄의 『佛性論·大乘起信論(舊·新二譯)』(新國譯大藏經19 論集部2, 大藏出版, 2005)이 최신 성과다.

제11절 정토신앙과 선관禪觀

정토종·정토진종淨土眞宗에서 존숭하는 담란曇鸞·도작道綽·선도善導 계통 이외의 정토신앙에 초점을 맞춘 연구로는 모치즈키 신코望月信亨의

『中國淨土敎理史』(法藏館, 1942)가 뛰어난 성과를 보여주었다. 전후에는 쓰카모토 젠류塚本善隆의 『中國淨土敎史研究』(大東出版社, 1976)에 수록된 여러 연구들이 사회상황을 고려하면서 남북조기의 정토신앙에 대해 고찰하였고, 쓰카모토 젠류·우메하라 다케시梅原猛의 『佛敎の思想8-不安と欣求 '中國淨土'-』(角川書店, 1968)은 이 같은 시점을 살려 저술한 입문서다. 미치바타 료슈道端良秀의 『中國淨土敎理史の研究』(法藏館, 1980)는 석벽石壁 현중사玄中寺 등의 조사에 기초한 연구와 그 밖에 「曇鸞の長壽法」·「曇鸞と道敎の關係」 같은 새로운 시점에 입각한 논문을 포함하고 있다. 노가미 순조野上俊靜의 『中國淨土敎史論』(同, 1981)은 말법사상의 전개, 『관무량수경觀無量壽經』의 수용 등을 중국불교사라는 큰 흐름 속에서 고찰하였다. 도도 교슌藤堂恭俊·마키타 다이료牧田諦亮의 『淨土佛敎の思想4-曇鸞·道綽-』(講談社, 1995)는 북조 불교와 초기 정토교에 관한 읽기 쉬운 개론서다. 담란의 『논주論註』에 대한 최근의 연구성과는 논주연구회論註研究會(編)의 『往生論註の基礎的研究』(永田文昌堂, 1996)에 정리되어 있다.

정토교에 관한 중국의 최신 연구는 천양지옹陳揚炯의 『中國淨土宗通史』(江西古籍出版社, 2000)다. 도교와의 관련 속에서 이 시기의 정토와 지옥 개념을 검토한 것으로는 샤오덩푸蕭登福의 『漢魏六朝佛道兩敎之天堂地獄說』(臺灣學生書局, 1989)이 있다. "석가상을 만들어, 서방무량수불 아래 태어나고, 미래에는 미륵불의 설법장에 있고 싶다"라고 한 룽먼龍門의 조상명造像銘으로 상징되듯, 천天과 정토의 혼동을 포함한 수당隋唐 이전의 과도적인 정토신앙의 실태에 대해서는 구노 미키久野美樹의 「造像背景としての生天, 託生西方願望-中國南北朝期をと中心として-」(『佛敎藝術』 187, 1989)에서 고찰하였다. 장생長生을 소망한 담란과 혜사慧思(515~577) 역시 이러한 풍조 속에서 자랐는데, 혜사에 대해서는 폴 마뉴안Paul Magnin이 "La vie et l'œuvre de Huisi 慧思(515~577) : les origines de la secte bouddhique chinoise du Tiantai" (École française d'Extrême-Orient, 1979)에서 전기·저작·사상을 검토

하였고, 가와카쓰 요시오川勝義雄는 「中國的新佛教形成へのエネルギー-南岳慧思の場合-」(福永光司 編,『中國中世の宗教と文化』, 京都大學人文科學研究所, 1982)에서, 종파 단위의 시점에서 벗어나 남북조 말기의 위기의식 속에서 등장한 실천이라는 입장에서 혜사를 다시 보고자 하였다.

시바타 도루柴田泰의 「中國淨土教の系譜」(『印度哲學佛敎學』1, 1986)·「中國淨土敎と禪觀思想」(『印度哲學佛敎學』3, 1988)은, 중국 정토신앙과 선관이 강력히 결부되어 있는 점에 주의하면서 정토교 계보에 관한 중국과 일본의 전통적인 견해를 재검토하였다. 실제로 미야지 아키라宮治昭는 「トゥルファン·トヨク石窟の禪觀窟壁畵について : 淨土圖·淨土觀想圖·不淨觀想圖」上·中·下(『佛敎藝術』221·223·226, 1995~1996)에서 산중에서 정토와 보주寶珠의 관상觀想에 골몰하는 '선사禪師'의 그림에 주목하였는데, 이러한 면에서 정토교와 선관·선종 연구가 필요함을 알 수 있다. 또한 관경류觀經類 중에 중앙아시아 내지 중국에서 성립한 것이 있다는 점에 대해서는 쓰키노와 겐류月輪賢隆가 『佛典の批判的研究』(百華苑, 1971)에서 일찍이 검토한 바 있고, 근년에는 야마다 메이지山田明爾, 야마베 노부요시山部能宣 등이 뛰어난 연구를 보여주었다. 로버트 버스웰 주니어Robert E. Buswell Jr.(ed.)의 *Chinese Buddhist Apocryphia* (Honolulu: Hawaii Univ. Press, 1990)에서는 스트릭먼Strickman의 관경觀經 논문이 흥미롭다.

남북조기의 선관에 대한 연구는 사사키 겐토쿠佐々木憲德의 『漢魏六朝禪觀發展史論』(山崎寶文堂, 1936)이 선구적이다. 전후에는 미즈노 고겐水野弘原의 「禪宗成立以前の支那の禪宗思想史序說」(『駒大佛敎紀要』15, 1957), 후루타 쇼킨古田紹欽의 「菩提達磨以前の禪附·勒那摩堤の禪系統」(『鈴木學術年報』2, 1966) 등이 있다. 야나기다 세이잔柳田聖山의 「ダルマ禪とその背景」(앞의『北魏佛敎の研究』;『柳田聖山著作集1 禪佛敎の硏究』, 法藏館, 1999 재록)은 신이神異함으로 이름을 날리며 계율에 힘쓴 다양한 계통의 습선자習禪者들의 활동을 북중국의 불교 전체에서 포착하였으며, 늑나마제勒那摩提가 찬술했다고 하는『칠

종예법七種禮法』과『이입사행론二入四行論』의 유사성에 주목하는 등 새로운 관점을 보였다.『칠종예법』등 북중국의 예불의례에 대해서는 왕쥐앤汪娟이『敦煌禮懺文研究』(法鼓文化, 1998)에서 둔황 출토 예참문을 검토하였다. 습선자의 경우, 다양한 계통의 사람들이 각지에서 서로 교류하고 영향을 주고받으면서 남북조 후반기에『법고경法鼓經』·『법왕경法王經』등의 의경疑經이 작성되었으며, 이후 수당隋唐의 여러 종파가 등장하는 계기가 되었다고 보는 것이 이부키 아쓰시伊吹敦의「『法句經』の思想と歷史的意義」(『東洋學論叢』29, 2003) 등 기타 일련의 연구다. 중국에서는, 두지원杜繼文·웨이다오루魏道儒의『中國禪宗通史』(江蘇古籍出版社, 1993)의 보리달마이전 항목에서 유민流民 등에게서 볼 수 있는 혹독한 사회상황과의 관련에 주의하고 있다.

제12절 계율과 보살계

도쿠다 묘혼德田明本의『律宗概論』(百華苑, 1969)과 사토 다쓰겐佐藤達玄의『中國佛敎における戒律の研究』(木耳社, 1986)에서는, 남북조의 계율과 보살계의 수용에 대해 간단히 다루었다. 도쿠다 묘혼德田明本(編)의『律宗文獻目錄』(百華苑, 1974)은 연구서와 논문의 경우 1960년경까지이긴 하지만 기본 문헌을 정리해 두어 편리하다. 북조의 계율 수용에 대해서는 스와 기준諏訪義純의『中國中世佛敎史研究』(大東出版社, 1988)가 있다. 쓰치하시 슈코土橋秀高는『戒律の研究』(2책, 永田文昌堂, 1980~1982)에서 계율의 다양한 문제를 논하고 둔황 사본을 활용하여 중국의 수계의례授戒儀禮의 변천을 밝혔다.

대승계에 대해서는, 개개 경전의 성립 상황을 논한 오노 호도大野法道의『大乘戒經の研究』(理想社, 1964)가 기본 연구로 되어 있다. 오노의 설을 재검토하며『우바새계경優婆塞戒經』(曇無讖 번역)의 번역 상황, 내용, 수용

등을 검토한 것으로 기타즈카 미쓰노리北塔光昇의 『優婆塞戒經の硏究』(永田文昌堂, 1997)가 있다. 보살계에 관한 최근 연구성과로는 후나야마 도루船山徹의 「六朝時代における菩薩戒の受容過程－劉宋·南齊期を中心に－」(『東方學報』 67, 1995)·「疑經『梵網經』成立の諸問題」(『佛敎史學硏究』 39-1, 1996)이 있다.

제13절 밀교

오무라 세이가이大村西崖의 『密敎發達志』(佛書刊行會, 1918 ; 國書刊行會, 1972)는 삼국시대부터 당대唐代 이전까지에 대해서도, 다라니경전인 주술경전의 번역 상황과 승전 기타에서 보이는 밀교적 요소를 상세히 지적하고, 부남扶南·임읍林邑에서 인도종교가 유행한 점도 다루는 등, 획기적인 연구였다. 한문으로 되어 있어 입문용은 아니지만, 지금도 필독서로 되어 있다. 남북조기에 이만한 수의 밀교적 경전이 번역되었다는 것은 당시 인도·동남아시아·중국의 불교 모습을 파악하는 데도 중요하며, 이러한 주경呪經 중에는 중국 요소가 강하거나 중국에서 성립한 것도 있어 당시의 종교 사정을 파악하는 데 귀중한 자료가 되고 있다. 중국에서는, 뤼지안푸呂建福의 『中國密敎史』(中國社會科學出版社, 1995)의 〈第2章 魏晉南北朝時期陀羅尼密敎的傳入和流行〉이 다라니 경전의 유행을 정리하였다. 다치카와 무사시立川武藏·요리토모 모토히로賴富本宏(編)의 『シリーズ密敎3 中國密敎』(春秋社, 1999)에서는 「中國密敎の流れ」·「中國の密敎美術」(賴富本宏), 「中國の密敎儀禮槪論」(平井宥慶) 등이 남북조기를 다루고, 사카데 요시노부坂出祥伸의 「初期密敎と道敎との交涉」은 밀교경전에 보이는 도교적 주술과의 유사성과 그 영향을 지적하였다. 어느 경우든 무엇을 밀교로 볼 것인가 하는 문제가 있지만, 미사키 료슈三崎良周는 『台密の硏究』(創文社, 1988) 〈第7章 純密と雜密〉에서 순밀과 잡밀이라는 도식은 에도江戶시대 때 만들어진 것이므로 이 구분 자체에 대한 재검토가 필요하다고 지적하였고, 이와사키 히데오岩崎日出男의 「道敎と密敎」(『講座道敎4』, 雄山閣出版, 2000)에서도 밀교에 대한 정의를 재검토하였다.

제14절 민중과 불교

마키타 다이료牧田諦亮의 『六朝古逸觀世音應驗記の硏究』(平樂寺書店, 1970)는 관음신앙을 통해, 또 『疑經硏究』(京都大學人文科學硏究所, 1976)는 의경 연구를 통해 중국적인 불교신앙, 민중의 불교신앙 실태를 밝히려 한 획기적인 시도였다. 실지조사에도 참여한 미치바타 료슈道端良秀의 『中國佛敎史の硏究 : 佛敎と社會倫理』(法藏館, 1970)는 사원노예의 처우, 사회복지와 대승보살계의 관계, 음주 문제 등을 다루었다. 『佛敎と儒敎倫理 : 中國佛敎における孝の問題』(サーラ叢書, 平樂寺書店, 1968), 『中國佛敎思想史の硏究 : 中國民衆の佛敎受容』(同, 1979) 등에서 민중 신앙에 유의하면서 중국사회와 불교의 관계를 추급하여 새로운 분야를 연 미치바타 료슈道端良秀의 일련의 저작들은 저작집인 『中國佛敎史全集』(書苑, 1985)에 재록되었다. 미야카와 나오시宮川尙志의 『六朝史硏究 宗敎篇』(平樂寺書店, 1964)은 남북조 관련 논문은 적지만, 여성의 신앙생활과 무속 연구 등 새로운 방향의 연구를 보여주었다. 또 판구이밍潘桂明의 『中國居士佛敎史』(上·下, 中國社會科學出版社, 2000)는 귀족과 서민의 신앙단체 등 재가의 불교활동을 정리하고, 상권에서는 남북조를 다루었다.

제15절 불교미술

　중국불교미술 연구를 큰 폭으로 진전시킨 원동력의 하나는, 미즈노 세이이치水野清一와 나가히로 도시오長廣敏雄를 중심으로 전시중에 이루어져 미즈노·나가히로의 『雲崗石窟』(16권 32책, 京都大學人文科學硏究所, 1951~1956)로 결실을 맺은 원강석굴에 대한 면밀한 조사일 것이다. 근년 간행된 원강석굴문물보관소雲崗石窟文物保管所(編)의 『雲崗石窟』(2권, 平凡社, 1989~1990)은 중일 양국의 협력으로 거둔 성과다.

　남북조 불교미술에 관한 연구는 많지만, 대표적인 것으로는 마쓰바라 사부로松原三郎의 대저 『中國佛敎彫刻史論』(本文編, 図版編1·2, 吉川弘文館, 1995)가 있다. 남북조시대에 역점을 둔 최신 입문서로는 구노 미키久野美樹의 『中國の佛敎美術 : 後漢代から元代まで』(東信堂, 1999)가 있어 편리하다.

　북조에 대해서는, 야기 하루오八木春生가 『雲岡石窟文樣論』(法藏館, 2000)·『中國佛敎美術と漢民族化 : 北魏時代後期を中心として』(동, 2004)에서 중국화 과정을 검토하였다. 남조미술을 중시한 것으로는 요시무라 레이吉村怜의 『天人誕生図の硏究 : 東アジア佛敎美術史論集』(東方書店, 1999)이 있고, 같은 저자의 『中國佛敎図像の硏究』(同, 1983)는 신선사상과의 융합에 주의하였다.

　최근 주목을 받은 칭저우靑州 용흥시龍興寺 불상에 대해서는 왕웨이밍王衛明의 「靑州龍興寺出土窖藏佛敎造像初論－魏晉南北朝時期における山東佛敎美術史的成立背景を中心に－」(『京都橘女子大學硏究紀要』 25, 1998), 중화세기단예술관中華世紀壇藝術館·칭저우시박물관靑州市博物館(編)의 『靑州北朝佛敎造像』(北京出版, 2002)에서 소개하였다.

제16절 문학과 불교

중국에서는 이 시기의 문학에 대한 연구가 활발하여 장렌칭張仁靑의 『魏晉南北朝文學思想史』(文史哲出版社, 1989), 차오다오형曹道衡·쉔위청沈玉成의 『南北朝文學編年史』(文史哲出版社, 2000), 쩡훼이曾慧의 『南朝佛敎與文學』(中華書局, 2002) 등이 차례로 간행되고 있지만 일본에서 단행본은 나와 있지 않다.

남북조를 대표하는 사화집詞華集으로는 모범으로 삼을 시문을 모은 『문선文選』과 화려하고 아름다운 규원시閨怨詩를 중심으로 한 『옥대신영玉臺新詠』이 있는데, 모두 양대梁代까지의 작품을 수록하고 있으며 양나라의 이면성二面性을 보여준다. 스즈키 슈지鈴木修次의 「六朝時代の'懺悔詩'」(『小尾博士古稀記念』, 汲古書院, 1983)는 불교를 글감으로 삼은 양 무제 등의 유희적인 창화시唱和詩에 주목하였고, 곤도 이즈미近藤泉의 「六朝後期詩の功績及び佛敎」 1·2(『名古屋學院大學論集 人文·自然科學編』 36-2, 37-1, 2000)는 무제 등이 불교를 신봉하면서 한편으로는 주로 남녀의 애정을 읊는 염시艶詩를 즐긴 배경으로서 대승불교를 들었다.

육조지괴소설六朝志怪小說에 대해서는, 가쓰무라 데쓰야勝村哲也가 「顏氏家訓歸心篇と冤魂志をめぐって」(『東洋史研究』 26-3, 1967)에서 당시에는 사실史實로서 중시되었다는 것에 주의하였다. 고미나미 이치로小南一郎의 「六朝隋唐小說史の展開と佛敎信仰」(福永光司 編, 『中國中世の宗敎と文化』, 京都大學人文科學硏究所, 1982)은 불교가 새로운 문학장르의 형성에서 수행한 역할에 착안한 것이다. 이 논문집에는 고젠 히로시興膳宏의 「文心雕龍と出三藏記集-その秘められた交渉をめぐって-」을 비롯한 다양한 분야의 중요 논문이 많이 포함되어 있다. 또한 후쿠이 요시오福井佳夫의 『六朝美文學序說』(汲古書院, 1998)은 미문美文으로 된 남북조기의 불교문헌을 읽을 때도 도움이 된다.

제3장 수당시대隋唐時代 불교

제1절 천태종

이케다 로산池田魯參
고마자와대학駒澤大學 교수

1) 중국 천태종의 연구과제

여기서 말하는 '천태종'이란 중국 저장성浙江省의 명산인 천태산에 머물면서 신경지를 열고 천태산의 고승으로 존숭받은 '천태지자대사天台智者大師'가 구축한 불교학과 이 교학을 평가한 사람들에 의해 형성된 불교교단이라는 정도의 의미다. 천태지자대사는 본명이 지의智顗라 하며, 남조 양대梁代 때 일본사에서는 '불교 공전의 해'라고 하는 538년에 태어나, 진陳·수隋 두 왕조에서 이름을 날리다 597년에 60세의 나이로 입적하였다.

천태지의의 불교학은 '교관상자敎觀相資'를 표방하고, 교리사상과 선관실천禪觀實踐을 통합한 극히 창의력 넘치며, 달리 비할 바 없는 불교학으로 높이 평가받고 후세에 큰 영향을 주어, 지금에 이르기까지 천태교학을 연구하는 사람이 끊이지 않는다.

물론 지의가 아무리 천재적인 불교자였다고 해도 단독으로 교학을 이룬 것은 아닌 터라 천태교학의 형성과정을 보려면, 지의 바로 직전의 스승 남악혜사南岳慧思(515~577)의 교학에서 이전 교학의 동향을 살펴보고, 직후에는 제자 장안관정章安灌頂(561~632)의 교학에서 당시의 시대와 사회 배경, 불교신앙의 상황 등을 널리 종합적으로 검토할 필요가 있을 것이다.

그 후 당대唐代에는 형계담연荊溪湛然(711~782)이 등장하여 쇠퇴한 천태 교학을 부흥시키고, 그의 제자들 시대에 교학이 크게 진흥하였다. 일본 의 전교대사傳敎大師 사이초最澄(767~822)는 앞서 감진鑑眞(737~824)이 가지 고 온 천태전적을 읽고 천태종이야말로 일본에 가장 적합한 불교라고 확신하여 천태교학을 배우기 위해 사신단을 따라 환학생還學生으로 중국 에 유학하였다. 중국에서 담연의 제자 도수道邃(760~805)와 행만行滿 (737~824) 등에게 배우고 그 연구성과에 기초하여 806년 히에이잔比叡山에 일본 천태종을 개창하였다. 히에이잔의 불교학이 그 후 일본불교의 전개에 큰 역할을 한 것은 말할 것도 없다. 따라서 '일본 천태종'의 과제는 별로도 다뤄야 할 사항이고, 여기서는 '중국 천태종'의 연구과제 로 범위를 좁혀 논술하겠다.

시대가 내려와 송대에 들어 사명지례四明知禮(960~1028)와 자운준식慈雲 遵式(964~1032)이 등장하여 천태교학이 재평가되고, 그 후 이른바 산가산 외山家山外의 교학논쟁이 일어나 천태교학은 주로 지례 아래 삼가三家의 문류門流로 계승되고 명말 우익지욱藕益智旭(1599~1655)의 교학으로 계승 된다.

이 사이, 각 시대의 불교계 동향을 반영하여 그때마다 천태교학의 재점검·재편성이 행해져 거기에서 새로운 교리사상의 전개를 볼 수 있게 되었다. 따라서 넓은 의미에서 '천태종'이라는 용어는 지리적·역사 적으로 전개된 지자대사智者大師의 교학 전반을 포함하게 된다.

그렇다면 천태교학의 특색은 무엇일까. 대체로 다음 일곱 가지로 집약할 수 있지 않을까 생각한다.

첫째, 『묘법연화경』에 대한 절대적인 귀의신순歸依信順.

둘째, 수행이론으로 체계화된 '천태지관'의 확립.

셋째, 『대반열반경』에 대한 평가.

넷째, 보살계의 우위 증명.

다섯째, 천태정토교의 형성.

여섯째, '참법懺法', '삼매행법三昧行法'으로 불리는 여러 종파의 의례 저술.

일곱째, 기타로서 『유마경』·『금광명경』·『인왕반야경』·『금강반야경』
　　　등의 연구.

이러한 일곱 가지 특색은 모두 획기적인 교학을 형성시켜 그 후 중국불교의 전개에 큰 영향을 준다.

지의 불교학의 특질을 이렇게 위치지우고 나면, 지의 이전 혜사慧思의 교학, 지의 뒤에 나오는 담연湛然의 교학, 지례·준식과 지욱의 교학, 나아가 현대 천태교학의 연구동향까지 시야에 넣고 앞으로 어떤 영역의 연구를 진행해야 할지 전망할 수 있을 것이다.

2) 개설서·연구서

우선 천태교학 전반을 다룬 개설서와 연구서부터 소개하고자 한다.

요즘 이루어지고 있는 천태 연구의 선구는 시마지 다이토島地大等의 『天台教學史』(中山書房佛書林, 1933 ; 1976 복간 ; 隆文館, 1986 복간), 우에스기 분슈上杉文秀의 『日本天台史』(正·續 2권, 1935 ; 國書刊行會, 1972 복간), 하자마 지코硲慈弘(著)·오쿠보 로준大久保良俊(補注)의 『天台宗史概說』(『天台宗讀本-宗史篇-』, 天台宗務廳, 1939 ; 大藏出版, 1969 改版), 후쿠다 교에이福田堯穎의 『天台學概論』(1954 ; 中山書房佛書林, 1986) 등이다.

시마지島地의 『天台教學史』는 천태교학 원류사를 『마하지관』 23조상승설을 검토하는 것에서 시작하여 선관사상의 전개를 중심으로 해설하고, 지의 이전의 『법화경』 연구사에 대해서는 다루지 않았다. 우에스기

上杉의『日本天台史』는 속권에 수록된 〈天台宗典籍談〉이 특색이다.『법화경』연구사를 배경으로 천태교학의 형성 과정을 논구하고,『대지도론』과『중론』의 연구사에 대해서는 다루지 않았다. 하자마硲의『天台宗史槪說』은 '중국 천태종'에는 겨우 30쪽 정도밖에 할애하지 않았고, 대신 일본 천태사 논술에는 볼 만한 것이 있다. '조선 천태종'을 다룬 점이 주목된다. 후쿠다福田의『天台學槪論』은 〈法華圓敎槪說〉·〈天台密敎槪說〉·〈天台圓戒槪說〉의 3편으로 구성하고 교리의 강격綱格을 해설하였다. 하자마의 저술과 마찬가지로 천태종으로부터 권위를 인정받았지만 문체가 오랜 것이 난점이다.

같은 무렵, 사사키 겐토쿠佐々木憲德의『天台敎學』(百華苑, 1951), 안도 도시오安藤俊雄의『天台性具思想論』(法藏館, 1953. 1973 재판) 등이 간행되었다. 역사와 교리 양면에서 체계적인 정리와 상세한 기술로 두 책 모두 초학자의 참고서로 적당하다. 특히 안도의『天台性具思想論』은 명저로 평판이 높다. 그 후의 연구로 사토 데쓰에이佐藤哲英의『天台大師の硏究』(百華苑, 1961), 야마구치 고엔山口光円의『天台槪說』(法藏館, 1967), 안도 도시오安藤俊雄의『天台學 : 根本思想とその展開』(平樂寺書店, 1968), 닛타 마사아키新田雅章의『天台哲學入門』(第三文明社, 1977), 가마타 시게오鎌田茂雄의『天台思想入門』(講談社, 1984), 다케 가쿠초武覺超의『中國天台史』(叡山學院, 1987) 등이 있다.

사토의『天台大師の硏究』는 지의의 모든 저술의 찬술 시기를 논정한 것으로, 지의의 전기와 저술을 기초로 교리사상의 전개를 추적한 획기적인 연구다. 이 연구를 통해 지의의 찬술로 인정되지 않는 여러 저술의 성립배경이 밝혀졌다. 연구할 때 가까이 두고 참조할 만한 책이다. 야마구치의『天台槪說』은 제관諦觀의『사교의四敎儀』에 따라 교리를 해설한 것이다. 안도安藤의『天台學』은 교관상자敎觀相資의 기본에 기초하여 교리와 지관 양면에서 체계적으로 해설하여 참고가 된다. 닛타新田의『天台哲學入門』은 천태의 주요 사상을 해설하고, 가마타鎌田의『天台思想

入門』은 교녠凝然의 『팔종강요八宗綱要』설에 따라 해설한 것으로 모두 간편한 신서판 문고본 체재로 되어 있다. 다케武의 『中國天台史』는 일종의 연구노트 같은 느낌을 주는데, 천태의 역사적 전개의 개요를 아는데 편리하다. 중국에서의 연구로는 특히 최근 것으로 쥐펑아오朱封鰲·리옌둬豊彦鐸의 『中華天台宗通史』(宗教文化出版社, 2001)가 있다. 근현대 중국·홍콩·일본·한국 등의 천태종 동향까지 널리 논하고 있어서 참고가 된다.

이 밖에, 이시즈 데루지石津照璽의 『天台實相論の硏究-存在の極相を索めて-』(弘文堂書房, 1947)는 철학적 사색 방법으로 원융삼제圓融三諦의 교리를 밝히고 송대의 산가산외山家山外 논쟁사를 논급하였다. 다마키 고시로玉城康四郎의 『心把捉の展開 : 天台實相觀を中心として』(山喜房佛書林, 1961)는 『화엄경』에 나오는 "心佛衆生是三無差別"이라는 문구의 이해를 둘러싸고, 혜사慧思·지의智顗·담연湛然·원청源淸·지원智圓·지례知禮의 교학에서 심心을 포착하는 방법이 어떻게 전개되었는가를 밝히고, 마지막으로 법장 이외의 화엄종 교학을 검토하였다. 도쿠가와·메이지 시대로 대표되는, 천태란 실상實相에 입각한 법문이고 화엄이란 연기緣起에 입각한 법문이라 하여 의심할 여지 없이 실상론實相論·연기론緣起論으로 분류 대칭시키던 종래 교리사상의 연구동향에 의문을 던진 연구로서 주목된다. 선행 연구로는 사사키 겐토쿠佐々木憲德의 『天台緣起論展開史』(永田文昌堂, 1982)가 있다. 다케 가쿠초武覺超의 『天台敎學の硏究 : 大乘起信論との交涉』(法藏館, 1988)도 같은 연장선상에 있는 연구성과로서 주목된다.

지의의 전기에 대해서는 앞서 든 사토의 저술과 레온 허비츠Leon Hurvits의 *CHIH-I an Intrioduction to the Life and Ideas of a Chinese Buddhist Monk*(1960~1962 Mélauges chinois et bouddhigues, 1980, Institut Belge des Hautes Etudes Chinoises Bruxelles)가 가장 이른 연구다. 그 후 교도 지코京戶慈光의 『天台大師の生涯』(第三文明社, 1975), 닛타 마사아키新田雅章의 『智顗』(『人物中國の佛教』, 大藏出版, 1982), 다다 고류多田厚隆의 『天台大師の思想と生涯』(〈重文天台像

解說〉, 同朋社出版, 1982. 나중에 多田孝正,『法華玄義』부록으로 전재)가 있다. 교도京戸의 신서판『天台大師の生涯』는 괄목할 만한 연구성과를 담고 있다. 닛타新田의 『智顗』는 일반용 책이고, 다다多田의 『天台大師の思想と生涯』는 연보다. 중국에서는 아주 최근 리쓰룽李四龍의 『天台智者研究-兼論宗派佛教的興起-』(北京大學出版社, 2003)가 간행되었다. 중국어로 된 연구논저들을 검토하고 일본의 연구와 구미의 연구까지 널리 참고하고 있어, 중국에 등장한 새로운 연구동향으로서 주목된다.

지의의 전기 자료는 관정灌頂(撰)의 『수천태지자대사별전隋天台智者大師別傳』(大正藏50)과 관정灌頂(纂)의 『국청백록國淸百錄』(4권, 同46)이 기본이다. 『지자대사별전』에는 가미무라 신조上村眞肇가 번역한 『隋天台智者大師別傳』(國譯一切經 史傳部10, 大東出版社, 1967)이 있고, 기요타 자쿠운淸田寂雲의 『天台大師別傳略註』(叡山學院, 1988)가 있다. 『국청백록』은, 이케다 로산池田魯參이 『國淸百錄の研究』(大藏出版, 1982)에서 104점의 자료에 모두 현대어 역주를 달았다. 또한 전기 연구의 참고문헌으로서 호리 에케이堀惠慶(編)의 『天台大師略傳』(第一書房, 1976)은 지혼慈本이 에도시대 말(1848)에 지은 『天台大師略傳』(4권)을 활자화하여 출판한 책이고, 『續天台宗全書 史傳 I 』(春秋社, 1987)에는 『智者大師別傳新解』(堯恕 撰, 2권), 『天台智者大師別傳考證』(忍鎧 撰, 1권), 『天台大師別傳句讀』(可透 撰, 2권), 『天台智者大師別傳翼註』(敬雄 撰, 2권) 등 『別傳』의 말주서末注書를 수록하고, 『天台智者一代訓導記』(日詔 集, 2권), 『天台智者大師紀年錄』(1권)·『天台智者大師紀年錄詳解』(2권, 이상 日妙 編集), 『天台智者大師略傳』(慈本 記, 4권) 등의 전적을 모아 지금까지 연구자들이 욕심내던 희구본稀觀本을 한 권의 책으로 모은 귀중한 도서다. 이러한 자료들을 사용하여 '지의전'을 총점검해볼 필요가 있을 것이다. 한편 지의가 주석한 천태산 현상에 대해서는 천공위陳公余·노모토 가쿠조野本覺成의 『聖地天台山』(佼成出版社, 1996), 사이토 다다시齋藤忠의 『中國天台山諸寺院の研究 : 日本僧侶の足跡を訪ねて』(第一書房, 1998)가 최신정보로서 간행되어 있다.

남악혜사南岳慧思 전기는, 가와카쓰 요시오川勝義雄의 「中國的新佛教形成へのエネルギー-南岳慧思の場合-」(『中國人の歷史意識』, 平凡社, 1986), 폴 마뉴안Paul Magnin의 "La vie et l'œuvre de Huisi(慧思)"(École Françncaise d'Exrême- Orient PARIS, 1979), 사토 데쓰에이佐藤哲英의 「南岳慧思の研究」(『續天台大師の研究-天台智顗をめぐる諸問題-』, 百華苑, 1981), 이케다 로산池田魯參의 「南岳慧思傳の研究-『大乘止觀法門』の撰述背景-」(『多田厚隆頌壽記念』, 山喜房佛書林, 1990), 오노 히데토大野榮人의 「南岳慧思の禪法とその背景」(『天台止觀成立史の研究』 第1章, 法藏館, 1994) 등의 연구가 있다. 또한 혜사전慧思傳의 기본 자료에 대해서는 중국불교연구회中國佛敎研究會의 「『南岳思大禪師立誓願文』解釋」(『多田厚隆頌壽記念』)을 참조할 수 있다.

형계담연荊溪湛然에 대해서는, 히비 센쇼日比宣正의 『唐代天台學序說-湛然の著作に關する研究-』(山喜房佛書林, 1966)·『唐代天台學研究-湛然の教學に關する考察-』(山喜房佛書林, 1975)가 있다. 이들 저서는 앞서 언급한 사토佐藤 저서의 연구방법을 담연교학에 응용한 연구성과로서 주목된다. 담연 연구에 대해서는, 그 후 린다 펜코워 Linda L. Penkower의 "T'ien-t'ai during the T'ang Dynasty : Chan-jan and the Signification of Buddhism."(ph.D dissertation, Columbia Univ., 1993 New York), 우훙옌吳鴻燕의 논문, 치리메이池麗梅의 『荊溪湛然『止觀輔行傳弘決』の研究-唐代天台佛教復興運動の原點-』(2005, 東京大學博士論文) 등의 여러 연구에서 새로운 진전이 보인다.

송대 이후의 천태교학은 안도 도시오安藤俊雄가 『天台思想史』(法藏館, 1959)에서 체계적으로 정리하였다. 최근의 성과로는 린밍유林鳴宇의 『宋代天台教學の研究-「金光明經」の研究史を中心として-』(山喜房佛書林, 2003)가 있다. 『금광명경소』 광략廣略 2본 가운데 어느 것이 원본인지를 두고 생긴 견해 차이에서 시작되어 그 후 300년에 걸쳐 전개된 산가산외 논쟁사의 실태를 구명하고, 송대 천태교학의 연구사를 회고하였다.

지욱智旭 교학에 대해서는, 장성옌張聖嚴의 『明末中國佛教の研究-特に智

旭を中心として-』(山喜房佛書林, 1975)의 성과를 우선 참조해야 할 것이다.

『國譯一切經 諸宗部14』(大東出版社, 1960 ; 1979 개정)에는 『金剛錍論』(多田厚隆譯), 『天台四敎儀』(塩入良道 譯·校訂), 『十不二門指要鈔』·『四明十義書』(平了照 譯·村中祐生 校訂), 『敎觀綱宗』(關口眞大 譯) 등을 수록하였다. 이러한 문헌들을 통해 담연·제관諦觀·지례知禮·지욱智旭 교학의 일단을 알 수 있다. 또한 『지요초指要鈔』에 대해서는 다이라 료쇼平了照의 『和譯通解十不二門指要鈔·和譯西谷名目』(文一總合出版, 1978)이 있다. 『사교의四敎儀』에 대해서는 이나바 엔조稻葉円成의 『天台四敎儀新釋』(法藏館, 1953)이 있다. 문체는 오래되었지만 교리의 내용 해설이 뛰어나다.

3) 천태법화학天台法華學

천태교학의 『묘법연화경』(大正藏9)에 대한 귀의신순歸依信順의 입장은 일관하여 절대적이다. 중국불교사에서 각별히 광채를 뿜어내는 『묘법연화경현의妙法蓮華經玄義』(同33), 『묘법연화경문구妙法蓮華經文句』(同34), 『마하지관摩訶止觀』(同46) 각 20권은 '법화 3대부法華三大部'라든가 '천태 3대부天台三大部'로 불리며 천태교학 연구의 근본 전적으로서 중히 여겨진다. 담연湛然은 3대부 각각에 주석을 더하여 『법화현의석첨法華玄義釋籤』20권, 『법화문구기法華文句記』30권, 『지관보행전홍결止觀輔行傳弘決』40권을 저술하였다. 조전祖典과 주석인 조석祖釋을 합쳐 회본會本 형태로 읽는 것이 일반화되어 있다. 3대부의 일본어 번역으로는 나카자토 데이류中里貞隆(譯)의 『妙法蓮華經玄義』(『國譯一切經 經疏部1』, 大東出版社, 1936 ; 1980 개정), 쓰지모리 요슈辻森要脩(譯)·아사이 엔도淺井円道(校訂)의 『妙法蓮華經文句』(『國譯一切經 經疏部2』), 다무라 도쿠카이田村德海(譯)의 『摩訶止觀』(『國譯一切經 諸宗部3』)이 있다. 또『昭和新撰國譯大藏經』宗典部11에 『法華玄義』, 12에 『法華文句』, 13에 『摩訶止觀』(名著普及會, 모두 1932 ; 1976 복간)의 훈독訓讀을 넣었다. 원문에 전문용어를 옛날식으로 읽을 수 있도록 후리가나(한자 옆에 읽는 법을

표시한 가나)를 달아 참고가 된다. 또한『詳解合編·天台大師全集』으로서
『法華玄義』(5권, 中山書房佛書林, 1970 복간)과『摩訶止觀』(5권, 同, 1975 복간)이
간행되어 있다. 각각 원문, 담연湛然의 해석, 쇼신証眞의 사기私記, 에초慧澄
의 강의, 슈다쓰守脱의 강술을 회본會本으로 편집한 것으로, 원래는『佛敎
大系』(1919) 총서에 편입되었던 것을 복간하였다.『法華文句』(전5권, 同,
1985)은, 다다 고류多田厚隆·다다 고분多田孝文이 문구文句·기記·사기私記·강
록·강의의 5본을 회본으로 편찬한 것이다. 여기에서는 레이쿠 고켄靈空
光謙의 강록을 기록하여 싣고 슈다쓰守脱의 강술은 채택하지 않았다.

　『妙法蓮華經玄義』는 다섯 글자로 된 경전제목에 어떤 의미가 내포되어
있는지를 해설하였다. '칠번공해七番共解·오중각설五重各說'로 불리는 구
성으로 석명釋名·변체變體·명종明宗·논용論用·판교상判敎相이라는 5종의
틀을 사용하고, 법法·묘妙·연화蓮華·경經 순서로 경전제목의 의미를 해석
해 보았다. 이는 천태의 오중현의五重玄義로 불리는 해석법으로서 지의智
顗가 창안해낸 독자의 방법인데, 다른 경전의 제목을 해석하는 데도
응용할 수 있으며 그 유효성은 충분히 증명되었다. '법法'에 대해서는,
불법佛法은 높고 중생법은 넓기 때문에, 근요近要의 심법心法에 대해 해석
을 진행시키는 것을 명확히 하고, '묘妙'에 대해서는 적문迹門의 십묘,
본문本文의 십묘를 제시하고, '연화蓮花'에 대해서는 연화의 삼유三喩를
제시한다. 이 경전의 체體는 제법실상諸法實相이고, 종宗은 불자행佛自行의
수인증과修因證果이며, 교상敎相을 판석判釋하는 단段에서는 '삼종교상三種
敎相'에서 다른 경에는 없는 교상敎相이 현저하게 나타나, 이른바 천태의
'오시팔교五時八敎'의 법화 교판이 성립함을 보였다. 경묘境妙의 단段에서
는 칠종이제七種二諦·오종삼제五種三諦 구조를 상세히 설명하여 천태 원융
상즉圓融相卽의 삼제설三諦說의 근거를 밝히고, 감응묘感應妙의 단段에서는
'감응도교感應道交'하는 부처와 중생의 가까운 관계를 상세히 설명하는
등 특색있는 지의의 견해가 보인다.

『법화현의法華玄義』의 해설서로는 오래된 것으로 구사카 다이치日下大癡의 『台學指針-法華玄義提綱-』(百華苑, 1936 ; 1976 복간)이 있고, 다다 고쇼多田孝正의 『法華玄義』(佛典講座26, 大藏出版, 1985), 간노 히로시菅野博史의 『法華玄義』(第三文明社, 1995)가 있다. 다다多田의 책은 칠번공해단七番共解段만을 역주한 것이고, 간노菅野의 책은 『현의玄義』 전권을 역주한 것으로 신서판 체재로 되어 있어 편리하다. 또 후쿠시마 고사이福島光哉의 『妙法蓮華經玄義序說』(東本願寺出版部, 1987)은 히가시혼간지東本願寺의 1962년도 안거차강安居次講 강의록이다. 간노 히로시菅野博史의 『法華玄義入門』(第三文明社, 1998)은 문답체 형식으로 『현의玄義』의 중요 부분을 해설하였다. 폴 스완슨Paul L. Swanson의 "FOUNDATIONS OF TIEN-TAI PHILOSOPHY"(Asian Humanities Press 1989, Berkeley, California)는 천태 삼제원융설의 성립 근거를 『법화현의』에 기초해서 설명하려 한 연구로서 주목된다.

천태 '오시팔교五時八敎'의 교판론 해석을 둘러싸고 일어난 논쟁의 전 내용을 수록한 세키구치 신다이關口眞大(編)의 『天台敎學の硏究』(大東出版社, 1978)는 제관諦觀의 『천태사교의』를 어떻게 읽을 것인가 하는 문제까지 포함하여 천태교리사상 연구의 여러 과제들을 생각하는 데 참고가 된다.

『법화문구法華文句』는 『묘법연화경』의 전문全文을 대상으로 경전의 전체 구성, 전후의 경문經文 관련, 경설經說의 의미·내용을 차례로 해석하였다. 인연석因緣釋·약교석約敎釋·본적석本迹釋·관심석觀心釋이라 불리는 '사종석四種釋'에 기초하여 경문의 깊은 뜻을 주의 깊게 읽고 풀이하였다. 표면적인 경문 이해로 그치지 않는 이러한 면밀한 불전 해석법은 현대의 불교연구 현장에서 더욱 재검토해 볼 필요가 있다.

『법화문구』에 대해서는 히라이 슌에이平井俊榮의 『法華文句の成立に關する硏究』(春秋社, 1985)가 있다. 앞서 서술한 바와 같이, 3대부三大部는 모두 지의智顗의 강설을 관정灌頂이 필사한 것을 두세 차례에 걸쳐 정리한 것이 오늘에 전해지고 있다. 따라서 여기에 관정의 견해도 상당량 더해

졌으리라는 것은 이미 시마지 다이토島地大等·다무라 도쿠카이田村德海·사토 데쓰에이佐藤哲英 등이 지적한 바 있다. 위에서 언급한 히라이平井의 책은 길장吉藏의 삼론교학三論敎學에 대한 전문가의 입장에서『문구文句』에 인용된 설들의 출처를 정밀히 조사한 결과,『문구』는 지의의 강설이 아니라 관정이 길장(549~623)과 대항하는 입장에서 길장의『법화현론』·『법화의소』등의 저술을 참조하여 지의의 설인 것처럼 꾸며 쓴 것이므로 지의와는 무관하다고 결론지었다.

확실히『법화문구』에는 빈번히 길장의 저술에서 인용한 것들이 보인다. 단, 인용 뒤에는 반드시 천태교학의 입장에서 비판설을 명기하였다. 거기에는 일관된 입장이 인정되어, 설사 그러한 인용설이 지의와 무관하게 관정이 덧붙인 새로운 설이라고 해도, 최종적으로는 길장의 견해와는 양상을 달리하는 해석이고 그 우위성 역시 인정되므로『문구』의 성립 의의는 충분히 보증할 수 있다. 길장의 설들을 인용하였다는 사실 관계에만 집중하여『문구』의 성립 의의까지 의심하는 것은 학문적인 태도가 아니다. 앞으로는, 지금 이상으로 열심히『문구』의 해석 안에서 천태교학의 전통이 어떻게 전개되는가 하는 시점에서 정독할 필요가 있을 것이다.

이 점에 관해서는 담연(711~782)이『문구기文句記』에서 차례차례 지적하고 비평을 가하였기 때문에, 담연의 주석을 거듭하면서 길장과 천태교학의 차이점이 명확해진다. 최근 우홍옌吳鴻燕의『法華五百問論を介して見た湛然敎學の硏究』(駒澤大學博士論文, 2003)는『오백문론五百問論』(屬藏2 編5 套4 冊)의 성립에 대해 해명하기를, 담연이『문구기』를 저술할 즈음 유식교학의 입장에서 구마라집이 번역한『묘법연화경』을 비판한 자은대사 규기(632~682)의『법화현찬法華玄贊』을 그대로 지나칠 수 없어『현찬』의 연구각서硏究覺書 형태로 나온 것이라고 하였다.『오백문론』전3권 398조(吳說 381조)의 논점을『문구기』의 해당 부분의 설과 일일이 대조해 보고 그것이 『현찬』의 어느 부분에 해당하는지까지 모두 조합해 본 결과, 『현찬』은 천태 법화교학을 경시하고 오로지 길장의 『법화의소法華義疏』의 설을 참조하여 비판을 전개하였고, 담연은 『현찬』의 이 같은 법화 해석을 참조하면서 길장의 삼론교학과 규기의 유식교학에 기초한 오해를 지적하고 천태교학의 정통성을 선양하려 하였다고 해명했다. 담연의 『문구기』를 매개해서 살펴보면, 『문구』가 길장의 저서를 참조한 이유가 한층 명확해질 것이다.

간노 히로시菅野博史의 『中國法華思想の硏究』(春秋社, 1994)는 『법화문구』 이전의 연구사를 체계적으로 정밀하게 조사하고, 『문구』의 학설 특색까지 논구하였다. 또 남악혜사南岳慧思의 『법화경안락행의法華經安樂行儀』의 영어번역이자 역주 연구로서 다니엘 스티븐슨과 간노 히로시菅野博史가 저술한 The Meaning of the Lotus Sūtra's Course fo Ease and Bliss : An Annotated Translation and Study of Nanyue Huisi's Fahuajing anlexing yi (Tokyo: soka Univ., 2006)가 있다.

4) 천태지관天台止觀

『천태소지관天台小止觀』, 『마하지관摩訶止觀』으로 알려진 '천태지관'은 달리 유례를 볼 수 없는 구상을 보여 천태교학의 큰 특색을 이룬다. 사사키 겐토쿠佐々木憲德의 『漢魏六朝·禪觀發展史論』(ピタカ, 1936 ; 1978 개판)은 중국불교에서 선관禪觀, 선정론禪定論의 역사를 해명하고, 그러한 것들이 천태지관 안에 집대성되어 있다는 결론을 내렸다. 교敎와 관觀의 상자상수相資相修를 원칙으로 한 천태교학에서는 항상 『법화경』 교설을 어떻게 일상적으로 실천할 수 있고 어떤 심지心地를 개명開明할 수 있는가 하는 문제가 지상명제로서 현재화한다. 『현의』에서 심법에 목표를 두고, 종현의宗玄義에서 부처의 까마득히 옛날의 수증修證 모습을 분명히 하고, 『문구』에서 관심석觀心釋을 두는 예는 모두 같은 이유에서 나왔다. 담연이 『마하지관』을 '법화삼매法華三昧'의 다른 이름이라고 풀이한 것은 지당하다.

세키구치 신다이關口眞大의 『達磨大師の硏究』(彰國社, 1957)·『禪宗思想史』(山喜房佛書林, 1964)·『達摩の硏究』(岩波書店, 1967) 등은 선종사 연구성과인데, 천태지관이 선종의 형성 과정에 음양으로 영향을 주었다는 것을 여러 군데서 지적하였다. 후세의 운문종과 법안종의 성립에서도 그 영향을 지적할 수 있으며, 또 일본 도겐道元의 '정전正傳의 불법佛法'인 선종에 천태교학이 중요 계기가 되었던 점은 간과할 수 없을 것이다.

『천태소지관』은 조신調身·조식調食·조심調心의 좌선법을 상세히 설명한 것으로 유명한데, 니노미야 슈닌二宮守人(監修)·다도코로 시즈에田所靜枝(讀み下だし)의 『天台小止觀』(柏樹社, 1966), 세키구치 신다이關口眞大(譯注)의 『天台小止觀』(岩波書店, 1974)·『現代語譯 天台小止觀－坐禪へのいざさい－』(大東出版社, 1978), 닛타 마사아키新田雅章의 『天台小止觀－佛敎の瞑想法－』(春秋社, 1999) 등이 있다. 연구서로는 세키구치 신다이關口眞大의 『天台小止觀の硏究』(山喜房佛書林, 1954), 오노 히데토大野榮人 등의 『天台小止觀の譯註硏究』(同, 2004)가 있다. 또한 모토야마 히로시本山博의 『心の確立と靈性の開發－坐禪の書·小止觀の實踐的解說－』(宗敎心理學硏究所出版部, 1971)·『坐禪·瞑想·道敎の神祕－天台小止觀と太乙金華宗旨－』(名著刊行會, 1991), 가마타 시게오鎌田茂雄의 『體と心の調節法－天台小止觀物語－』(大法輪閣, 1994) 등은 『천태소지관』의 응용 범위의 폭이 얼마나 넓은지를 보여준다.

『마하지관』은 좌선법의 관심석觀心釋이라고도 할 만한 태도로 오로지 이론적 근거를 밝히려 하였다. '오략五略·십광十廣'으로 불리는 구성으로 불도 수행의 여러 문제를 이십삼조二十三祖 상승相承, 육경六卽, 사종삼매四種三昧, 이십오방편二十五方便, 십경십승관법十境十乘觀法, 일념삼천一念三千, 일심삼관一心三觀, 삼제원융三諦圓融 등으로 펼쳐내어 천태교학의 실천이론을 거침없이 이리저리 전개하였다. 담연은 '종극구경終極究竟의 극설極

說'이라고까지 찬탄하였다.

세키구치 신다이關口眞大(校註)의 『摩訶止觀』(2권, 岩波書店, 1966), 이케다 로산池田魯參의 『詳解摩訶止觀』(現代語譯篇·定本訓讀篇, 大藏出版, 1995~1996)이 있다. 무라나카 유쇼村中祐生가 번역한 『摩訶止觀』(『大乘佛典6 〈中國·日本編〉』, 中央公論社, 1988)은 권3하(五略段)까지 현대어로 번역한 것이고, 닛타 마사아키新田雅章의 『摩訶止觀』(佛典講座25, 大藏出版, 1989)도 오략단五略段까지의 훈독·주석·연구다. 간노 히로시菅野博史의 『一念三千とは何か-摩訶止觀(正修止觀章) 現代語譯-』(第三文明社, 1992)는, 권5상 관불사의경단觀不思議境段의 역주다. 닐 도너Neal Donner·다니엘 스티븐슨Daniel B. Stevenson의 *The Great Calming and Contemplation: A Study and Annotated Translation of the First Chapter of Chih-I's Mo-Ho Chih-Kuan*(A Kuroda Institute Book, University of Hawaii Press, Honolulu, 1993)은, 제1부에서 '마하지관과 천태불교의 전통'에 대한 두 저자의 논고를 수록하고, 제2부에서 '대의장大意章'(권2하까지)의 영어 번역문과 풍부한 각주를 실었다.

『마하지관』 연구서로는 안도 도시오安藤俊雄의 『天台學-根本思想とその展開-』(平樂寺書店, 1968), 세키구치 신다이關口眞大의 『天台止觀の研究』(岩波書店, 1969), 닛타 마사아키新田雅章의 『天台實相論の研究』(平樂寺書店, 1981), 앞의 오노大野의 『天台止觀成立史の研究』, 이케다 로산池田魯參의 『摩訶止觀研究序說』(大東出版社, 1986)·『詳解摩訶止觀 研究注釋篇』(大藏出版, 1997), 무라나카 유쇼村中祐生의 『天台觀門の基調』(山喜房佛書林, 1986)·『大乘の修觀形成史研究』(山喜房佛書林, 1998) 등이 있다.

안도의 『天台學』은 '止觀法門の構造'·'四種三昧'·'正修の觀法'·'円頓止觀の成立過程'을 검토하며 천태지관을 개설하였다. 세키구치의 『天台止觀の研究』는 『마하지관』에 대해서 '構成と特色'·'成立と經緯'·'展開と影響'의 3개 장을 두고 천태지관의 과제를 명확히 하였다. 닛타의 『天台實相論の研究』는 지의의 초기 저술인 『차제선문次第禪門』에서부터 만년의 『유마경소』

에 이르는 저술들을 들어 초기부터 만년까지 지의의 실상론實相論이 어떻게 전개되는지 사변적으로 해명하였다. 오노의『天台止觀成立史の研究』는 사종삼매四種三昧와 음입계정陰入界定·번뇌경煩惱境·병환경病患境·업상경業相境·마사경魔事境·발대심發大心·기자비심起慈悲心 등 천태지관의 여러 과제가 어떤 역사적 배경 속에서 형성되었는지를 일관하여 물었다. 이케다의『摩訶止觀研究序說』은 담연의『지관의례止觀義例』를 매개로 천태지관 문제를 밝히기 위해 천태지관의 좌선법 근거를 해명하였고,『詳解摩訶止觀』은『마하지관』의 전체 내용 개요와 현대까지의 연구사 및 주요어主要語 해설, 전거典據 검토를 수록하고, 앞서 언급한 정본 훈독 편·현대어역편과 대조해 볼 수 있다. 무라나카의『天台觀門の基調』는 천태지관을 둘러싼 여러 논고를 수록하였고,『大乘の修觀形成史研究』는 현지조사에 기초한 수관도량修觀道場의 구조적인 고찰을 통해 천태지관의 특색을 해명하려 한 의욕적인 연구다. 이 연구는 그의『現代中國佛敎見聞-もう一つの中國旅行-』(山喜房佛書林, 昭和61) 같은 현지조사fieldwork의 뒷받침이 있었음을 알 수 있다.

천태지관 십경설十境說은 좌선의 실수實修 중에 생기는 문제들을 유형화한 것으로 획기적인 설이지만, 예컨대 병환경病患境과 마사경魔事境 등은『소지관』에서도 설하고 있고, 지의 당시에 행해진 설들을 인용하고, 특히 제가諸家의 호흡법, 의방醫方 등과 깊이 관련되는 설을 엿볼 수 있다. 이 언저리의 연구는 종래 거의 손도 대지 못했는데, 외전外典 자료 등을 참조한 다른 각도에서의 연구가 기대된다.

또 오노 히데토大野榮人의『天台六妙法門の硏究』(山喜房佛書林, 2004)는 새로운 연구동향으로서 주목된다.

5)『열반경涅槃經』 연구

천태교학에서『열반경』에 대한 연구로는 관정灌頂이 찬술한『대반열

반경현의大般涅槃經玄義』 2권과 『대반열반경소大般涅槃經疏』 33권(大正藏38)이
있다. 지의의 '오시팔교五時八敎' 교판에서는 '법화열반동제호法華涅槃同醍
醐'라고 규정하고, 『열반경』을 『법화경』과 같이 종극의 제호미醍醐味의
교설 내용을 보이는 경전으로 위치시켰다. 두 경전은, 『법화경』 개회開會
가 행해진 뒤 『열반경』이 마지막으로 같은 주지主旨의 교설을 추설추민
追說追泯하고, 후세 사람들에게 부처의 가르침이 중요함을 보이고, 변함
없는 불성을 갖출 것을 거듭 설명한다[扶律談常]는 점에서 『법화경』이
대수교大收敎인 데 비해 『열반경』은 군습교捃拾敎라는 차이가 있다고 한
다. 지의 시대에 성행한 『열반경』 연구를 평가한 판석判釋이기도 했지만,
『열반경』을 『법화경』 교설을 보충하는 한 세트의 경전으로 위치시킨
점은 주목할 만하다. 관정은 원래 지의의 『열반경』 강의를 들을 목적으
로 천태산을 찾았지만, 결국 그 꿈을 이루지 못하고 스스로 지의 교학에
기초한 『열반경』의 주석연구를 저술하게 되었던 것이다.

후세 고가쿠布施浩岳의 『涅槃宗の硏究』(國書刊行會, 1942 ; 1973 복간)는 강남
의 열반종 전통이 천태종에 통합되었다고 결론 내렸다(하북지역의 열반종
은 화엄종에 통합되었다). 담연의 『금강비金剛錍』(大正藏46)와 고산지원孤山智圓
의 『열반현의발원기요涅槃玄義發源機要』(4권, 同38) 등은 그 일단이다. 니노
미야 슈닌二宮守人 번역의 『大涅槃經玄義』(國譯一切經 經疏部11, 大東出版社, 1936
; 1981 개정), 오초 에니치橫超慧日 번역의 『大般涅槃經疏』(同12, 1965 ; 1981 개정,
同13, 1985)가 있다. 『금강비』는 무정불성의無情佛性義를 논증한 문헌으로 유
명하다. 이케다 로산池田魯參의 「荊溪湛然の佛性說-『金剛錍』の一班を窺う-」
(『塩入良道追悼』, 山喜房佛書林, 1991)을 참조하기 바란다.

6) 보살계 사상

지의의 보살계 사상은 두드러진 특색을 보여 주목된다. 지의智顗(說),
관정灌頂(記)의 『보살계의소菩薩戒義疏』(2권, 大正藏40)는 중국에서 찬술된 경

전이라는『범망경梵網經』(同24) 하권 계문偈文 이하의 주석서로 가장 이르게 성립한 문헌이다. 후지모토 지토藤本智董가 번역한『菩薩戒經義疏』(國譯一切經 律疏部2, 大東出版社, 1938 ; 1979 개정)가 있다. 여기에는 지의 당시 행해지고 있던 범망본梵網本, 지지본地持本, 고창본高昌本, 영락본瓔珞本, 신찬본新撰本, 제지본制旨本이라는 6종의 수계의受戒儀를 기록하였는데 의례 연구라는 면에서도 주목된다. 천태 수계의는 담연의『수보살계의受菩薩戒義』(續藏2編 10套1冊, '十二門戒儀'로 통칭)로 정리되었고 일본의 사이초最澄에 의해 히에이잔比叡山에 들어온 수계의의 원형으로서 중시되고 있다.『의소義疏』에서는 '성무작가색性無作假色'이라는 계체설戒體說을 기록하였는데,『마하지관』지계청정단持戒淸淨段에서는 '중도묘관中道妙觀'을 계체戒體로 하여 보살계의 우위성을 논하였다. 일본의 사이초가 히에이잔에 개창한 원돈계圓頓戒 도량은 지의의 보살계 사상을 구현한 것이고, 히에이잔 계학戒學이 결국 일본불교의 주류를 점하게 되기 때문에 천태교학에서 보살계 연구는 매우 중요하다.

오노 호도大野法道의『大乘戒經の硏究』(理想社, 1963), 이시다 미즈마로石田瑞麿의『日本佛敎に於ける戒律の硏究』(在家佛敎協會, 1968) 등은 우선 참조할 만한 참고서다. 이시다 미즈마로石田瑞麿의『梵網經』(佛典講座14, 大藏出版, 1976) 등도 있다. 수계의에 대한 주요 논고는 쓰치하시 슈코土橋秀高의『戒律の硏究』(永田文昌堂, 1980), 스와 기준諏訪義純의『中國南朝佛敎史の硏究』(法藏館, 1997), 사토 다쓰겐佐藤達玄의『中國佛敎における戒律の硏究』(木耳社, 昭和61) 등에 수록되어 있다.

7) 천태정토교天台淨土敎

천태정토교도 중요한 연구영역이다. 지의의 저술로 알려진『불설무량수불경소佛說無量壽佛經疏』(大正藏37) 외의 정토교 문헌이 있지만, 모두 지의가 입적한 후 이루어진 것들이고, 위의 책 역시 7세기 후반에서 8세기 전반 사이에 성립된 것으로 여겨지고 있다(佐藤哲英 설). 그러나 지례知禮는 위의 책을 지의가 직접 지었다고 하면서 『관무량수불경소묘종초觀無量壽佛經疏妙宗鈔』(6권, 同37)를 저술하고 천태정토교의 종지를 확립했다. 찬술의 동기로 일본 겐신源信의 『왕생요집住生要集』 3권(同84)의 영향이 있었다고 한다.

지의의 정토교는 『천태지자대사별전天台智者大師別傳』에 기록된 임종 기사와 『법화삼매행법法華三昧行法』 발원단發願段에 보이는 왕생의住生義, 상행삼매常行三昧에 보이는 구칭口稱과 관상觀想을 합친 염불삼매법 등에서 그 편린을 엿볼 수 있어, 선도류善導流 정토교와 나란히 천태정토교의 과제가 요청된다 하겠다.

야마구치 고엔山口光円의 『天台淨土教史』(法藏館, 1967)는 일본의 천태까지 논술한 종합적인 연구다. 안도 도시오安藤俊雄의 『天台學論集-止觀と淨土-』(平樂寺書店, 昭和53)은, 지례의 『관무량수불경소묘종초』 강의록 외에 천태정토교를 둘러싼 여러 논고들을 수록하였다. 후쿠시마 고사이福島光哉의 『宋代天台淨土教の研究』(文榮堂, 平成7)는 원청源清·지원智圓·지례知禮·준식遵式 이하 송대 대가들의 정토교를 명확히 하였다. 또 오가사와라 센슈小笠原宣秀의 『中國近世淨土教史』(百華苑, 1963)는 천태정토교로 한정되지만, 지례·준식 등의 정토교 결사結社가 서민사회에 어떻게 수용되었는가를 해명하였다.

8) 수행법修行法

지의가 찬술한 다수의 수행법이 담긴 문헌들은 질과 양 모두에서 주목된다. 이 행법行法들은 실제로 천태교단에서 시행된 것으로 추정되며 각 행법 간에는 관련성도 인정된다. '천태산중天台山衆'(뒤에 천태종)은 지의가 제정한 독자적인 수행법을 실천하는 교단으로 알려져 있다. 『국청백록國清百錄』에 수록된 최초의 문헌은 '입제법立制法'인데, 여기에서는 천태산중의 일상 수행법을 '사시좌선四時坐禪·육시예불六時禮佛'로 명기하였다. 이것을 "항恒의 무務"라 하고, 그 아래 수록된 '예경법禮敬法'·'보례법普禮法'·'청관세음참법請觀世音懺法'·'금광명참법金光明懺法'·'방등참법方等懺法'·'훈지사인訓知事人' 등 다수의 행법이 실시되었다. 『마하지관』에서는 '사종삼매' 체계를 보이고, 상좌삼매常坐三昧(一行三昧·坐禪)·상행삼매常行三昧(般舟三昧·念佛)·반행반좌삼매半行半坐三昧(方等三昧·法華三昧)·비행비좌삼매非行非坐三昧(隨自意三昧·覺意三昧·請觀世音懺法)를 조직화하고 있다. 상좌常坐는 천태지관의 바른 수행[正修行]임에 틀림 없고, 상행常行은 천태정토교의 실천이다. 반행반좌 수행법은 따로 지의의 『법화삼매행법法華三昧行法』·『방등삼매행법方等三昧行法』(이상 大正藏46)이 있다. 담연의 『법화삼매행사운상보조의法華三昧行事運想補助儀』(同)는, 후세의 여러 수행법에 영향을 주었다. 비행비좌는 혜사의 『수자의삼매隨自意三昧』(續藏2編 3套4冊), 지의의 『각의삼매覺意三昧』(大正藏46)가 있다. 준식의 『청관세음보살소복독해다라니삼매의請觀世音菩薩消伏毒害陀羅尼三昧儀』(同)는 지의의 『청관세음참법』을 수정한 것으로 지금까지 일본의 선종교단에서 실수實修되고 있다. 또 지의의 『금광명참법金光明懺法』은, 준식의 『금광명참법보조의金光明懺法補助儀』(同)와 지례의 『금광명최승참의金光明最勝懺儀』(同) 등에 계승되고 있다. 송대에는, 지례의 『천수안대비심주행법千手眼大悲心呪行法』(同)과 준식의 『치성광도량염송의熾盛光道場念誦儀』(同) 등의 새로운 행의行儀도 나타나 후세에 영향을 미쳤음을 볼 수 있는데, 이러한 동향 역시 천태교학의 전통을 이어받은 것으로서 주목된다.

앞서 언급한 이케다 로산池田魯參의 『國淸百錄の硏究』는 『백록百錄』에 수록된 행법 연구에 참고가 된다. 또 그의 「訓讀註解·法華三昧行法」(『駒大佛教紀要』 56, 1998)도 참조하기 바란다. 오노大野의 『天台止觀成立史の硏究』는 『방등참법』·『방등삼매행법』·『관심십이부경의觀心十二部經義』·『관심식법觀心食法』·『관심송경법觀心誦經法』·'사종삼매' 등에 관한 성립사적 고찰을 담고, 앞의 린밍유林鳴宇의 『宋代天台敎學の硏究』는 『금광명참법金光明懺法』 연구를 수록하고 있어 참고가 된다.

9) 기타 과제

기타 과제로서 우선 『유마경維摩經』(大正藏14) 연구가 있다. 지의는 임종을 앞두고 진왕晉王 광광(뒤의 煬帝)의 요구에 응해 『유마경현소維摩經玄疏』(6권, 동38), 『유마경문소維摩經文疏』(28권, 續藏2編 28套3·4冊)를 저술했다. 담연이 이것을 고쳐 『유마경약소維摩經略疏』(10권, 大正藏38)를 편집했다. 진왕晉王에게 세 차례에 걸쳐 헌상한 것으로 추정되며 마지막으로 헌상한 것이 현행본이다. 삼대부三大部는 필록자인 관정이 상당한 가필을 한 것이 인정되는데, 이에 비해 『현소玄疏』·『문소文疏』는 지의가 직접 집필한 것이어서 지의 교학사상의 원형을 살펴보기에 충분한 문헌으로 중시되고 있다. 앞서 서술한 닛타 마사아키新田雅章의 『天台實相論の硏究』가 이를 강조한 연구다. 야마구치 히로에山口弘江의 『天台維摩經疏の硏究』(駒澤大學博士論文, 2005)는 주목되는 최근 연구로, 여기에서는 내용적으로 삼대부에 필적할 그런 저술은 아니라고 결론짓고 있다.

『금광명경金光明經』(同16) 연구로는 『금광명경현의金光明經玄義』(2권), 『금광경문구金光經文句』(6권, 이상 同39)가 있고, 모두 제목 아래에 "수나라 지의가 설하고 관정이 기록하다隋智顗說·灌頂錄"라고 되어 있다. 「장자자유수품長者子流水品」을 강설하고 방생사업을 행한 것은 『지자대사별전』에도 기록되어 있어 지의 교학의 주요 경전이었던 것은 확실하지만, 현행의 『현소』와 『문소』는 지의가 강설한 내용을 기록한 것[聽記本]을 관정이 저술하였다고 추정된다(佐藤說). 지례는 지의가 직접 찬술한 두 책에 『금광명경현의습유기金光明經玄義拾遺記』(6권)와 『금광명경문구기金光明經文句記』(12권. 이상 同39)를 저술하였다. 이 문제에 대해서는 앞서 언급한 린밍유林鳴宇의 『宋代天台敎學の硏究』에 상세하다.

『인왕반야경仁王般若經』(同8) 연구는 『인왕호국반야경소仁王護國般若經疏』
(隋智顗說·灌頂記, 5권, 同33)가 있다. 길장吉藏의 『인왕반야경소仁王般若經疏』(6
권, 同)와 70군데 이상에서 본문과의 관련이 인정되어 664~734년 사이에
성립한 것으로 추정(佐藤說)되고 있다.

『금강반야경金剛般若經』(同8) 연구는 수나라 지의智顗가 설설하고 관정灌
頂이 기록한 『금강반야경소金剛般若經疏』(1권, 同33)가 있는데, 길장의 『금강
반야소金剛般若疏』(4권, 同)에 "유인언有人言"이라고 인용하는 설과 관련 있
어 보이며, 지의의 저작이라고 볼 결정적 근거는 없다(佐藤說)고 한다.
모두 앞으로의 연구과제일 것이다.

이 밖에도, 수나라 지의가 설설하고 관정이 기록한 『관음현의觀音玄義』(2
권)·『관음의소觀音義疏』(2권, 모두 同34)가 있고, 지례의 『관음현의기觀音玄義
記』(4권)·『관음의소기觀音義疏記』(4권, 모두 同)가 있는데, 『현의』와 『의소』도
『법화현의』가 성립한(602) 이후 『법화문구』의 첨삭이 이루어지기(629) 전
사이에 관정이 쓴 것으로 추정된다(佐藤說).

또 수나라 지의가 설하고 관정이 기록한 『청관음경소請觀音經疏』(1권,
同30)가 있고, 지원智圓의 『청관음경소천의초請觀音經疏闡義鈔』(4권, 同39)의
해석을 둘러싸고 지례의 비판론이 일어나고 산가산외山家山外 논쟁에서
논쟁점의 하나로 발전하지만, 본소本疏도 관정의 저술로 추정되고 있고
(佐藤說), 본소에 보이는 '이성삼독理性三毒'설 역시 관정의 창안이라는 설(佐
藤說)과 아니라는 설(安藤俊雄說)로 견해가 갈리고 있다. '일념삼천一念三千'이
라는 글귀를 둘러싸고 관정의 것이라는 설(佐藤說)과 아니라는 설(安藤說)
의 논쟁과 함께 재고의 여지가 있다.

또 수나라 지의가 설설한 『사념처四念處』(4권, 同46)에 대해서도 사토
데쓰에이佐藤哲英는 『續天台大師の研究』에서 관정의 저술로 추정하였는
데, 알 수 없다.

제2절 삼론종三論宗

오쿠노 미쓰요시奥野光賢
고마자와대학駒澤大學 교수

'삼론종'이란 구마라집鳩摩羅什(350~409)의 번역으로 전하는 용수龍樹(150~250경)의 『중론中論』·『십이문론十二門論』, 제바提婆(170~270경)의 『백론百論』이라는 세 가지 의론의 교의 연구를 중심으로 전개된 중국불교의 한 학파로, 수隋나라 가상대사嘉祥大師 길장吉藏(549~623)에 의해 집대성되었다. 따라서, 엄밀히 말해 '삼론종'이라기보다 '삼론학파'라고 부르는 쪽이 더 정확하지만, 넓은 의미에서 '종'이 '학파'·'학통'이라는 의미로도 쓰이고 있어 '삼론종'이 통칭이 되었다.

삼론종이라는 학통을 언제부터 의식意識하게 되었는지는 확실치 않지만, 일반적으로는 구마라집 문하의 뛰어난 제자 승예僧叡(352~436)·승조僧肇(374~414)·축도생竺道生(355~434)·담영曇影(미상) 등을 그 원류로 보고 있다.

한편, 삼론의 발생과 전개 및 삼론종에 대한 연구방법은, 이미 이 책의 자매편이라 할 히라카와 아키라平川彰(編)의 『佛敎硏究入門』(大藏出版, 1984)에서 이 분야의 제일인자인 히라이 슌에이平井俊榮 씨가 간략하게 요점을 잘 정리하여 설명하였고(「三論宗と成實宗」), 그 밖에 역사적 전개에 대해서는 뒤에 상세히 소개할 히라이 슌에이平井俊榮(監修)의 『三論敎學の研究』(春秋社, 1990)에 실린 히라이 씨의 「三論敎學の歷史的展開」가 필독 논문이라 할 수 있다. 앞으로 삼론종을 공부하려는 사람에게는 이토 다카토시伊藤隆壽 씨의 「三論學派と三論宗-三論思想史の硏究課題-」(『駒大大學院佛敎年報』 15, 1981)도 귀중한 시사를 줄 것이다.

이 글에서는 위와 같은 성과들을 참고하면서 삼론의 역사적 전개 문제는 잠시 제쳐두고, 삼론종의 대성자인 길장을 중심으로 해서 지금까지 이루어진 '삼론종 연구사'를 더듬어 보기로 하겠다.

1) 연구사 개관

이미 언급하였듯이 삼론종을 대성한 인물은 가상대사 길장이지만, 길장과 삼론종에 대한 연구가 본격적으로 이루어진 것은 실제로 그렇게 오래되지 않았다. 이렇게 보면 삼론종 연구는 비교적 젊은 학문이라 할 수 있다.

길장의 사상뿐 아니라, 길장에 이르기까지의 삼론종의 역사와 사상을 망라하여 처음으로 밝힌 히라이 슌에이平井俊榮의 『中國般若思想史研究 -吉藏と三論學派-』(春秋社)가 간행된 것은 전후 30년이 흐른 1976년의 일이었다. 히라이 씨의 이 방대한 저작은 이후 '삼론교학'·'삼론학'이라는 하나의 연구영역을 확립시켜, 삼론종 연구사상 불멸의 금자탑을 쌓아올렸다는 평가에 이의를 제기할 사람은 없을 것이다. 나중에 보겠지만 지금까지 이 분야의 연구는 늘 히라이 씨가 이끌어 왔다고 해도 과언이 아니다.

물론 히라이 씨 이전에도 삼론종 연구가 아예 없었던 것은 아니다. 마에다 에운前田慧雲의 『三論宗綱要』(丙午社, 1920)가 그 대표격이라 할 수 있는데, 히라이 씨의 책이 간행되기 전까지 삼론종을 다룬 유일한 요약 해설서로서 많은 독자들에게 도움이 되었다. 마에다 씨는 이 책의 〈제3장 교리 요강〉에서, '1. 파사현정破邪顯正, 2. 진속이제眞俗二諦, 3. 팔불중도八不中道, 4. 진여연기眞如緣起, 5. 불신정토佛身淨土'라는 다섯 항목에 걸쳐 길장의 사상을 논했는데, 전반부 항목 목차는 다분히 일본 가마쿠라鎌倉 시대의 석학인 교넨凝然(1240~1321)의 『팔종강요八宗綱要』에 영향을 받은 것으로 보인다.

히라이 씨 이전의 연구상황은 히라이의 앞의 책 〈서론〉에서 '길장과 삼론-일본에서의 연구의 회고와 전망'을 통해 대략 파악할 수 있다. 그에 따르면, 일본의 삼론 연구는 당초부터 끊임없는 길장의 『삼론현의』를 중심으로 한 전승적 연구였고, 그러한 경향은 메이지 이후 전후까지 계속 이어져 왔다. 여기에서는 메이지 이후로 시기를 한정시켜 대표적 연구성과를 열거해 보면, 다음과 같다.

① 무라카미 센쇼村上專精, 『三論玄義講義』(哲學館, 1902).
② 마에다 에운前田慧雲, 『三論玄義講話錄』(興教書院, 1902).
③ 이마즈 고가쿠今津洪嶽, 『三論玄義會本』(『佛教大系』 12·16, 1918·1930).
④ 다카오 기켄高雄義堅, 『三論玄義解說』(興教書院, 1936).
⑤ 사사키 겐토쿠佐々木憲德, 『啓蒙三論玄義通觀』(山崎寶文館, 1936).
⑥ 가나쿠라 엔쇼金倉円照, 『三論玄義』(岩波書店, 1941).
⑦ 사이구사 미쓰요시三枝充悳, 『三論玄義』(佛典講座27, 大藏出版, 1971).
⑧ 히라이 슌에이平井俊榮(譯), 『肇論·三論玄義』(大乘佛典2, 中國·日本篇, 中央公論社, 1990).

이 가운데 지금도 입수 가능하고 적당한 연구서를 든다면 ⑦『三論玄義』를 들 수 있고, 현재는 입수하기 쉽지 않지만 ④『三論玄義解說』의 '어해語解'·'통석通釋'은 오늘날의 연구수준에서 보아도 매우 뛰어나 『삼론현의』를 해독하려면 꼭 참조해야 할 귀중한 연구성과라 할 수 있다. ③『三論玄義會本』은 『삼론현의』의 본문을 세세히 끊고 거기에 대표적인 주석서의 주석 부분을 대응시킨 이른바 회본으로, 본문을 연구할 때 정말 편리하다. 각종 주석서와 이제까지의 『삼론현의』에 대한 연구사는 ⑦의 「해설」에 상세하므로 이를 참조하면 될 것이다.

『삼론현의』를 중심으로 한 이 같은 연구동향은, 옛날부터 이 책이 길장의 입종立宗을 선언한 대표적인 요강서綱要書로 지목되어 왔고 그 분량 역시 적당하여 어떤 의미에서는 당연한 일이었다. 그런데 이러한 국부적 연구에서 벗어나 폭넓은 시각 아래 종합적인 삼론三論·길장 연구를 목표로 삼은 것이 바로 히라이 씨의 책이었다. 히라이 씨의 책에 대해서는, 필자가 알고 있는 한 다음 세 분이 서평을 쓰신 바 있는데 책의 개관과 평가를 단적으로 알 수 있어 편리하다(서평 제목은 생략하고, 게재지만 언급한다).

① 오카베 가즈오岡部和雄(『駒大佛敎論集』 7, 1976).
② 미쓰기리 지카이三桐慈海(『佛敎學セミナー』 24, 1976).
③ 마루야마 다카오丸山孝雄(『鈴木學術年報』 14, 1977).

다음으로 히라이 씨 이후 나온 길장 관련 연구서를 소개해 둔다. 히라이 씨에 이어 마루야마 다카오丸山孝雄 씨가 길장의 법화소法華疏를 중심으로 한 연구서인 『法華敎學硏究序說 - 吉藏における受容と發展 - 』(平樂寺 書店, 1978)을 발표하였다. 〈서론〉을 통해 그때까지 법화교학 연구에서 길장이 차지한 위치를 확인하고, 이 책에서는 주로 '길장의 개회開會사상' 과 '길장의 불신관佛身觀' 같은 문제를 분석하였다. 이어 간노 히로시菅野博 史 씨가 『中國法華思想の硏究』(春秋社, 1994)를 저술하여, 길장의 법화사상을 중국법화사상 전체 속에서 위치짓는 작업을 시도하였다. 즉, 간노 씨는 처음에 구마라집 문하의 법화 연구로부터 길장에 이르기까지 법화사상 의 형성·발전을 논하고, 그에 입각하여 길장의 법화사상을 고찰함으로 써 길장을 중국법화사상사에 위치시켰던 것이다. 이 책에서는 여러 군데서 새로운 견해를 제시하고 그 밖에도 인용한 원문에 훈독과 현대어 번역을 붙여 독자의 이해를 도왔다(마루야마와 간노의 저술에 대해서는 다음과 같은 서평이 있으므로 참조하기 바란다. 서평 논제는 생략하고 게재지만 언급한다).

① 미쓰기리 지카이三桐慈海(『佛敎學セミナー』 29, 1979).
② 마루야마 다카오丸山孝雄(『宗敎硏究』 306, 1995).

그런데, 길장의 법화사상만을 취급한 것은 아니지만 이 방면에 관한 고전적인 논문으로 오초 에니치橫超慧日의 「法華敎學における佛身常住說」 (1937 ;『法華思想の研究』, 平樂寺書店, 1971재록)을 빼놓을 수 없다. 간노菅野 씨의 「佛性·佛身常住の問題と中國法華思想」(1984 ;『法華經の出現－蘇る佛敎の根本思想－』, 大藏出版, 1997)은 위의 오초의 논문을 수용한 것으로 앞서 언급한 연구서의 선구가 되었다. 위의 두 논문은, 길장의 법화 해석에서 보이는 특색에 대해 지적하기를, 해석에 '불신佛身의 상주常住'와 '불성佛性'을 끌어들였다고 하였다. 이 밖에 간노 씨의『法華經の出現』에 수록된 「『法華經』の中心思想と中國·日本における展開」와 「中國佛敎における『法華經』」(『法華經思想史から學ぶ佛敎』, 大藏出版, 2003)도 초학자라면 일독해 두어야 할 논고라 할 수 있다.

다음으로 이토 다카토시伊藤隆壽 씨는『中國佛敎の批判的硏究』(大藏出版, 1992. 이 책에 대해서는 岡部和雄의 서평(『駒大佛敎論集』23, 1992)이 있다)를 저술하고, 마쓰모토 시로松本史朗 씨가 제기한 '여래장如來藏 사상 비판'을 답습하여 중국불교를 '도道·리理 철학'에 의한 격의불교로 규정하고, 이 같은 입장에서 승조와 축도생·길장 사상을 논구하였다. 이 책에 수록된 「僧肇と吉藏－中國において中觀受容の一面－」에서 이토 씨는 승조와 길장의 사상적 동질성을 예리하게 지적하고, 「三論敎學の根本構造－理と敎－」에서 이를 이어받아 승조와 길장은 모두 결국 '도·리 철학'을 기반으로 해서 불교를 파악하였으며 그 영향이 길장의 불교 이해에 근간인 '이제사상二諦思想'에까지 농후하게 미쳤음을 논증하였다.

그런데, 근년의 삼론종 연구에서 특필해야 할 것은 앞서 든 히라이 순에이平井俊榮(監修)의『三論敎學の硏究』와『三論敎學と佛敎諸思想』(平井俊榮博士古稀記念論集, 春秋社, 2000)이라는 두 논문집의 간행이다. 전자는 불교학뿐 아니라 중국사상 및 역사학 등 여러 분야의 학자가 다양한 시점에서 길장의 사상과 그에 관련한 주변 사상들과 문제들을 논구한 것으로, 현 시점에서 '삼론학三論學', '삼론교학三論敎學' 연구가 도달한 지점과 수준을 볼 수 있다. 또 이 책이 간행된 시점까지 나온 삼론종 관계 연구논문을 저자별로 망라한 〈삼론교학 관계 저서논문 목록〉을 부록으로 실어 앞으로 삼론종 연구에 뜻을 둔 사람들에게 도움을 주고 있다. 두 번째 『三論敎學と佛敎諸思想』은 수록 논문이 모두 삼론종을 다룬 것은 아니지만, 대부분 삼론종에 관한 것으로 모두 일독할 가치가 있다.

이 밖에 길장을 다룬 단독 저서는 아니지만, 야스모토 도루泰本融가 『중관론소中觀論疏』를 해독하여 길장의 '팔불중도관八不中道觀'을 분석한 일련의 논고들(『空思想と論理』, 山喜房佛書林, 1987 수록)도 빼놓을 수 없다. 또한 오쿠노奧野도 근래 『佛性思想の展開-吉藏を中心とした『法華論』受容史-』(大藏出版, 2002)를 내놓았는데 이에 대해서는 다시 언급하기로 한다.

이상 불충분하나마 연구사 개관을 마치고, 다음으로 길장을 중심으로 한 개별 연구를 살펴보기로 하겠다.

2) 길장의 저작 연구

현존하는 것이 26부部(이 중에는 현재 그가 진짜 찬술할 것이라고 볼 수 없는 저작도 여럿 있다)로 알려진 길장의 저작을 비롯한 삼론종 관계 전적의 서지학·문헌학 연구는 그다지 진행되지 않는 상황이다. 이 점에 대해서는 이미 소개한 이토 다카토시伊藤隆壽의 「三論學派と三論宗-三論思想史の研究課題-」에 상세하다.

길장 저작의 일본어 번역도 오랫동안 『국역일체경國譯一切經』에 수록된 것으로 그쳤는데(본항 마지막 참조), 앞서 언급하였듯이 근년 길장의 법화사상을 해명하려는 움직임에 호응하여, 최근 법화 관계 저작의 치밀한 일본어 번역본이 잇달아 발표되었다. 즉 마루야마 다카오丸山孝雄 씨가 앞의 『法華敎學研究序說-吉藏における受容と發展-』에 부록으로 『법화유의法華遊意』의 훈주訓注를 실은 것을 효시로 하여, 히라이 슌에이平井俊榮 씨가 『法華玄論の註釋的研究』(春秋社, 1987)와 『續法華玄論の註釋的研究』(同,

1996)를 저술하여 『법화현론法華玄論』 전10권에 훈주를 달았다. 길장에 대해서는 『속고승전續高僧傳』의 저자 도선道宣(596~667)도 "눈으로 보는 것만으로도 앎이 뛰어난 예로 (길)장을 넘어설 자가 없다"(目學之長勿過於藏)라고 평했듯이 길장은 박인방증博引旁證으로 유명한데, 히라이 씨는 위의 두 저술에서 거의 완벽하게 그 인용전거를 밝혔다. 따라서 이 책은 『법화현론』에 대한 연구만이 아니라 길장의 저작 전반에 걸쳐 인용전거를 검색할 때도 유효하게 기능할 것이다. 또 『法華玄論の註釋的研究』에는 연구편硏究篇에 길장의 법화사상에 관한 히라이 씨의 논고도 수록하였다.

이어 간노 히로시菅野博史 씨는 『法華とは何か-法華遊意と讀む-』(春秋社, 1992)·『法華統略』(上·下, 法華經注釋書集成6·7, 大藏出版, 1998·2000)을 계속 발표했다. 전자는 길장의 법화경관의 정수를 요약한 것이라고 할 수 있는 『법화유의』에 훈독과 현대어 번역, 거기에 주기注記를 붙인 것으로, 길장의 법화경관의 대강을 파악하고자 하는 초학자에게 가장 적합할 것이다. 후자는 지금까지 길장의 법화 연구에서 별로 고려된 적 없던 길장 만년의 법화주석서인 『법화통략法華統略』 전6권에 대한 훈독과 주석서다. 특히 간노 씨는 이 책을 간행하면서 현재 볼 수 있는 모든 『법화통략』의 사본과 간본을 열람·조사하고, 엄밀한 원문 교정을 행하였다. 그리고 나고야名古屋 신푸쿠지眞福寺 호쇼인寶性院에 소장되어 있는 사본 중에, 현재의 속장경에 수록된 『법화통략』에는 빠진 「藥草喩品」·「受記品」·「化城喩品」의 석문釋文이 존재한다는 사실을 발견하였다. 간노 씨의 이 같은 새로운 발견으로 그동안 사라진 것으로 여겨졌던 『법화통략』 석문이 복원됨으로써 『법화통략』의 본래 모습을 거의 밝혀내게 되었고, 이는 앞으로의 길장 연구만이 아니라 중국법화사상 연구 전체에도 큰 의의가 있다고 할 수 있다.

그런데 사본에 의한 새로운 발견이라고 하면, 사상적 연구와도 깊이

관련되어 있는데 스에미쓰 야스마사末光愛正 씨가 현행 『법화현론法華玄論』 권4의 결락 부분을 새로 발견한 것도 잊어서는 안 될 귀중한 연구성과 다. 스에미쓰 씨는 현행 『법화현론』 권4 「일승의一乘義」와 『대승현론大乘 玄論』 권3 「일승의一乘義」에 이른바 '삼거가三車家', '사거가四車家'를 둘러싼 논쟁과 동일한 문맥이 있다는 사실에 착안하여 양자를 대조해보았는데, 그 결과 『법화현론』에 빠진 부분이 있는 것 같다는 의심을 하게 되었다. 결국 고야산대학高野山大學에 소장된 『법화현론』 권4 안에 현행 『大正藏經』 에는 빠진 약 680자가 존재한다는 사실을 발견하였다. 이 사실을 들어 스에미쓰 씨는, 지금까지의 법화 연구사에서 '삼거가三車家'로 취급해 온 길장의 입장을 재검토해 보아야 한다고 주장하였다. 이에 대해서는 그의 다음 논문에 상세하다. ① 「吉藏三車說の誤りについて」(『曹洞宗硏究紀要』 16, 1984), ② 「吉藏 『法華玄論』 卷第四 「一乘義」について」(『印佛硏』 33-1, 1984).

앞에서 언급한 간노·스에마쓰 씨의 연구는 방향은 서로 다르지만 『大正藏』과 『續藏經』에만 의존하던 연구의 한계를 보여준 좋은 예라 할 수 있다. 역시 이토 다카토시伊藤隆壽 씨가 지적한 것처럼(앞의 伊藤隆壽 논문 참조), 착실한 문헌연구가 필요할 것이다.

한편, 삼론종 관계 사본과 간본의 존재는 근래 이토伊藤 씨가 「三論宗關 係典籍目錄(稿)」(『駒大佛敎紀要』 54, 1996)을 발표하여 수월하게 소재를 알 수 있게 되었다. 어려움은 있겠지만 향후의 개별 문헌 연구에서는 이러 한 사본·간본을 실지實地에서 열람, 조사할 것이 요망된다.

법화소法華疏 이외의 일본어 번역에는 히라이 슌에이平井俊榮 씨의 「吉藏 撰 『涅槃經遊意』國譯」(『駒大佛敎論集』 3, 1972)과, 오니시 류호大西龍峯(大西久義) 씨의 『정명현론淨名玄論』에 대한 일련의 연구(『淨名玄論釋証』 1-5 ; 『曹洞宗硏究紀 要』 15-19, 1983·1988), 또 오니시 류호·오쿠노 미쓰요시奧野光賢의 공동연구 인 「吉藏撰 『維摩經遊意』の註釋的硏究」(『駒澤短大紀要』 29, 2001)가 있다.

오니시大西 씨의 『정명현론』 연구는 권1의 한정된 부분으로 그쳤지만,

앞으로 주석적 연구가 목표로 삼아야 할 방향성을 제시하고 있어 매우 흥미로운 논고다. 또 같은 저자의 「淨名玄論研究序說」(『曹洞宗研究紀要』 14, 1982)도 길장의 전기와 관련된 문제와 길장 당시의 장안長安을 살펴보는 데 뛰어난 논문이라 할 수 있다. 더욱이 『정명현론』에 관한 연구로서, 고故 오초 에니치橫超慧日 씨가 간다 기이치로神田喜一郎 씨의 구장舊藏 706년 (慶雲 3) 서사書寫 국보 『정명현론』 사본을 번각 출판하였음을 특히 부기해 둔다(현재까지 『정명현론』 전8권 중 권1과 권3을 제외한 6권이 번각 간행되었다. 현재 입수하기 곤란하더라도 각 불교계 대학의 도서관에 소장되어 있을 것이니 참조할 수 있다).

앞에서 든 것 이외의 문헌 연구로는 히라이 유케이平井有慶 씨의 길장 관계 둔황 사본 연구가 주목된다. 「敦煌文獻より見た三論教學」(앞의 『三論教學の研究』)·「敦煌本〈法華經義疏 吉藏法師撰 道義續集〉」(앞의 『三論教學と佛敎諸思想』) 등을 참조(이 이전의 平井有慶 씨 논문은 앞의 〈삼론교학 관계 저서논문 목록〉 참조). 히라이 유케이平井有慶 씨를 이어 둔황 사본을 사용한 삼론교학 연구는 앞으로의 연구과제일 것이다.

위에서 지적한 바와 같이 길장의 저작에 대한 연구는 그다지 진척이 없고, 일본어로 번역된 저작 역시 법화소法華疏를 중심으로 한 일부에 지나지 않는다. 전체적인 연구가 기대되는 이유이기도 하다.

【『國譯一切經』에 수록된 길장 관계 일본어 번역】

① 오초 에니치橫超慧日(譯), 『法華義疏』(「經疏部」 3·5).

② 시오 벤쿄椎尾辨匡(譯), 『三論玄義』(「諸宗部」 1).

③ 사쿠라베 분쿄櫻部文鏡(譯), 『勝鬘寶窟』(「經疏部」 11).

④ 야스모토 도루泰本融(譯), 『中觀論疏』(「論疏部」 6·7).

⑤ 시오 벤쿄椎尾辨匡(譯), 『百論疏』(同8).

⑥ 나가오 가진長尾雅人·단지 데루요시丹治昭義(譯), 『十二門論疏』(同7).

⑦ 우이 하쿠주宇井伯壽(譯), 『大乘玄論』(「諸宗部」1).
(이상의 배열은 대략 길장의 저작순에 의한다)

3) 길장의 사상 연구

길장 교학의 중심 주제가 그의 이제사상二諦思想에 있다는 것은 많은 길장 연구자가 모두 인정하는 바다. 이 이제사상을 밝히는 연구에서 끊임없이 학계를 리드해오신 분이 히라이 슌에이平井俊榮 씨다(앞의 『中國般若思想史硏究-吉藏と三論學派-』에 수록된 논문들 참조).

즉, 히라이 씨는 현존하는 길장의 저작 중 최초 시기에 속하는 『이제의二諦義』(『二諦章』)의 해독을 통해 길장의 이제사상의 특징을 밝히려 하였다. 그것에 의하면, 이제사상의 특색은 이제를 진리의 형식이라고 보는 성실학파成實學派를 중심으로 한 남북조 이래의 약리約理의 이제설에 대해, 이제를 교화의 수단으로 삼는 약교約敎의 이제설을 주장한 데 특징이 있다. 즉, 진리를 깨달음의 세계와 세속세계에서 각각의 존재의 법칙으로 보는 약리의 이제설에서는 이제 상호간의 상즉相卽 관계를 설명할 수 없기 때문에, 길장은 『중론中論』 권4 「관사제품觀四諦品」에 "여러 부처는 이제에 기초하여 중생을 위해 법法을 설說한다. 하나는 세속제로, 둘째는 제일의제第一義諦로써 한다. 어떤 사람이든 이러한 두 개의 진리를 구별하지 못하는 사람은, 매우 심오한 부처의 가르침이 전하는 진실한 뜻을 이해하지 못한 것이다"(大正藏30·32c)라고 한 내용에 근거하여 이제란 부처가 설법하는 수단방법이지 진리의 형식은 아니라고 주장한 것이다. 그리고 히라이 씨는 이 같은 이제관이 "인도의 이제관과도 다르며, 특히 세속제世俗諦를 중시하고 세속제와 승의제勝義諦의 가치가 같다고 본 중국불교의 특징적인 현실 중시라는 면을 내세우고, 아울러 세속世俗과 승의勝義의 상즉융합相卽融合을 논리적으로 증명하고, 이제병관二諦並觀이라는 공관空觀의 실천에 도입하는 지도동기指導動機를 형성하는 데 이르렀다"고 서술하였다(앞의 『中國般若思想史研究』, 114쪽).

나아가 히라이 씨는 길장의 약교이제설의 근본 구조를 보이는 것이 '삼론초장의三論初章義'('삼론초장의'에 대해서는 伊藤隆壽 씨의 「三論教學における初章中假義」上·中·下(『駒大佛教紀要』 32-34, 1974~1976)에 상세하다)고, 또 위에서 언급한 '이제상즉사상二諦相卽思想'의 배경에는 중국적 사변思辨에 친숙해지기 쉬운 '체용體用'의 논리가 있었음을 지적하였다(「中國佛教と體用思想」, 『理想』 549, 1979).

히라이 씨는 또 길장의 사상 형성에 압도적 영향을 준 것이 『열반경』이며 따라서 길장의 사상에는 '진공眞空'과 '묘유妙有'의 상즉相卽이라는 인도 중관파에는 보이지 않는 유적有的인 면의 강조가 두드러지고, 반야공관사상般若空觀思想의 공적空的인 전개와 여래장불성사상如來藏佛性思想의 유적인 전개와의 융즉融卽이야말로 길장 교학의 최대 특징이었음을 강조하였다. 나아가, '유'와 '무', '유무이有無二'와 '비유비무불이非有非無不二'라는 상즉相卽 모습은, 원초적 형태이기는 하지만 이미 구마라집 문하의 승조와 담영曇影에게서 그 맹아가 인정된다고 하였다.

한편 근래, 마쓰모토 시로松本史朗 씨는 사실事實 문제로서는 위의 히라이 설을 높이 평가하면서도, 인도의 중관中觀사상 및 '여래장사상 비판'이라는 입장에서 길장사상에 대해 비판적 연구를 제시하여 주목된다(「三論教學の批判的考察－dhātu-vādaとしての吉藏思想－」, 『三論教學の研究』; 『禪思想の批判的研究』, 大藏出版, 1994 재수록). 마쓰모토 씨의 주장은 다음 한 문장에서 단적으로 볼 수 있다.

나가르주나의 『근본중송根本中頌』은, 확실히 핑갈라Pingala(靑目)의 주석註釋을 수반한 형태로 구마라집에 의해 5세기 초두에 『중론中論』으로 한역漢譯되었고, 이 『중론』과 『백론百論』·『십이문론十二門論』 사상을 연구하는 사람들이 삼론종이라는 유력한 학파를 이루어, 그들이 이른바 중국에서

중관사상, '공空 사상'의 계승자가 되었다. 그런데 이들 삼론종 사람들의 '공空'에 대한 이해에는 근본적인 오해가 포함되어 있었기 때문에 인도 중관파의 '공空 사상'은 중국에 정확하게 전해지지 않았던 것이다. 그렇 다면 그 오해란 무엇인가. 이에 대해서는 두 가지를 지적할 수 있다. 첫 번째는 '공'에 대한 그들의 이해가 근본적으로 노장사상에서 영향을 받았다는 점, 둘째는 그들이 여래장사상이라는 '유有' 사상에 기초하여 '공'을 해석했다는 점이다. 이 두 가지는 결코 별개가 아니며 오히려 첫 번째가 두 번째의 근거가 된다고 볼 수 있다. 즉 노장사상의 구조는 '도道' 또는 '이理'라는 단일 실재를 근거로 하여 만물이 생긴다는 발생론적 일원론이고, 구조적으로는 여래장사상의 근본 논리를 이루는 'dhātu- vāda'와 완전히 일치한다. 따라서, 노장사상의 영향에서 마지막까지 벗 어날 수 없었던 대부분의 중국불교사상가는 여래장사상에 대해 비판적 시점을 갖지 못하고 쉽게 이것을 받아들였다. 그 때문에 놀랍게도 인도 중관파 '공사상空思想'의 계승자이자 삼론종의 대성자라고 하는 길장까지 도 여래장사상을 적극 용인하고 'dhātu-vāda'라는 '유사상有思想'을 설명하 였던 것이다(『チベット佛教哲學』, 大藏出版, 1997, 〈맺음말〉 412쪽).

마쓰모토 씨의 견해를 수용하여 연구를 진행하고 있는 연구자가 이토 다카토시伊藤隆壽 씨로, 이미 소개한 『中國佛教の批判的研究』와 「鳩摩羅什の 中觀思想-『靑目釋中論』を中心に-」(『三論敎學と佛敎諸思想』) 및 「〈硏究ノ-ト〉中國 佛敎の批判的硏究について-方法論と可能性-」(『駒大佛敎論集』 32, 2001)은 이러한 문제의식 속에서 이루어진 연구다.

또한 근년 길장에 관한 많은 논문을 발표하고 있는 스에미쓰 야스마 사末光愛正 씨의 연구도 잊어서는 안 될 중요한 성과라 할 수 있다.

① 「吉藏の'唯悟爲宗'について」(『駒大佛敎論集』 15, 1984).

② 「吉藏の'無礙無方'について」(『駒大佛敎論集』16, 1985).

③ 「吉藏の成佛不成佛觀」(1)~(10)(『駒大佛敎論集』45~50 〈단 47 제외〉, 1987~1992, 『駒大佛敎論集』18~22, 1987~1991).

④ 「吉藏の法華經觀」(『三論敎學と佛敎諸思想』).

특히 스에마쓰 씨는 위의 ③에서, 길장도 이른바 '일분불성불설一分不成佛說'을 인정하는 입장이었다고 주장하고, 길장과 자은대사慈恩大師 규기窺基(632~682) 간의 사상적 친근성을 주장하였다. 길장이 여래장불성사상을 자신의 사상의 기반으로 삼은 불교자였다는 것은 많은 사람들이 일치해서 인정하는 바인데, 그렇다면 마쓰모토松本 설과 함께 길장이 '일분불성불설'을 인정했다고 본 스에마쓰 설은 어떻게 보아야 할 것인가 하는 문제의식 아래, 주로 스에마쓰 설을 검증하는 형태로 논구한 것이 오쿠노奧野의 앞의 『佛性思想の展開-吉藏を中心とした『法華論』受容史-』다. 이처럼 근년에 길장 사상 연구는, 스에마쓰 씨의 '여래장사상 비판'의 영향도 있어 새로운 전개를 보이고 있다고 할 것이다.

마지막으로 졸견이나마 영어와 중국어 등으로 된 주요 연구성과를 지적해 두고자 한다.

① 아론 켄 코세키Aaron Ken Koseki, *CHI-TSANG'S TA-CH'ENG-HSUAN-LUN : THE TWO TRUTHS AND THE BUDDHA-NATURE*(Dissertation, The Univ. of Wisconsin, Madison, 1977).

② 김인덕金仁德, 『三論學硏究』(서울: 佛敎思想社, 1982).

③ 랴오밍훠廖明活, 『嘉祥吉藏學說』(臺灣: 學生書局, 1985).

④ 한팅지에韓廷傑, 『三論玄義校釋』(北京: 中華書局, 1987).

⑤ 화팡티엔華方田, 『吉藏評傳』(北京: 京華出版社, 1985).

⑥ 한팅지에韓廷傑, 『三論宗通論』(臺灣: 文津出版社, 1997).

【추기】

길장의 사상적 특색을 간략히 알아보고자 한다면, 나는 주저없이 히라이 슌에이平井俊榮 씨의 다음 두 논문을 추천한다.

① 「實相と正法-吉藏における法の觀念と體系-」(『平川彰博士還曆記念』, 春秋社, 1975).
② 「中國佛敎と體用思想」(『理想』 549, 1979).

4) 길장소吉藏疏와 천태소天台疏, 기타 문헌 교섭

근래 길장을 다룬 연구 가운데 주목되는 것 중 하나가 길장과 지의 (538~597)의 문헌 교섭 문제다. 이 문제를 선구적으로 다룬 연구가 사토 데쓰에이佐藤哲英 씨의 『天台大師の硏究』(百華苑, 1961)다. 이 책에서 사토 씨는 지의와 길장에게는 서로 공통되어, 현존하는 경전의 주소註疏 사이에 분명한 의용依用관계가 있음을 지적하고, 우선 현행 『법화문구法華文句』는 길장의 『법화현론法華玄論』·『법화의소法華義疏』와, 『법화현의法華玄義』는 『법화현론』과 밀접한 관계가 있음을 시사하였다. 사토 씨의 이 같은 연구를 받아들여 양자의 문헌 교섭을 더욱 상세하고 정밀하게 조사한 것이 히라이 슌에이平井俊榮 씨였다. 히라이 씨는 길장과 지의에 공통되는, 현존하는 모든 경전의 주소를 비교 연구하고, 그 결과 가장 의용依用 관계가 분명한 『법화문구』에 초점을 맞추어, 『法華文句の成立に關する硏究』(春秋社, 1985)를 저술하였다『법화현의』와 維摩疏에 대해서도 논급하였다. 이 책에 대해서는 池田魯參 씨의 서평이 『駒大佛敎論集』 16(1985)에 실렸다. 히라이 씨는 이 책의 〈서문〉에서 다음과 같이 서술하였다.

현존하는 지의와 길장에게 공통되는 경전 주소註疏 간의 상호 의용관계는, 거의 예외없이 길장소吉藏疏에서 지의소智顗疏로라는 참조 의용 흔적이 현저하고, 그 역의 관계는 전혀 보이지 않는다는 것이 명확히 밝혀졌다.

이는, 지의가 찬술했다고 전해지는 현존 주소가 거의 지의의 저술일 수 없는 것은 물론이고, 강설을 문인이 적어서 기록했다고 한 것도 다분히 의심스러우며, 오히려 관정과 그 밖의 문인들이 길장소가 작성된 후 이를 참조하고 의용해서 기록한 것임을 증명한다(〈머리말〉 ii쪽).

즉 히라이 씨는 『법화문구』를 비롯하여 길장과 공통되는 천태 경전 주소註疏는 모두 지의가 사망한 후, 문인 관정(561~632) 등이 길장의 주소를 참조하여 그것을 바탕으로 해서 기록한 것이라고 주장한 것이다. 그 전형적인 예로서 히라이 씨가 논증에 힘쓴 것이 천태종의 근본 전적으로 지목되는 천태 삼대부의 하나인 『법화문구』인데, 그는 자신의 저술에서 『법화문구』의 경우, 그 의용이 단순한 술어나 역사적 사실 문제로 그치지 않고 '사종석의四種釋義' 같은 중요한 교의에까지 미쳤다고 지적하였다.

사토 씨가 선구적으로 지적하고 히라이 씨가 세밀하게 논증한 것처럼 현행 『법화현의』·『법화문구』 중 일부가 길장의 『법화현론』·『법화의소』를 참조해서 성립되었다는 사실은 문헌학적으로 온전히 올바른 지적이고, 필자의 짧은 소견으로는 아직까지 이에 대한 눈에 띄는 반론은 없다. 그러나 양자에 공통된 경전 주소를 모두 히라이 씨의 지적처럼 결론내릴 수 있는가는 논의의 여지가 있고(히라이 씨도 모든 경전 주소에 대해 구체적인 논거를 제시한 것은 아니다), 그러한 입장에서 히라이 씨의 설을 검증 형태로 연구한 것이 후지이 교코藤井敎公 씨다.

① 「天台と三論の交流-灌頂の『法華玄義』修治と吉藏『法華玄論』をめぐって-」(『鎌田茂雄還暦記念』, 大藏出版, 1989).

② 「天台と三論の交渉-智顗說·灌頂錄『金光明經文句』と吉藏撰『金光明經疏』との比較を通じて-」(『印佛研』 37-2, 1989).

③ 「天台と三論その異質性と類似性」(『印度哲學佛敎學』15, 2000).

이 가운데 ②에서 후지이 씨는, 천태의 『금광명경문구』와 길장의 『금광명경소』의 문헌 교섭에 대해 분석하고, 여기에서는 앞의 히라이 씨가 내린 결론과 반드시 합치하지는 않는다고 주장하였다.

이 밖에 위의 문제와 관련된 논문으로는 다다 고분多田孝文의 「法華文句四種釋考」(『大正大學硏究紀要 佛敎學部·文學部』72, 1986), 아사이 엔도淺井円道의 「法華文句の有する獨創性」(『野村耀昌古稀記念』, 春秋社, 1987) 등이 있는데, 모두 히라이 설을 부정하는 입장에서 논지를 전개하고 있다.

이처럼 근래 삼론과 천태의 문헌 교섭에 대한 연구가 큰 진전을 보이고 있는데, 지금까지 이루어진 연구를 보면 어느 쪽인가 하면 양자의 의용 관계를 해명하는 쪽이 중심이고, 양자의 경전관의 동이同異를 다루는 사상상의 비교연구는 앞으로의 과제로 남아 있다고 할 것이다.

한편, 천태天台가 아닌 다른 종파와의 문헌 교섭을 다룬 연구로는 정영사 혜원(523~592)의 『승만의기勝鬘義記』와 길장의 『승만보굴勝鬘寶窟』 간의 비교연구를 시도한 후지이 교코藤井敎公 씨의 다음 연구가 주목된다.

① 「Pelliot Ch. 2091『勝鬘義記』卷下殘簡寫本について」(『聖德太子硏究』13, 1979).
② 「淨影寺慧遠撰『勝鬘義記』卷下と吉藏『勝鬘寶窟』との比較對照」(『常葉學園浜松大學硏究論集』2, 1990).

후지이 씨는 『승만의기』의 하권에 상당하는 둔황 문서(펠리오 3308, 2091)와 『승만보굴』 원문을 대조한 결과, 다음과 같은 결론을 얻었다.

이 대조표에 의해, 길장이 혜원의 『승만의기』 중 상당 분량을 자유롭게 취하여, 그대로 지문地文으로 쓰기도 하고 혹은 자신의 설과 어긋날 경우

엔 혜원의 이름은 언급하지 않고 이설異說이라며 물리치고 있어, 길장의
『승만보굴』은 혜원의 『승만의기』를 이른바 환골탈태시킨 후 그 위에
이설을 많이 포함시켜 만들어진 책이라는 사실이 밝혀졌다(위의 ②의
〈머리말〉에서).

나아가 후지이 씨는 위와 같은 사실은 앞에서 본 천태의 『법화문구』
와 길장의 법화소 간의 관계와 완전히 동일한 것으로, 이는 오늘날
말하는 표절 같은 종류는 아니고, 오히려 그런 방식이 당시 소疏를
지을 때 일반적으로 사용되던 수법임을 알려준다고 보았다.

그런데 길장의 『승만보굴』에 『대승기신론』을 인용한 예가 보인다는
것은 지금까지도 자주 지적되었는데, 최근 요시즈 요시히데吉津宜英 씨는
후지이藤井 씨와는 전혀 별개로, 『승만보굴』에서 『대승기신론』을 언급
한 부분이 대부분 전후 문맥을 포함하여 『승만의기』를 재인용한 것이었
음을 논증하였다(「吉藏の大乘起信論引用について」, 『印佛研』50-1, 2001). 이 사실은,
길장과 『대승기신론』의 관계, 『대승기신론』의 진제眞諦 번역작업을 둘
러싼 문제들만이 아니라 후지이藤井 씨의 논문에서처럼 길장의 저술
실태를 연구할 때도 매우 귀중한 시점을 제공하였다.

기타, 히라이 슌에이平井俊榮 씨는 『法華玄論の註釋的硏究』에서 자신 및
이제까지의 선학의 연구를 종합하여, 길장의 법화소와 신라 원효(617~
686)의 『법화종요』 및 자은대사 규기의 『법화현찬』, 그리고 일본 쇼토쿠
태자(575~622)의 『법화의소』와의 의용 관계를 논하고, 『법화현론』을 중
심으로 한 길장의 법화소가 당시 동아시아 불교권 전반에 미친 영향을
고찰하였다. 이와 관련된 대표적 논문으로는 다음이 있다.

① 이시이 고세이石井公成, 「朝鮮佛敎における三論敎學」(『三論敎學の硏究』).
② 김창석金昌奭, 「元曉の敎判資料に現れた吉藏との關係について」(『印佛硏』28-2,

1980).

③ 서보철徐輔鐵, 「法華宗要における元曉の和諍思想」(『駒大佛教論集』 16, 1985).

④ 스에미쓰 야스마사末光愛正, 「法華玄贊と法華義疏」(『曹洞宗硏究紀要』 17, 1986).

⑤ 히라이 슌에이平井俊榮, 「三經義疏と吉藏疏」(『印佛硏』 27-1, 1979).

⑥ 히라이 슌에이平井俊榮, 「三境義疏の成立と吉藏疏」(앞의 『三論敎學の硏究』).

⑦ 하카마야 노리아키袴谷憲昭, 「『維摩經義疏』と三論宗」(同).

5) 마무리

이상, 불충분하나마 길장을 중심으로 해서 지금까지의 삼론종 연구사를 개관해 보았다. 그러나 지면의 제약으로 논하지 못한 부분도 많다. 예를 들면, 미쓰기리 지카이三桐慈海 씨와 무라나카 유쇼村中祐生 씨의 길장 전반에 걸친 일련의 연구, 『승만보굴』을 중심으로 연구를 진행한 쓰루미 료도鶴見良道 씨의 여러 논문, 최근의 다카노 준이치高野淳一 씨의 논고 등은 모두 앞으로 길장을 연구할 때 지나칠 수 없는 것들이다. 이러한 여러 연구논문에 대해서는 이미 소개한 〈삼론교학 관계 저서논문 목록〉을 참조하고 아울러 인터넷으로 검색해 보면 해당 논문을 쉽게 찾아볼 수 있을 것이다.

마지막으로 '삼론종 연구사'라 하면 아무래도 그 원류라 할 구마라집鳩摩羅什 문하의 승예僧叡·승조僧肇·축도생竺道生에 대한 연구성과도 빠트릴 수 없을 것이다. 이에 이하에서 지금까지 이루어진 연구 가운데 중요해 보이는 최소한의 연구를 언급하는 것으로 이 글을 마무리하고자 한다.

(1) 승예僧叡

구마라집의 뛰어난 제자 승예에 대한 연구로는, 우선 지금까지 다른 인물이라고 보았던 승예와 혜예慧叡가 사실은 같은 사람이었음을 논증

한 오초 에니치橫超慧日의 「僧叡と慧叡は同人なり」(『中國佛敎の硏究』 第二, 法藏館, 1971)가 중요하다. 또 후루타 가즈히로古田和弘의 「僧叡の硏究」(上·下, 『佛敎學 セミナー』 10·11, 1969·1970)는 승예를 전반적으로 고찰한 논문으로서 귀중하다. 그러나 실제로 승예에 대한 연구는 사실 그렇게 많지 않다. 아마도 현존하는 승예 관련 문헌들이 서문 등의 단편으로 한정되어 있다는 것이 다분히 영향을 미쳤을 것이다.

승예 교학을 분석한 것으로는 히라이 슌에이平井俊榮의 「「十二門論序」 と僧叡敎學の特質」(『中國般若思想硏究-吉藏と三論敎學-』, 97쪽 이하)이 중요하다. 여기에서 히라이 씨는, 승예의 불교 이해가 노장사상을 중심으로 한 중국의 전통사상에 기초하였으며 그러한 승예의 영향이 길장에게까지 미쳤음을 지적하였다. 또한, 아라마키 노리토시荒牧典俊 씨는 『유의喩疑』 (『出三藏記集』 권5)의 독해를 통하여, 중국불교에서 교상판석이 성립하는 문제를 논하여 주목된다(「南朝前半期における敎相判釋の成立について」, 福永光司 編, 『中國中世の宗敎と文化』, 京都大學人文科學硏究所, 1982. 이 논문에 『喩疑』 역주가 수록되어 있다. 『喩疑』 역주는 『大乘佛典』 中國·日本篇3 「出三藏記集·法苑珠林」, 中央公論社, 1993에서도 이루어져 참고가 된다).

(2) 승조僧肇

승조는 중국불교의 실질적 조사 중 한 명으로 간주되는 중요한 인물이다. 따라서 그의 주요 저서인 『조론肇論』에 대해서는 이제까지 실로 많은 연구가 이루어져 왔다. 그 가운데에서도 고故 쓰카모토 젠류塚本善隆 씨를 중심으로 해서(京都大學人文科學硏究所 中世思想史硏究班) 진행된 독해의 성과물인 ① 쓰카모토 젠류塚本善隆(編)의 『肇論硏究』(法藏館, 1955)는, 『조론』의 일본어 번역과 상세한 주기 외에 불교학자·중국철학자의 논고를 수록하여 조론 연구의 이른바 성경이라 할 연구서다.

이 밖에 『조론』의 영어 번역본으로 ② 월터 리벤탈Walter Liebenthal의

Chao Lun·The Treatise of Seng-Chao (Second Revised Edition, Hong Kong Univ. Press, 1968)가 있으며 ③ 런지위任繼愈(著), 고가 히데히코古賀英彦·오키모토 가쓰미沖本克己 외(譯)의 『中國佛敎思想論集』(東方書店, 1980)은 「열반무명론涅槃無名論」을 제외한 「물불천론物不遷論」·「불진공론不眞空論」·「반야무지론般若無知論」의 일본어 번역과 주기를 수록하였다. 또한 ④ 쉬판청徐梵澄(譯注)의 『肇論』(北京: 新華書店, 1985) 및 ⑤ 히라이 슌에이平井俊榮 씨의 일본어 번역(大乘佛典 中國·日本篇2 「肇論·三論玄義」)도 참고할 책이다. 또 ⑥ 이토 다카토시伊藤隆壽 씨의 노작 『肇論—字索引』(玉殿山自性院, 1985)은 『조론』을 독해할 때 반드시 옆에 두고 싶은 책이다. 구하기 어렵지만 각 불교계 대학 도서관에 소장되어 있으니 참조할 수 있을 것이다.

한편, 『조론』 외에 승조의 주요 저술로 간주되는 것이 『유마힐소설경維摩詰所說經』(구마라집 번역)에 대한 주석서다. 이 책은 구마라집·축도생·도융道融의 주석과 함께 『유마힐경注維摩詰經』(大正藏39, No.1775)으로 한데 묶여 현존하고 있는데, 『주유마注維摩』에 대한 연구로는 이하와 같은 것이 있다.

⑦ 기무라 센쇼木村宣彰, 『註維摩經序說』(東本願寺出版部, 1995).
⑧ 다이쇼대학 종합불교연구소주유마힐경연구회大正大學綜合佛敎硏究所注維摩詰經硏究會(編), 『對譯注維摩詰經』(山喜房佛書林, 2000).
⑨ 류코쿠대학 불교문화연구소서역연구실龍谷大學佛敎文化硏究所西域硏究室(編), 『注維摩詰經——字索引—』(法藏館, 2003).
⑩ 『注維摩詰小說經』(上海古籍出版社, 1995. 民國刊 10卷本 영인).

⑧은 오랫동안 다이쇼대학大正大學 종합불교연구소가 진행해온 『주유마』 회독會讀 성과를 공간한 것이고, ⑨는 『주유마』에 대한 종합 일자색인으로 간행된 것이다(저본이 된 것이 ⑩). 그동안 연구자들은 『주유마』의

일자색인을 사가판私家版 오카야마 하지메丘山新 외(編)의 『注維摩詰經索引』 (1980)에서 도움을 받았는데 ⑨의 간행으로 입수가 더 쉬워져 환영할 만한 일이다.

한편, 승조 연구는 그 중요성 때문에 다른 여러 나라에서도 활발하게 진행되는 듯한데, 다음과 같은 성과가 계속 보고되고 있다(이 가운데는 필자도 보지 못한 것이 있다).

⑪ 류구이지에劉貴傑, 『僧肇思想研究-魏晉玄學與佛敎思想之交涉』(台北: 文史哲 出版社, 1985).

⑫ 쉬캉성許抗生, 『肇論』(南京大學出版社, 1998).

⑬ 용밍永明(編輯), 『肇論通解及研究』(高雄·佛光山文敎基金會, 2001).

또한 현재 학계에서는 승조의 저술이 아니라고 부정당하고 있는 『보장론寶藏論』을 다룬 구미의 연구서도 최근 출판되었다.

⑭ 로버트 샤프Robert H. Sharf, *Coming to Terms With Chinese Buddhism A Reading of the Treasure Store Treatise*(Univ. of Hawaii'i Press, 2002).

이 밖의 개별 논문에 대해서는 일일이 들 수 없을 만큼 많이 보고되고 있는데, 여기서는 모두 생략한다.

(3) 축도생竺道生

축도생은 『대반열반경大般涅槃經』 40권의 번역자이기 이전에 이른바 '일천제성불설一闡提成佛說'을 창도한 불교자, 혹은 후세의 선종에서 '돈오성불설'의 선례를 만든 불교자로서 중국불교사에 이름을 남긴 중요한 인물이다. 따라서 지금까지도 이 같은 시점에서 많은 연구가 이루어져 왔는데, 대표적인 연구를 지적하면 다음과 같다.

① 오초 에니치橫超慧日, 「竺道生撰 「法華經疏」の研究」(『法華思想の研究』, 平樂寺書店, 1975).

② 고바야시 마사미小林正美, 「竺道生の佛敎思想」(『六朝佛敎思想の研究』, 創文社東洋學叢書, 1993).

①은 축도생의 주요 저술인 『법화경소』를 처음 종합적으로 분석한 이 분야의 고전이다. ②는 축도생의 불교사상을 〈Ⅰ. 대승관大乘觀과 소승관小乘觀〉, 〈Ⅱ. 실상實相과 공空〉, 〈Ⅲ. 돈오성불설頓悟成佛說〉, 〈Ⅳ. 일천제성불의一闡提成佛義〉의 4절로 나누어 상세히 논했다. 또한 근년의 축도생에 대한 연구는 ③ 이토 다카토시伊藤隆壽, 「竺道生の思想と"理の哲學"」(『中國佛敎の批判的研究』), ④ 간노 히로시菅野博史, 「道生『妙法蓮華經疏』の研究」(『中國法華思想の研究』)로 비약적인 진행을 보였다. 두 연구자가 가진 문제의식에는 차이가 있지만, 둘다 축도생의 불교사상에는 '이理'라는 개념이 농후하게 반영되었다는 사실을 지적하였다.

위의 연구들은 오초橫超의 논문을 효시로 모두 축도생의 주요 저서인 『법화경소』의 독해를 중심으로 한 것이었는데, 『법화경소』의 일본어 번역으로는 중국불교사상연구회中國佛敎思想硏究會의 공동연구인 「道生撰妙法蓮華經疏對譯」(『三康文化硏究所年報』 9·10, 1977·1980)이 있으며 그 밖에 최근 다음의 영어 번역도 발표되었다. ⑤ YOUNG-HO, KIM 김영호, *Tao-sheng's Commenntary on the Lotus Sūtra*(SUNY, 1990).

또 오쿠노奧野도 하레야마 슌에이晴山俊英 씨와 공동으로 ⑥『法華經疏一字索引』(私家版, 1992)을 발표하였는데, 아쉽게도 사가판私家版이라서 시중에는 유통되지 않는다. 그러나 이 색인의 원본인 『법화경소』의 전자 텍스트가 공개되어 있으니 희망자는 다음 주소로 연락하기 바란다(연락

처 : mokuno@komazawa-u.ac.jp).

위에서 언급한 논저 외에 축도생에 관한 주요 연구성과는 ①~④의 주기注記를 참고하면 그 개요를 파악할 수 있을 것이다. 이 밖에 ⑦ 천페이란陳沛然의 『竺道生』(台北: 東大圖書公司, 1988)이라는 저서도 간행되었는데 축도생 연구의 하나의 지표로 삼을 수 있다.

【보기|補記】

본고를 탈고하고 나서 초교를 기다리는 사이 오쿠노奧野가 본고에 관한 논문으로 다음의 글들을 발표하였는데 아울러 참조하기 바란다.

① 「吉藏の法華經觀」(『駒澤短大紀要』 33, 2005).
② 「天台と三論－『法華文句』の成立に關する硏究』刊行二十年に因んで－」(『駒澤短大佛敎論集』 11, 2005).
③ 「吉藏撰『淨名玄論』卷第一の註釋的硏究」(『駒澤短大紀要』 34, 2006).

(2006. 7. 20. 씀)

제3절 삼계교三階敎

니시모토 데루마西本照眞

고마자와대학駒澤大學 교수

1) 야부키 게이키矢吹慶輝의 『三階敎之硏究』

일본에서 근세까지 이루어진 삼계교 연구는 삼계교 자체를 연구할 목적으로 행해진 것이 아니다. 『석정토군의론釋淨土群疑論』 등 중국의 정토교 논서論書에 삼계교를 비판한 곳이 있었기 때문에, 그러한 논서들을 연구하면서 부수적으로 삼계교에 대한 비판적 연구가 행해진 데 불과하다. 그러나 아이러니하게도 삼계교 사상을 가장 잘 보존한 것은 삼계교를 비판한 이 정토교 측 문헌이었다.

도충道忠(?~1281)의 『석정토군의론탐요기釋淨土群疑論探要記』에는 일본에 전래한 『삼계불법三階佛法』(이하에서는 일본판 『삼계불법』으로 줄임)이 여러 군데서 인용되었다. 그 밖에는 『속고승전續高僧傳』 등에 실린 신행信行 등의 전기, 『역대삼보기歷代三寶記』 등의 경록류에 실린 삼계교에 관한 간단한 기술과 전적목록, 석각자료에 실린 삼계교도의 묘비명 등만 있었는데, 야부키 게이키矢吹慶輝의 연구가 나오고 나서 비로소 그 존재의 중요성이 주목받게 되었다.

야부키 게이키矢吹慶輝의 『三階敎之硏究』(岩波書店, 1927. 이하 『硏究』로 줄임) 는, 근대 삼계교 연구의 금자탑이라고도 할 대저로 삼계교를 연구할 때 항상 가까이 두고 참고해야 할 책이다. 이 책의 최대 공적은 종래 무명이었던 삼계교의 존재를 세상에 알리고 그 전모를 밝힌 것으로, 논술 내용은 교조 신행信行의 전기, 삼계교 역사, 역대삼계교적록歷代三階敎籍錄, 현존하는 삼계교 문헌, 교의敎義와 실수實修 등 실로 다양하다. 특히 중요한 의의를 띤 것은 둔황 사본에 포함된 삼계교 문헌을 모아 소개한 것이다. 야부키가 둔황 사본에서 찾아낸 삼계교 관계 사본은 스타인본(이하 S로 줄임) 14단편, 펠리오본(이하, P로 줄임) 5단편으로 합계 19개 단편에 이른다. 이 중 태반이 『硏究』 별편에 번각 수록되었는데, 『대근기행법對根起行法』, 둔황본 『삼계불법三階佛法』, 『삼계불법밀기三階佛法密記』, 『칠계불명경七階佛名經』, 『무진장법략설無盡藏法略說』을 비롯하여 모두 중요한 것들뿐이다. 마찬가지로 별편에 번각된 일본판 『삼계불법』 과 아울러 함께 연구를 진행하면 삼계교의 기본사상과 실천을 대강 살펴볼 수 있을 것이다.

이 책의 연구 특징과 성과에 대해서는, 야부키矢吹의 박사학위논문 『三階敎の硏究』(舊稿)에 대한 아네사키 마사하루姉崎正治의 「三階敎の硏究及び參考論文三篇審査報告案文」(『硏究』, 764~780쪽)에 상세하며, 비교적 새로

운 것으로는 기무라 기요타카木村淸孝의 논평 「信行の時機觀とその意義」
(1984 ;『東アジア佛敎思想の基礎構造』, 春秋社, 2001)가 참고된다. 기무라는 야부키
의『硏究』의 문제점을 지적하면서 앞으로의 삼계교 연구의 과제로서
다음 네 가지를 제기하였다.

첫째, 삼계교 자료를 더 많이 수집하기 위해 노력해야 한다.
둘째, 현존 자료의 정리에 더한층 노력하고 모든 면을 주도면밀하게
　　배려해야 한다. 예를 들면,『硏究』에는 일본판『삼계불법』과 둔황본
　　『삼계불법』을 취급하는 방법에서 모호한 부분들이 있다.
셋째,『硏究』에는, 오독 혹은 오식으로 여겨지는 곳들이 적지 않다. 자료
　　의 정확한 해독이 필요하다.
넷째,『硏究』는 백과사전식으로 되어 있고 방법론적 엄밀함을 관철하지
　　못하고 있다. 보다 엄밀한 문헌학적 내지 사상사학적 방법을 통해
　　삼계교를 재검토할 필요가 있다.

기무라의 논문은 야부키의 성과에 입각하여 앞으로의 삼계교 연구
방법에 적확한 지침을 부여한 것으로, 1980년대 이후의 삼계교 연구의
재활성화에 중요한 역할을 하였다.
1980년대 이후의 삼계교 연구는 기무라가 지적한 이러한 점을 감안하
여 새로운 전개를 보인다고 할 수 있다. 이 밖에 하야카와 미치오早川道雄
도 「三階敎硏究の歷史と今後の課題」(『豊山敎學大會紀要』17, 1989)에서 『硏究』의
의의와 도달점을 논하였다. 야부키는 삼계교와 관련하여『硏究』외에도
많이 연구를 발표하였는데, 주요 연구는『マニ敎と東洋の諸宗敎』(芹川博通
校訂, 佼成出版社, 1988)에 수록되어 있다.

2) 20세기 전반의 연구

야부키 이전의 연구로는 고노 호운河野法雲의 「信行禪師の三階佛法」(『無盡燈』 14-4, 1909), 사사키 겟쇼佐々木月樵의 「三階教と淨土教」(『支那淨土教史(上)』, 無我山房, 1913), 이마즈 고가쿠今津洪嶽의 「信行禪師の事蹟及其の教義」(『宗教界』 11-6/8, 1915), 이와사키 고겐岩崎敲玄의 「信行禪師の三階教」(『宗教界』 13-9, 1917) 등이 있지만 자료 부족이라는 느낌을 지울 수 없다. 다만, 사사키의 논문은 '삼계교'라는 호칭을 일찌감치 사용하여 주목할 필요가 있다. 오늘날 '삼계교'는 보통 신행이 개창한 불교의 한 종파를 가리키는 호칭으로 사용되고 있지만, 이 호칭이 진짜 맞는지의 여부는 재검토가 필요하기 때문이다.

한편, 20세기 전반에 역사학적 방법론에 기초하여 일찍이 삼계교 연구에 착수한 연구자는 간다 기이치로神田喜一郎다. 간다는 석각자료 가운데 삼계교 관련 자료가 포함되어 있을지 모른다고 추측하여, 방대한 석각자료 속에서 삼계교도의 묘비 등을 찾아내어 「三階教に關する隋唐の古碑」(『神田喜一郎全集1』, 同朋舍出版, 1922. 1986 재간행) 및 「化度寺塔銘に就いて」(同) 등의 논문을 발표했다. 간다의 연구는, 역사학적 측면에서 삼계교 연구의 가능성을 실증한 점에서 중요한 의미를 갖는다. 야부키가 『研究』의 첫머리 〈三階教史〉에서 언급한 신행과 그 후의 삼계교도에 관한 묘비의 일부는 실제로 간다가 처음 소개한 것들이었다.

이 방면의 연구를 더욱 진척시킨 이가 쓰카모토 젠류塚本善隆다. 쓰카모토는 「三階教資料雜記」(同)에서 야부키의 『研究』에는 소개되지 않은 지방의 삼계교 관계 비문을 수집하여 소개하였다. 또 「信行の三階教團と無盡藏について」(1926 → 앞의 책)는 야부키의 『研究』가 나오기 이전에 삼계교의 무진장無盡藏 활동에 착안한 논문으로서 중요하다. 이 밖에 역사학적 방법에 기초한 연구로는 도키와 다이조常盤大定의 「三階教の母胎としての寶山寺」(『宗教研究』 4-1, 1927)·「隋の靈裕と三階教の七階佛名」(1927 ; 『支那佛教の

研究』, 春秋社, 1938, 1974 재간) 등을 들 수 있다. 이 논문들은 중국사적中國史跡의 실지조사 성과에 기초하여 삼계교 역사를 새로운 각도에서 분석한 것으로, 삼계교의 성립 배경으로 지론종의 영향을 든 최초의 중요한 연구라 할 수 있다.

문헌학적 방법론에 기초한 전전戰前의 연구로는 우선 오야 도쿠조大屋德城의 연구를 들 수 있다. 오야는 야부키의 『硏究』가 공간되기 2년 전에 일본에 현존하는 4 종류에 달하는 『삼계불법』 사본의 영인판을 『三階佛法』(上·下 2권, 便利堂コロタイプ印刷所, 1925)으로 공간하였다. 일본판 『삼계불법』은 야부키의 『硏究』 별편에도 번각되어 있지만, 번각에 오류가 적지 않아 오야大屋의 영인판은 지금도 매우 유익하다. 오타니 가쓰마大谷勝眞는 「三階某禪師行狀始末について」(『京城帝國大學文學會論纂』 7, 岩波書店, 1938)에서 야부키의 수집에서 빠진 삼계교 관계 사본 2550쪽을 번각하고 내용을 소개하였다. 이 사본은, 7세기 중반에 활동한 삼계교 승려의 사상과 활동을 엿볼 수 있는 귀중한 자료다.

사상사적 연구로 주목할 만한 것은 오초 에니치橫超慧日의 「佛敎における宗敎的自覺-機の思想の歷史的硏究-」(1944 ;『中國佛敎の硏究2』, 法藏館, 1971)에서 삼계교 사상을 분석한 것이다. 오초는 기근機根의 자각이라는 점에서 정토교와 삼계교가 공통된 태도를 취한다고 보고, 각각의 기근론機根論을 해명하였다. 그리고 이에 입각하여 정토교와 삼계교가 나뉘게 된 근본 이유가 어디에 있는지를 문제로 설정하여, 두 종파는 『열반경』에 대한 태도의 차이에서 갈리게 되었다고 하면서 "신행信行은 『열반경』에서 실유불성사상悉有佛性思想을 추구하였기 때문에 보불보법普佛普法에 도달하였고, 도작道綽은 『열반경』에서 부처의 대자비 정신에 착안하여 염불왕생의 전개로 나아갔다"(위의 책, 64쪽)고 결론지었다. "삼계교의 주요 문제는 거의 『열반경』에서 양성되었다"(위의 책, 63쪽)고 한 견해는 지금도 참신하다.

또한 탕융퉁湯用彤은 『漢魏兩晉南北朝佛敎史』(1938 ; 中華書局, 1983) 〈제19
장. 북방의 선법禪法, 정토淨土와 계율〉에서 '삼계교의 발생'이라는 항목
을 설정하여 삼계교를 간결히 논했는데, 사상사적인 방법에서 배울
점이 많다. 즉, 신행의 삼계교는 수나라 때 흥했지만, 사실은 북조北朝
때 유행한 신앙이 낳은 결정結晶이나 다름없다고 서술하였다. 구체적으
로는 말법末法사상, 선관禪觀사상, 생맹生盲사상, 두타걸식행頭陀乞食行, 사
신공양捨身供養, 근기根機에 응한 불법佛法, 무진장 등, 삼계교의 사상과
실천에서 빠질 수 없는 구성요소들이 모두 북조의 사상과 실천의 영향
속에서 형성된 것이라고 지적하였다. 이런 사상사적인 방법은 신행의
사상이 형성된 것이 북조 시기였던 이상, 어떤 의미에서는 당연한 것이
라 할 수 있다. 그런데 야부키矢吹 저서의 경우, 삼계교 자체에 대한
소개를 중심에 두고, 북조기의 사상과 실천과의 관계에서 삼계교를
위치짓는다는 시점이 관철되고 있다고는 할 수 없다. 그런 의미에서
탕융퉁의 논고가 갖는 의미는 크다. 탕융퉁은 이 밖에 『隋唐佛敎史稿』(中
華書局, 1982)의 〈제4장 수당隋唐의 종파宗派〉 '제9절 삼계교' 항목에서 삼계
교를 간략히 설명한 후 야부키의 고증을 정정하면서 일부 새로운 사실을
지적하였다. 이 밖에 미치바타 료슈道端良秀가 정토교의 도작道綽과 선도善
導와 삼계교의 관계를 고찰한 논문 「善導と三階敎」 · 「道綽と三階敎」(『中國淨
土敎史の硏究』, 法藏館, 1932 ; 1980)가 있다.

3) 20세기 후반의 연구

전후 들어 1970년대까지 삼계교 연구는 정체하였다고 할 수 있다.
서법사書法史 분야에서 신행의 제자인 승옹僧邕의 비문을 연구한 나카타
유지로中田勇次郎의 「化度寺邕禪師塔銘校字記」(『大谷學報』 31-1, 1952) · 「翁覃溪
本宋拓化度寺碑について」(『大谷學報』 33-4, 1954)와, 삼계교의 성립과 무진장
행無盡藏行 등에 대해 논한 가네코 히데토시兼子秀利의 「三階敎の成立」(『文化

史學』13, 1957)·「三階敎の布施觀」(『佛敎史學』7-4, 1959), 야마모토 붓코쓰山本佛骨의 「信行と道綽の交涉」(『印佛硏』6-2, 1958) 등 발표된 논문의 수는 손에 꼽을 정도다.

이처럼 정체된 삼계교 연구에 파문을 던진 것이 기무라 기요타카木村淸孝의 「智儼·法藏と三階敎」(『印佛硏』27-1, 1978)다. 이 논문은 삼계교의 사상적 특징을 밝히면서, 화엄교자華嚴敎者 지엄智儼에 대한 영향과 법장法藏의 삼계교 해석 등에도 눈을 돌려 고찰하였고 이를 계기로 1980년대 이후 삼계교 연구가 다시 활발해지게 되었다. 이듬해 간행된 『中國佛敎思想史』(世界聖典刊行協會, 1979)에서는, 종래의 중국불교사에 비해 삼계교의 위치가 현격히 높아졌다. 또 기무라는 「像法決疑經の思想的性格」(1974 ;『東アジア佛敎思想の基礎構造』)·「初期華嚴敎學と元曉の闡提佛性論」(1981 ; 위의 책)·「信行の時機觀とその意義」(1984 ; 위의 책)·「華嚴思想における人間觀」(1987 ; 위의 책)·「中國佛敎における「個」の存在性」(1991 ; 위의 책)·「『念佛鏡』の一考察」(『石上善應古稀記念』, 山喜房佛書林, 2001)·「『息諍論』考」(『東アジア佛敎思想の基礎構造』) 등에서 삼계교의 사상사적 위치를 다각도로 해명하였다. 특히 「信行の時機觀とその意義」는 야부키矢吹의 연구를 총괄하여 그 문제점을 지적하고, 삼계교 연구의 방법론적 지침을 부여한 것으로서 주목된다.

1980년대 이후 일본에서 삼계교 연구는 점차 활황을 띠었다. 히로카와 다카토시廣川堯敏의 「敦煌出土七階佛名經について」(『宗敎硏究』251, 1982)는 둔황에서 출토한 『칠계불명경七階佛名經』의 여러 사본을 전면적으로 정리한 노작이다. 또 오카베 가즈오岡部和雄의 「三階敎の佛陀觀」(『佛陀觀』, 日本佛敎學會 編, 1988)은 삼계교의 불타관을 논한 논문이다. 한편 삼계교와 여러 종파와의 관계를 논한 연구, 혹은 삼계교와 일본불교와의 관계를 고찰하는 연구도 활발하다. 정토교와의 관계를 다룬 것으로는 구메하라 유지粂原勇慈의 「念佛鏡の對三階門」(『佛敎論叢』31, 1987)·「西方要決と念佛鏡」(『宗敎硏究』271, 1987)·「『西方要決』の對三階釋難」(『印佛硏』36-2, 1988)·「善導敎

學と三階教-『禮讚』無余修との關連において-」(『佛教論叢』33, 1989) 등이 있다.
또한 미야이 리카宮井里佳의 「善導淨土教の成立についての試論-『往生禮讚』を
めぐって-」(『北朝隋唐中國佛教思想史』, 法藏館, 2000), 가네코 히로야金子寛哉의 「三
階教と『群疑論』」(『印佛研』49-2, 2001) 등이 있고, 구메하라桑原의 「三階教の時
間觀について」(『宗教研究』283, 1990)·「三階教の普行について」(『印佛研』39-2, 1991)
등의 논문도 있다. 이 밖에 이시이 고세이石井公成는 「梁武帝撰『菩提達磨碑
文』の再檢討(一)」(『駒澤短大紀要』28, 2000)·「『二入四行論』の再檢討」(『平井俊榮古稀
記念』, 春秋社, 2000)·「祖師禪の源流-老安の碑文を手がかりとして-」(『禪學研究』80,
2001)·「『秀禪師七禮』試論-「如是順物」と普敬の關係-」(『駒澤短大紀要』30, 2002)
을 비롯하여, 삼계교 사상을 선종 혹은 지론종 사상과의 관련 속에서
포착한 주목할 만한 논고를 발표하였다.

일본불교의 흐름 속에서 삼계교와의 관계를 찾으려 한 것으로는,
전전에는 에신 교학惠心教學과의 관계를 고찰한 야기 고에八木昊惠의 「惠心
教學における三階教の考察」(上·下, 『支那佛教史學』6-2·7-2, 1942·1943)이 있고, 최
근에는 교키行基의 사상과 실천에서 보이는 삼계교의 영향을 고찰한
요시다 야스오吉田靖雄의 「行基と三階教」(『行基と律令國家』, 吉川弘文館, 1986) 및
「行基と三階教の關係」·「『日本靈異記』と三階教の關係」(『日本古代の菩薩と民衆』, 吉
川弘文館, 1988) 등을 들 수 있다. 또한 후술할 홍재성洪在成의 논문에서도
삼계교와 일본불교와의 관계를 논하였다.

역사학의 입장에서 이루어진 삼계교 연구로는 하야카와 미치오早川道
雄의 연구가 주목된다. 「三階教と無盡藏院」(『鴨台史論』1, 1988)·「三階教の意味
するもの(上)」(『鴨台史論』2, 1989)·「三階教研究の歷史と今後の課題」(『豊山教學大會
紀要』17, 1989)·「三階教の教義-普敬認惡について-」(『豊山教學大會紀要』18, 1990)·
「唐代三階教徒の信行崇拜について」(『大正大學大學院研究論集』15, 1991)·「三階教の
實踐」(『豊山教學大會紀要』20, 1992)·「三階教の彈壓と隋唐國家」(『豊山教學大會紀要』
22, 1994)·「三階教團の性格」(『豊山學報』39, 1996) 등 수많은 논문을 발표하였

는데, 모두 삼계교의 사상과 활동을 당시의 국가와 사회와의 관계 속에서 역사적으로 위치지으려 한 것으로, 삼계교의 연구방법론을 염두에 두면 중요한 논고들이다.

최근 논문으로는 오타기 하지메愛宕元의「唐代河東聞喜の裵氏と佛教信仰−中眷裵氏の三階教信仰を中心として−」(吉川忠夫 編,『唐代の宗教』, 朋友書店, 2000)이 특히 뛰어나다. 이 논문에서는 비문자료를 사용하여 배씨裵氏 일족의 삼계교 신앙에 대한 실증적 연구를 행하고, 여기에「대당영화사고대덕지해법사지비大唐靈化寺故大德智諝法師之碑」·「우바이장상구묘지명優婆姨張常求墓誌銘」·「당고우바이단상성묘명唐故優婆姨段常省墓銘」을 비롯한 합계 8점의 삼계교 관계 석각자료를 소개하였다.

니시모토 데루마西本照眞는 1990년대 이후, 적극적으로 삼계교 연구를 진행하여 20여 편의 논문을 발표하였다.『三階教の硏究』(春秋社, 1998)는 1995년 도쿄대학에 제출한 박사학위논문을 가필·보정하여 공간한 것으로, 1998년 이전에 발표한 논문들도 거의 수록되어 있다. 이 책의 권말에는 삼계교 관계 참고문헌 일람이 실려 있어 삼계교 연구사를 살피는 데 편리하다. 1998년 이전 논문 중 여기에 수록되지 않은 것으로는「中國淨土教と三階教における末法思想の位置」(『宗教研究』290, 1991)·「三階教は異端か」(『シリーズ東アジア佛教3 新佛教の興隆』, 春秋社, 1997)가 있다.『三階教の硏究』이후의 주요 연구논문으로는「西安近郊の三階教史跡−百塔寺と金川灣唐刻石窟石經−」(『印佛研』48-1, 1999)·「三階教の觀法について」(『大倉山論集』44, 1999)·「『三階佛法』諸本の成立と傳播について」(『七寺古逸經典研究叢書5 中國日本撰述經典(其之五)·撰述書』, 大東出版社, 2000)·*The Current State of the Study of Chinese Buddhism in Japan and Future Issues: With a Focus on the San-chieh-chiao Studies*(『大倉山論集』46, 2001)·「關於三階教研究的方法論」(『世界宗教研究』2001增刊, 總第87, 2002)·「『佛性觀修善法』の基礎的研究」(『木村淸孝還曆記念』, 春秋社, 2002)·「敦煌抄本中的三階教文獻」(『戒幢佛學』2, 岳麓書社, 2002)·「『佛性觀修善法』解題·錄文」

및 「三階敎文獻綜術」(『藏外佛敎文獻』9, 2003)·「論三階敎與禪宗在思想上的接近-以'自我'認識與'他者'認識爲中心-」(『中國禪學』2, 2003)·「三階敎寫本硏究の現況-新資料の紹介を中心として-」(『印佛硏』52-1, 2003)·「北京國家圖書館所藏の三階敎寫本について」(『朝枝善照還曆記念』, 永田文昌堂, 2004) 등이 있다. 이상 니시모토西本의 삼계교 연구를 총괄해 보면, 우선 문헌학적 연구에서 종래 특정되어 있지 않았던 10여 점의 삼계교 문헌을 둔황 사본 속에서 찾아내어 번각·소개한 점이 주목된다. 그 가운데는 『성관수선법性觀修善法』, 『불성관佛性觀』(擬), 『악관惡觀』, 『제삼계불법광석第三階佛法廣釋』(擬) 등, 삼계교의 선관사상을 설명하는 수많은 문헌이 포함되어 있어 삼계교의 사상과 실천을 남북조시대 후반부터 수당대에 걸쳐 선관사상사 안에 위치시킬 수 있게 되었다. 또한, 삼계교의 교단 규율을 정리한 『제법制法』1권(『三階敎の硏究』 제5장 참조)도 단순히 삼계교단의 수행생활의 실제를 밝히는 것만이 아니고, 천태의 『입제법立制法』과 함께 당대 이전 불교교단의 사원규율을 엿볼 수 있는 희소한 자료로서, 머지않아 청규淸規로 전개되는 중국불교의 사원규율 역사에서 중요한 위치를 점한다고 할 수 있다. 또 역사학적 연구에서는 금석자료 가운데서 「대당숭의사사언선사탑명병서大唐崇義寺思言禪師塔銘竝序」, 「대당선화사고비구니견행선사탑명大唐宣化寺故比丘尼堅行禪師塔銘」, 「대당광명사고진행법사지영탑大唐光明寺故眞行法師之靈塔」, 「대당징심사니우담선사지탑명병서大唐澄心寺尼優曇禪師之塔銘並序」 등 삼계교도의 묘비자료를 새로이 특정하여 소개한 점이 중요하다. 『三階敎の硏究』 〈제2장 삼계교의 전개〉에서는 이러한 신출자료들까지 포함하여 야부키矢吹 이래의 삼계교 연구를 통해 밝혀진 삼계교 관계자 60여 명을 정리해서 소개하여 삼계교단사 연구에 불가결한 자료를 제공하고 있다.

또한 중국불교 통사에서는, 1999년 출판된 가마타 시게오鎌田茂雄의 『中國佛敎史』 제6권(東京大學出版會) 〈제4장 수당隋唐의 제종諸宗〉에서 삼론종·천태종·법상종·화엄종·율종·밀교·선종·정토교와 함께 삼계교의 사상과 역사를 개관하였다. 전전의 통사에서는 항목으로조차 설정되지 못했던 삼계교인데, 야부키矢吹 이래 진전된 삼계교 연구를 배경으로 사상사적 위치짓기와 평가에 새로운 변화가 일어났기 때문일 것이다.

4) 해외에서의 삼계교 연구

1980년대 이후, 해외 특히 구미에서 삼계교에 관심을 갖기 시작하면서 주목할 만한 연구가 몇 개 발표되었다. 고故 안토니노 포르테Antonino Forte의 "La Secte des Trois Stades et l'Hérésie de Devadatta"(*Bulletin de l'École Française d'Extréme-Orient* 74, 1985)는 측천무후 시대의 정치와 불교의 관계에 대해, 특히 『대운경大雲經』의 성립문제와 삼계교의 탄압문제를 중심으로 논하였다. 마찬가지로 "The Relativity of the Concept of Orthodoxy in Chinese Buddhism: Chih-sheng's Indictment of Shih-li and the Proscription of the Dharma Mirror Sūtra"(*Chinese Buddhist Apocrypha*, Honolulu: Univ. of Hawaii Press, 1990)에서는 8세기에 시작된 삼계교도사리三階教徒師利에 의한 『유가법경경瑜伽法鏡經』이라는 위경의 찬술 경위를 당시의 정치관계와 연결지어 논하였다. 루이스 M. E. Lewis의 "The Suppression of the Three Stages Sect: Apocrypha as a Political Issue"(同)는 삼계교 사상을 개관하면서, 특히 삼계교를 탄압한 경위를 깊이 논하였다.

구미의 삼계교 연구에서 특히 주목되는 것은 제이미 허바드Jamie Hubbard의 연구다. 그의 최근 저서 *Absolute Delusion, Perfect Buddhahood : The Rise and Fall of a Chinese Heresy* (Univ. of Hawaii Press, 2001)는 *Salvation in the Final Period of the Dharma: The Inexhaustible Storehouse of the San-chieh-chiao* (Ph. D. diss, Univ. of Wisconsin, 1986)에 수정을 가하고 이후의 새로운 연구성과를 담은 것으로, 구미 언어로 된 삼계교 연구서로는 유일하다. 이 책은 야부키矢吹 이후의 삼계교 연구성과에 기초하여 삼계교 문헌과 사상을 종합적으로 해명하였다. 또한 역사학적 연구에서는

신행의 비문사료를 독자적으로 해석하고 아울러 무진장無盡藏 문제에 대해서는 그 사상적 근거와 화도사化度寺 무진장원無盡藏院의 활동에 대한 연구를 심화시켰다. 신행전信行傳 연구의 기본자료이자 탁본이 현존하는 「고대신행선사명탑비故大信行禪師銘塔碑」의 경우, 종래 연구에서는 신행의 제자 배현증裴玄證이 찬술하여 종남산의 신행 묘소에 세운 비라고 보았지만, 허바드는 여러 종류의 석각자료를 검토한 후 이 탁본의 원비는 신행이 입경入京하기 이전에 활동한 상주相州지역에 가까운 탕음湯陰에 있었으며 신행이 사망한 후 바로 세워진 비에 기초하여 정원貞元 20년 (804) 다시 수리한 비라고 결론지었다. 또한 같은 논문에 『보법사불普法四佛』(S5668), 『무진장법약설無盡藏法略說』(S190)과 『대승법계무진장법석大乘法界無盡藏法釋』(S721V)의 영어 번역본도 실었다. 현 시점에서 삼계교 문헌의 영어번역본은 이 세 문헌뿐인데, 귀중한 성과라 할 수 있다. 또한 "Mo fa, The Three Levels Movement, and the Theory of the Three Periods" (Journal of the Internationa Association of Buddhist Studies 19, 1996)에서는, 정법·상법·말법의 삼시설과 삼계교의 제일계第一階·제이계第二階·제삼계第三階의 틀이 엄밀히 대응하는 것이 아니며 삼계교가 설명하는 삼계는 주요하게는 기근機根의 분별에 기초한다고 하였다. 또 그의 인터넷 사이트 (https://sophia.smith.edu/~jhubbard/materials/)에는, "The Manuscript Remains and Other Materials for the Study of the San-chieh Movement"라는 제목 아래 앞서 언급한 그의 저작 Absolute Delusion, Perfect Buddhahood: The Rise and Fall of a Chinese Heresy의 전문, 삼계교의 주요 텍스트, 삼계교 관련 참고문헌 등 삼계교 연구에 꼭 필요한 모든 정보를 공개해 두었으므로 삼계교 연구에 뜻이 있다면 꼭 참조하기 바란다. 이 밖에 그의 "The Teaching of the Three Levels and the Manuscript Texts of the San Chieh fo fa"(앞의 『七寺古逸經典研究叢書5 中國日本撰述經典(其之五)·撰述書』) 에서는 나나쓰데라七寺에서 발견된 『삼계불법三階佛法』 사본에 대한 자신의 견해를 제시하였는데, 일본에 전해진 『삼계불법』 연구에는 꼭 읽어 보아야 할 글이다.

이 밖에 둔황 문헌에 대한 연구성과 가운데 자크 제르네Jacques Gernet 의 P2001~2500 목록 가운데 P2115(『窮詐辨惑論』卷下), P2268(『三階觀法略釋』 擬), P2283(『發菩提心法』擬)의 3종 사본을 삼계교 문헌으로 특정한 점은 특히 주목된다. 위 세 문헌은 앞서 언급한 니시모토西本의 책 자료편에 번각되었다.

현대 중국에서 이루어진 연구 가운데 1970년대 이후의 삼계교 연구에 서 우선 주목되는 것은 란지푸藍吉富의 『隋代佛教史述論』(新文豊出版公司, 1974)에 수록된 「信行與三階教」다. 그는 수나라의 중요 승려로 지의·길장 ·혜원 등과 함께 신행을 들고, 야부키矢吹의 연구에 의거하면서 신행의 삼계교법의 역사적 의의를 다음과 같이 지적하였다.

(1) 신행의 불교사상은 중국불교사상가의 모든 불법에 대한 총비판이었 다, (2) 신행의 당근불법當根佛法과 생맹중생불성生盲衆生佛性 등의 관점은, 중국 민간불교도의 일종의 신앙 태도를 대표한다, (3) 신행의 교법은 심오한 교의에 의한 것이 아닌, 민간 불교도의 주요 요소를 흡수함으로 써 수당 민간불교계에서 성행하였다, (4) 신행의 홍법은 승속의 엄격한 구별 없이 행해졌다, (5) 신행의 삼계교단은 중국에서 가장 빠른 시기에 종파로서의 양상을 갖춘 교단이었다.

그 후 이루어진 연구로는 궈펑郭朋의 「一度出現的三階教」(『隋唐佛教』, 齊魯 書社, 1980)가 주목된다. 이 밖에 양쩡원楊曾文의 「三階教教義研究」(『佛學研究』 1994-3)·「信行與三階教典籍考略」(『世界宗教研究』 1995-3) 등도 발표되어 중국 에서도 삼계교에 대한 관심이 서서히 높아지고 있다. 또한 삼계교 사본 의 수집蒐集에서는 팡광창方廣錩이 S67450V2(『制法』의 단편), S9139(『大乘無盡藏

法』의 단편), 北京新1002(『佛性問答』(擬) 단편) 등을 삼계교 문헌이라고 명확히
하여, 팡광창이 『대승무진장법大乘無盡藏法』의 해제·녹문錄文을, 예루화業
露華가 『불성문답佛性問答』의 해제·녹문을 발표하였다(모두 『藏外佛教文獻』
4, 1998). 특히 최근 주목되는 것은 시안西安 서북 약 100㎞의 산시성陝西省
춘화현淳化縣에 위치한 진추안만金川灣 삼계교각경석굴三階教刻經石窟에 관
한 연구다. 이 석굴은 현존하는 유일한 삼계교 석굴로서 매우 귀중한데,
『명제경중대근기행발보리심법明諸經中對根機行發菩提心法』1권, 『명제대승수
다라중세간출세간양계인발보리심법明諸大乘修多羅中世間出世間兩階人
發菩提心法』1권, 『대집경월장분략초출大集經月藏分略抄出』 등, 사본자료로
는 현존하지 않는 귀중한 삼계교 문헌이 새겨져 있다. 현재 중국사회과
학원의 장쩡張總을 중심으로 연구가 진행되고 있으며 그 개요는 장쩡張總
·왕바오핑王保平의 「陝西淳化金川灣三階教刻經石窟」(『文物』 564, 2003)로 발표
되었다. 앞으로 각경의 번각과 발표가 행해지면 삼계교 사상이 새로
밝혀질 것으로 기대된다.

또 한국 연구자들 사이에서도 삼계교에 관한 관심이 급속히 높아져
이상현李相鉉의 「隋 信行의 사상에 관한 연구」(동국대학교 석사학위논문 ; 『韓國
佛教學關係學位論文集』 5, 1983), 방영선方榮善의 「三階教의 無盡藏院에 대한 고찰」
(同, 1987), 이평래李平來의 「三階教運動의 현대적 조명」(『한국불교학』 20, 1995),
홍재성洪在成의 「三階教の影響 : 圓光, 神昉と道明の考察」(『印佛研』 47-2, 1999)·
「三階教の影響 : 元曉と行基を考える」(『印佛研』 50-2, 200)·「三階教と『冥報記』·『日
本靈異記』」(『印佛研』 51-2, 2003)·「三階教と『占察善惡業報經』の影響」(『印佛研』 52-2,
2004) 등이 차례로 발표되었다.

5) 향후의 삼계교 연구의 과제

우선 자료수집의 과제부터 보면, 문헌자료의 경우 S7600 이후와 베이
징 도서관의 미정리 단편 사본에 일부 잔편이 포함되어 있을 가능성도

있지만, 장문의 자료는 발견을 기대할 수 없다. 현시점에서 가장 주목되는 것은, 진추안만金川灣 삼계교 각경刻經에 새겨진 『명제경중대근기행발보리심법』, 『명제대승수다라중세간출세간양계인발보리심법』 등의 문헌자료다. 이것들의 번각이 발표되면, 사상 연구에서 새로운 진전을 기대할 수 있을 것 같다. 또 일본에 소장되어 있다고 하는 (李盛鐸 舊藏) 둔황 사본(No.537) 『人集錄明諸經中對根淺深發菩提心法』 1권도 세상에 공개되기를 간절히 바란다. 한편 묘비 등의 석각자료에 대해서는, 최근 니시모토 데루마西本照眞와 오타기 하지메愛宕元 등에 의해 새로운 삼계교 관계 자료가 소개되었지만, 아직 소개되지 않은 채로 남아 있는 자료도 있을 것이다. 다만, 이 방면 연구는 중국불교 연구 전체에 해당하는 향후의 과제라고도 할 수 있다. 특히 전후의 중국불교 연구는 문헌자료를 이용한 연구에 중점을 두었기 때문에, 역사자료를 이용한 연구는 뒤처진 상황이다. 앞으로 중국불교 연구의 방법론으로서 석각자료의 위치와 중요성을 보다 명확히 하고 연구를 진행시켜 나가면서, 결과적으로 수집에서 빠진 삼계교 관계 자료도 찾을 수 있게 될 것이다.

기초적 연구는 다른 수당시대 종파들에 비하면 아직 뒤떨어진다. 역주 연구에서는, 이미 소개하였듯이 제이미 허바드Jamie Hubbard가 『普法四佛』(S5668), 『無盡藏法略說』(S190), 『大乘法界無盡藏法釋』(S712V)을 영어로 번역하였고, 니시모토西本가 『對根起行法』의 역주를 행했지만, 기타의 삼계교 문헌에는 손을 대지 못한 상태다. 또한 현존하는 삼계교 사본의 번각·교정은 대부분 발표되었지만, 야부키矢吹와 니시모토西本의 번각에도 오류가 적지 않다. 따라서 번각 자료에만 전적으로 의지하지 말고, 반드시 사본(영인)을 옆에 두고 연구를 진행할 필요가 있으며 보다 정확한 번각·교정의 연구, 발표도 기대된다.

사상사적 연구에서는, 삼계교 사상 자체의 골격은 상당히 구체적으로 밝혀지고 있는 것으로 보인다. 앞으로 삼계교 사상을 중국불교사상사, 나아가 중국사상사 안에 위치시키는 작업에 중점을 두는 것이 중요하다. 첫째로는, 삼계교 성립의 모태가 된 지론종을 중심으로 한 남북조시대 후반의 불교사상에서 삼계교 사상으로 전개되는 자취를 보다 구체적으로 찾을 것, 그 가운데에서도 불성佛性·여래장사상의 중국적인 전개 속에 삼계교 사상을 위치시키는 작업을 적극적으로 행할 필요가 있을 것이다. 삼계교 문헌 가운데에는 『기신론起信論』의 사상구조를 명확히 계승한 문헌과, 그 영향이 분명하게 드러나지 않는 문헌이 섞여 있다. 이 문헌적 성격의 차이를 어떻게 처리할 것인가가 삼계교 문헌 성립의 수수께끼를 푸는 하나의 중요한 열쇠가 될 것이다. 둘째로는, 동시대 불교 종파들과의 영향 관계를 보다 면밀히 밝힐 필요가 있다. 화엄종·정토교·선종 등과의 사상적 교섭에 관해서는 요 20년 정도 사이에 상당하게 해명되었지만 아직 많은 과제가 남아 있다. 구체적으로는, 선종 문헌으로 오인받을 수도 있는 삼계교 문헌, 혹은 삼계교의 영향을 받은 게 아닐까 추정되는 선종 문헌과 관련하여, 그 성립 과정과 영향 관계를 어떻게 설명할 것인가에 대해서는, 이를 다룬 논고가 일정하게 나와 있기는 하지만 아직 연구의 여지가 있다. 작업가설적으로 '삼계선三階禪'의 성립과 발전이라는 연구과제를 설정해 보는 것도 쓸모 없지는 않을 것이다. 더욱이 삼계교 사상의 중심에 자리한 '보경普敬'과 '인악認惡' 같은 용어도, 어디까지가 삼계교 사상으로서 폐쇄적인 용어고 어디에서부터 어떻게 해서 개방되는지 그 용례를 널리 검토하여 밝힐 필요가 있다. 또 타자를 철저히 존중하는 '보경普敬'과 자신의 품행을 철저히 반성하는 '인악認惡' 정신을, 중국사상의 오랜 전통 속에서 배양되어 온 인성론과 도덕관의 전개에서 어떻게 위치시킬 것인가, 혹은 인도에서 중국으로 불교사상이 전개되는 중에 '보경'과 '인악' 사상을 어떻게 위치시킬까 등 더욱 넓은 시야에서 삼계교 사상을 파악할 필요가 있다. 불교 의례에 관해서도, 「칠계불명七階佛名」에 기초한 예배의례가 지론종地論宗 영유靈裕

의 영향을 받아 삼계교에서도 의례화된 것이라고 하는데, 이 의례가 어느 정도까지 삼계교 특유의 것인지를 새롭게 검토해 보아야 한다. 그렇지 않으면, 둔황에서 필사된 것까지 포함해서 「칠계불명」이 대량으로 필사된 이유를 설명할 수 없을 것이다. 셋째로는, 삼계교 사상이 조선과 일본에 미친 영향에 대해서도 연구가 진행되고 있는데, 점과 점으로 산재되어 있는 사상적 유사성을, 실증적인 사실들을 축적하여 선線으로 잇는 작업이 앞으로 더 중요해질 것이다.

마지막으로, 역사학적 연구는 이미 소개한 오타기 하지메愛宕元의 연구가 하나의 모델이 될 것이다. 현재 밝혀진 70명 이상의 삼계교 관계자의 출신과 신분, 활동지역과 장소 등을 포함해서 보다 치밀하게 검토를 행하고 교단의 역사적 흐름을 파악할 수 있어야 한다. 또한 사상사적 연구과제와도 밀접히 관련되는데, '선사禪師'와 '법사法師'라는 호칭과 거주 사원 문제 등을 통해, 삼계교단 내의 여러 조류를 보다 생생하고 사실적으로 그려내는 시도도 필요하다. 지금 중요한 과제 하나를 꼽자면, 삼계교가 왜 소멸했는가다. 당연히 '소멸한다'라는 표현이 적확한지 그 여부까지 포함하여 검토해야겠지만, 중국불교사에서 삼계교가 독자적인 종파로서 그 존재성을 상실하는 과정을, 단순히 삼계교 자체의 전개만이 아니라 중국불교의 역사적 전개 속에 위치시켜 파악하는 종합적인 연구가 요망된다. 이 과제가 종합적인 이유는, 삼계교 사상의 전개, 불교 여러 종파와의 교섭과 대립, 삼계교단의 성격, 교단의 전개와 활동지역, 수행 내용과 사원 생활의 상황, 교단을 떠받친 정치적·재정적 기반, 정치권력의 탄압 혹은 지원, 등등 삼계교의 사상과 활동에 관한 모든 내적·외적 사실들의 종합적 검증에 입각하고서야 비로소 이 과제가 풍부한 사실성을 담보할 수 있기 때문이다. 삼계교의 역사와 사상을 제대로 밝히는 작업은, 중국불교사 연구 나아가 중국사상사 연구에서 앞으로 더욱 중요해질 것이다.

제4절 법상종

요시다 미치오키吉田道興
아이치가쿠인대학愛知學院大學 교수

1) 인도불교 유가행瑜伽行에서 유가행학파瑜伽行學派로

중국불교에서 '삼가유식三家唯識', 즉 지론종·섭론종·법상종을 탐색하는 데 우선 필요한 것은 인도불교의 요가챠라Yogacara(瑜伽行·瑜伽師)를 아는 것이다. 유가행瑜伽行이란 이른바 '선정禪定'의 실천이다. 그 체험을 통하여 심식心識만 있고 외경外境은 없다고 하는 '유식무경唯識無境'을 설파한 유가행학파瑜伽行學派(瑜伽行派·瑜伽行唯識派)는, 대승불교에서 '공空'을 설파한 중론학파中論學派(中觀派)와 함께 극히 치밀하고 정교한 분석과 이론 체계로 사람들을 압도한다. 우선 이 실천 체험으로부터 정밀한 이론이 생긴 것에 주목하고자 한다.

유가행파의 학문체계는 5세기경 북인도 간다라에서 아상가無着와 바수반두世親 형제에 의해 구축되었다고 한다. 또한 티베트 불교의 전승으로서 마이트레야(미륵)와 밀접하게 관계되는『대승장엄경론大乘莊嚴經論』등 '오법五法'(五論)의 위치 문제와도 연결되며, 이 마이트레야를 '보살'이 아닌 '논사論師'라고 보는 우이 하쿠주宇井伯壽의 설(「史的人物としての彌勒及び無着の著述」,『哲學雜誌』411·413, 1921. 나중에『印度哲學研究1』에 수록. 별도로「彌勒菩薩と彌勒論師」,『大乘佛教の研究』, 岩波書店, 1963)이 있어 학회에서도 논쟁을 불러일으켜 현재에 이르고 있다. 예를 들면 아카시 에타쓰明石惠達의「瑜伽派と彌勒菩薩」(『佛教學研究』5, 1951), 후카우라 세이분深浦正文의「無著世親と唯識の大成」(『唯識學研究(上)』, 永田文昌堂, 1954), 구도 세이세이工藤成性의「『瑜伽師地論』の成立に關する私見」(『佛教學研究』31, 1975), 무카이 료向井亮의「『瑜伽論』の成立とアサンガの年代」(『印佛研』29-2, 1981) 등이 있다. 스구로 신조勝呂信靜의「瑜伽論の成立に關する私見」(『大崎學報』129, 1976)·「彌勒諸論の成立とその歷史的位置づけの問題」(『初期唯識思想の研究』, 春秋社, 1988)에서는『유가사지론』을

개인 저술이 아니라고 보았다. 이 같은 학회의 최근 설에 더하여, 티베트의 전승과 푸통의 『佛敎史』에 의한 분류를 염두에 두고 마이트레야 및 아상가와 바수반두라는 논사論師 3인에 관한 문헌을 해설한 것으로 하카마야 노리아키袴谷憲昭의 「瑜伽行派の文獻」(『講座大乘佛敎8 唯識思想』, 春秋社, 1982)이 있다. 또한 하카마야 노리아키의 「チベットにおけるマイトレーヤの五法の軌跡」(山口瑞鳳 監修, 『チベットの佛敎と社會』, 春秋社, 1986 ; 『唯識思想論考』, 大藏出版, 2001 재록)은 아직 논쟁의 결말이 나지는 않았지만 최근의 학회 성과를 정리하였다.

인도 유가행파 사상을 연구하는 데는 앞서 언급한 3인의 논사 외에 바수반두世親의 『유식삼십송唯識三十頌』에 주석한 10대 논사十大論師(護法·德慧·安慧·親勝·難陀·淨月·火辨·勝友·最勝子·智月)와 호법의 스승 무성無性, 무성의 스승인 진나陳那, 나아가 티베트 불교의 논사들과 그의 저술들 등도 파악해야 할 것이다.

인도 유가행파를 중심으로 한 역사와 사상의 고전적인 개설서로는 사이토 유이신齋藤唯信의 『佛敎における二大唯心論』(法文館, 1930), 무라카미 센쇼村上專精의 『佛敎唯心論』(創元社, 1943)이 있다. 최근의 개설서로는 히라카와 아키라平川彰·가지야마 유이치梶山雄一·다카사키 지키도高崎直道(編)의 『講座大乘佛敎8 唯識思想』을 들 수 있다. 내용을 보면 〈Ⅰ. 유가행파의 형성〉, 〈Ⅱ. 유가행파 문헌〉, 〈Ⅲ. 유식설의 체계와 성립〉, 〈Ⅳ. 바수반두世親의 식전변識轉変〉, 〈Ⅴ. 유식의 실천〉, 〈Ⅵ. 무상유식無相唯識과 유상유식有相唯識〉, 〈Ⅶ. 중관中觀과 유식唯識〉, 〈Ⅷ. 유가행유식瑜伽行唯識에서 밀교로〉(이하 생략)로 구성되어 있다. 또한 히라카와 아키라平川彰의 「瑜伽行派の成立·瑜伽行派の發展」(『インド佛敎史(下)』, 春秋社, 1979)에도 간결히 정리되어 있다.

인도의 초기 내지 후기의 유식경론의 성립과 특색을 밝히고, 사상 형성에 대해 명확히 한 전문연구서로는 가쓰마타 슌교勝又俊敎의 『佛敎に

おける心識説の研究』(山喜房佛書林, 1961), 후나하시 나오야舟橋尚哉의 『初期唯
識思想の研究−その成立過程をめぐって−』(國書刊行會, 1976), 스구로 신조勝呂信靜
의 『初期唯識思想の研究』(春秋社, 1988), 우미노 다카노리海野孝憲의 『インド後
期唯識思想の研究』(山喜房佛書林, 2002) 등이 있다. 또한 하카마야 노리아키袴
谷憲昭의 『唯識思想論考』는 티베트 불교학의 전문적 입장에서 〈서론〉에서
'인도불교사상사에서 Yogacara의 위치'에 '비판적 외재주의外在主義'라는
새로운 관점을 설정하고 본론을 서술하였다. 그중 제1부 '문헌과 전승'
중 〈제1장 유가행파 문헌〉·〈제2장 둔황 출토 티베트어 유식문헌〉·〈제4
장 유식학계에 관한 티베트 찬술문헌〉, 제2부 '문헌연구'에서 문헌들을
정리하였는데, 특히 '유가행파 문헌'·'문헌 연구' 같은 항목은 유가행파
교학을 연구할 때 기본적으로 파악해 두어야 한다.

　인도 유가행파의 한 계통인 '유상파有相派'와 연결되는 중국 '법상종法相
宗'의 사상 방면 연구는 (1) 근대적인 문헌학적 연구, (2) 전통적인 종학
(종파)적 연구를 상정해볼 수 있다. 종래에는 (2)가 주류를 점했지만
최근에는 (1)이 중시되고 있다. 산스크리트와 티베트어 원전을 바르게
이해하는 일은, 학문의 기본에서 보더라도 당연하며, (2)의 한문중심의
문헌 이해에서 오는 주관성과 배타적 태도에서 나오는 독선을 막는
일이기도 하다. 비판적인 시점을 견지하면서 많은 문헌과 사상을 널리
수용하는 자세가 필요하다. 단순히 '이단파異端派'를 설정하여 배제시키
는 것은 피해야 할 것이다.

2) 지론종地論宗(지론학파)의 성립과 전개−남북조 북위北魏·진陳, 수대隋代−

　남북조시대 혹은 수대隋代 경까지 중국에 전래한 '유가행파(유식계)'의
경론經論은, 당연히 각 전역자傳譯者의 교학과 지향에 의해 자유로이 번역
되었고, 시계열적時系列的·조직적으로 행해진 것이 아니어서 승려는 그
수용과 이해에 다소 혼란을 겪었을 수 있다. 그렇지만 인도의 학파적

경향은 이어받았을 것이다. 『보살지지경菩薩地持經』(曇無讖 譯)을 비롯해서 『능가아발다라보경(능가경)楞伽阿跋多羅寶經(楞伽經)』·『상속해탈지바라밀료 의경相續解脫地波羅蜜了義經』(求那跋陀羅 譯), 『십지경론十地經論』·『입능가경入楞伽 經』·『심밀해탈경深密解脫經』(菩提流志 譯), 『섭대승론攝大乘論』(佛陀扇多·眞諦 譯), 『불설해절경佛說解節經』(眞諦 譯) 등이 차례로 번역되었다. 이들 전역傳譯을 다룬 논고로는 가쓰마타 슌교勝又俊敎의 「求那跋陀羅による唯識系經論の傳譯」 ·「菩提流支, 勒那摩堤, 佛陀扇多による唯識系經論の傳譯」·「特に十地經論の譯出 について」·「(眞諦三藏)譯經の槪觀」(앞의 『佛敎における心識說の硏究』) 등이 있다.

『능가경楞伽經』에 의거하여 수행하는 사람들을 '능가사楞伽師', 『십지경 론十地經論』에 의거하는 학파를 '지론종地論宗', 『섭대승론攝大乘論』에 의거 하는 학파를 '섭론종攝論宗'이라 부르고 이러한 사람들은 후에 일반적으 로 '지론사', '섭론사'로 불렸다. 그렇다면 후에 지론남도파의 개조라 하는 혜광慧光(468~537)이 한편으로는 '율종律宗의 중흥조中興祖(光統律師)' 및 '화엄종조華嚴宗祖'로 불린 예에서 보듯, 당시 그들은 많은 스승의 문하에 서 많은 경론을 배워, 일경일론一經一論으로 치우치지 않았고 스스로 종파를 칭하는 일도 없었다. 이에 관해서는 요시즈 요시히데吉津宜英의 「地論師という呼稱について」(『駒大佛敎紀要』 31, 1973)를 참조하기 바란다.

남산도선南山道宣(596~667)이 저술한 『속고승전續高僧傳』의 습선편習禪篇· 의해편義解篇·감통편感通篇 등에는, 나중에 '선종'에 속하는 '좌선중坐禪衆' 사람들, 각종 '관법觀法' 내지 '경사經師'·'논사論師' 사람들, 즉 앞에서 언급 한 '능가사', '지론사', '섭론사'도 편입되어 여명기의 그들의 행실이 간접 적으로 기록되어 있다. 이에 대한 연구의 일단은 요시다 미치오키吉田道 興의 「中國南北朝·隋·唐初の地論·攝論の硏究者達-『續高僧傳』による傳記一覽 表-」(『駒大佛敎論集』 5, 1974)에서 볼 수 있다.

통칭으로서의 지론종·섭론종 및 법상종의 전체적인 양상을 정리한 개설서로는 사사키 겟쇼佐々木月樵의 「地論學派と攝論學派, 地·攝·法三學派

の唯識義」(『漢譯四本對照攝大乘論(上)』, 萠文社, 1931), 히라카와 아키라平川彰의 『八宗綱要(上)』(佛典講座39上, 法相宗. 附: 法相宗의 연구법과 참고서, 大藏出版, 1980), 다케무라 마키오竹村牧男의 「地論宗·攝論宗·法相宗」(앞의 講座大乘佛教8), 또한 가마타 시게오鎌田茂雄의 「地論學派·攝論學派」(『中國佛教史4』「南北朝の佛教(下)」, 東京大學出版會, 1990)·「法相宗」(위의 책6, 「隋唐の佛教(下)」, 東京大學出版會, 1999) 등이 있다.

또 좀 오래 된 학술서지만 후카우라 세이분深浦正文의 『唯識學研究』(上·下, 永田文昌堂, 1954)는 인도·중국·일본에 걸친 유식법상학의 역사적 전개와 교의에 관한 항목들을 조직적으로 상세히 정리하였다. 유식법상학의 전체 문헌을 나라별로 계통적으로 나열하고, 각 문헌에 역사적 사료를 첨가하여, 그 족적을 간결히 해설한 유키 레이몬結城令聞의 『唯識學典籍志』(大藏出版, 1962)는 항상 연구자가 옆에 구비해 두어야 할 것이다. 이하 조사祖師들의 문헌에 관한 정보도 이들 연구논저를 통해 얻기 바란다.

근년의 유식교학과 관련한 연구동향의 일단을 파악하는 데 도움이 될 연구로는 와타나베 류쇼渡邊隆生의 「中國唯識の研究動向と『成唯識論』」(『渡邊隆生還曆記念』, 永田文昌堂, 1997)이 있다. 구성을 보면, 〈1. 중국 유식교학사의 전개 개관〉, 〈2. 지론·섭론의 유식에 관한 교학사 전개와 과제〉, 〈3. 법상유식의 교학사에 관한 연구와 과제〉, 〈4. 『성유식론』를 중심으로 한 유식학의 연구동향〉, 〈5. 자료-『성유식론』 장절 항목의 신편성〉으로 되어 있는데, 이른바 '법상유식法相唯識'을 배우는 데 편리한 입문서라 할 수 있다.

이 '법상유식'이라는 명칭에 포함된 '유식'과 '법상'이라는 어구는 당대唐代의 현장이 번역한 『해심밀경解深密經』「분별유가품分別瑜伽品」 제6과 「일체법상품一切法相品」 제4의 서술에서 유래한다. 유가행파는 원래 유가행瑜伽行(禪定)의 실천에 수반하여, 심중心中에 나타난 영상影像(表象)은 마음과 다르지 않고 심외心外에 실재實在하는 것이 아닌데, 이를 '유식唯識'이라 칭하고, 대상對象은 실재하지 않으므로 '무경無境'이라고 한다. '법상法相'이란 모든 제법[一切諸法]의 '성상性相' 면 가운데 모든 것의 실성實性·실체實體를 가리키고 이것을 연구하는 것이다.

이 중요한 개념을 파생시킨 『해심밀경解深密經』의 성립과 사상에 관한 연구는 스구로 신조勝呂信靜의 「『瑜伽師地論』と『解深密經』の成立に對する考察」(앞의 『初期唯識思想の研究』), 우에다 요시후미上田義文의 「深密解脫經と解深密經」(『佛教學研究』 3, 1950), 이나바 마사나리稻葉正就의 「解深密經成立構造の研究」(『大谷學報』 24-1~5, 1953), 이토 슈켄伊藤秀憲의 「『解深密經』における玄奘·流志の緣起理解について」(『印佛研』 23-1, 1974) 등이 있다. 또한 관련된 전문 연구서로 니시오 교오西尾京雄의 『佛地經論之研究』(破塵閣書房, 1940)와 노자와 조쇼野澤靜証의 『大乘佛教瑜伽行の研究』(法藏館, 1957)가 있다.

최근, 티베트 불교 연구자인 하카마야 노리아키袴谷憲昭가 『해심밀경』을 풀어 쓴 『唯識の解釋學-『解深密經』を讀む-』(春秋社, 1994)을 출판했다. 책의 서설에 「『解深密經』の研究文獻」이 있는데, 여기에는 티베트어 번역·한문 번역(6本), 현장 번역의 훈독 일본어 번역, 티베트어 번역의 일본어 번역과 연구서 및 주석과 문헌, 원측圓測이 지은 『해심밀경소』의 산일된 부분에 대한 연구와 티베트어 번역과 그 연구 등이 수록되었다. 관련 논문으로 하카마야袴谷의 「唯識の學系に關するチベット撰述文獻」(『駒大佛教論集』 7, 1976)도 있기 때문에 '연구문헌'에 대한 소개는 이 글에 양보하고 여기에서는 생략한다.

다음으로 이른바 '지론종地論宗'(지론학파)으로 불리는 역사와 인물·사상 등의 연구에 대해 서술하기로 한다. 우선 근거로 삼은 『십지경론十地經論』(世親 지음)은 『화엄경』 「십지품十地品」을 전개한 석론釋論이다. 『십지경론』의 번역을 둘러싸고는 「논서論序」와 『역대삼보기歷代三寶紀』, 『속고승전』 등의 기사에 의거한 다음 세 가지 설이 있다. ① 보리류지菩提流志·늑나마제勒那摩提 일처공역설一處共譯說, ② 보리류지·늑나마제 일처별역설一

處別譯說, ③ 보리류지·늑나마제·불타선다佛陀扇多 삼처별역설三處別譯說(『唯識學典籍志』). 이 가운데 사카모토 유키오坂本幸男(『華嚴敎學の硏究』, 平樂寺書店, 1964)는 법상法上·혜원慧遠·법장法藏의 찬술서에 바탕하여 ②의 '별본別本존재설'을 유력하게 보았지만, 그 부분이 권1로 제한된 것도 있고 해서 현재는 ①, 즉 '보리류지(보디루치)의 주역본설主譯本說'로 기울고 있다.

보리류지에 대해서는 노가미 슌조野上俊靜의 「北魏の菩提流志ついて」(『大谷史學』 3, 1954), 우이 하쿠주宇井伯壽의 「菩提流志の飜譯と金剛仙論」(『大乘佛典の硏究』, 岩波書店, 1963), 늑나마제勒那摩堤의 약전略傳과 전역傳譯에 대해서는 우이 하쿠주宇井伯壽의 「本論(寶性論)の譯者, 譯年」(宇井伯壽, 『寶性論硏究』, 1959) 등이 있다. 보리류지는 중국불교계에 세친 유식설을 최초로 정리해서 소개한 인물이라 할 수 있다.

'지론종'이 남도南道와 북도北道의 2파로 나뉘고 '섭론종'과 대립했다고 한 기사는 천태지의天台智顗(538~597)의 『법화현의法華玄義』 권9상과 『속고승전』 권7 「도총전道寵傳」에 나온다. 이 '지론남북이도地論南北二道' 분파와 사상에 대한 연구로는 후세 고가쿠布施浩岳의 「十地經論の傳譯と南北二道の濫觴」(『佛敎硏究』 1-1, 1937), 무라타 쓰네오村田常夫의 「十地經論傳譯小論-'有不二不盡'と'定不二不盡'について-」(『大崎學報』 100, 1953), 가토 젠조加藤善淨의 「地論宗の形性」(『印佛硏』 5-1, 1957), 가쓰마타 슌교勝又俊敎의 「地論宗南道派北道派の論諍」·「地論宗二派の發展」(앞의 『佛敎における心識說の硏究』) 등이 있다.

남도파와 북도파 간의 사상적 차이에 대해서는, 담연湛然(710~782)의 『법화문구기法華文句記』 권7중과 『법화현의석첨法華玄義釋籤』 권18에 서술되어 있다. 『법화현의석첨』에서, 북도(파)는 모든 법은 아려야식阿黎耶識에서 생겼다고 하여 '아려야(무명)의지阿黎耶(無名)依持', 이에 대해 남도(파)는 '진여(법성)의지眞如(法性)依持'라는 주지主旨를 전하여, 이 점에서 북도(파)는 '여야망식黎耶妄識'설, 남도(파)는 '여야진식黎耶眞識'설을 창도했다고 하기도 하고, 나아가 북도(파)는 제팔여야망第八黎耶妄·제구여야정第九黎耶

淨의 구식건립설九識建立說, 남도(파)는 여야정식黎耶淨識의 팔식건립설八識建立說이 생겼다고 하였는데, 남도파에 속하는 정영사淨影寺 혜원慧遠은 만년에 행학行學(섭대승론)과 찬술서(『十地經論義記』·『大乘義章』·『八識義』)에서 과연 어떠하였을까. 또 『십지경론』의 주석서로는 앞에서 든 혜원의 저서와 법상法上의 『십지의소十地義疏』밖에 남아 있지 않다. 법상과 혜원의 심식설은 『능가경』(4권본·10권본)과 불타선다佛陀扇多 번역의 『섭대승론』과 진제眞諦 번역의 『섭대승론攝大乘論』 등도 인용 서술하고 있어서 위에서 지적한 것처럼 단순하지가 않다. 혜원과 법상의 심식설에 대해서는 가쓰마타 순교勝又俊敎의 「法上の心識說」·「慧遠の心識說」(앞의 『佛敎における心識說の研究』)을 비롯하여 많은 연구자들도 관련 내용을 언급하고 있다.

'지론학파'의 사상을 연구한 것으로는 와타나베 류쇼渡邊隆生의 「中國初期唯識說の問題點-印度から中國への地論思想史の一斷面-」(『佛敎文化硏究所紀要』 2, 1963), 미쓰이 준벤三井淳弁의 「地論攝論の阿梨耶識觀」(『龍大論集』 42, 1905), 보리류지의 '반만이교설半滿二敎說', 혜광의 '돈점원삼교설頓漸圓三敎說', 혜원의 '성문장보살장이교설聲聞藏菩薩藏二敎說'과 '국점돈설局漸頓說'에 관해 논급한 무라타 쓰네오村田常夫의 「地論師の敎判について」(『大崎學報』 108, 1958)·「地論師の敎判に於ける頓敎論」(『印佛硏』 7-2, 1959), 나리카와 분가成川文雅의 「地論宗南道派における二系譜」(『印佛硏』 9-1, 1961), 북도파에 여래장적如來藏的 성유식性唯識과 남도파에 아리야적阿梨耶的 상유식相唯識의 토대가 있다고 본 와타나베 류쇼藤[渡邊]隆生의 「地論唯識說の二傾向に對する敎學的試論」(『印佛硏』 12-2, 1964), 유키 레이몬結城令聞의 「支那唯識敎學史における楞伽師の地位」(『支那佛敎史學』 1-11, 1937), 가쓰마타 순교勝又俊敎의 「攝論の北地傳播」(앞의 『佛敎における心識說の研究』), 사카모토 유키오坂本幸男의 「地論學派における二, 三の問題-特に法上, 慧遠の十地論疏を中心として-」(『佛敎硏究』 3-4, 1939), 요시다 미치오키吉田道興의 「初期地論學派における諸問題」(『印佛硏』 23-2, 1975), 요시즈 요시히데吉津宜英의 「大乘義章八識義研究」(『駒大佛敎紀要』 30, 1972)·「淨影寺慧遠の眞

妄論について」(『宗敎硏究』 46-3, 1973)·「淨影寺慧遠の‘妄識’考」(『駒大佛敎紀要』 32, 1974)·「地論學派の學風について」(『宗敎硏究』 50-3, 1976) 등이 있다.

위와 같이 남도파에 속하는 정영사 혜원에 대한 연구가 많은 것은 저작이 비교적 많이 남아 있기 때문인데, 유식사상에 속하는 책으로 『십지론의기十地論義記』(4권)·『기신론의소起信論義疏』(4권)·『대승의장大乘義章』(14권) 등이 남아 있다. 혜원은 만년에 수나라로 바뀐 세상에서 낙주사문도洛州沙門都가 되고, 6대덕六大德 중 1인으로 선발되어 장안에 초치되었는데, 거기에서 자신보다 훨씬 연하인 담천曇遷에게 『섭대승론』을 청문하였다. 『대승의장』에서는 섭론학파의 영향을 볼 수 있다. 마찬가지로 남도파에 속하는 지정智正의 문하로 지현智現과 지엄智儼이 있다. 지엄의 제자 법장法藏(643~712)은 익히 알려져 있듯이 『화엄경』의 대가 ‘화엄종 제3조華嚴宗第三祖’ ‘현수대사賢首大師’로 불린다. 이처럼 지론학파 사람들은 다른 경론經論에 흡수되는 식으로 쇠퇴의 길을 걸었다.

일반적으로 북도파는 ‘여야의지설黎耶依持說’을 유지하다 이윽고 진제眞諦가 번역한 『섭대승론』의 번역작업과 유행에 의해 합류 내지 병탄되어 버렸다고 한다.

3) 섭론종(섭론학파)의 성립과 전개

아상가[無著]가 저술한 『섭대승론』의 한역본으로는 북위北魏 경제敬帝 대의 불타선다佛陀扇多가 번역한 『섭대승론』(普泰 원년 531), 진陳 문제文帝 대의 파라말타[眞諦]가 번역한 『섭대승론』(天嘉 4년 563), 같은 바수반두[世親]가 석釋하고 진제가 번역한 『섭대승론석攝大乘論釋』(同), 수隋 양제煬帝 대의 달마굽타達摩笈多·행거行矩 등이 번역한 『섭대승론석론攝大乘論釋論』(부분 釋 大業 5년 609)이 있고, 모두 『大正藏』 권31에 수록되어 있다. 당시 자주 연구의 대상이 되었던 것은 난해한 불타선다 번역본보다는 주석까지 갖춘 진제의 번역본이었던 것 같다.

『섭대승론』은 '대승불교를 포괄한 논의論'라는 의미로, 『반야경』·'중관中觀' 사상을 비롯하여 유가행학파의 선행 경론인 『해심밀경』·『대승아비달마경大乘阿毘達磨經』·『중변분별경中邊分別經』·『대승장엄경론大乘莊嚴經論』 등의 사상을 조직적으로 정리한 논서다.

다음으로 『섭대승론』(진제 번역)의 장 제목과 내용 항목을 들면 다음과 같다. ① 응지의지승상품제1應知依止勝相品第一(아라야식·緣起), ② 응지승상품제2應知勝相品第二(三性·實相), ③ 입응지승상품제3入應知勝相品第三(唯識觀), ④ 입인과승상품제4入因果勝相品第四(六波羅密), ⑤ 입인과수차별승상품제5入因果修差別勝相品第五(十地), ⑥ 의계학승상품제6依戒學勝相品第六(戒), ⑦ 의심학승상품제7依心學勝相品第七(定), ⑧ 의혜학승상품제8依慧學勝相品第八(慧), ⑨ 학과적멸승상품제9學果寂滅勝相品第九(無住處涅槃·六種轉依), ⑩ 지차별승상품제10智差別勝相品第十(佛三身·淨土十八圓淨).

'섭론종(섭론학파)'에 대한 개설로는 '지론종'에서 언급한 다케무라 마키오竹村牧男의 「地論宗·攝論宗·法相宗」(앞의 講座大乘佛敎8) 등 외에, 사사키 겟쇼佐々木月樵의 「無著の攝大乘論とその學派」(앞의 『漢譯四本對照攝大乘論』), 가쓰마타 슌교勝又俊敎의 「攝論宗敎學の一斷面」(『日佛年報』26, 1961), 전역자傳譯者 진제삼장에 대해서는 우이 하쿠주宇井伯壽의 「眞諦三藏傳の硏究」(『印度哲學硏究6』, 岩波書店, 1965) 등이 있다.

『섭대승론』의 통독에는 연구자용으로 중후한 문체의 나가오 가진長尾雅人의 『攝大乘論·和譯と注解』(上·下, インド古典叢書, 講談社, 1982)와 일반용으로는 비교적 친근한 문체를 사용한 간략한 오카노 모리야岡野守也·하야다쓰오羽矢辰夫의 『攝大乘論現代語譯』(星雲社, 1996)이 나와 있어 용도에 따라 선택할 수 있다.

이 '섭론종(섭론학파)'에 속하는 사람들의 행실은 주로 『속고승전』에서 보인다. 앞에서 언급한 사사키 겟쇼佐々木月樵의 『漢譯四本對照攝大乘論』에 이들의 계보가 표기되어 있다.

이 가운데 담천曇遷(542~607)은, 앞서 서술한 바와 같이 원래 지론종 남도파 담준曇遵의 제자였는데 북주北周의 파불破佛 때 남(壽陽의 曲水寺·揚都 金陵 道場寺)으로 도피하여 거기에서『섭대승론』을 접하여 배웠으며, 북(彭城 慕聖寺·廣陵 開善寺)으로 돌아와 이를 확장시킨 인물로서 '섭론북지전파攝 論北地傳播의 조祖'로 불린다. 혜원慧遠은 장안 대흥선사에서 담천의 강의를 열심히 청강한 1인이다. 가마타 시게오鎌田茂雄의「攝論學派」(『中國佛教史4』, 東京大學出版會, 1990)에서는 담천의 문하에 속하는 사람들을 계통별로 셋으로 구분하였다. 즉 첫째, 지론종 남도파 담연曇延 밑에서 '열반학涅槃學'을 배운 혜해慧海(550~606)·도손道愻·현완玄琬·법상法常, 둘째, 같은 지론종 남도파 혜원 밑에서 '지론地論'을 배운 정업淨業·정변淨弁·정장靜藏·변상弁相(558~627), 셋째, 담천에게 직접 '섭론攝論'을 배운 도철道哲·도영道英·도림道琳·정응靜凝이다. 이처럼 지론종 남도파에 속하는 혜원 및 주로『열반경』과『지론』등을 강의한 담연曇延의 문하 사람들에게 담천이 얼마나 큰 영향을 주었는지 알 수 있다.

『섭대승론』의 대표적인 전문연구서로는 사사키 겟쇼佐々木月樵의『漢譯四本對照攝大乘論, 附 山口益 校訂 西藏譯攝大乘論』(앞의 책, 개정신판, 1977), 우이 하쿠주宇井伯壽의『攝大乘論研究』(岩波書店, 1935 ; 1967 재간)가 있다. 후자는 〈제1 저자〉, 〈제2 섭대승론의 전래〉, 〈제3 섭대승론 기초가 된 제경諸經〉, 〈제4 섭대승론의 기초가 된 제론諸論〉, 〈제5 섭대승론의소攝大乘論義疏의 단편〉, 〈제6 섭대승론 과판科判〉, 〈제7 섭대승론의 내용연구〉의 7개 장으로 구성되어 있다. 최근의 연구성과로는 스구로 신조勝呂信靜의「文獻成立から見た『大乘莊嚴經論』と「菩薩地」および『攝大乘論』の相互比較」(앞의 『初期唯識思想の研究』), 『섭대승론』에 대한 부분적 연구로는 우에다 요시후미上田義文의『攝大乘論講讀』(同, 1981)에 〈應知勝相品第二〉의 삼성三性 고찰(9·10품), 가타노 미치오片野道雄의『インド佛教における唯識思想の研究-無性造『攝大乘論註』所知障の解讀-』(文榮堂書店, 1975)과 다케우치 쇼코武內紹晃의『瑜伽行唯

識學研究』(百華苑, 1979)에서는 똑같이 제1장은 '삼성설三性說'에 관해 미륵논사彌勒論師와 『섭대승론』을, 제2장은 '아라야식'을 『섭대승론』의 소지의분所知依分을 중심으로, 제3장은 『섭대승론』의 실천론을, 제4장은 '불신佛身과 불토佛土'를 논설하였다.

진제眞諦 번역의 『섭대승론』은 '구식설九識說'을 세웠다. 제8 아려야식阿黎耶識은 진망화합식眞妄和合識(=雜識;『섭대승론』권5中) 또는 망식妄識(『中論疏』권4本)이고, 나아가 제9 아려야식은 정식淨識(=眞識;同上)이라고 보아 '여래장'적으로 해석하고 있다. 또 제9식의 명칭 '아마라식阿摩羅識'은 이 책에는 없지만, 그의 저서 『결정장론決定藏論』 권5와 『삼무성론三無性論』·『십팔공론十八空論』·『현식론顯識論』에 보이며, 현존하지는 않으나 그에게는 『구식의기九識義記』라는 저서가 있었다고 한다. '구식설'에 관한 상세한 내용은 가쓰마타 슌교勝又俊教의 「眞諦三藏の九識說とその背景思想」(『東洋大學紀要』4, 1965)·「眞諦三藏の識說」(앞의 『佛教における心識說の研究』)에 양보하겠다. 또 와타나베 류쇼渡邊隆生의 「攝論學派における阿摩羅(amala)識の問題」(『佛教文化研究所紀要』4, 1965), 다카사키 지키도高崎直道의 「眞諦譯攝大乘論世親譯における如來藏說—寶性論との關連—」(『結城教授頌壽記念』, 大藏出版, 1964), 이와타 료조岩田良三의 「攝大乘論と九識說について」(『印佛研』20-2, 1972) 등이 있다. 우이 하쿠주宇井伯壽의 「攝大乘論の一識說」(『印度哲學研究5』, 岩波書店, 1965)에서 언급한 '일식설一識說'은 '일의식계一意識計'(八識體一)이며, 그 논급이다. 진제삼장眞諦三藏의 '구식설'은 특색있는 그의 학설로서 지론 남도파에도 영향을 주어 주목할 만하다.

4) 법상종의 성립과 발전

젊은 시절의 현장(602~664)은, 종래의 한역경전에 만족하지 않고 구법을 위해 인도 유학入竺을 결행하여, 온갖 고난을 겪으며 약 19년에 걸쳐 '원전原典'인 산스크리트어로 된 다수의 경론을 중국으로 들여와 번역하였다. 그 의지의 순수성, 번역경전의 방대한 양과 그 정확성 등에서 그야말로 '삼장법사三藏法師'의 대표격이라 할 수 있다.『대자은사 삼장법사전大慈恩寺三藏法師傳』권1에 의하면, 그의 유학 목적은 진제가 번역한『십칠지론十七地論』의 완본인『유가사지론瑜伽師地論』의 학습과 취득에 있었다고 전해진다. 나란타대학에서 실라바드라[戒賢]를 사사하고 배운『유가사지론』은 인도 '유가행파'의 중요 논서로, '유가행자의 깨달음에로의 수행修行 계제階梯'를 보인 것이다. '유가행파'의 경론은 현장이 귀국한 후 조직적·체계적으로 번역되었다고 할 수 있다.『성유식론장중추요成唯識論掌中樞要』권상본에 의하면, 문하의 으뜸되는 제자 대승기大乘基(632~682)의 요청에 따라『유식삼십송唯識三十頌』[바수반두(세친) 造]의 16 논사의 주석서 가운데, 논사의 1인인 다르마파라[護法]의 설을 중심으로 현경顯慶 4년(659) 장안 옥화사玉華寺에서 한데 합쳐 번역한 것이『성유식론成唯識論』이다. 이『성유식론』을 기본 성전으로 삼아 '법상종法相宗'을 연 것이 자은대사慈恩大師 기基다.

법상종은 당대 초기에 현장의 명성, 또한 제1조 자은대사 기의 학식과 재능에 힘입어 한 시기를 풍미했지만, 종파색宗派色(sect성)이 농후하여 결국 쇠퇴하게 된다. '법상종', '호법종' 등의 명칭(法性宗·唯識宗·應理圓實宗, 慈恩宗·慈恩敎·慈恩宗敎)에 대해 자칭타칭의 구별도 있지만, 교학과의 관계에서 이를 역사적으로 고찰한 것이 요시즈 요시히데吉津宜英의「法相宗という宗名の再檢討」(앞의『渡邊隆生還曆記念』)다.

현장을 알기 위한 기본적인 전기자료로는『대자은사삼장법사전大慈恩寺三藏法傳』권10,『속고승전』권4,『개원석교록開元釋敎錄』권8,『구당서舊唐書』권192,『현장삼장사자전총서玄奘三藏師資傳叢書』권하 등이 있다. 일본에서의 연구로는 처음 언급된 자료를 나가사와 가즈토시長澤和俊가 일본어로 번역한『玄奘三藏, 大唐大慈恩寺三藏法師傳』(慧立·彦悰 著, 光風社選書, 1988), 후카우라 세이분深浦正文의「玄奘の事蹟」(앞의『唯識學硏究(上)』), 유키 레이몬結城令聞의 「玄奘とその學派の成立」(『東京大學東洋文化研究所紀要』 11, 1956), 우이 하쿠주宇井伯壽의 「玄奘三藏飜譯歷」(『瑜伽論硏究』, 岩波書店, 1958), 하카마야 노리아키袴谷憲昭의 「將來原典の飜譯とその槪觀」(『人物中國の佛敎-玄奘-』, 大藏出版, 1981), 가마타 시게오鎌田茂雄의 「玄奘の大飜譯事業」(『中國佛敎史6』, 東京大學出版會, 1999)이 있고, 거기에 여행가 '삼장법사'의 이미지를 포함한 계몽서로는 미즈타니 신조水谷眞成가 번역한 『大唐西域記』(玄奘 著, 中國古典文學大系 22, 平凡社, 1971), 마에지마 신지前嶋信次의 『玄奘三藏-史實西遊記-』(岩波新書, 1952), 유아사 야스오湯淺泰雄의 『玄奘三藏』(さみっと雙書, 名著刊行會, 1991) 등이 있다.

현장이 번역한 경론의 수에 대해서는 ① 76부 1,347권(『開元釋敎錄』 권8), ② 67부 1,344권(『大唐內典錄』 권192), ③ 75부 1,333권(『古今譯經圖紀』 권4)설이 있는데, 보통 ③이 사용된다. 비교적 많은 것이 '유가부瑜伽部'고 그 다음이 '비담부毘曇部'다. 이 중 『성유식론』이 법상종의 근본 성전이 되었고, 그 글에서 인용된 '6경經11론論'이 중시되었다. 여기에서 말하는 '육경'은 『화엄경』・『해심밀경』・『여래출현공덕장엄경如來出現功德莊嚴經』・『대승아비달마경大乘阿毗達磨經』・『능가경』・『후엄경厚嚴經』을 가리키고, '11론'은 『유가사지론』・『현양성교론顯揚聖敎論』・『대승장엄경론大乘莊嚴經論』・『집량론集量論』・『섭대승론』・『십지경론』・『분별유가론分別瑜伽論』・『관소연연론觀所緣緣論』・『이십유식론二十唯識論』・『변중변론辯中邊論』・『대승아비달마잡집론大乘阿毗達磨雜集論』(『成唯識論述記』 所述)을 말한다. 이 중 『후엄경』・『대승아비달마경』・『분별유가론』은 번역되지 않았다. 이 6경11론은 어디까지나 법상종이라는 한정적 범위의 경론이고, 학문적으로는 다른 유식경론까지 파악하여 충분히 존중할 필요가 있다.

근본 성전인 『성유식론』의 성립 사정과 문제점을 다룬 연구로는 가쓰마타 슌교勝又俊敎의 「佛地經論と成唯識論-成唯識論の原型を考究する一視點として-」(『印佛硏』 7-1, 1958), 후카우라 세이분深浦正文의 「玄奘三藏是非論-特

に成唯識論の飜譯に關する事實を中心として-」(『佛教學研究復刊號』, 1949), 스구로 신조勝呂信靜의 「成唯識論における護法説の特色」(앞의 『結城教授頌壽記念』), 유키 레이몬結城令聞의 「成唯識論開發の研究」(『東方學報』東京3, 1932), 우에다 요시후미上田義文의 「安慧説と護法説との相違の根本は何か」(『京都女子學園佛教文化研究所研究紀要』 10, 1980) 등이 있다.

현장 밑으로는 많은 우수한 인재들이 운집하였는데, 그중 '6걸六傑'로 칭해지는 인물이 자은慈恩·원측圓測·보광普光·혜관惠觀·현범玄範·의숙義寂(道証, 『唯識要集』)이다. 그 밖에 신방神昉·가상嘉尚·신태神泰·법보法寶·문비文備·정매靖邁·혜립慧立·현응玄應·영태靈泰·도읍道邑·여리如理·언종彦悰 등의 이름이 알려져 있다. 여기에 일본의 입당승 도쇼道昭(629~700)도 현장을 사사하여 일본에 '법상종'을 전한 최초의 인물이 된다. 또 지쓰우智通·지타쓰智達 2인은 현장과 자은대사 기를 사사하고 법상종을 두 번째로 전한 인물로서 일본으로 귀국한 후 간고지元興寺를 열어 가르침을 널리 퍼뜨렸다고 한다.

자은대사 기는 앞에서 서술한 바와 같이 현장에게 의뢰하여 『성유식론』을 10대 논사 중 호법의 주석을 중심으로 하여 합치게 하고, 『유가사지론』 등을 전수받아 법상종을 세운 조사(제1조)다. 그는 경론의 주석을 다수 저술하여 '백소논주百疏論主'(百本疏主)로 불리고 있다. 이 중 흩어져 있는 것까지 포함하여 약 50부가 알려져 있고, 확실한 것은 20부 정도 된다. 그 가운데 중요한 유식관계 책은 『성유식론술기』·『성유식론장중추요成唯識論掌中樞要』·『대승법원의림장大乘法苑義林章』·『인명입정리론因明入正理論』 등이다. 이 중 특히 『성유식론술기』는 후술할 『성유식론요의등成唯識論了義燈』·『성유식론연비成唯識論演秘』와 함께 '3개 소疏'로서 법상종에서 필독서로 되어 있다.

자은대사 기의 전기사료로는 『송고승전宋高僧傳』 권4, 『불조통기佛祖統紀』 권29, 『현장삼장사자전총서玄奘三藏師資傳叢書』 권하 등이 있고, 연구로

는 우쓰노미야 기요요시宇都宮淸吉의 「慈恩傳の成立について」(『中國古代中世史研究』, 創文社, 1977), 와타나베 류쇼渡邊隆生의 「慈恩大師の傳記資料と敎學史的槪要-「傳記」集の原文と訓讀·註記-」(『慈恩大師御影聚英』, 法藏館, 1983) 등이 유명하다.

자은대사 기 및 후술할 치주대사淄州大師 혜소慧沼·복양대사濮陽大師 지주智周에 관한 연구는 후카우라 세이분深浦正文의 「三祖の敎判」(앞의 『唯識學研究(上)』)이 있고, 3인의 약전과 '3개의 소疏' 등을 중심으로 한 사상을 정리하였다.

현장의 문하로 자은대사 기와 어깨를 나란히 한 걸출한 인물이 신라 출신의 서명사西明寺 원측圓測(613~696)이다. 원측의 전기는 『현장삼장사자전총서玄奘三藏師資傳叢書』 권하와 『육학승전六學僧傳』·『대주서명사고대덕원측법사사리탑명병서大周西明寺故大德圓測法師舍利塔銘并序』·『고번경증의대덕원측故飜經證義大德圓測』 등에 나온다. 원측이 지은 것으로 『해심밀경소解深密經疏』·『반야바라밀다심경찬般若波羅蜜多心經贊』·『백법론소百法論疏』·『이십유식론소二十唯識論疏』·『성유식론소成唯識論疏』·『성유식론별장成唯識論別章』 등이 있다. 그중에서도 『성유식론소』(逸亡)는 자은대사 기의 『성유식론술기』의 설에 대한 반박서라고 하며 이 때문에 이단파로 간주되고 있다. 이단파에 관해서는 후카우라 세이분深浦正文의 「正系と異派」(앞의 『唯識學研究(上)』)에 자세하다. 원측의 문하로는 도증道証·승장勝莊·자선慈善이 유명하며 모두 신라 출신이다. 동 시대의 같은 지역 출신의 승려로 둔륜遁倫과 태현太賢이 있다.

서명사 원측에 관한 연구로는 이나바 마사나리稻葉正就의 「朝鮮出身僧圓測法師について」(『朝鮮學報』 2, 1951)·『圓測解深密經疏の散逸部分の研究』(法藏館, 1949), 마시로 아키라眞城晃의 「西明寺系唯識について-特に種姓論に關して-」(『龍谷大學佛敎文化硏究所紀要』 8, 1969), 기무라 구니카즈木村邦和의 「西明寺圓測所引の眞諦三藏逸文について(『印佛研』 26-2, 1978), 신현숙申賢淑의 「新羅唯識相

承論-圓測の道証，太賢の繼承について-」(『印佛研』27-2, 1979)·「圓測傳の二三の
問題について」(『印佛研』26-1, 1977), 요시다 미치오키吉田道興의 「西明寺圓測の
教學」(『印佛研』25-1, 1976)·「唐代唯識諸家の「唯識」論考-解深密經疏と瑜伽論記
を中心に-」(『曹洞宗研究紀要』10, 1978) 등이 있다. 원측을 포함한 신라의 유식
학에 관해서는 신현숙의 「新羅唯識學の典籍章疏」(『新羅佛敎研究』, 山喜房佛書林,
1973), 가마타 시게오鎌田茂雄의 「佛敎敎學の隆盛」(『朝鮮佛敎史』, 東京大學出版會,
1987) 등이 참고가 된다.

자은대사 기의 제자 혜소慧沼(650~714)가 그의 뒤를 이어 법상종 제2조
가 되었다. 혜소는 그의 출신지 이름을 따서 '치주대사淄州大師'로 존칭되
었고, 앞의 '3개 소疏' 중 하나인『성유식론요의등成唯識論了義燈』을 비롯하여
『대승법원의림장보궐大乘法苑義林章補闕』·『능현중변혜일론能顯中邊慧日論』
등의 저서가 있다. 혜소의 문하로는 지주智周·의충義忠·도읍道邑·도헌道獻
이 있다.

혜소의 전기와 사상에 관한 최근 연구로는 네무 이치리키根無一力의
「慧沼の研究-傳記·著作をめぐる諸問題-」(『山崎慶輝定年記念』, 1987), 데라이 료센
寺井良宣의 「唯識三類境義の解釋に關する問題-慧沼の唯識了義燈を中心として-」,
하세가와 다케시長谷川岳史의 「『攝大乘論』の法身說についての慧沼の見解」(앞의
『渡邊隆生還曆記念』)·「轉識得智の異說に關する慧沼の見解」(『印佛研』44-2, 1996)가
있다.

치주대사 혜소의 후계자로 법상종 제3조가 된 지주智周(668~723, 일설에
는 678~733)는 역시 출신지 이름을 따서 '복양대사濮陽(撲陽이라고도 함)大師'
로 존칭되었다. '3개 소'의 하나인『성유식론연비成唯識論演秘』및『대승법
원의림장결택기大乘法苑義林章決擇記』·『성유식론장중추요기成唯識論掌中樞要
記』·『성유식론요의등기成唯識論了義燈記』·『인명입정리론소초략기因明入正
理論疏抄略記』등을 저술하였다. 지주의 문하로는 여리如理·숭준崇俊·종방從
方·장안도분長安道氛·서명원조西明圓照·안국소사安國素師·안국서보安國瑞甫·

안국신사安國信師·팽주지현彭州知玄·서명승은西明乘恩·담광曇曠 등이 알려
져 있다. 일본에서 입당한 지호智鳳·지란智鸞·지유智雄 3인도 지주를 사사
하여 일본 법상종 제3전으로 되어 있다.

이상으로 법상종에서 3조三祖의 '3개 소疏'를 중심으로 한 빛나는 저작
활동이 있었지만, 지주가 사망한 후 차례로 쇠멸하고 그 대신 화엄종과
정토교·선종 등이 융성하였다. 특히 현수대사賢首大師 법장法藏은 법상종
에 대항의식을 가져 화엄종 우위의 교판敎判을 세워 번성하게 된다.

다음으로 법상종의 교학敎學, 즉 '호법유식護法唯識'인『성유식론』의 체
계를 구성하는 중요 어구를 들어보자. '유식관唯識觀'(五重唯識觀), 교판 '삼
시교三時敎', '오위백법五位百法', '팔식八識', '사분삼류四分三類', '삼성삼무성三
性三無性', '오성각별五性各別' 설들이다. 이 가운데 '팔식'설을 세우고, '제팔
아뢰야식第八阿賴耶識'은 '유루염분有漏染分의 망식妄識'이라 한 것이 특징이
라 할 수 있다. 앞서 기술한 '지론학파地論學派'의 남도파 제팔리야정식설
第八梨耶淨識說, 북도파 제팔리야정망식第八梨耶淨妄識·제구리야정식설第九梨
耶淨識說과 섭론학파의 구식설九識說(第九阿摩羅淨識)과는 다른 것이다.

전통적인 법상종에 의해 이루어진『성유식론』의 상세한 해설서 중
하나로 후키하라 쇼신富貴原章信의『護法宗唯識考』(法藏館, 1955)가 있다. 다
음으로 '아뢰야식'과 '종자種子' '삼성설三性說' '사분四分' 등에 관한 연구로
서 유키 레이몬結城令聞의「成唯識論を中心とする唐代諸家の阿賴耶識論」(『東方
學報』東京1, 1931)·「唯識學における種子說構成の經過と理由」(『宗敎硏究』10-3, 1933)
·「唯識學における二諦義に就いて」(『東方學報』東京3, 1933), 이시카와 료이쿠石川
良昱의「三性說序說－唯識說の成立について－」(『印佛硏』4-2, 1956), 후나하시 나
오야舟橋尚哉의「八識思想の成立について－楞伽經成立年時をめぐって－」(『佛敎セ
ミナー』13, 1971)·「阿賴耶識思想の成立とその展開」·「唯識三性說の形成」·「大乘
における無我說の硏究」·「『中邊分別論』の諸問題」·「世親と『入楞伽經』との先後に
ついて」(이상『初期唯識思想の硏究』), 우에다 요시후미上田義文의「空の論理と三性

說」(『佛敎思想史硏究』, 永田文昌堂, 1951), 후쿠하라 료곤福原亮嚴의 「三性三無性の
源流」(『印佛硏』20-2, 1972), 나가오 가진長尾雅人의 「空性より三性說へ」(『中觀と唯
識』, 岩波書店, 1977), 후키하라 쇼신富貴原章信의 『唯識の硏究』(『富貴原章信佛敎學選
集2』, 國書刊行會, 1989)가 있다. 예아웨葉阿月의 『唯識思想の硏究-根本眞實として
の三性說を中心にして-』(國書刊行會, 1975)는 『중변분별론中邊分別論』 상품相品·
진실품眞實品·무상승품無上乘品을 중심으로 고찰하였으며, 다케무라 마키
오竹村牧男의 『唯識三性說の硏究』(春秋社, 1995)는 삼성설三性說의 기원, 삼성
설의 기본구조로서의 심밀深密·유가瑜伽·섭론攝論 및 미륵彌勒·바수반두世
親·안혜安慧의 각 저서와 관련하여 논하였다.

제5절 화엄종

요시즈 요시히데吉津宜英
고마자와대학駒澤大學 교수

중국 화엄종을 연구하려면 우선 『대방광불화엄경大方廣佛華嚴經』(이하
『화엄경』으로 줄임)에 대한 지식이 필요하다. 다음 1)에서는 『화엄경』과
관련한 기초적 문헌에 대해서 서술하고, 2)에서는 화엄교학을 지탱하는
중요 논서인 『십지경론十地經論』과 『대승기신론大乘起信論』에 대해 개설하
고자 한다. 3)에서는 중국화엄연구사의 선행 문헌을 언급하고, 4)에서
는 중국화엄종의 통사적인 문헌을 다루고자 한다. 5)에서는 중국화엄의
사상 전반을 취급한 문헌을 소개하고, 6)에서는 인물 중심으로 전기·저
작·사상에 관한 업적을 다루겠다. 마지막 7)에서 중국화엄교학의 앞으
로의 연구과제를 서술하고 마치기로 한다.

1) 『화엄경』에 대해

『화엄경』에는 다음 3종이 있다. 60권 『화엄경』(東晉 佛馱跋陀羅 譯, 420년

번역, 大正藏9), 80권 『화엄경』(唐 實叉難陀 譯, 699년 번역, 大正藏10), 40권 『화엄경』(唐 般若 譯, 789년 번역, 大正藏10).

이 가운데 첫 번째 60권본에 의해 중국 화엄종이 성립했다. 법장法藏 (643~712) 이후는 80권본이 중요하며, 징관澄觀(738~839) 이후는 40권본을 시야에 넣을 필요가 있다. 40권본은 다른 2본의 마지막 「입법계품入法界品」만이 「입불사의해탈경계보현행원품入不思議解脫境界普賢行願品」으로 번역되었다.

이러한 『화엄경』 텍스트가 어떻게 성립했는가를 개관하는 데는 히라카와 아키라平川彰·가지야마 유이치梶山雄一·다카사키 지키도高崎直道(編)의 『華嚴思想』(講座大乘佛敎3, 春秋社, 新裝版, 1996)에 수록된 다카사키 지키도高崎直道의 「華嚴思想の展開」, 이토 즈이에이伊藤瑞叡의 「華嚴經の成立」, 아라마키 노리토시荒牧典俊의 「十地思想の成立と展開」 등의 논문이 편리하다.

60권본의 일본어 번역은 에토 소쿠오衛藤卽應가 번역한 『華嚴經』(國譯大藏經·經部5-7, 第一書房, 1974), 80권본으로는 에토 소쿠오의 『華嚴經』(國譯一切經·華嚴部1-4, 大東出版社, 1929~1931)이 있고, 각각의 해제가 도움이 된다.

나아가 60권본의 포인트라 할 경문을 가려서 해설한 것으로는 기무라 기요타카木村淸孝의 『華嚴經』(佛敎經典選5, 筑摩書房, 1986)이 있다. 산스크리트어 원점原點이 남아 있는 「십지품十地品」의 현대일본어 번역으로는 아라마키 노리토시荒牧典俊(譯)의 『十地經』(大乘佛典8, 中央公論社, 1974)이 있고, 「입법계품入法界品」에는 가지야마 유이치梶山雄一(監修)의 『さとりへの遍歷-華嚴經入法界品-』 2권(中央公論社, 1994)이 있다. 또 모리모토 고세이森本公誠의 『善財童子求道の旅-華嚴經入法界品-』(朝日新聞社, 1998 ; 東大寺 재판, 2004)는 도다이지東大寺 소장 등의 그림두루마기[繪卷物]와 해설로 이루어진 것이 특징이다.

2) 『십지경론』과 『대승기신론』

중국화엄교학의 성립 배경에는 남북조南北朝, 특히 북조에서 흥하며 연구된 『십지경론十地經論』 교학, 즉 지론학파의 존재가 있다. 오타케 스스무大竹晉(校註)의 『십지경론』 1(新國譯大藏經14·釋經論部16, 大藏出版, 2005) 해제에서는 『십지경론』의 위치, 『십지경론』의 저자, 『십지경론』의 번역, 『십지경론』 연구사 등을 상세히 설명하였다. 오타케 씨 교주본은 티베트 번역본을 참조하였는데, 이시이 교도石井教道의 『十地經論』(國譯大藏經·釋經論部6, 大東出版社, 1935)을 훨씬 능가한다.

『대승기신론』에 대해서는 성립 사정 등 해결되지 못한 문제가 많다. 이 논서는 법장 이전의 주석서도 있지만, 법장의 『대승기신론의기大乘起信論義記』(大正藏44)의 출현으로 화엄교학을 대표하는 논서로 자리하게 되었다.

이 책을 둘러싼 다양한 성립사적 연구는 가시와기 히로오柏木弘雄가 『大乘起信論の研究−大乘起信論の成立に關する資料論的研究−』(春秋社, 1981)에서 총괄하였는데, 가시와기 씨는 기본적으로 인도성립설을 주장했다. 그 후 다케무라 마키오竹村牧男가 『大乘起信論讀釋』(山喜房佛書林, 1985)에서 이 책은 진제眞諦(499~569)의 번역이라기보다는 번역어가 보리류지(?~527)가 번역한 경론에 가깝다는 주장을 내놨는데, 현재는 다케무라의 설이 설득력을 발휘하고 있다. 가시와기 히로오柏木弘雄 씨는 『佛性論·大乘起信論(舊·新二譯)』(柏木弘雄·高崎直道, 新國譯大藏經⑲, 論集部2, 大藏出版, 2005)의 『대승기신론』 해제에서, 최근 이시이 고세이石井公成·오타케 스스무大竹晉 두 연구자의 정력적인 논고에 이르기까지의 연구성과를 논평하였다.

그간 히라카와 아키라平川彰(編)의 『如來藏と大乘起信論』(春秋社, 1990)이 출간되어 『기신론』을 둘러싼 다양한 논고들이 정리되었는데, 다케무라竹村 씨는 여기에 수록된 논고 「地論宗と『大乘起信論』」에서 지론종 북도파인 도총道寵(생몰년 미상)을 조론자造論者로 추정했다. 아라마키 노리토시荒

牧典俊(編)의『北朝隋唐中國佛敎思想史』(法藏館, 2000)에 수록된 아라키荒木 씨의 논문「北朝後半期佛敎思想史序說」에서는 현재『기신론』주석서가 전하는 담연曇延(516~588)을 조론자로 비정하였다. 두 설 모두 설득력이 없다. 가시와기柏木 씨가 기본적으로 주장하는 것처럼 이 책은 인도불교의 흐름 안에서 성립했지만, 보리류지가 번역한 경전의 영향을 받아 중국 북쪽지역에서 찬술된 것으로 생각된다. 요시즈 요시히데吉津宜英의「慧遠の大乘義章における起信論思想−論文改變の事實をめぐって−」(『福井文雅古稀記念』, 春秋社, 2005)・「起信論と起信論思想−淨影寺慧遠の事例を中心にして−」(『駒大佛敎紀要』63, 2005)은 모두 혜원의 인용을 검토하여『기신론』이 양대梁代 태청太淸 4년(550)에 진제삼장眞諦三藏이 번역했다는 설은 성립 불가능하다고 주장했다. 이시이 고세이石井公成의「近代アジア諸國における『大乘起信論』の硏究動向」(뒤에 나올 문헌일람 문헌㉑ 수록)은 널리 동아시아 전반에 걸쳐 이루어진『기신론』에 대한 최근 연구사까지 총괄한 것으로 유익하다.

이상으로『십지경론』과『대승기신론』에 대한 연구사의 일단을 소개하였는데, 화엄교학에서 진제眞諦가 번역한『섭대승론攝大乘論』및 바수반두世親의 번역에 기초한 섭론학파의 존재, 현장(602~64)이 들여온 유식교학의 영향, 특히 후자에 대한 지엄智儼(602~668)과 법장法藏의 비판적인 시점을 중시해야 하지만, 이 부분은 '법상종' 항목으로 미룬다.

3) 중국화엄연구사에 대해서

이 항목까지 포함하여 이하의 각 절에서 몇 차례씩 언급하게 될 21책의 저작을 여기에 열거하고, 뒤에는 문헌번호를 매겨 문헌① 유스키 저작 식으로 표시하겠다.

① 유스키 료에이湯次了榮,『華嚴大系』(國書刊行會, 1915).
② 다카미네 료슈高峯了州,『華嚴思想史』(百華苑, 1942).

③ 사카모토 유키오坂本幸男,『華嚴敎學の硏究』(平樂寺書店, 1956).

④ 가와다 구마타로川田熊太郎(監修)·나카무라 하지메中村元(編),『華嚴思想』(法藏館, 1960).

⑤ 이시이 교도石井敎道,『華嚴敎學成立史』(平樂寺書店, 1964).

⑥ 가마타 시게오鎌田茂雄,『中國華嚴思想史の硏究』(東京大學出版會, 1965).

⑦ 다카미네 료슈高峯了州,『華嚴論集』(國書刊行會, 1976).

⑧ 기무라 기요타카木村淸孝,『初期中國華嚴思想の硏究』(春秋社, 1977).

⑨ 사카모토 유키오坂本幸男,『大乘佛敎の硏究』(大東出版社, 1980).

⑩ 요시즈 요시히데吉津宜英,『華嚴禪の思想史的硏究』(同, 1985).

⑪ 가마타 시게오 박사환력기념논집 간행회鎌田茂雄博士還曆記念論集刊行會(編),『中國の佛敎と文化』(大藏出版, 1988).

⑫ 요시즈 요시히데吉津宜英,『華嚴一乘思想の硏究』(大東出版社, 1991).

⑬ 기무라 기요타카木村淸孝,『中國華嚴思想史』(平樂寺書店, 1992).

⑭ 진영유陳永裕,『華嚴觀法の硏究』(民昌文化社, 1995).

⑮ 이시이 고세이石井公成,『華嚴思想の硏究』(春秋社, 1996).

⑯ 가마타 시게오 박사 고희기념회鎌田茂雄博士古稀記念會(編),『華嚴學論集』(大藏出版, 1997).

⑰ 유키 레이몬結城令聞,『華嚴思想』(『結城令聞著作選集2』, 春秋社, 1999).

⑱ 나카무라 가오루中村薫,『中國華嚴淨土思想の硏究』(法藏館, 2001).

⑲ 기무라 기요타카 박사 환력기념회木村淸孝博士還曆紀念會(編),『東アジア佛敎-その成立と展開-』(春秋社, 2002).

⑳ 후쿠시 지닌福士慈稔,『新羅元曉硏究』(大東出版社, 2004).

㉑ 하나조노대학 선학연구회花園大學禪學硏究會(編),『小林円照博士古稀記念論集·佛敎の思想と文化の諸相』(『禪學硏究』特別号, 2005).

그런데, 화엄교학 연구사에 대해 문헌④에 수록된 가마타 시게오鎌田

茂雄의 「華嚴學の典籍および研究文獻」은 널리 동아시아 일원에서 이루어진 화엄교학 연구사를 망라했다. 이를 계승한 것이 가마타 시게오鎌田茂雄의 『華嚴學研究資料集成』(東京大學 東洋文化研究所, 1983. 뒤에 大藏出版 재간)이고, 고지마 다이잔小島岱山 씨가 크게 애쓴 덕을 보았다. 이 책은 중국·한국·일본의 고전적인 연구업적들을 중심으로 편집하였는데, 현대 중국어·한국어·구미 언어로 된 것도 부록으로 실어 세계 화엄교학 연구사라 할 수 있다. 간단한 연구사로는 요시즈 요시히데吉津宜英의 「華嚴宗」(平川彰 編, 『佛敎研究入門』, 大藏出版, 1984)도 있다.

4) 중국화엄교학 통사에 대해서

문헌② 다카미네高峯의 저작은 문헌① 유스키湯次의 저작을 이어 화엄경의 성립으로부터 인도의 화엄사상, 지론종의 전개, 섭론학파의 사상을 논하고, 이어서 전통적으로 두순杜順(法順이라고도 한다, 557~640)·지엄 이하의 화엄학파 열조列祖를 중국에서 신라·고려, 또 일본으로까지 넓혀 상세히 설명하였다. 마지막은 이치렌인一蓮院 슈존秀存(1788~1860)으로 마무리한다. 화엄교학 통사로서 현재까지는 이보다 나은 글은 나와 있지 않다. 뒤에 나올 6)의 인물별 항목에서 각 인물별로 이 책을 언급하게 되겠지만, 여기서 다룰 인물들을 모두 망라하고 있어서 언급은 생략한다. 다음 절에서 사상을 다룰 때도 부분적으로 화엄교학 성립사를 다루는 경우도 있다.

문헌⑬은 기무라 기요타카木村清孝 씨의 논문을 정리한 것인데, 화엄교학의 형성으로부터 법장法藏·이통현李通玄(635~730)·징관澄觀·종밀宗密(780~841), 요遼의 선연鮮演(?~1055-1101~경 활동) 등 원대元代·명대明代의 불교자까지 다루고 있어서 일종의 통사적 시점에 입각한 저작이라고 볼 수 있다.

5) 중국화엄사상에 대해서

일본의 전통적인 화엄사상은 문헌① 유스키湯次의 저작에 집대성되어 있다. 이 책에서는 법장과 이통현 간의 사상적 차이를 논하고, 선종과 정토교에서 본 화엄경과 화엄교학도 다루었는데, 모든 교학을 법장 중심으로 보았다는 데 특징이 있다. 이 책에 비해 문헌②의 다카미네高峯의 저작은 역사적으로 개별 교학자의 특색을 선명히 하려 한 것이다. 전후의 화엄교학은 문헌②의 입장을 이어받아 개별 교학자와 교학의 테마 연구를 보다 심화시켜 갔다고 할 수 있다.

콤팩트한 형태의 책으로, 화엄의 역사적 전개와 사상을 보고자 하면 가마타 시게오鎌田茂雄·우에야마 슌페이上山春平의『無限の世界觀〈華嚴〉』(角川書店, 1969 ; 角川文庫, 1997)이 매우 편리하다. 제1부 가마타鎌田 씨의〈中國華嚴の歷史と思想〉, 제3부 우에야마上山 씨의〈華嚴の哲學的考察〉에 더해, 제2부에 쓰카모토 젠류塚本善隆 씨가 참가한 좌담이 실렸다. 또 가마타 시게오鎌田茂雄의『華嚴の思想』(講談社學術文庫, 1988)도 중국으로부터 일본에 걸친 화엄교학을 부감하기에 좋은 책이다.

또 저작은 아니지만 기무라 기요타카木村淸孝의「華嚴」(『岩波講座東洋思想 12 東アジアの佛敎』, 1988)과 요시즈 요시히데吉津宜英의「華嚴系の佛敎」(高崎直道·木村淸孝 編,『シリーズ·東アジア佛敎3 新佛敎の興隆·東アジアの佛敎思想2』, 春秋社, 1997)도 화엄교학의 포인트와 다양한 교학 유형을 아는 데 편리하다.

앞서 문헌①에서 유스키 씨가 선과 화엄경·화엄교학과의 관련을 고찰하였는데, 이를 폭넓게 연구한 것이 다카미네 료슈高峯了州의『華嚴と禪との通路』(南都佛敎硏究會, 1956)다. 이 책은〈화엄에서의 선禪〉과〈선에 나타난 화엄〉의 2부로 나누어 화엄과 선의 상호 교류를 자세히 논했다. 다카미네高峯 씨는 문헌⑦에서도「禪における心性と性起」·「華嚴と禪との通路」·「李通玄の思想と禪」 등의 관련 논문을 수록하였다. 문헌⑩ 요시즈吉津의 저작도 포인트를 종밀의 교선일치설敎禪一致說에 두어 '화엄선華嚴禪'이

라고 칭하고, 화엄과 선의 융합이 종밀의 독자적인 본래성불론本來成佛論과 삼교일치설三敎一致說로 귀결하는 것을 논했다. 이 책에서는 종밀에 이르기까지의 화엄교학을, 지엄·법장·혜원慧苑(673~743경)·이통현·징관과 관련하여 교판과 성불론에 초점을 맞추어 논했다.

6) 중국·신라·고려의 화엄교학자

(1) 두순杜順

전통설에 따르면 두순(557~640)은 중국 화엄종의 초조인데, 이는 후대에 형성된 설이다. 문헌⑪에 수록된 요시다 다케시吉田剛의 「中國華嚴の祖統說」에 의하면, 종밀이 『주법계관문註法界觀門』(大正藏46, 648下)에서 초조 두순-2조 지엄-3조 법장이라는 3조설三祖說을 내고, 그것에 기초하여 정원淨源이 인도까지 거슬러 올라가고 여기에 종밀까지 더해 마명馬鳴-용수龍樹-두순-지엄-법장-징관-종밀이라는 7조설을 세웠다고 한다.

두순 초조설을 둘러싸고는 일찍이 선학들이 지엄 초조설, 지정智正(559~639) 초조설 등을 주장하였다. 이러한 설들은 졸저 문헌⑩의 〈제1장 화엄교학의 성립〉의 주註에서 상세히 소개한 바 있다. 지엄이 제2조인지의 여부는 별도로 치고, 도선道宣의 『속고승전』권25(大正藏50, 654上) 두순전杜順傳에 그의 제자로서 지엄이라는 이름이 등장한 것, 법장의 『화엄경전기華嚴經傳記』권3(大正藏51, 163中) 지엄전智儼傳에 두순이 스승으로 나오고 있어서 양자가 사제관계임은 명백하다.

그보다도, 두순의 저작을 둘러싸고 아직 해결하지 못한 문제가 많다. 특히 『오교지관五敎止觀』(大正藏45), 『법계관문法界觀門』(정확히는 修大方廣華嚴法界觀門. 大正藏45에 징관과 종밀의 註釋文 가운데 분문이 있고, 본문만으로 된 별행본은 존재하지 않는다), 두순의 설을 계승하여 지엄이 찬술했다고 전하는 『화엄일승십현문華嚴一乘十玄門』(大正藏45)의 3개 저작이 문제가 된다. 『화엄일승십현문』에 대해서는 지엄 항목에서 다룰 것이다.

우선 『법계관문』에 대해서는, 두순 찬술설과, 법장의 『화엄발보리심장華嚴發菩提心章』(大正藏45)에서 『법계관문』의 상당 부분을 뽑아내어 두순의 이름을 달고 세상에 내놓았다는 설, 결국 두순 찬술설 쪽에서 보면 위찬설이 있다. 문헌⑧ 기무라의 저작에서 「法界觀門をめぐる諸問題」(328쪽 이하)는 위찬설을 논증한 것이다. 유키 레이몬結城令聞의 「華嚴の初祖杜順と『法界觀門』の著者の問題」(문헌⑰)는 전통설을 주장하였다. 이 점에 관해 필자는 졸저 문헌⑩의 17~18쪽 주 3)·4)에서 선학의 설들을 정리하였는데, 위찬설을 주장하는 기무라 기요타카木村淸孝 씨와 다르게 두순 진찬설 쪽에 섰다. 다테노 마사오館野正生의 「『華嚴發菩提心章』と法藏撰『華嚴三昧觀』に關する一考察」(『宗敎硏究』 320, 1999)은, 현존하지는 않으나 법장의 찬술로 보면서 법장이 자신의 저술이라고 몇 번이나 언급한 『화엄삼매관』을 개재시켜, 기무라 씨 등의 위찬설을 보강하였다.

다음으로 『오교지관』에 대해서는, 문헌⑰에 수록된 논문 「『華嚴五敎止觀』撰述者論攷-『五敎止觀』の杜順撰述說を否定し, 法藏撰『遊心法界記』の草稿なりと推定す-」에서 유키結城 씨는 『오교지관』의 두순 찬술설을 부정하고, 법장이 찬술한 『유심법계기遊心法界記』의 초고본이라고 주장했다. 이 『유심법계기』 자체가 정말 법장의 찬술인가의 여부에도 의문이 있다. 문헌⑮에서 이시이 고세이石井公成 씨가 이전에는 법장의 찬술이라고 주장했던 『화엄경문답華嚴經問答』(大正藏45)을 신라에서 성립된 문헌이라고 논한 것처럼, 『유심법계기』도 『오교지관』도 신라 성립 문제까지 모두 시야에 넣을 필요가 있을 것이다. 더욱이 이시이 고세이는 「華嚴宗の觀行文獻に見える禪宗批判-慧能の三科法門に留意して-」(『松ヶ岡年報』 17, 2003)에서 이미 문헌⑤ 이시이 교도石井敎道의 저작(301쪽 이하)이 화엄교학의 관행문헌觀行文獻과 선종과의 관계를 지적했던 점을 언급하고, 『오교지관』과 『유심법계기』 등이 유키結城가 주장한 것처럼 법장의 찬술서 중 초고에 해당한다는 식의 의론이 아니라, 법장의 교학을 의식하되 법장

이후에 성립된 것으로서 초기 선종문헌과의 관련을 중시해야 하며, 현존본의 경우 신라·고려 혹은 일본에서 베껴썼을 가능성도 지적하였다.

화엄의 초조가 누구인가를 둘러싼 의론은, 선종의 조등설祖燈說 등에 자극받은 종밀 이후의 문제의식에 기인한다고 할 수 있다. 『화엄경』을 둘러싼 교학과 의례는, 문헌⑥ 가마타鎌田의 저작에 서술된 것처럼 남북조시대부터 조금씩 행해진 화엄재회華嚴齋會, 『화엄경』 강설을 중심으로 한 법회 등을 기반으로 하여 화엄교학이 차례로 부상했다고 보는 것이 자연스러울 것이다. 『화엄경론』 100권(12권만 현존)을 찬술한 북위北魏 영변靈弁(477~522)과 두순 등도 이 재회齋會의 중심인물이었을 것이다. 영변에 대해서는 이시이 고세이石井公成의 「敦煌寫本中の靈弁『華嚴經論』斷簡-緣集說をめぐって-」(문헌⑯)이 있다. 또 문헌⑮ 이시이 고세이石井公成의 「地論宗における『華嚴經』解釋-『華嚴經兩卷旨歸』を中心として-」(23쪽   이하)에서 고찰한 『화엄경양권지귀華嚴經兩卷旨歸』는 참으로 수상쩍은 내용을 담고 있는데, 이것도 지론종의 전통 속에서 『화엄경』 신앙이 형성되어 왔다는 하나의 증명일 것이다. 60권 『화엄경』의 번역 전후로부터 초기 화엄교학사에 대한 연구로 문헌⑧ 기무라의 저작 〈제1편 화엄적 사유의 형성〉은 중요하다.

(2) 지엄智儼

지엄(602~68)에 대해서는 법장의 『화엄경전기華嚴經傳記』 권3(大正藏51, 163中)에 전기가 실려 있다. 지엄에 대한 본격적인 연구로 문헌⑧ 기무라의 〈제2편 지엄와 그 사상〉은 전기·저작·사상을 종합적으로 논구하였다. 제2편 〈제1장 두순에서 지엄으로〉에서는 『법계관문』 위찬설을 누누이 전개시켰는데, 그에 따르면 8세기 후반까지 누군가 법장의 『발보리심장發菩提心章』에서 실천적으로 중요한 부분을 뽑아낸 후 『법계관문』이라는 이름을 붙여 두순에게 돌렸다고 한다.

그런데『일승십현문一乘十玄門』의 경우, 기무라 씨는 이것이 진짜 지엄의 찬술이며 지엄교학의 중요 기둥이라고 보았다. 이에 대해, 문헌⑮의 이시이 고세이石井公成는 〈제1부 화엄사상사 연구〉·〈제2장 지엄의 화엄 교학〉에서『일승십현문』을 모두 지엄이 진짜 찬술한 것이라고 보는 데에는 반대하였다. 이시이 씨는 신흥의 동산법문東山法門, 즉 초기 선종 과의 관련에도 주목하고, 원래 지론교학地論敎學의 전통을 익혔던 인물이 선종의 동향도 두루 살피면서 지엄의 만년 강의록을『일승십현문』으로 묶었다고 논구하였다. 문헌⑫ 요시즈吉津의 저작은 〈제1장 지엄의 동별 이교론同別二敎論〉에서『일승십현문』의 진위에 대해 논하고, 이 책에는 지엄교학의 중핵인 동별이교同別二敎 교학이 존재하지 않으므로 지엄의 저작으로 인정하기 어렵다고 하였다. 따라서 이 책은 법장 이후 누군가 가 만든 위찬이고, 법장교학의 영향 아래 8세기 중엽경에 성립했다고 주장하였다.

지엄의 교판敎判에 대해서도 의론이 있다. 문헌⑨ 사카모토坂本 저작의 〈오교판五敎判의 기원과 현장 유식설唯識說〉(402쪽)에서는, 지엄의『공목 장孔目章』(大正藏45) 단계에서, 현장 유식을 대승시교大乘始敎로 위치시키기 위해 소승교·대승시교·종교終敎·돈교頓敎·원교圓敎의 오교五敎가 이미 성 립해 있었다고 논하였다. 문헌⑧ 기무라 저작은 〈화엄경관華嚴經觀의 특질〉(428쪽 이하)에서 지엄의 교판은 법장에 의해 완성된 오교五敎 같은 것도 있고, 점교漸敎·돈교·원교의 3교, 일승一乘·삼승三乘·소승小乘의 3승, 동교同敎·별교別敎의 2교 등 다양한 것이 있음을 분석했다. 문헌⑩ 요시 즈吉津 저작의 〈지엄의 교판론〉(9쪽 이하), 문헌⑫ 요시즈 저작의 〈지엄의 교판론〉(39쪽 이하)에서는, 지엄의 교판론은『화엄경수현기華嚴經搜玄記』(大正藏35) 이후 일관하여 점교·돈교·원교의 3교판이었다고 논하고, 법장 의『화엄오교장華嚴五敎章』(大正藏45)에 와서 비로소 오교가 성립했다고 주장하였다.

(3) 법장法藏

법장(643~712)에 대한 연구는 많다. 앞에서 열거한 문헌은 다양한 테마로 법장을 논하였는데, 법장을 전기·저작·사상으로 구분하여 소개하겠다. 문헌⑥ 가마타鎌田 저작의 〈무주武周왕조에서 화엄사상의 형성〉은 당대에 출현한 무주武周왕조라는 특이한 시대에 형성된 법장교학의 특색을 정치적 배경, 사회적 기반 속에서 해명하였다. 고바야시 지쓰겐小林實玄의 「華嚴法藏の事傳について」(『南都佛敎』 36, 1976)는 법장의 내력을 상세히 논술했다. 이를 이어받아 문헌⑫ 요시즈吉津 저작의 〈법장의 전기에 대해〉(99쪽 이하)에서는 법장전을 재검토하였다. 가기누시 료케이鍵主良敬·기무라 기요타카木村淸孝의 『法藏』(大藏出版, 1991)은 법장의 생애와 사상을 개관하는 데 매우 편리하다.

법장은 많은 저작을 남겼는데, 그 진위가 불분명한 것도 있다. 문헌⑤ 이시이 교도石井敎道의 저작(321~323쪽)에는 상세한 저작 일람표가 실려 있다. 문헌⑫ 요시즈吉津 저작의 〈법장의 저작에 대해〉(130쪽 이하)에서는 법장의 찬술로 알려진 저작 일람을 제시하고 그 진위문제를 다루면서 13종의 저작에 대한 찬술연대도 추정했다. 통상 『화엄오교장』(원 제목은 『華嚴一乘敎分記』)이라 불리는 법장의 초기(40세경) 저작을 문제 삼았는데, 이 저작에는 복잡한 텍스트론이 있다. 과거부터 일본본和本(일본 天平 연간 이래 전래된 것)과 송본宋本(중국 송대에 성립한 텍스트) 간의 차이를 둘러싸고 논의가 벌어졌다. 여기에 더해 김지견金知見 씨가 고려 균여均如의 『석화엄교분기원통초釋華嚴敎分記圓通鈔』 등을 『均如大師華嚴學全書』(後樂出版, 1977; 韓國佛敎全書4, 동국대학출판부, 1982)로 공간하면서 신라·고려에 전승된 연본鍊本(균여의 所釋本. 텍스트 전체는 현존하지 않는다)의 존재가 부상했다.

이즈음 벌어진 논쟁의 경위는 문헌⑫ 요시즈吉津 저작의 〈『화엄오교장華嚴五敎章』의 텍스트론〉(178쪽 이하)에서 자세히 다루었는데 여기에서는 논쟁에 관한 문헌소개도 겸하여 개관한다. 김지견 씨는 「寄海東書考-

特に五教章和本·宋本の背景について-」(朝鮮奬勵會, 『學術論文集』, 1972)와 「校註『法界圖圓通記』」(『新羅佛敎の硏究』, 山喜房佛書林, 1973)에서, 균여의 『석화엄교분기원통초』권1(한국불교전서4, 245쪽)에 나오는 기사에 기초하여 새로운 안을 내놓았다. 바로 『오교장』 텍스트로 초본草本과 연본鍊本이 있다고 한 것이다. 『원종문류圓宗文類』권22(續藏經·影印本103冊, 422左上)에는 법장이 의상에게 보낸 『현수국사기해동서賢首國師寄海東書』라는 편지가 수록되어 있다. 이 편지와 함께 도착한 것이 『오교장』 등이다. 균여는 편지에 적힌 "비정批正해 주십시오"라는 문구를 전거로 삼아 본래 법장이 보낸 텍스트는 열문列門이 〈제9 소전차별所詮差別〉·〈제10 의리분제義理分齊〉였는데 의상은 이것을 자신의 문제門弟들과 함께 검토한 후 〈제9 의리분제〉·〈제10 소전차별〉로 바꾸었다. 이것을 초본草本으로 부른다. 이러한 의상의 의견을 법장이 받아들이지 않았던 것일까? 〈제9 소전차별〉·〈제10 의리분제〉라는 원 텍스트에다 서분序分과 유통게流通偈까지 덧붙여 완성시킨 것이 균여가 주석한 텍스트인 연본鍊本이고, 이것이 법장의 진짜 원본이라고 하였다.

이 균여 전승을 근거로 하여 김지견 씨는 일본에 전래된 일본본은 의상이 열문列門을 역으로 바꾼 초본이고, 법장의 본래 텍스트는 균여가 주석한 연본이라고 주장했다. 송본 역시 열문은 연본과 일치한다. 이 또한 김지견 씨의 견해에 따르면, 연본이 법장의 원 텍스트임을 방증하는 것이 된다.

이에 대해서 문헌⑰에 수록한 바와 같이 유키結城 씨는 「『華嚴五敎章』に關する日本·高麗兩傳承への論評」(『印佛研』24-2, 1976), 「華嚴章疏の日本傳來の諸說を評し, 審祥に關する日本傳承の根據と, 審祥來日の正當性について」(『南都佛敎』40, 1978), 「『華嚴五敎章』の高麗鍊本·徑山寫本(宋本)の前却と和本の正當性について」(『南都佛敎』50, 1983) 등을 차례로 발표하여 김지견 씨의 설을 비판하고, 또 이미 이 문제에 대해 발표한 바 있던 요시즈吉津의 「華嚴五

教章の研究」(『駒大佛教紀要』36, 1978)에도 비판적인 논평을 가했다. 유키結城의 설은 일본의 전통설을 보강한 것으로, 『오교장』은 덴표天平 8년(736) 당에서 일본으로 건너온 도선道璿(702~760)이 들여온 것이며 〈제9 의리분제〉·〈제10 소전차별〉의 열문列門을 법장의 원본이라고 보았다.

문헌⑫ 요시즈吉津 저작의 「『華嚴五教章』のテキスト論」(178쪽 이하)에서 논한 바와 같이 필자 역시 〈제9 의리분제〉·〈제10 소전차별〉의 열문 텍스트를 법장의 원본으로 생각한다. 또한 유키結城 씨의 논설을 참조하여, 열문의 전후 교체는 신라에서 징관의 화엄교학에 영향 받아 행해져 이 텍스트가 중국 송대에 송본의 형성을 재촉하고 『大正藏』 45의 〈제9 소전차별〉·〈제10 의리분제〉의 텍스트가 만들어졌으며, 송대의 도형道亨 등이 여기에 왕성하게 주석하였던 것으로 생각된다.

『화엄오교장』은 『화엄경탐현기』와 함께 법장의 주요 저술이며, 화엄 교학에로의 입문적인 의미도 갖는다. 일본어 번역으로는 가마타 시게오 鎌田茂雄의 『華嚴五教章』(佛典講座28, 大藏出版, 1979)과 『華嚴一乘教分記』(國譯一切經·諸宗部4, 大東出版社, 1979)가 있다. 현대일본어 번역으로는 기무라 기요타카木村淸孝의 『華嚴五教章』(大乘佛典 中國·日本篇7, 中央公論社, 1989)이 있다.

법장의 또 다른 저작에 대해, 문헌⑫ 요시즈吉津 저작의 「『大乘起信論義記』の成立と展開」(491쪽 이하)에서는 『대승기신론의기』가 법장교학에서 차지하는 위치를 논했다. 이에 대해 기무라 센쇼木村宣彰는 「法藏における『大乘起信論義記』撰述の意趣」(井上克人 編著, 『大乘起信論』の研究』, 關西大學出版部, 2000)에서, 요시즈吉津 설이 『의기』의 찬술 의도와 관련하여 원효의 『기신론소』·『동별기同別記』 비판에 초점을 맞추는 것은 타당치 않으며, 현장 유식설에 대한 비판과 그 위치 짓기가 중심이라고 주장했다.

문헌⑫ 요시즈吉津 저작의 「法藏の『梵網經疏』の成立と展開」(536쪽 이하)에서는, 『범망경소』를 법장 전후의 여러 주석서들과 비교하여 논구했다. 문헌⑮ 이시이 고세이石井公成 저작의 「法藏教學の歸結-法藏の菩薩戒觀-」

(332쪽 이하)에서도 법장의 『범망경소』를 분석하여 법장의 현실주의적인 측면을 지적하였다. 또 「『華嚴經問答』의 諸問題」(270쪽 이하)에서는, 법장의 찬술로 알려진 『화엄경문답』이 법장과는 거의 관련 없는 문헌이며, 신라 의상계 사상과의 접점, 삼계교三階敎와의 관계, 『석마하연론釋摩訶衍論』에의 영향 등을 논하여 8세기 후반 이후 신라에서 유포된 것이라고 지적하였다.

그 밖의 저작에 관한 주목되는 논문은 다음과 같다. 고지마 다이잔小島岱山의 「妄心還源觀의 撰者をめぐる諸問題」(『南都佛教』49, 1982)는 법장 찬술로 되어 있는 『망심환원관』을 후대 선자禪者가 찬술한 것이라고 논했다. 문헌⑫ 요시즈吉津 저작의 「『華嚴經傳記』撰述의 意義」(151쪽)는 법장교학에서 갖는 해당 문헌의 중요성을 지적하였다. 해당 문헌에 대해 후지요시마스미藤善眞澄는 「『華嚴經傳記』의 彼方－法藏と太原寺－」(문헌⑯)에서 법장의 전기에 새로운 시점을 제안하였다. 다테노 마사오舘野正生의 「法藏撰『華嚴經文義綱目』의 研究」(『印佛硏』47-1, 1998)는 법장의 주요 저술인 『화엄경탐현기』 등과의 관련을 추구하였다. 또 「法藏華嚴思想形成上における『華嚴經指歸』의 位置－法性融通を中心として－」(문헌⑯)는 연기상유緣起相由와 나란히 십현문十玄門의 근거가 되는 법성융통法性融通에 초점을 맞춰 고찰하였다.

법장의 사상에 관해서는, 화엄교학에 관련된 모든 문헌이 절대적인지 간접적인지를 논술한다. 지금은 앞서 열거한 문헌군 가운데 주요한 것을 지적하는 것으로 그치고자 한다. 우선 문헌④에 수록된 가마타시게오鎌田茂雄의 「華嚴敎學의 根本的立場－法藏における實踐의 解明－」은 문자 그대로 법장의 실천성을 해명하였다. 이것을 법장에 그치지 않고 지엄·징관·종밀로까지 시야를 넓혀 관법을 논구한 것이 문헌⑭ 천陳의 저작이다. 문헌⑥ 가마타鎌田 저작의 「法藏의 華嚴思想의 特質を中心として」(134쪽), 문헌⑨ 사카모토坂本 저작의 「法藏의 同體說」, 문헌⑩ 요시즈吉津 저작의 「華嚴敎學의 成立」(9쪽 이하), 문헌⑫ 「法藏의 別敎一乘優越論」(177쪽)·「『華

嚴經探玄記』における一乘大乘批判」(249쪽), 문헌⑬ 기무라 저작의「華嚴教學
の大成」(124쪽), 문헌⑮ 이시이 고세이石井公成 저작의「法藏の華嚴教學」(299
쪽 이하) 등은 각각의 화엄학자들이 법장 화엄교학의 중핵에 다가서려
한 것이다.

법장은 선종에 관해 언급한 적이 한 번도 없다. 신수神秀(?~706), 혜능慧
能(639~713)과 동시대를 살며 측천무후 왕조를 공유하는 법장이 선종에
무관심했을 리 없다. 지엄은 달마의 선법인 면벽面壁을 언급하였다. 이시
이 고세이石井公成는「禪宗に對する華嚴宗の對應-智儼·義湘の場合-」(『韓國佛教
學SEMINAR』 9, 2003)에서, 지엄과 의상의 선종에 대한 대응을 논하고, 「則天
武后「大乘入楞伽經序」と法藏『入楞伽心玄義』-禪宗との關係に留意して-」에서
는 법장도 선종을 크게 의식하였음을 논증했다.

(4) 원효元曉

여기에서 원효(617~686)와 의상을 언급하는 것은 그들이 중국 화엄교
학에 준 영향이 크기 때문이다. 법장은 원효를 비판했지만, 원효의
거의 모든 문헌을 참조했던 듯하다. 또 혜원·징관·종밀 등도 원효 교학
을 언급하였다. 특히 종밀에게 미친 영향은 컸다. 원효에 관한 연구문헌
은 한국까지 시야에 넣으면 너무 방대해져 일본에서 이루어진 주요
연구만으로 한정한다. 문헌⑮ 이시이 고세이石井公成 저작의「元曉の教學」
(191쪽 이하)에서는 원효 화쟁사상의 근거로서『기신론』에 주목하고, 저
작의 전후관계를 밝히려 하였다. 김훈金勳의『元曉佛學思想研究』(大阪經濟大
學出版部, 2002)는 넓게 원효 사상을 논하여 동아시아 불교사에 위치시키고
자 하였다. 후쿠시 지닌福士慈稔의『新羅元曉研究』(大東出版社, 2004)는 원효
전을 재검토하고, 널리 중국·한국·일본의 불교문헌을 살펴 그 가운데
원효의 일문을 섭렵하였다. 요시즈 요시히데吉津宜英의「元曉の起信論疏と
別記との關係について」(『韓國佛教學SENINAR』 9, 2003)는 이시이 고세이石井公成

와 후쿠시 지닌福士慈稔 씨가『기신론별기起信論別記』가 먼저고『기신론소 起信論疏』가 나중에 나왔다고 주장한 데 대해, 동시에 나왔거나 혹은 역순逆順일 가능성도 있다고 보았다.

원효 사상은 일본 도다이지東大寺 화엄종의 성립 배경으로서 다대한 영향을 끼쳤다. 그 자신은 화엄학파에 속한다고 생각지 않은 것 같지만, 그가 도다이지 화엄종에 미친 영향력이라는 면에서 일본에서는 점차 그를 신라 화엄종 인물로 취급하고 화엄조사로서 법장과 병칭하게 되었 다. 이 경위들에 대해서는 요시즈 요시히데吉津宜英의「新羅の華嚴敎學への一 時點－元曉·法藏融合形態をめぐって－」(『韓國佛敎學SEMINAR』2, 1986)과 문헌⑮ 이 시이 고세이石井公成 저작의「日本の初期華嚴敎學－壽靈『五敎章指事』の成立 事情－」등을 참조하기 바란다.

(5) 의상義湘

의상(625~702)은 법장의 초기 교학에 영향을 주었다. 문헌③ 사카모토 坂本 저작의「新羅の義湘の敎學」(421쪽 이하)에서는 의상의『일승법계도一乘 法界圖』가 법장의『화엄오교장』십현문에 영향을 미친 것을 지적했다. 문헌⑮ 이시이 고세이石井公成 저작의「義湘の華嚴敎學－『華嚴一乘法界圖』の 成立事情－」(217쪽 이하)은 지론학파地論學派와 동산법문東山法門과의 관련에 도 주의를 기울였다.

사토 아쓰시佐藤厚 씨는 의상의『일승법계도』를 기점으로 한 의상계 화엄이 신라·고려에서 전개된 것을 연구하여『新羅高麗華嚴敎學の硏究－ 均如『一乘法界圖圓通記』を中心として－』(1997年度學位請求論文, 東洋大學. 東洋大學 및 국회도서관 열람 가능)로 학위를 취득하였다. 그는 많은 논문을 발표하였 는데 여기에서는「義湘の敎判思想」(문헌⑯),「義湘系華嚴文獻に見える論理－ 重層的敎理解釋－」(『韓國佛敎學 SEMINAR』7, 1998) 등을 소개하는 것으로 그친다.

그런데『기신론起信論』과 관련하여『석마하연론釋摩訶衍論』의 성립 문제는 학계의 오랜 과제였다. 모리타 류센森田龍僊의 대저 『釋摩訶衍論之硏究』(山城屋文政堂, 1935)가 발표된 이래, 『석마하연론』이 법장의 『대승기신론의기』를 바탕으로 하여 중국에서 만들어진 위론僞論이라고 하는 것이 통설이었다. 문헌⑮ 이시이 고세이石井公成 저작의 「新羅華嚴思想展開の一側面−『釋摩訶衍論』の成立事情−」(351쪽 이하)은 『석마하연론』이 철저히 신라의 의상교학과 『금강삼매경金剛三昧經』 또는 원효의 『금강삼매경론』 등을 종횡무진 적용한 것을 보건대 신라에서 만들어졌을 가능성을 제기하였다.

(6) 이통현李通玄

이통현(635~730)은 법장을 의식하고 교학을 전개한 거사居士다. 그의 독특한 인생은 안개에 싸여 있다고 보아도 될 것이다. 그에 관한 연구도 많지만 여기에서는 문헌⑦ 다카미네高峯 저작의 「李通玄の思想と禪」, 문헌⑬ 기무라 저작의 「李通玄の華嚴思想」(165쪽), 문헌⑩ 요시즈吉津 저작의 「李通玄の思想」(176쪽 이하) 등을 지적하기로 한다.

근래 고지마 다이잔小島岱山 씨는 이통현이 활약한 오대산을 기점으로 한 불교사상의 독자성을 강조하여 '오대산계五臺山系 화엄교학華嚴敎學'이라 칭하고, 이를 지엄·법장을 중심으로 한 '종남산계終南山系 화엄교학華嚴敎學'과 대치시켜 이질적인 것이라고 강조하였다. 그의 『東アジア佛教大系·新華嚴經論資料集成』(華嚴學硏究所, 1992)은 『신화엄경론新華嚴經論』 이본異本을 집대성한 것이다. 이 밖에 고지마에게는 「新華嚴經論の文獻學的並びに注釋的硏究」(『佛教學』 18, 1984), 「臨濟義玄と李通玄−『臨濟錄』における李通玄の影響−」(『文獻』 11), 「李通玄の性起思想とその諸相」(『前田專學還曆記念』, 春秋社, 1991), 「五臺山系華嚴思想の中國的展開序說」(『文獻』 16), 「『東アジア佛教學とその具體的內容」(『文獻』 19) 등 많은 논문이 있다.

(7) 혜원慧苑

혜원은 법장(673~743경)이 80권『화엄경』의 주석을 행하던 중에 입적하자 그 뒤를 이어『속화엄약소간정기續華嚴略疏刊定記』를 정리했는데, 그 가운데 법장의 오교판五敎判과는 다른 것을 주창하고 별도로 사교四敎를 주장하는 등, 전체적으로 법장교학을 변경시켰다. 후대에 징관이 그 점을 엄히 지탄하였고, 이 때문에 그는 '스승을 배반한 이단자'背師異流라고 비판 받게 되었다. 이 점에 관해서 문헌③ 사카모토坂本 저작의 〈제1부 혜원慧苑의 화엄교학 연구–특히 교판론을 중심으로〉는 혜원교학이 어떻게 화엄 전통을 계승하였으며 징관까지 혜원의 교학을 적용한 면이 많았음을 논증했다. 문헌⑩ 요시즈吉津 저작의 「정법사靜法寺 혜원慧苑의 교학」(147쪽 이하)은 혜원의 교판이 법장의 오교판과 사종판을 통합한 것으로 결코 스승의 설에 반한 것이라고는 할 수 없다고 주장하였다. 이혜영李惠英의 『慧苑撰『續華嚴略疏刊定記』の基礎的研究』(同朋舍出版, 2000)는 혜원에 관한 최초의 전문연구서다.

(8) 문초文超

문초(생몰년 미상)에 대해서는 문헌⑰ 다카미네高峯 저작의 「文超法師の華嚴經義鈔について–附·金澤文庫「華嚴經義鈔 第十」–」가 있다.

(9) 법선法銑

법선(717~778)에 대해서는 문헌⑫ 요시즈吉津 저작의 「法銑の『梵網經疏』について」에서, 그의 유일한 잔존 저작『범망경소梵網經疏』(上卷만)를 다른 『범망경』의 여러 주석서와 비교 검토하였다.

(10) 징관澄觀

징관(738~839) 연구가 본격적인 진전을 보인 것은 문헌⑥ 가마타鎌田

저작의 〈제2부 澄觀の宗敎の思想史的考察〉(253쪽 이하)로, 획기적인 성과라고 할 수 있다. 근래 장원량張文良의 『澄觀華嚴思想の硏究』(山喜房佛書林, 2006)가 공간되어, 특히 '심心 문제'의 해명에 초점을 맞추고 있다. 기타 문헌⑦ 다카미네高峯 저작의 「澄觀の華嚴敎學と禪宗」(219쪽 이하), 서해기徐海基의 「淸凉國師澄觀の傳記と學系」(『韓國佛敎學 SEMINAR』 7) 등의 연구를 소개하는 것으로 그치겠지만, 징관이 중국불교에서 점하는 위치는 크다 하겠다.

(11) 종밀宗密

종밀(780~841)에 대해서는 화엄교학만이 아니라 선종 쪽에서도 소개되어야 할 문헌이 많다. 화엄교학을 중심으로 하고 선종사까지 시야에 넣은 연구성과가 가마타 시게오鎌田茂雄의 『宗密敎學の思想史的硏究』(東京大學出版會, 1975)다. 가마타 씨는 『원각경』을 중심으로 한 종밀교학에 대해 『원각경』의 많은 주석서를 분석하고 『원각경도량수증의圓覺經道場修証儀』의 의례 분석도 행하였다.

사상에 관해서는 문헌⑬ 기무라 저작의 「宗密とその思想」(226쪽 이하)과 문헌⑩ 요시즈 저작의 「宗密における華嚴禪の成立」(269쪽 이하), 조윤호曹潤鎬의 「宗密における眞理の把握−'圓覺'の理解と關連して−」(『韓國佛敎學 SEMINAR』 7)을 지적하는 것으로 그친다.

종밀의 저작은 『원각경』의 여러 주석서가 중심인데, 자주 읽히는 것은 『선원제전집도서禪源諸詮集都序』와 『원인론原人論』이다. 이를 다룬 것으로는 문헌⑦ 다카미네高峯 저작의 「禪源諸詮集都序−解題と槪要−」, 가마타 시게오鎌田茂雄의 『禪源諸詮集都序』(禪の語錄9, 筑摩書房, 1971), 가마타 시게오의 『原人論』(明德出版社, 1973), 가마타 시게오 번역의 『原人論』(『國譯一切經·諸宗部4』, 大東出版社, 1979), 고바야시 엔쇼小林円照 번역의 『原人論』(앞의 『大乘佛典 日本·中國篇7』) 등이 있다.

(12) 전오傳奧

종밀 이후로는 당나라 무종의 파불破佛 등도 있고, 일반적으로 교학불교가 일시 쇠퇴한다. 종밀 이후 전오(생몰년 불상) 등 화엄교학의 전통에 대해서는 문헌⑯ 가마타鎌田 저작에 논문「宗密以後の華嚴宗」이 있다.

(13) 자선子璿

북송에서 남송에 걸친 유명 인물로는 2수4가二水四家로 불리는 2인의 화엄교학자, 즉 장수자선長水子璿(965~1038)과 진수정원晉水淨源, 그리고 주로『화엄오교장』을 주석한 4인의 학자, 즉 도형道亨(1023~1100), 관복觀復(~1144-52~), 사회師會(1102~1166), 희적希迪(~1202-18~)이 있다.

2수4가에 대해 종합적으로 연구한 요시다 다케시吉田剛 씨는『宋朝華嚴敎學史の硏究』(駒澤大學 1999年度學位請求論文, 駒澤大學 및 국회도서관에서 열람 가능)로 학위논문을 완성하였다. 이 밖에 요시다 다케시吉田剛의「北宋代における華嚴興隆の經緯-華嚴敎學史に於ける長水子璿の位置づけ-」(『駒大禪硏年報』 9, 1998),「長水子璿における宗密敎學の受容と展開」(『南都佛敎』80, 2001),「長水子璿の無情佛性說」(『印佛硏』51-1, 2002) 등의 논문이 있다. 또한 요시즈 요시히데吉津宜英의 「華嚴敎學に與えた宋代禪宗への影響-首楞嚴經信仰形成への要因-」(鈴木哲雄 編,『宋代禪宗の社會的影響』, 山喜房佛書林, 2002),「宋代における「華嚴禪」の展開」-子璿『起信論筆削記』を中心として-」(『田中良昭古稀記念』, 大東出版社, 2003),「長水子璿の『金剛經』理解-『金剛經纂要刊定記』を中心にして-」(『村中祐生古稀記念』, 山喜房佛書林, 2005) 등은 자선의 잔존하는 3개 주석서를 분석한 것이다. 결과적으로는 철저한 무정불성설無情佛性說·초목성불설草木成佛說, 또 화엄을 베이스로 하여 선과 천태까지 포괄한 종합불교성을 지적할 수 있다.

(14) 정원淨源

정원(1011~1088)에 대해서는 가마타 시게오鎌田茂雄의「華嚴普賢行願修証

儀の研究」(『禪研究所紀要』 6·7, 1976), 이토 다카토시伊藤隆壽의 『眞福寺文庫藏
〈肇論集解令模鈔〉の飜刻』(『駒大佛教紀要』 42, 1984), 요시다 다케시吉田剛의 「晉
水淨源と宋代華嚴」(『花大禪學研究』 77, 1999)·「宋代における華嚴禮懺儀禮の成立」
(『印佛研』 52-1, 2003), 왕쏭王頌의 「僧肇撰〈物不遷論〉の意義と淨源の理解の特質」
(『南都佛教』 82, 2002)·「淨源の〈不眞空論〉に對する華嚴的な捉え方〈不眞空〉と〈眞
心〉の解釋について」(『印佛研』 51-2, 2003) 등의 텍스트 소개와 사상 분석이
이루어지고 있지만, 연구는 이제 시작단계라고 할 수 있다.

7) 중국화엄교학의 연구과제

중국화엄교학 연구는 전통적인 입장에서 총괄이라 할 문헌① 유스키
료에이湯次了榮의 저작 등이 발표되고 약 100년의 세월이 지났다. 그간
인물 단위로 보면, 지엄·법장·혜원·징관·종밀·자선 등에 대한 연구는
상당히 심화되었다고 보인다. 단, 이들 인물에 관해서조차 저작을 하나
하나 살펴보면 아직 분석이 불충분하다. 지엄의『화엄경수현기華嚴經搜玄
記』조차 꼼꼼히 잘 읽고 이해한 성과를 찾아볼 수 없다. 다른 지엄의
저작도 마찬가지다. 법장의 경우도『화엄오교장』에 대해서는 자주 다
루었지만,『화엄경탐현기華嚴經探玄記』의 경우 훌륭한 일본어 번역본(『華嚴
經探玄記』 5冊 ;『國譯一切經·經疏部』 6~10. 6~9는 坂本幸男 譯, 1937~1940. 10은 鍵主良敬
譯, 1984)은 나와 있어도 일본 교넨凝然(1240~1321)의 주석(『華嚴經探玄記洞融鈔』
120권, 현존 42권) 등을 원용한 세밀한 연구는 아직 이루어지고 있지 않다.
이하 혜원 등에 관해서도 상황은 같다. 우선, 이 부분이 진행되어야
할 것이다.

다음으로 화엄교학 연구는 간단히 교학의 내부 연구와 전개를 문제
삼게 되면 그 특색을 잡아낼 수 없다. 선과 화엄의 교섭에 대해서는
연구가 이루어지고 있지만, 중국불교의 2대 교학으로 불리는 천태와
화엄의 교섭사 연구는 아직이어서, 연구는 지금부터 시작이라고 보아도

될 것이다. 또한, 지엄·법장은 지론地論·섭론攝論·법상法相의 유식계唯識系 교학 연구가 전제이자 필수다. 특히 현장玄奘이 들여온 유식학에 대한 해명이 늦어지고 있고 이 때문에 법장 연구 등이 자극을 받지 못하고 있다. 징관·종밀로 말하면, 선禪·율律·삼론三論·천태天台·법상法相 등 시대적으로 보아도 다채로운 당대의 여러 교학과 여러 유파를 고려하지 않을 수 없다.

또한 송나라의 화엄학파는 아라키 겐고荒木見悟의 『佛敎と儒敎-中國思想を形成するもの-』(平樂寺書店, 1976)가 화엄학과 선종, 일반적으로 불교에 대처하여 발흥한 주자朱子(1130~1200)의 신유학新儒學을 염두에 두고 기선을 잡았던 것처럼 중국사상사의 입장에서 보는 시점과 연구가 요청된다. 아라키荒木 씨는 이 책 이후 계속 중국사상사를 다룬 저서를 공간하고 있어, 화엄교학 연구자도 그의 뒤를 따라가면서 연구를 진행해야 할 것이다.

한편, 화엄교학은 동아시아에 공통된 불교사상의 기반이 되고 있다. 이번에 신라의 원효·의상에 관한 연구성과를 일부 소개했지만, 지금도 왕성하게 화엄교학이 기능하고 있는 한국불교에서의 연구성과는 소개하지 못했다. 꼭 『韓國佛敎學 SEMINAR』 8호(山喜房佛書林, 2000)에 수록된 조윤호曺潤鎬·사토 아쓰시佐藤厚의 「韓國華嚴學の硏究」를 참조하기 바란다. 일본의 화엄학 연구사는, 현재까지의 것은 첫머리에서 소개한 가마타 시게오鎌田茂雄의 『華嚴學硏究資料集成』을 참조하고, 1980년대 이후 성과에 대해서는 다시 검토할 필요가 있다.

제6절 율종律宗

가와구치 고후川口高風
고마자와대학駒澤大學 교수

1) 대승계大乘戒

인도의 율장律藏은 소승율小乘律로 취급되는 데 대해, 대승율은 대승경전 속에서 율律을 이야기한다든가 경제經題에서 계학戒學과 관계되는 말을 취하는 것이라고 되어 있다. 이는 중국의 양梁·진陳 시대 이래 불전을 정리하고 대장경을 편집하면서 율부律部라든가 경經·논부論部 등과 같이 율부를 대승과 소승으로 나눈 데 원인이 있다. 그러나, 대승계大乘戒 사상은 이미 인도 대승불교에도 있었을 것이고, 그것이 중국에서 더 명확해졌던 것이다. 오노 호도大野法道는 『大乘戒經の研究』(山喜房佛書林, 1954)에서 경전과 대승율전을 17종류 200부로 분류하고 대승계를 종합적으로 연구하였다.

대승계의 대표적인 경전으로 『보살지지경菩薩地持經』·『범망경梵網經』·『영락본업경瓔珞本業經』 등을 들 수 있는데, 이 경전들에 대한 연구로는 마쓰모토 분자부로松本文三郎의 「小乘戒から大乘戒へ」(『龍大論叢』252, 1923)가 있으며 계율의 역사적 전개를 알기 쉽게 개론하였다. 오노 호도大野法道는 대승계경大乘戒經이 소승율로 받아들여진 사례를 「小乘律として取扱はれたる大乘戒經」(『今岡敎授還曆記念』, 同刊行會, 1933)에서 지적하였고, 이시가키 겐센石垣源瞻은 「大乘戒の起源論」(『西山學報』 4, 1931)에서 그 기원을 석존釋尊에서 구했다. 보살계경으로서의 『열반경』을 중심으로 조망한 오초 에니치橫超慧日의 「菩薩の戒律」(東方學報 5, 1934)은 『법화경』, 『열반경』, 『유가론』의 관계를 명확히 한 것으로서 주목할 만하다. 히라카와 아키라平川彰는 「大乘戒と菩薩戒經」(『福井博士頌壽記念』, 同刊行會, 1960)에서 십선계十善戒, 삼취정계三聚淨戒로부터 각 경전의 보살계 사상을 조망하였다.

삼취정계에 대한 연구로는, 그 어원을 천태天台에서 구한 이시다 미즈

마로石田瑞麿의「三聚淨戒について」(『印佛研』 1-2, 1953), 사토 다쓰겐佐藤達玄의
「中國における大乘戒の展開-三聚淨戒について-」(『印佛研』 18-2, 1970) 등을 들
수 있다. 보살과 관련하여, 출가보살, 재가보살의 의미와 입장을 조망한
히라카와 아키라平川彰의「大乘佛敎の敎團史的性格」(『大乘佛敎の成立史的硏究』,
三省堂, 1954), 미치바타 료슈道端良秀의「大乘菩薩戒と在家佛敎-在家菩薩と出
家菩薩-」(『北魏佛敎の硏究』, 平樂寺書店, 1970) 등은 인도와 중국에서 보이는
관념의 차이를 지적하였다.

그 밖에 대승보살계 전체를 다룬 연구로는 이시다 미즈마로石田瑞麿의
「菩薩戒について」(『宗敎硏究』 133, 1953), 요시무라 슈키芳村修基의「大乘戒の諸
問題」(『佛敎學硏究』 21, 1964), 이케다 로산池田魯參의「菩薩戒思想の形成と展開」
(『駒大佛敎紀要』 28, 1970), 사토 다쓰겐佐藤達玄의「中國出家敎團における戒律の
硏究-菩薩戒の流布について-」(『曹洞宗硏究紀要』 7, 1975), 도네가와 히로유키利
根川浩行의「僧傳に見られる唐代の菩薩戒」(『印佛研』 32-2, 1984), 다케다 조텐竹田暢
典의「中國佛敎と菩薩戒」(『牧尾良海頌壽記念』, 國書刊行會, 1984) 등을 들 수 있다.

2) 『보살지지경菩薩地持經』

『보살지지경』은『유가론』본지분本地分 중의 보살지菩薩地와 동본同本
으로, 미륵의 설법을 무착無著이 기록한 것이다. 구나발마의 한역본
『보살선계경菩薩善戒經』 9권본과 동본이역同本異譯이라고 하는데, 특히『유
가론』보살지는 오기와라 운라이荻原雲來가 산스크리트어본梵本을『梵文
菩薩地經』(山喜房佛書林, 1936)으로 출판함으로써 이미 인도에서 대승계 사
상이 있었음을 뒷받침하였다.

『지지경』이 중시되는 것은 율의계律儀戒·섭선법계攝善法戒·섭중생계攝
衆生戒의 삼취정계를 설명하고 대소승의 구별을 계戒의 입장에서 종합하
였기 때문이다. 따라서 연구도 이 같은 방면에서 이루어져 히라카와
아키라平川彰의「大乘戒と菩薩戒經」(『福井博士頌壽記念』)과 이시다 미즈마로石

田瑞麿의 앞서 언급한 「三聚淨戒について」 등에서 이 문제를 다루었다.

『선계경善戒經』에 대해서는, 오노 호도大野法道의 「菩薩善戒經について」(『大乘戒經の研究』)에서 다루었는데 『선계경』은 『지지경』을 개수改修하여 만든 것이라는 중국개수설中國改修說을 내세웠다. 나이토 다쓰오內藤龍雄는 「菩薩善戒經における二三の問題點」(『印佛研』10-1, 1962)에서 『선계경』의 중국개수설과 형태에 관한 문제를 다루고, 계조戒條의 변화 등을 통해 『지지경』과의 동본이역설을 논증하였다. 『유가론』을 다룬 연구로는, 유가론의 계품戒品을 조망한 후쿠이 세이시福井靜志의 「菩薩の戒律儀の問題點-瑜伽論戒本-」(『印佛研』15-1, 1966)이 있고, 우이 하쿠주宇井伯壽의 『瑜伽論の研究』(岩波書店, 1958)도 있다.

3) 『범망경梵網經』

『범망경』은 중국·일본에서 대승계의 제1경으로 중시되고, 계경 가운데서도 중요한 지위를 점한다. 그러나 이 경전은 인도에서 성립한 것이 아니라 중국에서 찬술된 의경疑經이다. 상세하게는 『범망경노사나불설보살심지계품제십梵網經盧舍那佛說菩薩心地戒品第十』이라 하며 상하 2권으로 이루어져 있다. 상권에서는 10발취十發趣·10장양十長養·10금강十金剛 및 10지十地의 40위位를 설명하고, 하권에서는 10중十重 48경계四十八輕戒를 설명한다. 경명經名도 일정치 않은데, 그 성립 시기에 대해 모치즈키 신코望月信亨의 『佛敎經典成立史論』(法藏館, 1946)과 오노 호도大野法道의 『大乘戒經の研究』에서는 유송劉宋 중엽~제齊 초엽으로 보았다. 그러나 후세 고가쿠布施浩岳는 「菩薩戒の精神とその發達」(『印佛研』3-2, 1955)에서 넓은 의미에서 서역지방 찬술설을 주장하였다. 이시다 미즈마로石田瑞麿는 여러 주석들을 비교하고 『범망경』을 역주하여 『梵網經』(佛典講座14, 大藏出版, 1971)과 「梵網戒經の注釋について」(『佐藤博士古稀記念』, 山喜房佛書林, 1972)를 발표하였다. 그 이전에는 불교 성전 강의의 일단으로서 오노 호도大野法道가

『범망경』을 해설한 바 있고(『涅槃經遺敎經梵網經講義』, 同刊行會, 1935) 그 밖에도 사카이노 고요境野黃洋가 『國譯大藏經 第3』(國民文庫刊行會, 1918)에서, 가토 간초加藤觀澄가 『國譯一切經·律部12』(大東出版社, 1930)에서 한문에 가나 현토 仮名書き下し를 달았다.

『범망경』 본문 연구로는 오노 호도大野法道의 「梵網經の形相」(『大正大學報』 5, 1929)·「梵網經菩薩戒序について」(『大正大學報』 21-23合倂号, 1935), 니시모토 류잔西本龍山의 「梵網經戒相の批判研究」(『印佛研』 8-2, 1960), 시라토 와카白土わか의 「梵網經研究序說」(『大谷大學研究年報』 22, 1970)·「梵網經の形態」(『佛敎學セミナー』 16, 1972) 등이 있다. 그 밖에 마쓰모토 분자부로松本文三郎의 「大乘梵網經に就いて」(『無盡燈』 21-9, 1916), 마스야마 겐주增山顯珠의 「梵網經成立考」(『龍大論叢』 247, 1922), 후지타 요시미藤田泰實의 「梵網經菩薩戒經私考」(『密敎學會報』 6, 1967), 다케다 조텐竹田暢典의 「梵網經における菩薩像」(『印佛研』 26-2, 1978), 사토 다쓰겐佐藤達玄의 「梵網經における新學菩薩の戒律」(『駒大佛敎紀要』 47, 1989), 이시이 고세이石井公成의 「『梵網經菩薩戒本疏』について」(『印佛研』 32-2, 1984), 요시즈 요시히데吉津宜英의 「法藏以前の『梵網經』諸註釋書について」(『駒大佛敎紀要』 47, 1989), 이시이 고세이石井公成의 「『梵網經菩薩戒本疏』に見える生命觀」(『日佛年報』 44, 1990), 도키야 고키釋舍幸紀의 「梵網經と梵網經変-孝順心と慈悲心を中心として-」(『高田短期大學紀要』 8, 1990) 등도 보인다.

담화 형식을 취한 시오 벤쿄椎尾辨匡의 『授戒講話』(弘道閣, 1931)와 나가이 마코토長井眞琴의 『佛敎戒律の眞髓-梵網經講話-』(大藏出版, 1957) 등도 있는데 간단한 입문서로 편리하다. 이 『범망경』은 구마라집이 한역한 것을 천태대사가 저술한 『보살계의소菩薩戒義疏』에서 풀이되어 천태교학에 포함되었다. 『범망경』은 천태학에서도 큰 지위를 점하고 있는데, 이에 대한 연구로는 에타니 류카이惠谷隆戒의 『圓頓戒槪論』(大東出版社, 1937), 시바 미즈세芝水生의 「天台大師の圓頓戒槪論」(『大崎學報』 43, 1915), 다케다 조텐竹田暢典의 「戒體論から見た天台大師戒疏」(『印佛研』 11-2, 1963), 이케다 로산池田

魯參의「天台大師にみられる清規思想」(『印佛研』 16-1, 1967), 후쿠시마 고사이福島
光哉의「天台智顗における大乘戒の組織と止觀」(『大谷學報』 60-2, 1980)·「智顗の戒
律思想-性罪をめぐる問題について-」(佐佐木敎悟 編,『戒律思想の硏究』, 平樂寺書店,
1981), 와시자카 소엔鷲坂宗演의「天台智顗の戒律觀の一考察」(『花大硏究紀要』 14,
1983) 등을 들 수 있다.

4) 『영락본업경瓔珞本業經』

『영락본업경』은 『범망경』처럼 화엄경 계통의 대승계경으로서 삼취
정계를 설한다. 섭선법계攝善法戒는 팔만사천의 법문, 섭중생계攝衆生戒는
자비희사慈悲喜捨의 사무량심四無量心, 섭률의계攝律儀戒는 십바라밀十波羅蜜
이라 하여 유가계瑜伽戒와는 계통을 달리한다. 모치즈키 신코望月信亨는
『佛敎經典成立史論』에서 이를 양梁 이전에 중국에서 만들어진 위경이라
고 보았고, 성립 시기에 대해서는 오노 호도大野法道가『大乘戒經の硏究』에
서 『인왕경』·『범망경』이 성립된 이후이며 인용되는『승만경勝鬘經』이
성립한 유송劉宋 원가元嘉 13년(436) 이후라고 보았다. 성립 문제를 다룬
연구로는 사토 데쓰에이佐藤哲英의「瓔珞(本業)經の成立に關する硏究」(『龍大
論叢』 284·285, 1929)가 있다.

『영락경』과 『범망경』은 자매관계로서, 이를 다룬 연구로 미야기 신
가宮城信雅의「梵網瓔珞經の成立年代と其敎理とに就いて」(『哲學硏究』 7-74, 1922)
가 있고, 오노 호도大野法道가『國譯一切經·律部12』(大東出版社, 1930)에서 한
문에 가나 현토를 달았다.

5) 사분율종四分律宗과 도선道宣

동진시대에『십송율』·『사분율』·『마하승기율』등의 율전이 번역되
면서 율에 관한 연구가 활발해지고, 북위대에는 법총法聰이『사분율』을
연구하여 사분율종을 열었다. 이어 혜광慧光(468~537)이 율종을 성행시켰

고 당대에는 도선(596~667)이 종남산 풍덕사를 중심으로 남산율종을 열었다. 또한 법려(569~635)가 상주相州 일광사日光寺를 중심으로 상부종相部宗을 열고, 법려의 제자 회소(624~697)는 법려의 『사분율소』를 비판하고 장안의 숭복사崇福寺 동탑東塔을 중심으로 동탑종東塔宗을 열었다.

이 밖에 병주幷州 대흥국사大興國寺의 법원法願(524~589)을 중심으로 한 병부종幷部宗도 있다. 후에 상부종·동탑종·병부종은 쇠퇴하고, 남산종만 번성하여 송대까지 전해졌다.

도선에 의해 대성된 남산종南山宗에 대한 연구는 최초의 종조 도선까지의 법계를 추적하고, 분파에 관한 연구에서 시작해야 한다. 스즈키 데쓰오鈴木哲雄의 「中國律宗の法系」(『愛知學院大學禪學硏究』5, 1970), 사토 다쓰겐佐藤達玄의 「中國南北朝時代における戒律の敎線展開」(『駒大佛敎紀要』29, 1971), 가와구치 고후川口高風의 「中國佛敎における戒律の展開(上)-南北朝時代について-」(『駒大大學院佛敎年報』5, 1971)를 통해 도선과 남북조시대 율자律者의 법계, 율자의 교선敎線 분포가 밝혀지게 되었다.

도선에 대한 개설로는 사카이노 고요境野黃洋의 『支那佛敎史講話(下)』(共立社, 1929), 우이 하쿠주宇井伯壽의 『支那佛敎史』(岩波書店, 1936), 미치바타 료수道端良秀의 『中國佛敎史』(法藏館, 1939), 이토 고안伊藤康安의 『佛敎の理論と展開』(早稻田大學出版部, 1959) 등이 있고, 특히 다카오 기켄高雄義堅은 『中國佛敎史論』(平樂寺書店, 1952)에서 도선을 말법승末法僧으로 보고 말법에 대한 동향을 살펴보았다. 야마자키 히로시山崎宏의 『隋唐佛敎史の硏究』(法藏館, 1980)에서는 도선을 감통승感通僧으로 고찰하였다. 따라서 도선은 그 저작에 따라 율승律僧·사전승史傳僧·경록승經錄僧·호법승護法僧·감통승感通僧 등으로 분류될 수 있으며, 율승의 경우, 간쇼 엔타쓰甘蔗円達가 「道宣の支那戒律史に於ける地位」(『支那佛敎史學』3-2, 1939)에서 그를 율종조사로 간주하는 입장을 명확히 하였다. 또 도선의 보살계를 동문인 도세道世(?~668)의 『비니토요毘尼討要』에서 추적하여 연구한 쓰치하시 슈코土橋秀高의 「道宣

の菩薩戒」(『印佛研』15-1, 1966)가 있고, 도세를 그의 저작인『법원주림法苑珠林』을 통해 명확히 한 가와구치 기쇼川口義照의『中國佛教における經錄研究』(法藏館, 2000)도 보인다.

남산종이 원교圓教라는 것을 고찰한 도쿠다 묘혼德田明本은「鑑眞和上の律宗」(『南都佛教』24, 1970)과「南山大師のに戒律觀について」(『佐藤博士古稀記念』)에서 그 논지를 명확히 하였다.

도선의 찬술서에 대해서는, 다지마 도쿠네田島德音가「教誡律儀撰述者に關する疑問」(『大正大學報』2, 1927)에서『교계율의教誡律儀』는 도선의 찬술이 아니라고 보았다. 히라카와 아키라平川彰는『교계율의』의 일본어 번역 해제(『國譯一切經·諸宗部14』, 大東出版社, 1960)에서『교계율의』를 도선의 저작이라고 보고 역주를 행하였다. 율종 3대부의 근본이 되는『사분율행사초四分律行事鈔』에 대해서는 니시모토 류잔西本龍山이『國譯一切經·律疏部1』(1938)에서 역주를 붙였다. 가와구치 고후川口高風는「中國佛教における戒律の展開(中)-四分律行事鈔より見た道宣の戒律-」(『駒大大學院佛教年報』6, 1972)·「四分律行事鈔における道宣の戒律」(『宗學研究』14, 1972)·「四分律行事鈔にあらわれた引用典籍の研究」(『駒大大學院佛教年報』9, 1975)·「四分律行事鈔にあらわれた引用典籍の研究-經論部-」(『曹洞宗研究紀要』6, 1974)에서『사분율행사초』에서 인용된 모든 전적을 밝히고, 특히 보살계경의 인용 의의를 살펴보았다. 또「中國律宗における四分律の大乘的理解」(『印佛研』21-2, 1973)에서는 인용 경전을 통해 교판론을 고찰하였다.

그 밖에 오사와 노부오大澤伸雄의「『四分律行事鈔』における受戒思想の一考察」(『宗教研究』226, 1976)·「『四分律行事鈔』における安居について」(『宗教研究』230, 1976)·「在家戒の授受について-四分律行事鈔導俗化方篇を中心として-」(『佛教學セミナー』24, 1976)·「四分律行事鈔説戒正義篇の一考察-時節の不同を中心に-」(『印佛研』26-2, 1978)·「『四分律行事鈔』における僧制について」(『宗教研究』238, 1979)·「説戒儀禮における犯戒者について-四分律行事鈔説戒正義篇を中心として-」(『印佛研』

27-2, 1979)·「道宣の出家學佛道觀−四分律行事鈔沙彌別行篇を中心として−」(『戒律思想の硏究』)·「四分律行事鈔による涅槃經の受容」(『佛敎學セミナー』4, 1984), 사토 다쓰겐佐藤達玄의 「行事鈔六十家攷」(1·2) (『駒大佛敎紀要』35·36, 1977·1978)·「行事鈔における懺悔法」(『駒大佛敎紀要』39, 1981), 가와노 사토시河野訓(外)의 「僧衣資料硏究」(1~3)(『佛敎文化』18-21·19-22·23-26, 1987·88·90), 에노모토 마사아키榎本正明의 「『四分律刪繁補闕行事鈔』における頭陀說について」(『華頂短大硏究紀要』48, 2003) 등도 있다.

사전적史傳籍으로서 『속고승전續高僧傳』을 다룬 연구로는 노가미 순조野上俊靜의 『續高僧傳私考』(大谷派安居事務所, 1959), 마에카와 다카시前川隆司의 「道宣の後集高僧傳について−續高僧傳との關連−」(『龍谷史壇』46, 1960)이 있고, 마에카와 다카시는 「道宣の佛敎史觀」(『印佛硏』9-2, 1961)에서 『후집속고승전後集續高僧傳』이 현재의 『속고승전』에 부가된 과정을 살펴보고 사전적을 저술하고 중시한 것은 계율을 현창하기 위해서였다고 주장하였다. 그 밖에 사토 다쓰겐佐藤達玄의 「道宣の吉藏傳について」(『印佛硏』9-1, 1961), 미야바야시 쇼겐宮林昭彦의 「道宣の戒律觀」(『日佛年報』32, 1967), 마쓰우라 슌쇼松浦俊昭의 「道宣の律學の硏究」(『渡邊隆生還曆記念』, 永田文昌堂, 1997), 미야바야시 쇼겐宮林昭彦의 「道宣の三學觀」(關口眞大 編, 『佛敎の實踐原理』, 山喜房佛書林, 1977), 히라카와 아키라平川彰의 「道宣の法華經觀」(坂本幸男 編, 『法華經の中國的展開』, 平樂寺書店, 1972), 안중철安重喆의 「道宣の修觀」(『印佛硏』37-1, 1988)·「唐道宣と義天の修觀」(『印佛硏』51-2, 2003) 등이 있다.

남산종을 비롯한 사분율종 분파의 모습에 대해서는 사카이노 고요境野黄洋·우이 하쿠주宇井伯壽의 저서에서 이루어진 문제제기를 통해 볼 수 있으며, 이시이 교도石井敎道의 「四分律四宗論−特に幷部宗に就いて−」(『大正大學報』24·25, 1936·1937), 미야바야시 쇼겐宮林昭彦의 「四分律宗について」(『宗敎硏究』38-2, 1965), 히라카와 아키라平川彰의 「四分律宗の出現と十誦律」(『南都佛敎』56, 1986) 등에서 찾아볼 수 있다. 그러나 송대에 이르기까지의 사파四派에 대한 연구는 아직 미개척 분야다.

근년에는 도선 연구를 정리한 사토 다쓰겐佐藤達玄의 『中國佛敎における 戒律の硏究』(木耳社, 1986)와 후지요시 마스미藤善眞澄의 『道宣傳の硏究』(京都大 學學術出版社, 2002)에 의해 (사분율종四分律宗의 형성과정이 | 옮긴이) 분명해 졌다. 송대에 남산종을 계승한 원조元照에 대한 연구로는 아소 리젠麻生履 善의 「大智律師元照の業績」(『龍谷史壇』 23, 1939), 쓰치하시 슈코土橋秀高의 「元 照戒觀の展望」(『印佛硏』 30-1, 1981), 히라카와 아키라平川彰의 『불제비구육물 도佛制比丘六物圖』에 대한 역주 『國譯一切經·諸宗部14』(大東出版社, 1960)가 있 다. 또 원조元照의 정토사상에 대해서는 히오키 다카히코日置孝彦의 「宋代 戒律史上にあらわれた元照の淨土敎」(『金澤文庫硏究』 13, 1976), 가시와구라 아키 히로柏倉明裕의 「靈芝元照の淨土敎と天台淨土敎」(『宗敎硏究』 291, 1992), 사토 세 이준佐藤成順의 『宋代佛敎の硏究-元照の淨土敎-』(山喜房佛書林, 2001)가 있지 만, 송대의 율종 법계와 분파 형태, 나아가 『사분율행사초』의 해석을 둘러싼 원조元照의 『자지기資持記』, 윤감允堪의 『회정기會正記』 등에 관한 연구는 보이지 않아 앞으로 적극 관심을 가져야 할 연구과제라 하겠다.

6) 계체론戒體論

계戒의 본질인 계체戒體에 대해서는, 인도에서는 『대비바사론大毘婆沙論』 과 『구사론俱舍論』 등에 설명되어 있다. 중국불교에서 이를 처음 창도한 인물이 천태 지의(538~597)였다. 지의는 『마하지관』 등에서 심법계체설 心法戒體說을 주장하고 『보살계의소菩薩戒義疏』 권상에서는 무작無作의 가색 假色을 계체戒體로 하는 색법계체설色法戒體說을 주장했다고 하며, 천태의 계체설 해석에는 여러 가지가 있다고 한다.

도선은 『사분율행사초』 권상1에서, 계체를 계법·계체·계행·계상의 4종으로 나누고 그 각각을 설명하였다. 율종 3파의 분열은 계체론의 차이에 의한 것이라고도 하는데, 남산종은 『성실론』, 상부종은 『대비바사론』, 동탑종은 『구사론』에 의거하였다. 이러한 율종 3파의 계체론에 대해서는, 사카이노 고요境野黃洋가 앞의 『支那佛教史講話(下)』에서 각 조사가 의거하는 전적과 사자師資 관계 등을 서술하고 문제제기를 하고 있다.

계체사상의 구명과 종별 및 계통 등을 밝히려 한 오노 호도大野法道의 「戒體論」(『南都佛教』 5, 1958)은 계체의 어의를 연구할 때 꼭 보아야 할 논고다. 히라카와 아키라平川彰의 「戒體と戒の得捨」(『原始佛教の研究』, 春秋社, 1964)도 여러 경론을 인용하여 계의 본질을 고찰하였다. 그 밖에 미야바야시 쇼겐宮林昭彦의 「中國佛教における戒體論(1)」(『佛教文化研究』 15, 1969)·「四分律宗の戒體論」(앞의 『佐藤博士古稀記念』)·「戒體論」(『三藏集(2)』, 1975), 쓰치하시 슈코土橋秀高의 「戒體について」(『印佛研』 20-1, 1971), 아오키 다카아키靑木孝彰의 「中國佛教における戒體觀についての一考察」(『印佛研』 20-2, 1972) 등의 연구가 있는데, 중국 율종 3파의 계체론이 명확하지 않으므로 사카이노 고요境野黃洋의 고찰을 지표로 삼아 새로이 집중적으로 연구할 필요가 있으며, 이는 중국율종을 연구할 때 꼭 고찰해 보아야 할 과제다.

7) 계단戒壇

계단은 수계授戒의식을 행하는 장소로서 그 단장壇場을 계단이라고 한다. 『대당서역구법고승전大唐西域求法高僧傳』에 의하면, 인도 나란타사那爛陀寺에 계단이 있었다고 되어 있어 인도에 존재하였던 것이 분명하다. 그러나 이것이 본격적으로 만들어져 수계의식이 융성하게 치러진 곳은 중국이었다고 할 수 있다. 인도의 계단에 대해서는, 히라카와 아키라平川彰가 「戒壇の原意」(『印佛研』 10-2, 1962 ; 『原始佛教の研究』)에서 수계受戒와 승가僧伽의 관계를 통해 그 의의를 분석하였다.

중국에서 계단이 처음 설치된 것은 『출삼장기집出三藏記集』 권14 구나발마求那跋摩(367~431)전에 등장하는 남림사南林寺에서였다. 도선은 『율상

감통전律相感通傳』에서 역대로 계단이 세워진 장소와 인명에 대해 서술하고 계단은 300여 곳에 세워졌다고 하였다. 또한 중국불교가 퇴폐하지 않은 것은 계단이 존재하고 수계가 행해졌기 때문이라고 하였다.

육조六朝에서 북송, 신라, 고려, 일본의 계단에 이르기까지 역사적 변천을 고찰한 연구는 오초 에니치橫超慧日의 「戒壇について」(『支那佛敎史學』 5-1~4, 1941 ;『中國佛敎の硏究 3』, 法藏館, 1979)로, 계단연구의 선구다. 간쇼 엔타쓰甘蔗円達는 앞의 「道宣の支那戒律史に於ける地位」에서 도선의 계단이 그의 상상에 입각한 것이라고 보았고, 미야바야시 쇼겐宮林昭彦도 「中國佛敎における戒壇について」(『大正大學硏究紀要』 56, 1971)에서 간쇼의 주장을 계승하여 도선의 계단은 원시불교에서 볼 수 있는 계단과는 그 의미가 다르다고 하였다. 이토 주타伊東忠太의 『東洋建築の硏究(下)』(龍吟社, 1937)에서는 도선의 『기원사도경祇洹寺圖經』을 들어 내용으로 보나 필치로 보나 후세의 위작이라고 추정하였다. 미치바타 료슈道端良秀의 「中國佛敎と大乘戒壇」(『佐藤博士古稀記念』)에서는 송대에 처음 나타난 대승계단의 명칭을 고찰하여 예산대승계단叡山大乘戒壇의 영향을 받았음을 논증하였다. 그 밖에 감진鑑眞과 사이초最澄의 계단 등에 대해서는, 이시다 미즈마로石田瑞麿의 『日本佛敎における戒律の硏究』(在家佛敎協會, 1963)를 비롯하여 나카니시 지유中西智勇의 「叡山戒壇の設立に就いて」(『六條學報』 79, 1908), 오야 도쿠조大屋德城의 「大乘戒壇の問題」(『支那佛敎史學』 5-2, 1941), 다무라 고유田村晃祐의 「大乘戒壇獨立について」(『印佛硏』 5-2, 1957) 등이 있고, 관련 연구로 스에히로 쇼케이末廣照啓의 「戒壇に就いて」(『山家學報』 19·20, 1924), 핫토리 세이조服部淸造의 「戒壇の硏究」(『文學哲學史學會連合硏究論文集』 6, 1955), 미치바타 료슈道端良秀의 「中國佛敎の大乘戒壇」(『佐藤博士古稀記念』) 등도 있어 계단의 모습이 분명해지게 되었다. 그러나 중국에서 계단이 설치될 경우, 구체적으로 어떤 사람들이 초청되었고 어떤 의식이 치러졌는지 그 내용이 구명되지 않아 앞으로의 연구테마로 남아 있다.

8) 가사袈裟

가사를 계율 연구의 일부로 조망한 것으로는 사카이노 고요境野黃洋의 「戒律硏究(上)」(『國譯大藏經·附錄』 1928)가 있고, 사토 미쓰오佐藤密雄의 「佛敎の衣制」(『原始佛敎敎團の硏究』, 山喜房佛書林, 1963)는 비구의 삼의三衣와 비구니의 오의五衣에 관한 계율을 검토하였다. 히라카와 아키라平川彰의 「袈裟について」(『山田舞文古稀記念』, 1972)·「三衣について」(『佐藤博士古稀記念』)는 가사의 색깔이 각 율장에 따라 다르다는 점을 지적하고, 삼의三衣의 크기를 율장에서 살펴보았다. 승복으로서의 편삼偏衫과 승기지僧祇支의 성립을 다룬 연구로는 오니시 슈야大西修也의 「百濟佛再考−新發見の百濟石佛と偏衫を着用した服制をめぐって−」(『佛敎藝術』 149, 1983), 오카다 겐岡田健·이시마쓰 히나코石松日奈子의 「中國南北朝時代の如來像着衣の硏究」(上·下)(『美術硏究』 356·357, 1993), 이와이 도모지岩井共二의 「佛像の服制と偏衫をめぐる諸問題」(『美學美術史硏究論集』 13, 1995), 요시무라 레이吉村怜의 「佛像の着衣'僧祇支'と'偏衫'について」(『南都佛敎』 81, 2002) 등이 있다.

가와구치 고후川口高風의 「道宣の袈裟觀」(『駒大大學院佛敎年報』 7, 1973)과 「袈裟史における道宣の地位」(『宗敎硏究』 217, 1974)는 도선이 가사에 관한 계戒를 곡해하여 천인天人의 계시라면서 비논리적인 변경을 행한 점을 지적하고, 그것이 일본 에도江戶시대 모쿠시쓰 료요默室良要의 저술 『법복격정法服格正』 등에 영향을 미쳤음을 추급하였다.

상좌불교의 가사에 대해서는, 이노우에 요시히로井上義宏가 실제로 실론의 비구와 생활한 체험을 저술한 『原始僧衣の硏究』(1935)가 있는데 주목할 만하다. 그 밖에 나스 세이류那須政隆의 「法衣について」(『智山學報』 9, 1961)는 인도·중국·일본 법의의 변천을 이해하기 쉽게 쓴 글이다.

9) 중국 도덕과 계율

불교에서는 공空을 중국인에게 이해시키기 위해 무無라는 관념을 이용하였다. 이것을 '격의불교'라고 하는데, 계율도 중국인의 도덕인 오상五常과 상통하는 바가 있었다.

이 과정을 살펴보는 것은 중국인의 사유방법을 연구하는 데 중요하다. 이에 대한 연구로는 구보타 료온久保田量遠의「五戒と五常とに對する調和論の研究」(『無礙光』17-9, 1921), 미치바타 료슈道端良秀의「中國佛教に於ける五戒と五常の問題」(『印佛研』4-2, 1956;『佛教と儒教倫理』, 平樂寺書店, 1968), 다나카 후미오田中文雄의「六朝知識人の五戒理解の一側面」(『豊山教學大會紀要』 10, 1982), 나카야마 마사아키中山正晃의「中國淨土教と倫理思想」(『龍大論集』424, 1984)이 있다.

특히 여산廬山 혜원慧遠의 계율을 예禮와 비교하여 고찰한 것으로 이타노 조하치板野長八의「慧遠の沙門不敬王者論に就いて」(『史學論叢』5, 1933)·「慧遠における禮と戒律」(『支那佛教史學』4-2, 1940), 다나카 후미오田中文雄의「慧遠の『沙門不敬王者論』にあらわれたる沙門不應拜俗思想について」(『豊山學報』25, 1980), 도네가와 히로유키利根川浩行의「淨影慧遠の戒律觀」(『印佛研』34-2, 1985) 등이 있다. 선의 계율관과 오계와의 관계를 다룬 연구로는 사토 다쓰겐佐藤達玄의「禪の戒律觀と五戒について」(『印佛研』5-1, 1957)·「中國佛教形成期における生活威儀について」(『印佛研』13-2, 1965)가 있다. 의례 관련 연구로는, 오타니 고쇼大谷光照가 당대의 불교의례에 관해 사전史傳자료에 이르기까지 검토한 『唐代佛教の儀禮』(有光社, 1937)에서 화려한 당대 불교의 일면을 살펴보았다. 또 이마즈 고가쿠今津洪嶽의「中國佛教教團の制度竝に儀禮に關する諸文獻の考察」(『禪學研究』44, 1953)과 시오이리 요시미치塩入良道의「中國佛教儀禮における懺悔の變容過程」(『印佛研』11-2, 1963)도 있다. 의례에 대한 연구는 별로 없지만, 가마타 시게오鎌田茂雄의『中國の佛教儀禮』(東京大學出版會, 1986)가 발표되면서 새로운 분야가 개척되고 있다.

10) 승제僧制

교단생활은 계율을 기축으로 하여 규칙이 정해져 있다. 그러나 시대와 풍습 등에 적응한 일상의 규범도 정해지게 되었다. 이것은 국가체제에 의한 것과 교단 자체의 제도라는 두 가지로 생각해 볼 수 있다. 이와 관련하여 승관僧官과 도첩度牒 등의 문제를 다룬 것이 핫토리 슌가이服部俊崖의 「支那僧官の沿革」(『佛敎史學』 2-5·6·8, 1912)과 다카오 기켄高雄義堅의 「度牒考」(『六條學報』 226, 1920)인데, 이 분야의 선구라고 할 수 있다.

그 후 지나불교사학회支那佛敎史學會가 이끄는 불교제도사 분야 연구로 오가사와라 센슈小笠原宣秀의 「支那の僧制に就いて」(『龍大論叢』 304, 1932)·「支那南北朝時代佛敎敎團の統制」(『龍谷史壇』 14, 1934)가 발표되고 선禪이 청규淸規에 미친 영향 등의 문제제기가 이루어졌다. 야마자키 히로시山崎宏는 승관 문제를 고찰한 「北齊の僧官昭玄十統考」(『史潮』 8, 1938)·「唐代における僧尼所隷の問題」(『支那佛敎史學』 3-1, 1939)·「唐代の僧官について」(『史潮』 9-2, 1939)·「南北朝時代における僧官の檢討」(『佛敎研究』 4-2, 1940)·「隋代僧官考」(『支那佛敎史學』 6-1, 1942) 등을 발표하였고, 나카토미 도시하루中富敏治도 「唐代の僧統」(『大谷學報』 40-3, 1960)을 내놓았다. 송대를 다룬 연구로는 다카오 기켄高雄義堅의 「宋代における僧官の研究」(『支那佛敎史學』 4-4, 1941)와 고사카 기유小坂機融의 「宋代寺院僧尼制度と淸規」(『駒大佛敎紀要』 26, 1968) 등이 있다.

도첩度牒과 동행童行 제도를 다룬 연구로는 모로토 다쓰오諸戶立雄의 「中國における度牒初授の年代について」(『文化』 5-10, 1951), 다카오 기켄高雄義堅의 「宋代に於ける度及び度牒制」(『佛敎研究』 4-2, 1940), 쓰카모토 젠류塚本善隆의 「道君皇帝と空名度牒政策」(『支那佛敎史學』 4-4, 1941)·「宋時代の童行試經得度の制度」(『支那佛敎史學』 5-1, 1941), 후지요시 마스미藤善眞澄의 「唐五代の童行制度」(『東洋史研究』 21-1, 1962), 모로토 다쓰오諸戶立雄의 「唐代におけるの僧侶に稅役負擔について-僧侶の課役免除に關連して-」(佛敎史學會 編, 『佛敎の歷史と文化』, 同朋舍出版, 1980), 나카오 유지中尾雄二의 「唐代の僧尼の所隷」(『龍谷大學大學院紀要』

2, 1981), 도나미 마모루礪波護의 「唐代における僧尼拜君親の斷行と撤回」(『東洋史研究』40-2, 1981), 모로토 다쓰오諸戶立雄의 「唐・五代の童行と度牒制について」(『佛敎史學硏究』 31-2, 1988) 등이 있다. 특히 나바 도시사다那波利貞의 「中晚唐時代に於ける僞濫僧に關する一根本資料の研究」(『龍谷大學佛敎史學論叢』, 1939)는 중만당中晚唐 시대의 실제 정세를 분석하고 승려의 세속화와 타락을 지적하여 국가와 승단의 상태를 살피는 데 참고가 된다.

『승사략僧史略』을 저술한 찬영贊寧의 눈을 통해 본 불교교단의 입장을 다룬 연구로는 마키타 다이료牧田諦亮의 「僧史略の世界」(『印佛研』2-1, 1953)・「君主獨裁社會に於ける佛敎敎團の立場-宋贊寧を中心として-」(『佛敎文化硏究』 3, 1953) 등이 있다. 승제를 분석하려면 불교 관계 자료만으로는 안 되고, 니이다 노보루仁井田陞의 「唐の僧道・寺觀關係の田令の遺文」(『塚本博士頌壽記念』, 同記念會, 1961)을 비롯하여 같은 저자의 『唐令拾遺』(東京大學出版會, 1933)・『唐宋法律文書の研究』(東邦文化學院東京研究所, 1937)・『中國法制史研究』(東京大學出版會, 1959) 등의 법제사도 아울러 살펴보아야 하며, 이를 통해 승단제도가 국가에 갖는 진정한 의의를 파악할 수 있을 것이다.

이상으로 율종과 그 주변에 대한 연구성과를 살펴보았는데, 이를 집대성한 쓰치하시 슈코土橋秀高의 『戒律の研究』(永田文昌堂, 1982)・『戒律の研究 第2』(同, 1982), 사사키 교고佐々木敎悟(編)의 『戒律思想の研究』가 있다. 또한 중국 출가자가 율전의 번역을 어떻게 수용하여 중국사회에 맞춰 나가며 나아가 중국적인 굴절 변용이 이루어지는지 그 추이를 통해 계율불교의 발전을 추적한 사토 다쓰겐佐藤達玄의 앞의 『中國佛敎における戒律の研究』, 후지요시 마스미藤善眞澄의 앞의 『道宣傳の研究』가 있다. 모로토 다쓰오諸戶立雄의 『中國佛敎制度史の研究』(平河出版社, 1990), 스와 기준諏訪義純의 『中國中世佛敎史研究』(大東出版社, 1988), 가마타 시게오鎌田茂雄의 『中國佛敎史 6』(東京大學出版會, 1999), 가와구치 기쇼川口義照의 『中國佛敎における經錄研究』(法藏館, 2000) 등에도 관련 논고가 수록되어 있다.

계율 연구와 중국율종의 연구사·연구방법, 참고문헌을 다룬 것으로는 오노 호도大野法道의 「戒律研究の現狀と將來への希求」(『佛敎研究』 5-5·6, 1941), 사사키 교고佐々木敎悟의 「インド佛敎への道しるべ-戒律佛敎-」(『佛敎學セミナー』 11, 1970), 가와구치 고후川口高風의 「中國律宗への研究動向」(『南都佛敎』 30, 1973), 도쿠다 묘혼德田明本의 『律宗文獻目錄』(百華苑, 1974)·「戒律思想に關する研究文獻」(『戒律思想の研究』, 平樂寺書店, 1981)·「戒律關係文獻目錄」(『戒律の世界』, 溪水社, 1994) 등이 있다.

제7절 정토교

시바타 다이센柴田泰山
다이쇼대학大正大學 강사

1) 수·당 정토교사 개설

수당시대의 정토교는 지금까지 중국 정토교 연구에서도 특히 중점적으로 연구가 진행되어 온 영역이다. 수당시대는 아미타불신앙을 교리적으로 체계화시킨 도작道綽과 선도善導 등이 활약한 시대로, 중국 정토교를 개관할 때 매우 중요한 시기이기도 하다.

이 무렵 정토교의 역사적인 전개를 해설한 연구로는, 좀 오래 된 사사키 겟쇼佐々木月樵의 『支那淨土敎史』(無我山房, 1913), 모치즈키 신코望月信亨의 『略述淨土敎理史』(淨土敎報社, 1921)·「唐代の淨土敎」(『支那佛敎史學』 3-3·4, 1939)·『淨土敎槪論』(弘文堂, 1940)·『中國淨土敎理史』(法藏館, 1942 ; 1976) 등이 있다. 그 후 쓰카모토 젠류塚本善隆·우메하라 다케시梅原猛의 『不安と欣求』(角川書店, 1968), 기무라 기요타카木村淸孝의 『中國佛敎思想史』(國書刊行會, 1979), 시바타 도루柴田泰의 「中國における淨土敎の發展」(『講座大乘佛敎5』, 春秋社, 1985), 마사키 하루히코正木晴彦의 「淨土」(『岩波東洋思想·東アジア佛敎』, 岩波書店, 1988), 시바타 도루柴田泰의 「淨土系の佛敎」(『東アジア佛敎3』, 春秋社, 1997) 등이 발표되

었다. 근년에는 가마타 시게오鎌田茂雄가 『中國佛敎史6』(東京大學出版會, 1999)에서 수당시대 정토교의 전개를 정리하였다.

전전戰前의 연구사는 미치바타 료슈道端良秀의 「「支那淨土敎」研究の回顧-漢魏晋南北朝-」(『支那佛敎史學』3-3·4, 1939)와 오가사와라 센슈小笠原宣秀의 「「支那淨土敎」研究の回顧-隋唐時代-」(『支那佛敎史學』4-1, 1940)에 소개되었다.

이처럼 수당대 정토교 역사에 대한 연구는 전전부터 근년까지 많은 선학들에 의해 정리되었다. 좀 오래 전에 나온 것이기는 하지만 모치즈키 신코望月信亨의 『中國淨土敎理史』는 중국 정토교의 사상사적 전개를 잘 정리한 저서로 지금도 귀중한 연구서다.

수당대의 정토교에서는 도작부터 가재迦才·선도善導·회감懷感 등을 거쳐, 자민삼장혜일慈愍三藏慧日·법조法照·비석飛錫 등이 활약하였다. 당시의 여러 저작에 관해서는 모치즈키 신코望月信亨의 「唐代の淨土敎」(앞의 책)에 정리되어 있다.

2) 도작道綽

도작에 대해서는 야마모토 붓코쓰山本佛骨의 『道綽敎學の研究』(永田文昌堂, 1959 ; 1979)에서 『안락집安樂集』의 교의를 중심으로 정리하고, 마키타 다이료牧田諦亮·나오미 겐테쓰直海玄哲·미야이 리카宮井里佳의 『道綽』(『淨土佛敎の思想4』, 講談社, 1995)에서는 도작의 전력과 『안락집』의 구성과 개요를, 나이토 지코內藤知康의 『安樂集講讀』(永田文昌堂, 2000)에서는 『안락집』의 인용 경론을 각각 정리하였으며, 와타나베 류쇼渡邊隆生의 『安樂集要術』(永田文昌堂, 2002)에서는 『안락집』을 해설하고 역주하였다. 또한 중국불교연구회中國佛敎研究會의 「『安樂集』「第一大門」の譯注研究」(『佛敎文化研究論集』4, 2000)에서는 부분적이지만 『안락집』 본문에 상세한 역주를 베풀었다.

도작의 전기에 관한 연구로는, 나루세 류준成瀨隆純의 「道綽傳と沙門道撫」(『印佛研』32-2, 1984)·「道綽傳の一考察」(『印佛研』38-2, 1990) 등과 후지요시

마스미藤善眞澄의 「曇鸞大師生卒年新考-道宣律師の遊方を手がかりに-」(『教學研究紀要』 1, 淨土眞宗敎學硏究所, 1991)가 있다. 도작의 문하에 대해서는 시바타 다이센柴田泰山의 「道綽門下の整理」(『宗敎硏究』 73-4, 2000) 등의 논고가 있다. 도작의 전기는 도선의 『속고승전』과 가재迦才의 『정토론淨土論』에 수록된 전기가 기본이 되고, 혜찬慧瓚 및 혜찬 문하와의 접점, 현중사玄中寺와의 관계, 제자의 정리 등에 대한 연구가 진행되어 왔다. 그러나 근년 도선의 『속고승전』에 관한 서지학적 연구의 전개, 혹은 지론학파地論學派 연구의 발전 등, 도작과 직접 관련이 있는 것으로 여겨지는 다양한 분야의 연구가 진행되고 있어, 앞으로 『속고승전』 도작전의 재검토, 혹은 태원太原에서 평요平遙를 중심으로 한 불교계의 동향 등에 대한 조사가 필요하게 될 것이다.

도작의 저서인 『안락집』에 관해서도 다수의 논고가 있다. 우선 서지書誌에 대해서는 도쿠시 유쇼禿氏祐祥의 「安樂集の書誌學的整理」, 도쿠사와 류센德澤龍泉의 「安樂集の體裁についての一考察」(이상 『宗學院論輯』 31, 1939)에 정리되어 있다. 현존하는 것으로는 고야산高野山 호주인寶壽院에 소장된 덴에이天永 3년(1112) 사본과 오타니대학大谷大學 소장의 겐큐建久 9년(1197) 사본 등이 있다. 또한 『안락집』은 다수의 경론을 인용하고 있는데 그 대부분이 도작이 직접 요약한 것이어서 인용문 하나하나에 대해서도 도작의 인용 의도를 고찰할 필요가 있다. 이 같은 시점에서 이루어진 연구로, 오우치 후미오大內文雄의 「安樂集に引用された所謂疑僞經典について-特に惟無三昧經·淨度菩薩經を中心として-」(『大谷學報』 53-2, 1973)·「安樂集所引疑僞經典の二·三について」(『大谷學報』 54-4, 1975)·「安樂集所引疑僞經典の研究-特に十往生阿彌陀佛國經について-」(『印佛硏』 23-2, 1975) 등과 사토 다케루佐藤健의 『安樂集と僞經』(『佛敎大學硏究紀要』 60, 1976), 미야이 리카宮井里佳의 「道綽淨土敎における『十往生經』の意味」(『印佛硏』 41-2, 1993), 시바타 다이센柴田泰山의 「道綽『安樂集』における『觀經』理解」(『宗敎硏究』 75-4, 2002) 등이 있다. 또한

『안락집』에 인용된 여러 경론에 착안한 연구로는 사토 세이준佐藤成順의 「引文からみた十往生經と山海慧菩薩經」(『印佛研』18-2, 1970)과 이부키 아쓰시伊吹敦의 「『法句經』の成立と變化について」(『佛教學』44, 2002) 등이 있다.

『안락집』의 교의적敎義的인 문제들에 대해서도 많은 선행연구가 있다. 우선 불신불토론佛身佛土論에 관련한 논고로서, 나이토 지코內藤知康의 「『安樂集』における道綽禪師の淨土觀」(『桐溪順忍追悼』, 1996)과 와타나베 노리오渡邊了生의 「『淨土論註』廣略相入の論理と道綽の相土・無相土論」(『眞宗研究會紀要』24, 1992)・「『安樂集』の相善往生にみられる'報・化'の辨定」(『印佛研』41-1, 1993)・「『安樂集』における'三身三土'の研究」(『龍谷大學大學院研究紀要(人文科學)』15, 1994)・「『安樂集』にみる二つの彌陀身土論考」(『印佛研』43-2, 1995)와, 다케다 류세이武田龍精의 「中國淨土教三祖の比較思想論的研究(1)−法身・報身・法界身の概念−」(『龍大論集』451, 1998), 구메하라 고큐粂原恒久의 「道綽における佛身佛土論の特異性」(『印佛研』50-2, 2002), 소와 요시히로曾和義宏의 「道綽の佛身佛土論の特異性」(『高橋弘次古稀記念』, 山喜房佛書林, 2004) 등이 있다. 이들 개개 연구는 도작이 제시한 아미타불 보신보토론報身補土論의 특징을 각각의 시점에서 지적하였다. 또『안락집』에서 설명한 삼매와 실천행에 관한 논고로는 오카 료지岡亮二의 「『安樂集』に見られる十念の一考察」(『佛教大學研究紀要』4, 1965), 오타 도시오大田利生의 「安樂集の念佛思想について」(『印佛研』18-1, 1969), 야타 료쇼矢田了章의 「中國淨土教における懺悔について」(『佛教大學研究紀要』13, 1974), 야마모토 붓코쓰山本佛骨의 「道綽・善導の念佛思想」(『石田充之古稀記念』, 永田文昌堂, 1982), 미야이 리카宮井里佳의 「曇鸞から道綽へ五念門と十念」(『日佛年報』57, 1992), 후지마루 도모오藤丸智雄의 「安樂集における三昧の受容」(『武藏野女子大學佛教大學研究紀要』17, 2000), 오미나미 류쇼大南龍昇의 「『觀佛三昧海經』と慧遠・道綽・善導」(『阿川文正古稀記念』, 山喜房佛書林, 2001), 후지마루 도모오藤丸智雄의 「『安樂集』と『觀佛三昧海經』」(『木村清孝還曆記念』, 春秋社, 2002) 등을 들 수 있다.

『안락집』은 정토교에 관한 교의적인 문제들을 망라한 저작으로, 수

당대 정토교를 생각할 때 그 출발점에 선 매우 중요한 책이다. 이를 다룬 논고는 위에서 언급한 것 외에도 다수의 선행연구가 있고, 뛰어난 업적이 축적되어 있다. 앞으로의 『안락집』 연구는 인용 경론의 문제에 대응해 가면서, 도작의 교학 배경과 혜찬慧瓚과 신행信行 등과의 사상적인 교섭, 나아가 지론학파가 제시한 정토관과의 교섭, 염불삼매설 등 도작과 그 주변과의 사상적 접점을 염두에 두고 『안락집』의 독자적인 아미타불 이해 및 아미타불 신앙의 전체상을 더욱 상세히 구명해 나갈 필요가 있다.

3) 가재迦才

가재의 『정토론淨土論』은 도작의 『안락집』의 영향 속에서 작성되었지만, 작자인 가재라는 인물에 관해서는 일체 알려진 바 없고 내용도 불토론佛土論을 중심으로 『안락집』과는 다른 것이어서 앞으로도 연구가 필요한 저작이다. 이 책에 대해서는 나바타 오준名畑應順의 『迦才淨土論の硏究』(法藏館, 1955)라는 뛰어난 선행연구가 있고, 특히 본문편은 당시 가능한 수준에서 최대한 교정을 가한 것으로 지금도 『정토론』 연구에 불가결한 책이다.

저자인 가재에 대해 나루세 류준成瀨隆純이 「弘法寺迦才考」(『平川彰古稀記念』, 春秋社, 1985)·「「道綽·善導之一家」の背景」(『東洋の思想と宗敎4』, 1987)·「蒲州栖嚴寺の淨土敎」(『佛敎思想とその展開』, 山喜房佛書林, 1992)·「迦才『淨土論』成立考」(『印佛研』 42-2, 1994) 등에서 도작의 제자에 해당하는 도무道撫가 자칭 '석가자釋迦子' 라고 하였는데 후세에 '자子'를 '재才'로 잘못 써서 가재가 된 것이 아닌가 하는 추론을 제시하였다.

『정토론』은 사본으로 나나쓰데라 본七寺本, 류다이 본龍大本, 덴카이 소장본天海藏本, 조라쿠다이 본常樂台本이 있고 판본으로 게이안慶安 2년 (1649)판과 게이안慶安 4년판 등이 있다. 이들 여러 본은 모리카와 아키사

토모리카와 쇼켄森川昭賢의 「迦才淨土論の我が國における流傳」(『佛教學研究』5, 1951)에 정리되어 있다. 또 나나쓰데라 본에 대해서는 사카가미 마사오坂上雅翁가 「七寺所藏, 迦才の『淨土論』について」(『七寺古逸經典研究叢書5』, 大東出版社, 2000)에서 나나쓰데라 본의 특징을 설명하였다. 조라쿠다이 본에 대해서는 소와 요시히로曾和義宏가 「常樂台所藏, 迦才『淨土論』について」(『印佛研』51-2, 2003)·「常樂寺所藏·迦才『淨土論』について-上卷の飜刻と解說-」(『淨土宗學研究』28, 2001)·「飜刻·常樂寺所藏迦才『淨土論』卷中」(『淨土宗學研究』29, 2002)에서 영인과 번각을 소개하였다. 게이안 2년판에 대해서도 「迦才『淨土論』の版本について-とくに慶安二年版について-」(『佛教論叢』48, 2004)에서 이 판본이 다분히 문제가 있는 것임을 보고하고, 아울러 게이안 4년판의 성립에 대해서도 언급하였다.

교의적인 문제에 대해서는, 모리 지로森二郎의 「迦才の十念と念佛」(『印佛研』8-2, 1960), 야마다 유키오山田行雄의 「迦才教學における行論の一考察」(『印佛研』13-2, 1965), 이나오카 료준稻岡了順의 「迦才の本爲凡夫兼爲聖人說について」(『印佛研』26-1, 1977), 우노 사다토시宇野禎敏의 「迦才の三乘觀」(『東海佛教』27, 1982), 에구마 가오루江隈薰의 「迦才における觀法」(『印佛研』31-2, 1983), 우노 사다토시宇野禎敏의 「迦才『淨土論』における懺法」(『印佛研』32-2, 1984)·「迦才『淨土論』における誹謗大乘について」(『宗教研究』57-4, 1984), 고바야시 쇼에이小林尙英의 「迦才『淨土論』における念佛について」(『印佛研』35-2, 1987), 시바타 다이센柴田泰山의 「迦才『淨土論』所說の生因論」(『宗教研究』71-4, 1998), 소와 요시히로曾和義宏의 「迦才『淨土論』における教判」(『佛教大學大學院紀要』27, 1999)·「迦才『淨土論』における念佛」(『印佛研』47-2, 1999), 시바타 다이센柴田泰山의 「迦才『淨土論』所說の往生人傳について」(『佛教文化學會紀要』8, 1999) 등 다수의 논고가 있는데, 그 내용은 대략 불신불토론佛身佛土論, 실천론實踐論, 왕생인전往生人傳으로 분류할 수 있다.

가재의 『정토론』은 다른 전적보다 사본이 충실하기 때문에, 앞으로는 나바타 본名畑本을 재검토하면서 여러 본들을 비교 연구할 필요가 있다. 또 교의적으로는 가재 사상의 배경이 된 것으로 보이는 섭론攝論계통 학설과의 접점, 혹은 『정토론』 권하에 풀어보인 문답들의 하나하나의 배경과 문답 의도에 대해 논급할 필요가 있을 것이다.

4) 『무량수관경찬술無量壽觀經纘述』

둔황 문헌 『무량수관경술찬』(이하 『술찬』으로 줄임)은 스타인 본(S327 『無量壽觀經義記』)·오타니 본大谷本(『무량수관경찬술』 甲本, 乙本)이 있고, 저자는 미정이지만 도작의 『안락집』과 도은道誾의 『관경소觀經疏』와 일치하는 문장을 여기저기서 발견할 수 있다는 데서부터 연구가 계속되고 있다.

스타인 본에 대해서는 야부키 게이키矢吹慶輝가 『鳴沙餘韻』 해설편에서 S327의 존재를 지적하고, 그 내용을 개설하여 저자 문제도 다루었다. 또한 모치즈키 신코望月信亨가 『中國淨土敎理史』에서 S327의 저자에 관해, 『속고승전』의 기술에 비추어 연공사演空寺 영우靈祐가 아닌가라고 추론하였다.

오타니 본大谷本에 대해서는 다양한 연구가 이루어지고 있다. 오가와 간이치小川貫弌는 「唐鈔無量壽觀經纘述」(『佛敎史學』 3, 1950)에서 『찬술』 갑본 및 을본에 관해 처음 언급하였다. 그리고 『찬술』의 내용과 도작의 『안락집』·선도善導의 『관경소觀經疏』, 도은道誾의 『관경소觀經疏』를 비교하고, 저자 문제에 대해서는 처음 기국사紀國寺 혜정설慧淨說을 제창하였다. 무라카미 도시미村上速水는 「『無量壽經纘述』의 一考察」(『眞宗學』 13·14, 1955)에서, 『찬술』과 선도의 『관경소』와의 내용 차이에 초점을 맞추고 양자를 비교하였다. 이시다 미쓰유키石田充之는 「敦煌本『無量壽經纘述』의 地位について」(『龍大論集』 354, 1957)에서 종래의 오가와小川 설과 무라카미 설을 정리한 후 새로이 저자 문제와 『찬술』 내용을 정리하였다. 또한 『찬술』 본문의 공개에 힘입어 에타니 류카이惠谷隆戒는 「隋唐時代의 觀經硏究史觀」

및 「源隆國の安養集について」(『淨土教の新研究』, 山喜房佛書林, 1976)에서, 저자와 관련해서는 기국사紀國寺 혜정설慧淨說을 제창하고 아울러 『찬술』과 도은의 『관경소』와의 접점에 대해 언급하였다. 기시 가쿠유岸覺勇의 『續善導敎學の硏究』(記主禪師讃仰會, 1966)에서는 저자 문제에 대해 에타니惠谷 씨의 기국사 혜정설을 지지하고, 『찬술』과 혜원·도작·가재·도은·선도가 설한 내용의 비교 및 검토를 행하였다.

이 연구들은 첫 번째로 『찬술』의 저자 문제, 두 번째로 『찬술』과 기타(특히 선도의 『觀經』) 주석과의 비교를 중심과제로 삼았다. 저자 문제는 기국사 혜정설과 저자미정설이 있다. 또한 『찬술』과 선도 『관경소』와의 비교는 불신론佛身論, 별시의회통설別時意會通說, 이승종불생설二乘種不生說을 중심으로 논고를 진행하였다.

이러한 연구들에 입각하여 시바타 다이센柴田泰山은 「『無量壽觀經續述』について」(『佛敎論叢』 41, 1997)·「道誾『觀經疏』について」(『宗敎硏究』 77-4, 2004)에서 『찬술』의 인용 경론에 비추어 『찬술』이 성립한 후에 도은의 『관경소』가 성립하였으며, 또 9품계위설九品階位說과 이승종불생설과 관련하여 『찬술』이 수당대 정토교의 전개과정에서 중요한 위치를 점하였다고 지적하였다. 또한 니시모토 데루마西本照眞는 『안락집』과 『찬술』의 성립 전후와 관련하여 귀중한 지적을 하였다.

5) 지엄智儼

화엄교학자 지엄(602~668)의 저작인 『화엄경내장문등잡공목華嚴經內章門等雜孔目』(이하 『공목장』으로 줄임) 권4에는 왕생장往生章으로써 아미타불의 정토왕생에 관한 일련의 의론을 행하고 있다.

이 『공목장』의 내용은, 오자와 유칸小澤勇貫의 「攝論學派の淨土觀」(『淨土學』 8, 1934), 고바야시 지쓰겐小林實玄의 「唐初の淨土敎と智儼『雜孔目』の論意」(『眞宗硏究』 24, 1980), 기무라 기요타카木村淸孝의 「智儼の淨土思想」(『藤田宏達還

曆記念』, 春秋社, 1990), 시바타 도루柴田泰의 「中國における華嚴系淨土思想」(『鎌田茂雄古稀記念』, 大藏出版, 1997) 등에서 정리가 이루어졌다. 또 시바타 다이센柴田泰山의 「善導『觀經疏』の思想的背景」(『宮林昭彦古稀記念』, 山喜房佛書林, 2004)에서는 지엄의 저작에서 보이는 정토교 관련 사항을 정리하고, 「道誾『觀經疏』について」(『宗敎硏究』 77-4, 2004)에서는 지엄의 구품九品과 불토佛土 논의가 도은의 『관경소』에 영향을 주었다고 지적하였다.

종래 수당대 정토교에 대한 연구는 도작과 선도를 중심으로 이루어졌지만, 지엄智儼·도선道宣·도세道世 등이 제시한 정토교에 관한 기사도 당시 아미타불신앙의 상황을 파악하는 데 불가결한 자료여서 앞으로 가일층의 연구가 기대된다.

6) 선도善導

선도에 관해서는 선행연구가 매우 많고 광범위하다.

우선 선도의 전기와 사적事蹟에 관해서는, 오가사와라 센슈小笠原宣秀의 『中國淨土敎家の硏究』(平樂寺書店, 1951), 이와이 히로사토岩井大慧의 『日支佛敎史論攷』(東洋文庫, 1957 ; 原書房, 1980), 노가미 슌조野上俊靜의 『中國淨土三祖傳』(文榮堂書店, 1970), 오하라 쇼지쓰大原性實의 『善導敎學の硏究』(永田文昌堂, 1974), 노가미 슌조野上俊靜의 『中國淨土敎史論』(法藏館, 1981), 쑨푸성孫浮生의 『中國淨土敎論集』(文化書院, 1985), 후지타 고타쓰藤田宏達의 『善導』(人類の知的遺産18, 講談社, 1985), 마키타 다이료牧田諦亮의 『善導』(淨土佛敎の思想5, 講談社, 2000) 등에 의해 여러 전기 및 금석문을 통한 정리가 진행되었다. 또 야마자키 히로시山崎宏의 『中國佛敎·文化史の硏究』(法藏館, 1981) 등에서 선도와 당시 사회와의 접점이 언급되었는데, 신자료의 발견과 당대 연구의 진보 등에 힘입어 큰 진전을 보였다. 특히 금석문에 대한 해명은 가네코 히로야金子寬哉의 「隆闡法師碑文」(孫浮生 編, 『中國淨土敎論集』, 文化書院, 1985), 야기 센타이八木宣諦의 「唐代淨土敎僧の碑銘について」(『法然學會論叢』 5, 1985)·「隆

闍碑の建碑地について」(『佛教論叢』29, 1985)·「僧傳資料としての碑銘」(『綜佛教年報』 8, 1986), 가네코 히로야金子寬哉의 「淨業法師碑をめぐって」(『戶松教授古稀記念』, 大東出版社, 1987), 마키타 다이료牧田諦亮의 앞의 『善導』 등에 의해 보다 크게 진전하였다.

또한 선도의 전기를 다룬 근년의 학술논문으로는 모로토 다쓰오諸戶立 雄의 「善導傳についての一考察」(『東北大學東洋史論集』 5, 1992), 시바타 다이센柴田 泰山의 「『續高僧傳』所收の「善導傳」いついて」(『佐藤成順古稀記念』, 山喜房佛書林, 2004) 등이 있다. 모로토 다쓰오는 현존하는 선도의 유적 사원을 재고찰하였 고, 시바타 다이센은 도선의 『속고승전』에 실린 선도전의 성립 연차와 선도가 장안에 들어간 무렵의 모습을 지적하였다.

선도 교학에 관해서는, 전전에는 모치즈키 신코望月信亨의 『略述淨土教 理史』(앞책), 정종회淨宗會의 『善導大師の研究』(知恩院内淨宗會, 1927), 시오 벤 교椎尾辨匡의 『善導大師−全研究の提唱−』(淨土宗務所, 1928), 모치즈키 신코望月 信亨의 『淨土教概論』(弘文堂書房, 1940)·『中國淨土教理史』(앞책) 등이 출판되어 높은 수준의 연구가 이루어졌다. 전후에는 미코가미 에류神子上惠龍의 『彌陀身土思想の展開』(永田文昌堂, 1950 ; 1968), 기시 가쿠유岸覺勇의 『善導教學 の研究』(記主禪師讃仰會, 1964)·『續善導教學の研究』(앞책)·『續々善導教學の研究』 (記主禪師讃仰會, 1967), 오하라 쇼지쓰大原性實의 『善導教學の研究』(앞책), 후지 와라 류세쓰藤原凌雪의 『善導淨土教の中心問題』(永田文昌堂, 1977) 등이 간행되 고, 선도 교학 연구가 진행되었다. 또 1980년을 전후하여 계속 선도에 관한 논문집들이 편찬되었다. 다이쇼대학 정토연구회大正大學淨土學研究會 의 『善導大師の思想とその影響』(大東出版社, 1979), 후지요시 지카이藤吉慈海(編) 의 『善導教學の淨土教』(知恩院淨土宗學研究所, 1980), 불교대학선도대사연구회佛 敎大學善導大師研究會의 『善導教學の研究』(東洋文化出版, 1980), 도도 교슌藤堂恭俊 (編)의 『善導大師研究』(山喜房佛書林, 1980), 도마쓰 게이신戶松啓眞(編)의 『善導 教學の成立とその展開』(山喜房佛書林, 1981) 등이 그것으로, 이들 여러 논집에

의해 선도 연구의 한 시대가 구축되었다. 그 후에도 후지와라 고쇼藤原幸章의 『善導淨土敎の硏究』(法藏館, 1985), 후지타 고타쓰藤田宏達의 『善導』(앞책), 미에키 류젠三枝樹隆善의 『善導淨土敎の硏究』(東方出版, 1993), 다카하시 고지高橋弘次의 『改訂增補·法然淨土敎の諸問題』(앞책), 마키타 다이료牧田諦亮의 『善導』(앞책), 마쓰모토 시로松本史朗의 『法然親鸞思想論』(大藏出版, 2001), 후카가이 지코深貝慈孝의 『中國淨土敎と淨土宗學の硏究』(思文閣出版, 2003) 등이 출판되어 선도 교학의 전체상이 밝혀지게 되었다. 특히 후지타 고타쓰藤田宏達의 『善導』와 마키타 다이료牧田諦亮의 『善導』는, 선도의 전기와 저작내용을 개관한 선도 교학의 입문서로서 귀중한 존재다. 또한 다카하시 고지高橋弘次의 『改訂增補·法然淨土敎の諸問題』 및 후카가이 지코深貝慈孝의 『中國淨土敎と淨土敎學の硏究』에 수록된 선도 교학 관련 논고는, 선도의 근기론根機論 및 불신불토론佛身佛土論에 관한 귀중한 선행연구일 것이다. 또한 시바타 다이센柴田泰山이 이제까지의 업적을 정리한 『善導敎學の硏究』(山喜房佛書林, 2006)를 출판하여 선도 연구 현상을 정리하였다.

다음으로 선도 교학에 관한 학술논문은 그 수가 방대한데, 『善導敎學の硏究』(佛敎大學善導大師硏究會, 앞책)에 1980년까지의 잡지논문이 정리되어 있다. 여기에서는 특히 1981년 이후 발표된 선도 교학 및 주변 영역과 관련된 잡지논문을 중심으로 언급해 두고 싶다.

지난 25년간의 선도 연구는 대부분 선도의 주저라 할 『관경소觀經疏』에 관한 것이었다. 우선 선도 이전의 『관경觀經』이해와 선도의 『관경소』에 대한 비교를 의도한 논고로서 이시가키 겐센石垣源瞻의 「善導敎學の古今楷定考(下)」(『西山學報』 29, 1981), 이케다 가즈타카池田和貴의 「『觀經』註釋者の思想的相違について-淨土觀と凡夫觀を中心として-」(『駒澤短期大學佛敎論集』 3, 1997), 하치리키 히로타카八力廣超의 「『觀經』諸註釋における凡夫觀」(『印度哲學佛敎學』 15, 2001), 마사키 하루히코正木晴彦의 「『觀經疏』における九品の問題」(『田村芳朗還曆記念』, 春秋社, 1982)·「諸『觀經疏』に於ける佛身および國土觀の特色とその意味」

(『インド學佛教學論集』, 春秋社, 1987), 모리타 신넨森田眞円의 「善導教義とその周邊『觀經四帖疏』と淨影寺慧遠の『觀經疏』との關連」(『村上速水喜壽記念』, 1997) 등을 들 수 있다. 하치리키 히로타카八力廣超의 「善導著作の引用經論」(『印度哲學佛教學』13, 1999)은 선도 저작에서 인용된 경론을 상세히 조사하였다.

다음으로 불신불토론佛身佛土論에 관한 연구로서 시바타 도루柴田泰의 「中國淨土教における唯心淨土思想の研究(1)」(『札幌大谷短期大學紀要』22, 1990)·「指方立相說と唯心淨土論の典據」(『藤田宏達還曆記念』)·「中國淨土教における唯心淨土思想の研究(2)」(『札幌大谷短期大學紀要』26, 1994) 등과 다카하시 고지高橋弘次의 「善導の淨土觀-指方立相について-」(『日佛年報』58, 1993), 고치 요시쿠니河智義邦의 「善導淨土教における法界身論」(『眞宗研究會紀要』26, 1994)·「善導の佛身論における「法界身」の意義」(『印佛研』43-1, 1994), 고바야시 쇼에이小林尙英의 「善導の『觀經疏』像想觀釋について」(『印佛研』42-2, 1994), 가지야마 유이치梶山雄一의 「別時意論爭と是報非化論」(『親鸞の佛教』, 永田文昌堂, 1995), 마사키 하루히코正木晴彦의 「『善導疏』における本願の問題」(『日佛年報』60, 1995), 다케다 류세이武田龍精의 「中國淨土教三祖の比較思想論的研究(1)-法身·報身·法界身の概念-」(『龍大論集』451, 1998), 소와 요시히로曾和義宏의 「阿彌陀佛の佛身規定をめぐって」(『淨土宗學研究』26, 2000), 하카마야 노리아키袴谷憲昭의 「是報非化說考」(『駒澤短大紀要』29, 2001), 시바타 다이센柴田泰山의 「善導『觀經疏』所說の阿彌陀佛論」(앞의 『高橋弘次古稀記念』) 등 다수의 연구가 있다.

또 기근론機根論에 관한 연구로서 다마키 고시로玉城康四郎의 「'唯除五逆誹謗正法'の意味について-中國·日本篇-」(『東方學論集』, 東方學會, 1987), 마사키 하루히코正木晴彦의 「觀經疏における二乘種不生の問題-特に中輩の廻心得生等を巡って-」(『「我」の思想』, 春秋社, 1991), 하리모토 겐준堀本賢順의 「玄義分'何機得受'と善人往生」(『西山學會紀要』2, 1992), 스즈키 젠포鈴木善鳳의 「善導大師の淨土觀-九品往生人釋を中心に-」(『眞宗教學研究』17, 1993), 고치 요시쿠니河智義邦의 「善導淨土教の人間觀にみる大乘佛教的原理」(『印佛研』44-1, 1995)·「善導『觀經疏』

における「三家緣釋」設定の意圖」(『龍谷大學大學院紀要』17, 1996), 시바타 다이센柴田泰山의 「善導『觀經疏』における‘未來世一切衆生’への理解」(『佛敎文化學會紀要』10, 2001) 등이 있다.

실천론實踐論에 관한 연구는, 후쿠하라 류젠福原隆善의 「善導大師の懺悔思想」(『淨土宗學研究』12, 1981), 이시다 마사후미石田雅文의 「善導大師の念佛實踐論の展開」(『龍谷學報』20, 1985), 미야이 리카宮井里佳의 「善導における道綽の影響 -「懺悔」をめぐって-」(『待兼山論叢(哲學篇)』28, 1994), 아마기시 조엔天岸淨円의 「善導における『觀經』見佛思想の展開について」(『行信學報』8, 1995), 우에노 조칸上野成觀의 「善導における懺悔觀の一考察」(『龍谷大學大學院文學研究科紀要』23, 2001) 등이 있다.

신앙론信仰論에 관한 연구로는 데라쿠라 노보루寺倉襄의 「善導「三心釋」の特質」(『同朋大學論叢』44·45, 1981), 호아킴 몬테이로Joaquim Monteiro의 「二種深信の思想的な意味について-善導における如來藏批判-」(『同朋大學佛敎文化研究所紀要』16, 1997), 시바타 다이센柴田泰山의 「善導『觀經疏』所說の至誠心釋について」(『印佛研』51-2, 2003)·「善導『觀經疏』所說の至誠心釋について」(『三康文化研究所年報』35, 2004)·「善導『觀經疏』所說の「深心」について」(『印佛研』52-1, 2003)·「善導『觀經疏』所說の「廻向發願心」釋について」(『印佛研』53-1, 2004) 등이 있다.

기타 저작에 관해서는, 우에노 조칸上野成觀의 「善導著作關係の一考察」(『眞宗研究會紀要』33, 2001)에서 선도 저작의 성립 전후를 고찰하고, 가네코 히로야金子寬哉의 「『淨土法事讚』について-龍門·奉先寺盧舍那像との關連を中心に-」(『印佛研』35-1, 1986)에서 『법사찬法事讚』의 성립에 대해 고찰하였다. 『관념법문觀念法門』에 대해서는 사이토 다카노부齊藤隆信의 「『觀念法門』における三念願力」(『印佛研』43-1, 1994)·「善導所釋の三念願力」(『佛敎大學大學院研究紀要』23, 1995)과 나루세 류준成瀨隆純의 「善導『觀念法門』の位置づけ」(『印佛研』48-1, 1999), 노닌 마사아키能仁正顯의 「善導淨土敎における般舟三昧說について -『觀念法門』成立問題に關連して-」(앞의 『親鸞の佛敎』) 등이 그 성립문제를 연

구하였다. 『왕생예찬往生禮讚』에 대한 연구로는 미야이 리카宮井里佳의 「善導淨土教の成立についての試論-『往生禮讚』をめぐって-」(앞의 『北朝隋唐·中國佛教思想史』), 시바타 다이센柴田泰山의 「善導『往生禮讚』所說の「廣懺悔」について」(『綜佛年報』 22, 2000)·「善導『往生禮讚』所引の『寶性論』「彌陀偈」について」(『佛教文化學會紀要』 9, 2000) 등이, 또 『반주찬般舟讚』에 대한 연구는 시바타 다이센柴田泰山의 「善導『般舟讚』所說の「心識」について」(『佛教論叢』 43, 1999) 등이 있다.

이러한 선도에 관한 종래의 연구들을 개관해 보면 다음과 같이 정리할 수 있다.

① 선도의 전기자료 및 전기의 해명
② 선도의 저작 내용 논술
③ 선도 교학이 일본 정토교에 준 영향의 해명
④ 중국불교사상사 안에서 선도 정토교가 차지하는 위치

특히 중국불교사상사에서 선도 정토교가 차지하는 위치를 연구한 논고로는 모치즈키 신코望月信亨의 『高祖善導大師』(1927), 시오 벤쿄椎尾辨匡의 『善導大師-全研究の提唱-』(1928)에서부터, 유키 레이몬結城令聞의 「觀經疏における善導釋義の思想史的意義」(『塚本博士頌壽記念』, 1961 ; 『結城令聞著作集3』, 春秋社, 2000), 에타니 류카이惠谷隆戒의 「隋唐時代の觀經研究史觀」(앞의 『淨土教の新研究』), 후지와라 고쇼藤原幸章의 『善導淨土教の研究』(앞책) 및 다카하시 고지高橋弘次의 『改訂版增補·法然淨土教の諸問題』(앞책)·「善導の淨土觀-指方立相について-」(앞책), 후카가이 지코深貝慈孝의 『中國淨土教と淨土宗學の研究』(앞책)에 수록된 선도 관계 논문 등을 거쳐, 고치 요시쿠니河智義邦의 「善導『觀經疏』における「三緣釋」設定の意圖」(앞책), 소와 요시히로曾和義宏의 「阿彌陀佛の佛身規定をめぐって」(앞책), 마쓰모토 시로松本史朗의 『法然親鸞思想論』(앞책) 등을 들 수 있다.

개개 내용을 보면, 시오椎尾 씨·모치즈키望月 씨가 중국불교 내에서의 선도 연구의 필요성을 제시하고, 유키結城 씨·에타니惠谷 씨·후지와라藤原 씨는 선도가 『관경소』에서 설시說示한 선도 이전의 『관경』 해석에 대한 비판 내용과 선도의 교학 배경을 검토하였다. 나아가 다카하시高橋 씨·후카가이深貝 씨는 선도가 『관경소』에서 주장한 불신불토론·기근론·별시의회통설別時意會通說·정영사 혜원과의 교섭·실천론 등 다양한 부분에 걸친 내용을 검토하였다. 근년에는 고치河智 씨가 선도의 종교체험과 설시 내용과의 관련성을, 또 소와曾和 씨는 선도와 중국불교 내에서의 불성잠재론佛性潛在論과의 교섭을 각기 지적하였다.

이처럼 선도 교학은 지금도 다방면으로 연구가 이루어지고 있다. 최근에는 사이토 다카노부齊藤隆信가 「法照の禮讚偈における通俗性－その詩律を中心として－」(『淨土宗學硏究』 30, 2003)에서 연구에 음운학적인 발상을 도입하였고, 니시모토 아키오西本明央는 「『觀經疏』に見られる善導の反語について」(『高橋弘次古稀記念』)에서 논리학적인 시각을 도입하여 선도 교학을 해명하는 등, 이전의 연구방법과는 다른 발상과 수법도 보이게 되었다. 앞으로 선도 연구는 이제까지 이상으로 중국불교와의 관련과, 선도의 아미타불신앙의 독자성을 추급해 나가게 것이다.

7) 회감懷感

선도의 제자인 회감의 『석정토군의론釋淨土群疑論』(이하 『군의론』으로 줄임)에 대한 연구는 1970년 이후 정력적으로 연구에 정진한 가네코 히로야金子寬哉의 연구성과를 전후로 하여 크게 달라졌다.

가네코金子 이전의 『군의론』 연구로는 와시오 준쿄鷲尾順敬의 「古版釋淨土群疑論について」(『宗敎界』 2-4, 1908), 야부키 게이키矢吹慶輝의 『三階敎の硏究』(岩波書店, 1927 ; 1973 재판), 마쓰다 간료松田貫了의 「釋淨土群疑論標目考」(『淨土學』 13, 1938), 후지와라 류세쓰藤原凌雪의 「懷感の念佛思想」(『眞宗學』 9, 1953),

곤도 노부유키近藤信行의 「群疑論に現れた凡入報土論」(『淨土學紀要』3, 1954), 쓰보이 슌에이坪井俊暎의 「鎌倉時代における群疑論釋書について」(『日佛年報』 21, 1956)·「金澤文庫所藏生駒良遍著群疑論見聞について」(『佛敎大學硏究紀要』 33·34, 1957), 무라치 데쓰묘村地哲明의 「懷感傳についての一考察」(『大谷學報』 38-1, 1957)·「群疑論における佛身佛土の觀方」(『大谷學報』46-2, 1966), 야마모토 붓코쓰山本佛骨의 「懷感の淨土敎思想」(『眞宗學』 52, 1975), 에구마 가오루江隈薰의 「釋淨土群疑論における念佛義」(『印佛硏』23-1, 1975), 시마즈 겐준島津現淳의 「懷感の淨土觀-唯識說との關係を中心として-」(『同朋大學論叢』 39, 1981)·「釋淨土群疑論所引の世親の淨土論」(『同朋大學論叢』 44·45, 1981) 등이 있다.

가네코 히로야金子寬哉는 종래의 연구를 기반으로 하여 「懷感の傳記について-特に沒年を中心として-」(『佛敎論叢』 12, 1967)에서 회감의 전기를 재검토하였고, 「懷感の淨土觀」(『淨土宗學硏究』 4, 1970) 및 「懷感の念佛三昧說」(『淨土宗學硏究』 5, 1971)에서 『군의론』의 내용에 대해 이제까지 볼 수 없었던 상세한 검토를 행하였다. 이후 『군의론』에 인용된 여러 경론에 대해 고찰을 시도하는 한편, 「『孟銑傳』について」(『印佛硏』20-1, 1971) 및 「涇川水泉寺出土 ‘涇州大雲寺舍利石函’の銘文について」(『印佛硏』28-2, 1980)에서 『군의론』序를 쓴 맹선孟銑에 대해 연구하고 회감의 시대적 배경에 대해 지적하였다. 또한 「日本における群疑論の受容-法然以前を中心として-」(『竹中信常頌壽記念』, 山喜房佛書林, 1984) 및 「導善·懷感と法然淨土敎-法然の著作に見る兩師の引用を中心に-」(『法然淨土敎の綜合的硏究』, 山喜房佛書林, 1984) 등에서, 일본에서의 『군의론』 인용에 대해 정리하고, 법연 이전과 법연 이후 『군의론』 수용 태도가 달라진 것을 지적하였다. 최근에는 「三階敎と『群疑論』」(『印佛硏』49-2, 2001) 과 「彌陀彌勒兩信仰について」(『佐藤良純古稀記念』, 山喜房佛書林, 2003) 등에서, 『군의론』의 대론자對論者에 관한 언급을 고찰하였다(가네코의 업적은 『『釋淨土群疑論』の硏究』(大正大學出版會, 2006)에 정리되어 있다).

가네코金子에 이어 무라카미 신즈이村上眞瑞도 1980년대 전반부터 『군

의론』 연구를 진행하였다. 무라카미는 「『釋淨土群疑論』における淨土論-特に慈恩思想との關連を中心として-」(『佛教論叢』30, 1986), 「『釋淨土群疑論』における佛身佛土論」(『淨土宗學研究』15·16, 1986), 「『釋淨土群疑論』における慈恩の影響」(『印佛研』36-1, 1987), 「七寺所藏『釋淨土群疑論』寫本について」(『印佛研』40-2, 1992), 「『釋淨土群疑論』に說かれる阿彌陀佛と凡夫との呼應關係」(『印佛研』44-1, 1995), 「『釋淨土群疑論』に說かれる三階敎批判」(『高橋弘次古稀記念』) 등을 통해 나나쓰데라 본七寺本을 중심으로 한 『군의론』 사본 연구, 『군의론』과 기基를 중심으로 한 불신불토佛身佛土에 관한 의론의 전개 등을 연구하고, 한편으로는 『군의론』의 텍스트화에도 진력하였다.

가네코와 무라카미 외에, 무라치 데쓰묘村地哲明의 「善導と懷感との師弟說についての疑問」(『眞宗研究』34, 1986), 「善導の淨土敎の展開について」(『眞宗研究』36, 1989) 등, 선도 이후의 정토교 상황을 『군의론』을 통해 살펴보려한 연구도 있다.

이처럼 『군의론』은 인용 경론과 불신불토론, 삼계교에 대한 대응을 제외하면 아직 연구의 여지가 있는 자료일 것이다. 또 『군의론』에서 이야기하는 개개 문답을 상세히 검토해 봄으로써, 선도 이후의 정토교에 대한 비판과, 정토교와의 대론자對論者 상정, 혹은 회감의 선도정토교수용 등이 밝혀질 것으로 생각한다.

8) 도은道誾·정매靖邁·용흥龍興, 기타

선도, 회감과 거의 동시대에 장안에서 활약한 정토교자淨土敎者로 도은道誾, 정매靖邁, 용흥龍興 등을 들 수 있다.

도은과 그의 저작인 『관경소』에 관해서는, 모치즈키 신코望月信亨가 앞의 『中國淨土敎理史』에서 이른바 신푸쿠지 본眞福寺本 『계주왕생정토전戒珠往生淨土傳』의 내용과 함께 『관경소』를 소개하였고, 그 후 에타니 류카이惠谷隆戒가 앞의 『淨土敎の新研究』〈제3장 고일서古佚書 도은道誾의 관경소

觀經疏에 대하여〉및 〈제12장 미나모토노 다카쿠니源隆國의 안양집安養集에 대하여〉에서 연구를 진행하였다. 에타니惠谷는 제3장에서 도은이 제시한 사종정토설四種淨土說의 내용이 지엄智儼·도세道世의 주장과 유사하여 도은이 지엄의 견해를 답습하였다고 지적하고 도은이 제시한 구품관위설을 정리하였으며, 제12장에서는 도은과『찬술』이 유사한 문장을 갖고 있으면서도 별본別本임을 지적하였다. 에타니의 연구를 이어받아 기시가쿠유岸覺勇는 앞의『續善導教學の研究』에서 도은과 선도善導, 용흥龍興을 비교하였다. 그 후 시바타 다이센柴田泰山이 「道誾『觀經疏』について」(『佛教文化研究』47·48, 2004)에서『찬술』과의 전후관계, 지엄과의 교리적 접점, 도은의 정토 이해의 특징 등을 지적하였다.

정매靖邁와 그의 저작『칭찬정토경소稱讚淨土經疏』에 대해서는, 시바타 다이센柴田泰山이 「靖邁『稱讚淨土經疏』について」(『印度哲學佛教學』19, 2004)에서 정매의 전기와『안양집』을 통해 어느 정도 복원이 가능한『칭찬정토경소』에 대한 연구를 진행하였다.

용흥龍興의『관경소觀經疏』에 대해서는, 에타니 류카이惠谷隆戒의 앞의『淨土教の新研究』〈제4장 고일古佚 용흥龍興 관무량수경기觀無量壽經記 연구〉및 가네코 히로야金子寬哉의 「淨業法師碑をめぐって」(『戶松教授古稀記念』)에서 용흥이 정업淨業과 동일 인물인지 아닌지의 여부를 논하였다. 또한 에타니 류카이는 위의 책에서『안양집』등을 통해 용흥의『관경소』를 4분의 3 정도까지 복원하였다.

또 우노 준지宇野順治의 「ペリオ斷片中の淨土教資料について-淨土教團史を中心に-」(『印佛研』38-2, 1990) 및 「ペリオCh·2720の『觀經疏』について」(『佛教學研究』45·46, 1990)에서는 종래의 연구에서는 아직 발견하지 못했던『관경』의 주석서를 소개하였다.

앞으로는, 그동안 그다지 연구가 되지 못했던『관경』주석서들을 대상으로 선도『관경소』이후의『관경』이해에 대한 검토가 필요할 것이다. 또 이러한 작업을 통해 회감의 『군의론』이 왜 작성되었는가라는 문제가 조금씩 밝혀지게 될 것이다.

9) 자민삼장慈愍三藏 혜일慧日, 승원承遠, 법조法照, 비석飛錫, 『서방요결西方要訣』

당대唐代 중기의 정토교 연구로는 쓰카모토 젠류塚本善隆의 『唐中期の淨土教』(『東方文化學院研究報告(京都)』 4冊, 1933 ; 法藏館, 1975 ;『塚本善隆著作集4』, 大東出版社, 1976)가 선구적이며 법조法照와 승원承遠에 대한 연구로는 지금도 필독서로 되어 있다.

자민삼장慈愍三藏 혜일慧日과 그의 저작인 『정토자비집淨土慈悲集』에 대한 연구로는 오야 도쿠조大屋德城의 『鮮支巡禮行』(東方文獻刊行會, 1930), 기노시타 야스오木下靖夫의 「慈愍三藏の念佛觀」(『顯眞學報』 12, 1934), 오노 겐묘小野玄妙의 『佛敎の美術と歷史』(大藏出版, 1937), 나카야마 마사아키中山正晃의 「慈愍三藏の禪宗批判」(『印佛硏』 10-1, 1962), 시바타 도루柴田泰의 「慈愍三藏慧日に關する二, 三の問題」(『印佛硏』 17-2, 1969), 미치바타 료슈道端良秀의 「眞宗より見たる慈愍三藏」(『中國佛敎史の硏究』, 法藏館, 1980), 곤도 료이치近藤良一의 「慈愍三藏慧日の禪宗批判とその對象」(『古田紹欽古稀記念』, 創文社, 1981) 등이 있다. 또한 근년, 이부키 아쓰시伊吹敦의 「禪宗の登場と社會的反響—『淨土慈悲集』に見る北宗禪の活動とその反響—」(『東洋學論叢』 53, 2000)이 발표되어, 종래 설들을 재검토하면서 혜일의 비판대상이었던 선종의 존재에 대해 언급하고 있다.

승원承遠에 대해서는, 쓰카모토 젠류塚本善隆가 앞의 『唐中期の淨土教』에 수록된 「南岳承遠とその淨土敎」에서 승원의 학문적 계통이 설시되어 있고 승원이 천태나 밀교와 가까운 위치에 있었음을 지적하였다.

법조法照에 대해서는 쓰카모토 젠류塚本善隆의 『唐中期の淨土教』에 가장 잘 정리되어 있다. 그 밖에 법조에 대한 연구로는 가미야마 다이슌上山大

峻의「敦煌出土『淨土法身讚』について」(『眞宗研究』 21, 1976), 에구마 가오루江隈薰의「唐代淨土敎の行儀-懷感·慈愍·法照について-」(『日佛年報』 43, 1978)와 히로카와 다카토시廣川堯敏의「敦煌出土法照關係資料について」(『石田充之古稀記念』), 사카가미 마사오坂上雅翁의「五臺山大聖竹林寺について」(『印佛硏』 51-2, 2003) 등이 있다. 근년, 사이토 다카노부齊藤隆信가「法照の禮讚偈における通俗性-その詩律を中心として-」(『淨土宗學硏究』 30, 2003)에서 음운학적으로 법조의 저작을 재검토하고 교정을 시도하였는데, 이러한 연구방법은 이제까지의 예찬禮讚 연구에서는 없었던 것이다. 또 이가라시 묘호五十嵐明寶의 『淨土五會念佛略法事儀讚』(『略本』)의 해설과 주석이 이루어졌다.

비석飛錫과 그의 저작인『염불삼매보왕론念佛三昧寶王論』에 대한 연구도 쓰카모토 젠류塚本善隆의『唐中期の淨土敎』가 선구적이다. 그 후 나카야마 마사아키中山正晃의「飛錫の念佛三昧觀」(『印佛硏』 17-2, 1969)·「念佛三昧寶王論について」(『日佛年報』 41, 1976), 이시카와 다쿠도石川琢道의「飛錫の實踐論-稱名念佛と般舟三昧-」(『佛敎論叢』 48, 2004), 소네 노부오曾根宣雄의「『念佛三昧寶王論』における佛身論」(同), 이부키 아쓰시伊吹敦의「『念佛三昧寶王論』に見る禪の動向」(『東洋學硏究』 41, 2004) 등이 발표되었다. 또한『염불삼매보왕론』 역주가「唐代中期佛敎の硏究」(1)~(4)(大正大學綜合佛敎硏究所·唐代中期佛敎思想の硏究會, 『綜合年報』 23-26, 2001~2004)에서 발표되었다.

특히 이부키 아쓰시伊吹敦의 앞의「『念佛三昧寶王論』に見る禪の動向」은, 「禪宗の登場と社會的反響-『淨土慈悲集』に見る北宗禪の活動とその反響-」과 함께, 당대 중기의 정토교 문헌 속에서 당시 선종의 동향을 탐구한 것으로 매우 흥미진진한 내용을 담고 있다. 또「『念佛鏡』に見る禪の影響」(『印佛硏』 51-1, 2002)과 앞의「『念佛鏡』に見る八世紀後半禪の動向」에서도 같은 연구를 진행하였다. 이부키 아쓰시의 이 같은 논문들을 통해 당대 중기의 정토교와 선종의 정세를 엿볼 수 있다.

또 아사노 교신淺野敎信은『講本·西方要決』(永田文昌堂, 1993)에서『서방요

결』에 대한 해설과 역문을 소개하였다.

이들 당대 중기의 정토교는 선종과의 접점 외에도, 화엄종·천태종과 밀교와의 관련과 조정朝廷의 관여 등의 문제에 당대 초기의 정토교 상황과는 다르게 아미타불 신앙도 있는데, 앞으로는 당대 중기부터 오대五代를 거쳐 송대宋代까지 정토교가 어떤 전개를 보이는지 연구를 진행할 필요가 있다.

10) 앞으로의 전망

중국정토교 연구에서 지금까지 가장 연구업적이 많은 영역은 수당대일 것이다. 이 시대에는 일본정토종의 개조開祖가 정토오조淨土五祖라고 칭하였던 도작과 선도가 활약하였으며, 특히 선도는 호넨法然이『선택집選擇集』에서 '편의선도일사偏依善導一師' 혹은 '미타화신彌陀化身'이라고 부르면서 그의 교설을 근거 삼아 자신의 설을 전개함으로써 가마쿠라 시대부터 지금에 이르기까지 정토계 교학에서 그 연구가 진행되어 왔다. 이러한 연구들이 이룩한 학문적인 성과는 다대하다. 그러나 1980년대 이후 중국불교가 크게 진전되면서, 정토교 연구가 큰 발전을 했다고는 보기 어렵다. 그 이유를 보면, 첫째 특히 역사적 측면에서 여러 선학들에 의해 이미 현존자료에 대한 연구가 정리되어, 더 이상 새로운 견해를 제시하기 어려워졌다는 점, 둘째 사상적 측면에서 각각의 저술 내용에 대해 모두 확인이 이루어진 점, 셋째 도작과 선도에 대한 종래 연구가 대개 호넨法然 정토교에 대한 연구라는 시각에서 진행되어 왔다는 점 등을 들 수 있다.

앞으로 수당대 정토교에 대한 연구의 방향성은, 둔황 문헌과 각종 금석문,『전당문全唐文』등과 함께 나아가 새로 발견되는 자료들에도 주의를 기울이면서 중국불교사상사 속에서 정토교를 포착할 필요가 있을 것이다. 시야를 넓혀 중국의 한 종교로서 아미타불 신앙을 살펴봄으로써 중국정토교 연구는 종래와는 다른 방법론과 성과를 보여줄 수 있게 될 것이다.

제8절 선종禪宗

다나카 료쇼田中良昭
고마자와대학駒澤大學 명예교수

이 책의 의도는 전후(1945~) 50여 년에 걸친 중국불교에 대한 연구의 자취를 되돌아보며 검증하고, 앞으로 중국불교 연구에 뜻을 둔 이들에게 연구 지침을 제공하는 것이다. 그러면서도, 수당시대의 불교 가운데 여기서 언급하게 될 선종에 대한 연구는, 전전戰前부터 오랜 역사 위에 배양되어 그 발전을 통해 성립하였으며, 특히 중국선종 연구는 1900년에 발견된 둔황 문서를 통해 1930년대 이후 획기적인 발전을 이룩하였다. 따라서 이 같은 역사적 배경 위에서 종래의 연구를 돌아보고 앞으로를 전망할 필요가 있다. 이에 이 책이 의도하는 전후의 연구성과에 중점을 두면서도, 그에 앞서 전전부터 이루어져 온 중국선종 연구사를 시야에 넣고 그 연구사를 다음 네 시기로 나누어 부감해 보는 것이 적절하다고 생각한다.

제 I 기: 1911~25년 둔황 문서가 발견·소개되기 이전 전세傳世자료에 의거한 최초기 연구시대

제 II 기: 1926~55년 둔황 문서의 발견과 소개, 그 신자료를 이용한 초기 연구시대

제 III 기: 1956~90년 그 후 새로 발견된 둔황 문서에 의해 더욱 충실한 교단사적敎團史的·사상사적 연구시대

제 IV 기: 1991년~현재 둔황 문서의 연구성과에 입각하면서, 새로 발견된

탑명·비명과 종래의 전세傳世자료 등을 다각적으로 활용한 광범한 시야에 입각한 연구시대

이상의 4기 중, 이른바 전전戰前 제 I 기와 일부 전후에 걸친 제II기에 대해서는 각각의 대표 연구자와 연구성과를 소개하는 것으로 그치고, 문자 그대로 전후의 제III기와 제IV기에 대해서는 연구자 이름은 물론이고 연구성과의 내용과 학문적 의의까지 깊이 파고들어 논술하기로 한다.

1) 근대적 학문연구의 개시

제 I 기 최초기의 근대적인 학문연구의 시작은 마쓰모토 분자부로松本文三郎에 의한 『達磨』(國書刊行會, 1911 ;『達磨の硏究』, 第一書房, 1942)와 『金剛經と六祖壇經の硏究』(貝葉書院, 1913)를 꼽아야 한다. 즉, 중국선종에 대한 연구의 출발이 선종의 초조 달마와 육조 혜능(638~713)이었다는 사실은, 그후 중국선종 연구사에서 위 두 사람에 대한 연구가 중심 역할을 했다는 사실을 염두에 두면 극히 선견지명이 있었다고 할 만하다.

이렇게 개별적인 문제를 다루던 연구에서, 이번에는 인도에서 중국, 나아가 일본이라는 3국 선禪의 역사적 전개를 종합적으로 파악하려는 연구가 의욕적으로 이어졌다. 즉, 고호 지산孤峰智璨이 『禪宗史』(光融館, 1919 ;『印度·中國·日本禪宗史』, 國書刊行會, 1975) 개정판에서 자신의 책이 인도·중국·일본의 삼국 전등傳燈의 선종사를 의도하였다고 명기하였고, 이어 누카리야 가이텐忽滑谷快天이 『禪宗思想史』(上·下, 玄黃社, 1923 ; 名著刊行會, 1969)의 상권을 인도·중국支那, 하권을 일본으로 설정하여 삼국에 걸친 선 사상사의 전개를 망라하는 위업을 이룩한 것은 충분히 평가받아 마땅하다. 물론 이 같은 성과가 모두 오늘날 그대로 통용되지는 않겠으나 당시 학자의 스케일을 보여주는 뛰어난 연구성과로서 오늘날에도 오히려 그 존재감을 보인다 하겠다.

2) 둔황 문서의 발견

이제 드디어 둔황 문서의 발견·소개를 중심으로 한 제Ⅱ기로 들어간다.

① 첫 테이프를 끊은 것이 중국의 대표적인 철학자 후스胡適가 처음으로 둔황 문서를 사용하여 신회神會(684~758)를 연구하여 펴낸 『神會和尙遺集』(上海: 商務印書館, 1930 ; 『胡適校 敦煌唐寫本神會和尙遺集』, 台北: 胡適紀念館, 1968)이다. 이 책의 출현으로 둔황 문서에 의한 중국선종 연구라고 하는 새로운 막이 열렸고, 그런 의미에서 이는 획기적인 업적이라 할 수 있다. 그로부터 오늘날에 이르기까지 새롭게 출현한 이 둔황 문서는 종래의 연구를 전면 수정해야 할 정도로 중국선종사 연구에서 그 의미가 컸다. 따라서 우선 둔황 문서의 발견 문제를 살펴보고자 한다.

둔황 문서가 중국 간쑤성 서변에 자리한 오아시스 도시 둔황에서 동남쪽 약 25㎞ 지점에 위치한 막고굴莫高窟 제17굴(이 동굴에서 많은 경전류가 쏟아져나와 藏經洞으로 불림)에서 동굴 관리자였던 도사道士 왕위안루王圓籙에 의해 우연히 발견된 것은 청조 말 광서光緖 26년(1900) 5월 26일(중국에서는 22일)의 일이었다. 당시 서역 탐험에 참가하고 있던 각국의 탐험가들은 이 보고를 듣고 차례로 둔황을 방문하였고, 새롭게 출현한 둔황 문서를 왕 도사에게서 구입(중국에서는 강탈로 표현)하여 자국으로 가지고 돌아갔다. 청 광서光緖 33년(1907)부터 새로 성립한 중화민국 민국 4년(1915)에 걸쳐 일어난 일이다. 그 결과 오늘날 둔황 문서를 소장하고 있는 곳은 스타인이 가져간 런던 대영도서관大英圖書館(당초는 대영박물관이었으나 후에 바뀜), 페리오가 가져간 파리 프랑스국립도서관, 중국 청조정부가 수장한 베이징 중국국가도서관(당초 京師圖書館이었지만 후에 개명), 오타니 탐험대大谷探檢隊가 가져간 교토京都 류코쿠대학도서관龍谷大學圖書館(당초 그 일부가 旅順博物館에 수장되었지만, 현재는 중국국가도서관으로 이관), 올덴부르크가 가져간 상트페테르부르크의 러시아과학아카데미 동방연구

小東方研究所 등 5개소고, 그 밖에도 중국·타이완·일본의 도서관과 박물관, 심지어 개인이 소장한 경우도 있다. 이러한 둔황 문서는 각 콜렉션별로 정리되어 분류작업과 목록작업이 진행되는 한편, 마이크로필름 촬영과 영인본 간행이 행해져, 오늘날에는 비교적 용이하게 그 내용을 알 수 있게 되었다.

그런데 당초, 학자들의 관심이 둔황 문서에 쏠리게 된 것은 문서가 발견되고 대략 4반세기가 지난 1925년경부터였다. 둔황 문서 가운데 선종 자료, 즉 둔황 선적敦煌禪籍에 처음 관심을 갖고 자료 조사를 위해 유럽으로 달려간 것이 앞의 후스이며, 그것이 1926년 일이었다. 후스는 파리 국립도서관과 런던 대영박물관에서 신회에 관한 둔황 문서를 발견하고, 교정과 연구를 거쳐 한 권의 책으로 펴냈는데 이것이 앞서 언급한 『神會和尙遺集』이다. 더욱이 후스는 이 책의 간행으로 적어도 중국선종 연구에서는, 평생에 걸쳐 신회와 그 계통을 잇는 종밀宗密(780~840) 연구에 획기적인 성과를 남기게 되었다.

② 둔황 문서의 출현은, 당시 일본에서 다카쿠스 준지로高楠順次郎·와타나베 가이교쿠渡邊海旭 등에 의해 간행중이던 불전의 일대총서라 할 『大正新修大藏經』 전100권에도 크게 영향을 미쳐 학문적으로 가치를 더해주었다. 특히 경전류를 모은 전85권의 마지막권인 제85권은 고일古逸·의사부疑似部로서 그중 고일부古逸部에 둔황 문서를 통해 새롭게 알려진 경전류를 수록하였다. 이것들은 모두 야부키 게이키矢吹慶輝가 런던으로 날아가 촬영한 원고사진Rotograph들로, 그 가운데는 종래 알려진 적이 없던 중요한 선종 문헌도 많이 포함되어 있었다. 다만 선종 문헌들이 고일부古逸部 외에도 제48권 제종부諸宗部에 『육조단경六祖壇經』(약칭), 제51권 사전부史傳部에 『역대법보기曆代法寶記』가 수록된 사실은 주의를 요한다.

그런데 야부키 게이키矢吹慶輝는 『大正藏』에 자료를 제공하는 한편, 직접 촬영해서 가져온 불전을 『鳴沙餘韻』(岩波書店, 1930 ; 臨川書店, 1955)이라는 제목으로 영인 공개하였고, 2년 후에는 이 전적에 대한 해설을 담은 『鳴沙餘韻解說』(岩波書店, 1933 ; 臨川書店, 1955)을 출판하였다. 특히 「해설」 부분에서 〈돈황 출토 중국 고선사古禪史 및 고선적古禪籍 관계문헌에 대해〉라는 제목 아래 야부키가 원고사진으로 가져온 둔황 선적에 관한 상세한 문헌연구 성과를 공개한 것은 높이 평가되는데, 이는 후스가 신회에 관한 연구성과를 공간한 해와 동일한 1933년에 간행되었다. 이처럼 중국·일본의 대표적인 학자가 이룩한 둔황 선적에 대한 새로운 연구 덕에 이른바 제Ⅱ기의 둔황 문서에 의한 신연구 시대로 들어간 것이 확실해졌다.

앞의 제1기 처음에 『육조단경』 연구를 공개하였던 마쓰모토 분자부로松本文三郎도, 야부키矢吹의 저작 『鳴沙餘韻』을 통해 새로운 둔황 본이 소개되자 명본明本에 고쇼지 본興聖寺本과 둔황 본을 대조하여 교정하는 새로운 연구로 한 걸음 더 나아가게 되었고 이는 「六祖壇經の書誌學的研究」 (『禪學研究』 17, 1932)로 정리되었다. 이 글은 나중에 「六祖壇經の研究」라는 제목으로 바뀌어 『佛教史雜考』(創元社, 1944)에 수록되었다. 마쓰모토의 연구는 둔황 문서에도 관심을 보여 그것을 활용한 일례다.

③ 신회 연구는 후스에 의해 시작되었지만, 그로부터 2년 후 희구본稀覯本 수집으로 유명한 세키스이켄積翠軒(号) 이시이 미쓰오石井光雄가 자신이 입수한 둔황 선적 중 하나인 『신회어록神會語錄』을 『敦煌出土神會錄』(石井光雄, 1932)이라는 제목의 영인본으로 간행하였는데, 이 간행본에 부록으로 〈해설〉을 쓴 것이 후스와 평생 라이벌 관계였던 스즈키 다이세쓰鈴木大拙였다. 후스는 파리에서 발견한 P3048을 가지고 「神會語錄第一殘卷」이라 하여 『신회어록』을 소개하였는데, 이에 대해 스즈키鈴木가 해설을 붙인 이시이石井 소장의 『신회어록』은 그 말미에 『사자혈맥전師資血脈傳』으로 보이는 달마~혜능까지 6대 약전略傳을 실은 이본異本이었다. 두 학자가 연구대상으로 삼은 최초의 둔황 선적이 『신회어록』인 것을 보

면, 기이한 인연이라 할 만하다. 앞의 마쓰모토松本에 의한 달마와 혜능 연구가 제Ⅰ기 근대적인 중국선종 연구의 효시라고 한다면, 후스와 스즈키鈴木에 의한 『신회어록』 연구는 둔황 문서의 발견에 의한 제Ⅱ기 새로운 중국선종 연구의 스타트라고 할 수 있다. 스즈키는 해설을 붙인 영인본 『신회어록』에, 야부키矢吹가 발견한 둔황 본 『육조단경』과 쇼코지 본興聖寺本 『육조단경』의 2본을 합쳐 도합 3본의 초기 선종어록에 대한 교정작업을 고다 렌타로公田連台郎와 함께 진행하였고, 거기에 3본의 〈해설 및 목차〉를 더해 도합 4본을 1질로 한 와소본和裝本 『敦煌出土荷澤神會禪師語錄・敦煌本六祖壇經・興聖寺本六祖壇經・解說及目次』(森江書店, 1934)를 출판했다. 『육조단경』과 『신회어록』이라는 이른바 남종계의 기본적 어록에 대한 교정이 이렇게 빠르게 공간된 것은 이후 중국선종 연구에 큰 공헌을 했다고 할 것이다.

이미 야부키矢吹에 의해 『大正藏』에도 수록되었던 둔황 선적 중 『대승개심현성돈오진종론大乘開心顯性頓悟眞宗論』, 『능가사자기楞伽師資記』, 『역대법보기曆代法寶記』 3본과 조선 안심사본安心寺本 『달마대사관심론達磨大師觀心論』을 교정하여 『薑園叢書』(北平: 來薰閣, 1934~36)로 간행한 것이 김구경金九經이다. 김구경은 앞의 후스胡適와 스즈키鈴木 사이를 주선한 인물로도 알려져 있는데, 이 교정은 『大正藏』 교정의 부족한 부분을 보충하는 역할을 한 것으로 평가된다.

후스가 자료 조사차 유럽으로 향한 것처럼, 1934년에는 스즈키鈴木가 베이징을 방문하여 당시 경사도서관京師圖書館에 수장되어 있던 둔황 문서, 즉 베이징 본에서 선적을 뽑아 조사연구를 행하고 그 성과로서 베이징 본北京本 숙宿99의 『이입사행론二入四行論』 장권자長卷子를 비롯한 수점의 둔황 선적을 소개하였다. 그리고 이듬해 1935년 이것들을 『敦煌出土少室逸書』(鈴木大拙, 1935)로 영인 간행하는 한편, 다음해 1936년에는 본문 교정과 해설을 담은 『校刊少室逸書及解說』, 새로 발견된 문헌을 이용한 새로운 연구성과를 『附錄 達磨の禪法と思想及其他』라는 제목의 와소본 2책 합질合帙(安宅佛敎文庫, 1936)로 출판하였다. 특히 후자의 주요 부분은 1951년 간행된 스즈키鈴木의 『禪思想史硏究 第二』에 채록되었다. 스즈키鈴木가 소개한 둔황 문서를 이용하여 달마에서 시작된 초기 중국 선의 사상사적 연구가 처음 공개된 것은 이후 연구의 진전에 큰 역할을 하게 되었다.

④ 스즈키가 임제종 거사인 데 대해, 같은 선종이라도 조동종曹洞宗 승적을 가졌던 우이 하쿠주宇井伯壽도 중국선종사 연구에 위대한 족적을 남겼다. 원래 우이의 전문은 인도철학인데, 중국선종사 연구도 광범한 인도철학 연구의 일환으로 위치시킨 데 그 특색이 있다. 우이는 스즈키 의 『達磨の禪法と思想及其他』가 간행되고 그 3년 후인 1939년부터 격년으 로 『禪宗史硏究』(1939)·『第二禪宗史硏究』(1941)·『第三禪宗史硏究』(1943 ; 岩波 書店, 1966) 3부작을 공개하였다. 즉, 첫 『禪宗史硏究』는 달마達摩·혜가慧可 에서 승찬僧璨까지, 우두종牛頭宗의 법융法融(594~657)과 그 문하, 5조 홍인 弘忍(601~674)과 그 문하, 북종의 신수神秀(606?~706)와 그 문하, 남종의 혜능은 다음 권으로 돌리고 하택종荷澤宗의 신회神會(684~758)와 그 문하, 남종의 마조도일馬祖道一(709~788)과 석두희천石頭希遷(700~791)까지 계통적 으로 논술한 연구성과로, 앞의 스즈키와 같은 부분을 다루며 이 분야에 서 쌍벽을 이루었다. 특히 둔황 문서에 관해서는, 마지막에 〈북종잔간北 宗殘簡〉이라는 제목으로 북종계 신자료의 교정校定을 더하여 책에 참신함 을 더하였다.

이어지는 『第二禪宗史硏究』에서는, 우선 〈단경고壇經考〉라는 제목 아래 남종의 조祖인 육조혜능의 어록으로 알려진 『육조단경』에 대해 그 이본 들을 계통별로 자세히 논한 뒤 둔황 본의 교정을 제시하고, 다음에 혜능 전기를 상세하게 분석하고, 혜능의 문인에 관한 논술, 백장회해百丈 懷海(749~814)와 석두石頭 문하의 약산유엄藥山惟儼(751~834)과 천황도오天皇

道悟(748~807)에 대한 고찰, 그리고 마지막으로『고존숙어록古尊宿語錄』에 대한 논고까지 수록하였다. 마지막『第三禪宗史硏究』에서는, 중국 조동종 계보와 관련된 운암담성雲巖曇晟(780?~841)과 조동종 대성자인 동산양개洞山良价(807~869)와 조산본적曹山本寂(840~901), 양자의 어록과 5위설五位說, 운거도응雲居道膺(835?~902) 이후, 일본조동종의 개조 에이헤이 도겐永平道元(1200~1253)의 스승이라고 하는 천동여정天童如淨(1162~1227)에 이르는 역대 조사를 고찰하고, 마지막에 종밀의 저작인『중화전심지선문사자승습도中華傳心地禪門師資承襲圖』의 일문佚文을『법집별행록절요병입사기法集別行錄節要幷入私記』로 보충하여 얻은 성과를 더하였다. 이처럼『第三禪宗史硏究』는 중국조동종 조사의 전기와 그의 사상으로 한정된 내용으로 되어 있어 꼭 전체적인 시야에 입각한 중국선종사 논고라고는 할 수 없지만, 종래의 고호 지산孤峰智璨, 누카리야 가이텐忽滑谷快天의 연구에서 본다면 근대적 연구방법으로 새로운 성과를 일군 것으로, 이후 중국조동종 연구의 기반이 되었다.

우이宇井의 3부작은 중국선종사를 다룬 통사로는 그 후 더 뛰어난 것을 찾아보기 어려울 정도로 충실한데, 마찬가지로 통사 형식을 취하되 석존 이래의 선정사상禪定思想에 초점을 맞춰 역사적 전개를 정리한 것이 마스나가 레이호增永靈鳳의『禪宗思想史』(日本評論社, 1944)고, 후에 그것을 요약하여 일반용으로 내놓은 것이『禪宗史要』(鴻盟社, 1957)다.

⑤ 제Ⅱ기 둔황 선적의 새로운 연구에서 중심적 역할을 해온 스즈키는 이 시기의 대미를 장식할 두 개의 성과를 공개하였다. 그 하나는, 앞의『神會錄』과 마찬가지로 세키스이켄積翠軒 이시이 미쓰오石井光雄가 소장한『절관론絶觀論』을 문하의 후루타 쇼킨古田紹欽과 함께 소개하고 연구를 더한『敦煌出土積翠軒本絶觀論』(鈴木大拙 編·古田紹欽 校, 弘文堂, 1950)이고, 다른 하나는 그 이듬해에 출판되어 나중에 선사상사에 관한 4책 시리즈로 체계화된『禪思想史硏究 第二』(岩波書店, 1951 ; 1968, 1987, 2000)다.

특히 후자는 부제인 '達摩から惠能に至る'로 알 수 있듯이 달마에서 시작하는 중국 초기의 선禪사상사를, 자신이 발굴한 둔황 문서를 구사하여 정리한 획기적인 성과물로 학계에 큰 보탬이 되었다.

또한 이 시대에는 유럽 학자의 연구성과가 돌연 주목받았다. 모두 후스 이래의 신회 연구를 내용으로 하는데, 자크 제르네Jacques Gernet와 월터 리벤탈Walter Libenthal에 의해 『신회어록』의 프랑스어 번역본과 영어 번역본이 공개되었다. 즉, 전자가 *Entretiens du Maître de Dhyâna Chen-houei du Ho-tsö*(668~760)(PEFEO 31, 1949)와 *Complément aux Entretiens du Maître de Dhyâna Chen-houei*(668~760)(BEFEO 44, 1954)이고, 후자가 *The Sermon of Shen-hui*(AM New Series 3-2, 1952)다. 이것들은 신회 연구가 유럽에서 주목받았다는 것을 여실히 말해준다.

3) 학문적 연구의 진전

후스, 야부키, 스즈키, 김구경, 우이로 대표되는 둔황 선적의 발견, 소개와 이 새로운 자료를 이용한 이른바 제Ⅱ기 연구시대는 대체로 1955년 언저리에서 매듭을 짓는다. 그것은 이 시대까지는 현지 문헌조사가 필수적이었지만, 이 무렵부터는 마이크로필름 촬영 사진을 이용한 연구가 가능해지고, 둔황 문서도 도요 문고東洋文庫와 교토대학 인문과학연구소京都大學人文科學硏究所에서 이 사진들을 구비하여 조사연구를 할 수 있게 되었기 때문이다. 물론 보다 엄밀한 문헌연구에는 현지조사가 필요했지만, 문헌 내용에 대한 조사연구는 사진으로도 충분히 가능해진 것이다.

또 종래의 연구로 상당한 성과를 내고 그 위에 새로운, 그리고 보다 보존 상태가 좋은 이본異本들이 발견되면서 한층 더 학문적 진전을 기대하게 된 것도 이 시기의 특색이다. 다음에서 연대에 따라 구체적인 연구성과를 살펴보기로 한다.

① 최초의 연구성과라 할 것은 천태지관天台止觀과 중국선中國禪의 비교 연구, 특히 중국선 연구에 큰 족적을 남긴 천태종 승적의 세키구치 신다이關口眞大의 연구성과다. 세키구치가 관심을 가진 것은, 달마라는 이름이 붙은 달마어록 같은 많은 달마론達摩論이 사실은 초기 선승들이 달마의 이름을 빌려 제작한 위서였음을 엄밀한 문헌비판을 통해 밝히는 것이었는데, 그 연구성과인『達磨大師の硏究』(彰國社, 1957 ; 山喜房佛書林, 1969) 는 책 제목이야 달마대사 연구로 되어 있지만 내실을 보면 달마론達摩論 문헌비판 연구라고 할 수 있다. 필자는 당시 이 책을 보고 받았던 엄청난 자극을 지금도 잊을 수 없다. 세키구치는 이 성과를 근거로 초기 선종의 사상사 연구로 관심을 심화시켜 초기 선종의 통사로『禪宗思想史』(山喜房 佛書林, 1964)를 정리하고, 역사적인 달마가 어떻게 해서 전설 속 달마로 변모해 가는지 달마상達磨像의 변천을, 달마 관련 연대별 자료 18종의 내용을 분석하여 추적한『達磨の硏究』(岩波書店, 1967, 1994)를 공간함으로 써 이른바 3부작을 완성하였다.

② 세키구치의『達磨の硏究』가 공개된 1967년에는 더욱 주목할 만한 선종사 연구가 출판되었다. 그 하나는 미국의 필립 얌폴스키Philip Yampolsky에 의한, 둔황 본『육조단경』의 영문英文 연구, 본문 교정, 영어 번역 성과다. 그의 저작 The Platform Sutra of the Sixth Patriarch (Columbia Univ. Press, 1967)는, 콜롬비아 대학상을 수상하고, 특히 고쇼지 본興聖寺本 과 대조하여 교정한 것이 높은 평가를 받아 둔황현 박물관 소장 둔황 본의 이본이 출현하기 전까지 오랫동안『육조단경』의 지주가 되었다.

③ 같은 해에 간행된 또 하나의 다른 성과는 야나기다 세이잔柳田聖山의 대저『初期禪宗史書の硏究』(法藏館, 1967 ;『柳田聖山集6』, 1999)다. 이 저작은 하 나조노대학 선문화연구소 연구보고花園大學禪學硏究會花園大學禪文化硏究所硏究 報告 제1책으로서 같은 해 1월 페이퍼백으로 간행되었다가 5월에 하드커 버로 간행되었다. 이 책은 '中國初期禪宗史料の成立に關する一考察'이라는

부제에서 보듯 둔황 문서뿐 아니라, 중국 초기선종의 역사서, 즉 등사燈史에 대해, 특히 선종 성립의 역사적 의미를 해명하고 가치비판을 지향한 획기적인 연구성과로서, 후반에는 〈자료의 교주校注〉라는 제목 아래 8종에 이르는 대표적인 자료의 교정과 어주語注를 붙였다. 이 책은 중국 선종사 연구에서 그야말로 한 시대를 그었다고 평가받는다. 특히 재판再販된 전집본 권두에는, 새로이 저자의 〈재간의 말〉과 이전 책이 간행된 직후 나온 프랑스의 동양학 태두 폴 드미에빌의 〈프랑스어 서평〉(林信明 번역)이 실렸다. 서평의 권두에는, "우이 하쿠주宇井伯壽의 3부작 이래, 중국선종사를 다룬 가장 훌륭한 문헌이다"라고 찬사를 보내면서 "우회 迂回와 상론詳論이 많고, 명확한 결론이 적으며, 대홍수와도 같은 주석들 때문에 독해는 용이치 않다"라고 언급했을 정도로 이 책을 이해하려면 대단히 고도의 전문지식을 요한다는 점만은 명기해 두고자 한다. 이후 야나기다柳田의 정력적인 연구성과가 많은 논문들을 통해 공개되었고, 현재 이것들을 총망라한 『柳田聖山集』이 전6권으로 호조칸法藏館에서 간행중인데, 하루 빨리 완결되기를 기다리는 바다. 덧붙여 이전 저서와 같은 시기에 정리된 초기 선종에 관한 연구논문은 대부분 새로 1책으로 정리된 『柳田聖山集1-禪佛敎の硏究-』(法藏館, 1999)에 수록되어 있어 후진 들에게 크게 편리하다.

야나기다柳田는 앞서 언급한 대저의 출판을 효시로 하고, 이후 둔황 선적의 출현으로 새로 내용이 알려지게 된 많은 초기 선종전적의 본문 교정과 역주의 성과를 발표하여 학계에 큰 도움을 주었다. 즉 우선 등사燈史와 관련해서는 『初期の禪史Ⅰ-楞伽師資記·傳法寶紀-』(禪の語錄2, 쯔 摩書房, 1971)와 『初期の禪史Ⅱ-曆代法寶記-』(禪の語錄3, 1976)가 있고, 어록과 관련해서는 『達摩の語錄-二入四行論-』(禪の語錄1, 1969 ; 『禪家語錄Ⅰ』, 世界古典文 學全集36A, 쯔摩書房, 1972)과 『禪語錄』(世界の名著 續3, 中央公論社, 1974 ; 世界の名著 續18, 1978), 여기에 도키와 기신常盤義伸의 영어번역을 포함한 도키와常盤·

야나기다柳田(編)의 『絶觀論』(花園大學禪文化硏究所, 1976)이 있고, 이 밖에도 후스의 선학 연구성과를 수록한 야나기다柳田(編)의 『胡適禪學案』(中文出版社, 1975)과 『육조단경六祖壇經』의 여러 본을 한데 모은 야나기다柳田(主編)의 『六祖壇經諸本集成』(禪學叢書7, 中文出版社, 1976)이 있다.

또한 중국선종사에 나오는 선종 조사의 계보도와 거의 모든 선적의 해제를 집대성한 성과로서 야나기다의 「中國禪宗系圖」·「禪籍解題」(柳田稿, 『禪家語錄Ⅱ』, 世界古典文學全集36B, 竺摩書房, 1974)가 있는데 둘다 후진 연구자에게는 매우 유익하다. 또한 앞의 『達摩の語錄』에 수록된 『이입사행론二入四行論』 번역문을 비롯하여 달마에 관한 연구성과를 정리한 『ダルマ』(人類の知的遺産16, 講談社, 1981; 講談社學術文庫1313, 1998)가 있고, 앞의 대저 『初期禪宗史書の硏究』가 초기 선종 등사에 대한 종합적 연구라면 또 하나의 선종문헌인 초기 선종어록에 대한 종합적 연구로 「語錄の歷史-禪文獻の成立史的硏究-」(『東方學報』57, 京都大學人文科學硏究所, 1985; 『柳田聖山集2 禪文獻の硏究(上)』, 法藏館, 2001)가 있다. 이 두 논저를 통해 야나기다柳田의 초기 선종 문헌에 대한 연구가 집대성되었다. 또 초기 선적은 아니지만, 후의 선종 등사에 대해서도 특히 『조당집祖堂集』(952)에 관한 연구에 주목할 만한 부분이 있으며 오래된 그 초역抄譯이 앞서 든 『禪語錄』에 있다. 야나기다가 말하는 『조당집』의 원형 부분(과거 7佛, 西天 27祖, 東土 6조에 이후 당대의 대표적인 禪者 11명을 더한 것)의 전체 번역과 어주語注 및 해설은 『祖堂集』(大乘佛典 中國·日本篇13, 中央公論社, 1990)에 수록되었다. 이 텍스트의 색인은 『祖堂集索引』 3책본(京都大學人文科學硏究所, 上冊 1980; 中冊 1982; 下冊 1984)으로 출판되었는데, 특히 하책에 이 책의 〈해제〉와 함께 전권에 직접 구두점을 단 영인본이 포함되어 있다. 이 영인본은 앞의 『六祖壇經諸本集成』과 같이 선학총서禪學叢書로서 야나기다柳田(主編)의 『祖堂集』(禪學叢書4, 中文出版社, 1972)에 공개되었다.

④ 그런데 『조당집』에는 많은 문답이 당송시대의 구어口語와 속어俗語

로 되어 있는데, 이 방면의 전문적인 연구성과로는 오타 다쓰오太田辰夫의 『中國歷代口語文』(江南書店, 1957)·『祖堂集口語語彙索引』(江南書店, 1962)·『唐宋俗字譜-祖堂集の部-』(汲古書院, 1982)가 있다. 이러한 구어와 속어의 의미에 입각한 선어禪語사전으로는 이 분야 연구에서 지도자격인 이리야 요시타카入矢義高가 감수한 고가 히데히코古賀英彦(編)의 『禪語辭典』(思文閣出版, 1991)이 연구자들에게 도움이 되고 있음을 특필해 둔다.

⑤ 둔황 선적의 성과를 포함한 초기 선종에 대한 통사로 주목할 만한 것으로는 타이완 인순印順의 『中國禪宗史』(台北: 正聞出版社, 1971)가 있다. 이 책에는 '從印度禪至中華禪'(인도선에서 중국선까지)이라는 부제가 달려 있지만, 실제로는 달마의 선에서 마조馬祖·석두石頭에 이르는 중국선종이 성립하기까지 이른바 중국 초기의 선종사를 다루었다. 책 원문은 중국어로 되어 있고, 이를 널리 일본학회에 소개한 이는 이부키 아쓰시伊吹敦다. 이부키는 일본어 번역에 새로이 역주와 색인을 붙여 『中國禪宗史-禪思想の誕生-』(山喜房佛書林, 1997)라는 이름으로 출판했는데, 이는 외국어로 된 중국선종 관계 저작이 일본어로 번역된 극히 드문 예로서 번역자의 수고가 컸다고 하겠다. 인순印順은 인도불교에 관한 저작이 많은데, 이 책 역시 중국어권과 구미권 학자들 사이에 널리 읽히며 명저로 이름 높았지만, 일본학회에서는 관심이 그렇게 높았던 것은 아니다. 그러던 것을 이부키伊吹가 권말의 〈옮긴이 후기〉에서 저자의 경력과 저작을 상세히 서술하고 이와 함께 책의 학문적 가치를 높이 평가하며 통사로서 이 책을 일본어로 번역 공간한 의의는 매우 크다고 할 것이다.

⑥ 야나기다柳田가 임제종계 하나조노대학花園大學에서 교토대학 인문과학연구소를 통해 거의 자력으로 계속 연구성과를 공개해 나간 연구자라면, 공동연구라는 새로운 방법을 이용하여 연구성과를 세상에 발표한 것은 조동종계 고마자와대학駒澤大學을 기반으로 삼은 다나카 료쇼田中良昭다. 다나카는 고마자와대학에 자리를 잡자 곧바로 소장연구자와 대학

원생을 규합하여 '학생 주체의 연구모임'을 시작하고 그 첫 연구성과로서 육조혜능의 전기와 저작에 관한 기초적 연구를 정리하여 『慧能研究─慧能の傳記と著作に關する基礎的研究─』(駒澤大學宗史研究會 編, 大修館書店, 1978)를 공간했다. 이 공동연구는 이후 학회에 아직 소개되지 않은 『보림전寶林傳』(801)의 해독과 역주작업을 계속하고 그 성과를 각 권마다 분책 형태로 공표하는 방법을 취했다. 원래 『보림전』은 10권이어야 하지만 결본인 제7, 9, 10권의 세 권을 제외하고 현존하는 제1~6권, 제8권까지 도합 7권의 역주를 완성하고 새로 다나카가 전권에 대해 개정을 더하여 한 권의 책으로 묶어낸 것이 『寶林傳譯注』(內山書店, 2003)다.

다나카가 관심을 쏟은 것은 둔황 전적의 발굴과 연구였는데, 이 분야의 연구성과로는 시리즈 '講座敦煌' 전9권(大東出版社) 가운데 1권인 시노하라 히사오篠原壽雄·다나카 료쇼田中良昭의 『敦煌佛典と禪』(講座敦煌8, 1980)과 3년 후 같은 출판사에서 간행된 다나카의 『敦煌禪宗文獻の硏究』(1983)가 있다. 이 두 저서를 통해 둔황 선적 연구는 새롭게 한 걸음을 내딛게 되었다. 이 밖에도 다나카는 후루타 쇼킨古田紹欽과 공저로 혜능의 전기와 사상을 다룬 『慧能』(人物中國の佛敎, 大藏出版, 1982)을 출간하고, 오키모토 가쓰미沖本克己 등과 공역으로 초기 선종어록을 현대 일본어로 번역하고 역주와 해설을 붙여 『敦煌Ⅱ』(大乘佛典 中國·日本篇11, 中央公論社, 1989)도 출간하였다. 1989년 봄, 중국 베이징대학에서 개최된 중일선학연토회中日禪學硏討會에 참가한 고마자와대학 선학 연구자의 보고가 그해 발행된 『駒澤大學佛敎學部論集』 제20호에 실렸는데, 이 보고를 중심으로 해서, 또 이를 선학 연구의 모든 분야로 확대하여 일본에서 이루어지는 선학에 대한 연구상황을 망라한 연구입문서의 필요성이 대두되었다. 이렇게 해서 다나카가 편자로 나서서 간행한 것이 『禪學硏究入門』(大東出版社, 1994)이다. 그 후의 연구상황을 첨가한 개정본이 최근 『禪學硏究入門 第二版』(大東出版社, 2006)으로 출간되었다.

⑦ 둔황 선종문헌은 대부분 당대에 이루어진 사본이지만, 송대 이후 목판본이 출현하여 대장경 개판이 행해지면서 선적 연구도 새로운 단계에 들어가게 된다. 이 대장경 개판에 대해서는 이 책 제1부 총론의 '제5장 대장경 개판'에서 서술하였는데, 이 분야의 전문가이자 제5장을 맡아 집필한 시나 고유椎名宏雄에 의해 연구성과가 공개되었다. 『宋元版禪籍の研究』(學術叢書禪佛敎, 大東出版社, 1993)가 그것이다. 이와 관련하여 명대의 대장경 중 난징南京 보은사판法恩寺版 대장경, 보통은 '남장南藏'으로 불리는 대장경을 중심으로 한 연구로는 노자와 요시미野澤佳美의 『明代大藏經史の研究－南藏の歷史學的基礎研究－』(汲古書院, 1998)가 있는데, 앞의 사본 연구와 이러한 판본 연구의 두 가지를 종합함으로써 중국 선적 연구의 전체상을 밝힐 수 있게 될 것이다.

⑧ 둔황 선적은 마조馬祖·석두石頭 이전의 초기 선종사 연구에 새로운 자료를 많이 제공하였는데, 하나의 전세자료傳世資料로서의 승전僧傳과 등사燈史를 분석하고 여기에 종래 선종사 연구자가 거의 관심을 갖지 않았던 지방지를 활용하여, 중국선종의 지역적 발전을 추적하고 그 전체상을 밝히고자 한 것이 스즈키 데쓰오鈴木哲雄고, 그 최초의 연구성과가 『唐五代の禪宗－湖南江西篇－』(學術叢書禪佛敎, 大東出版社, 1984)이다. 이어 간행된 『唐五代禪宗史』(山喜房佛書林, 1985)와 후에 간행된 『中國禪宗史論考』(山喜房佛書林, 1999)는 모두 전반부에서 선의 지역적 발전에 대한 연구성과를 다루고, 후반부에서 선 사상의 전개를 논술하여, 지역적 전개와 사상적 전개라는 양 측면에서 선종의 역사를 해명하고자 하였다. 또한 문헌을 통한 연구인 이른바 데스크워크에 대해, 직접 현지조사에 참가하여 실제 상황을 연구하는 필드워크를 더한 성과로서 『浙江江西地方禪宗史蹟訪錄』(山喜房佛書林, 1985)이 출판되었다. 이러한 중국선종에 관한 인물과 지역을 다룬 최초의 출판물이 스즈키鈴木의 『中國禪宗人名索引』(其弘堂書店, 1975)이고, 최근 출간된 『中國主要地名辭典－隋~宋金－』(山喜房佛書林,

2002)이다. 이러한 색인과 사전의 간행은 결코 쉬운 일이 아니며, 아무리 인터넷 시대라 해도 차후의 연구자들에게는 지극히 유익한 자료가 될 것이다.

⑨ 중국의 선은 8세기 말부터 9세기 전반에 걸쳐 티베트吐蕃 족이 둔황을 지배하던 시기에 티베트와 교섭하였는데, 이 사실이 한때 티베트학 전문가의 주목을 받아 그 연구가 세계적 관심을 모은 적이 있다. 그 선구가 프랑스 폴 드미에빌Paul Domiéville의 *Le Councile de Lhasa* (Paris, 1952), 이탈리아 동양학자 주제페 투치Giuseppee Tucci의 "The Debate of bSam yas according to Tibetan Saurces"(Minor Buddhis Texts PartⅡ, Roma, 1958)이며, 특히 중국 선적의 티베트어 번역과 중국 선승 마하연摩訶衍과 티베트 불교와의 관계 등을 다룬 수많은 논문이 존재한다. 여기에서는 이 문제를 다룬 단행본으로 야마구치 즈이호山口瑞鳳, 오키모토 가쓰미沖本克己, 기무라 류토쿠木村隆德의 논고, 「中國禪とチベット佛教」를 수록한 시노하라 히사오篠原壽雄·다나카 료쇼田中良昭(編)의 『敦煌佛典と禪』(앞책)과 둔황에서 성립한 불교와 불교학의 전체 모습을 둔황 문서를 통해 밝힌 가미야마 다이슌上山大峻의 대저 『敦煌佛教の研究』(法藏館, 1990)를 드는 것으로 그치고자 한다.

⑩ 둔황 문헌을 이용한 중국선에 대한 새로운 연구와 중국선과 티베트 불교와의 관계에 일본학회가 주목하게 되면서 바다 건너 미국의 불교학자들 사이에서도 관심이 일어났다. 연구성과를 발표한 연구자들은 대부분 일본과 중국에 유학해서 동양언어를 체득하여 문헌을 해독하고 회화도 할 수 있었다. 이들 연구를 대표하는 단행본으로는 다음을 들 수 있다.

먼저 많은 논문들을 엮어 펴낸 루이스 랭카스터Lewis Lancaster와 월렌 레이Whalen Lai의 *Early Chan in China and Tibet*(Berkley Buddhist Studies Series 5, Berkeley, 1983)과 피터 그레고리Peter N. Gregory의 2개의 논문집,

즉 *Traditions of Meditation in Chinese Buddhism*(Studies of East Asian Buddhism 4, Honolulu, 1986) 및 *Sudden and Gradual: Approaches to Enlightenment in Chinese Thought* (Studies of East Asian Buddhism 5, Honolulu, 1987)를 들 수 있다. 한편, 개인 저작으로는 북종선과 초기 중국선의 형성과정을 밝힌 존 매클레이John McRae의 *The Northern School and the Formation of Early Chan Buddhism* (Studies of East Asian Buddhism 4, Honolulu, 1986)과 베르나르 포르Bernard Faure의 *La volonte dorthodoxie dans le bouddhisme chinois* (Editions du Centre Nationale de la recherehe Scientifique, IMPRIMERIE Louis-jean, Paris, 1989) 및 그 영역본인 필리스 브룩스Phylis Brooks의 *The Will to Orthodoxie-A Critical Geneology of Northern Chan Buddhism* (Stanford Univ. Press, 1997)이 대표적이다.

⑪ 이상은 주로 신문헌의 연구와 이 문헌을 이용한 역사적 연구의 성과인데, 하나 더 중국선을 연구하는 방법으로 선의 사상적 연구에서도 우수한 연구들이 많다. 이는 스즈키 다이세쓰鈴木大拙 이래 임제종 계통에서 전통적으로 행해진 연구법으로, 이 분야의 학자들은 하나조노 대학花園大學 관계자가 많다. 우선 니시무라 에신西村惠信의 『己事究明の思想と方法』(法藏館, 1993)은, 꼭 중국선으로 한정된 것은 아니지만, 여기에서 말하는 '기사구명己事究明'이란 임제선에서의 깨달음을 의미하며 선의 사상적 연구의 도달점이라 할 것이다. 이보다 앞서 나온 니시무라西村의 『人物中國禪宗史-ノスタルジアとしての禪者たち-』(禪文化研究所, 1985)는 문답을 통해 대표적인 중국 선자의 인간상을 밝히려 한 것이다. 이러한 사상적 연구의 전통은 그 후 무라카미 슌村上俊과 오키모토 가쓰미沖本克己의 저작으로도 계승되어, 무라카미 슌村上俊의 『唐代禪思想研究』(花園大學國際禪學研究所研究報告4, 1996)는 〈제1부 초기선종 사상과 중국불교〉, 〈제2부 선적禪的 개성의 개화〉, 〈제3부 원상円相 연구〉의 3부로 구성되어 있으며 제목 그대로 선사상을 연구한 것이다. 또한 오키모토沖本의 『禪思想形成史の研

究』(花園大學國際禪學研究所研究報告5, 1997) 역시, 전반은 초기선종의 습선자習禪者들과 이론 형성에 대한 연구, 후반은 둔황의 선문헌과 선어록의 여러 양상에 대한 연구로 나뉘지만 전체를 관통하는 것은 역시 제목 그대로 선사상의 형성사를 밝히는 것이다.

⑫ 불교학 내지는 선학의 입장에서 중국선 연구를 개관하되, 동양사 내지 중국사의 입장에서 이루어진 또 하나의 중국선 연구가 있다. 대표적인 연구자가 아베 조이치阿部肇一로, 그 연구성과가 『中國禪宗史の硏究－南宗禪成立以後の政治社會史的考察－』(誠信書房, 1963)이다. 내용은 〈제1편 당대唐代 선종사〉, 〈제2편 5대오월五代吳越의 불교정책〉, 〈제3편 송대宋代 선종사〉, 〈제4편 자료〉로 구성되어 당대부터 송대까지를 전부 포함하고 있으며, 부제로도 알 수 있듯이 연구의 주안점을 선종과 그것을 둘러싼 정치·사회와의 관계에 둔 데 특색이 있다. 이 책의 개정증보판으로 『增訂 中國禪宗史の硏究』(硏文出版, 1986)가 나왔고, 이를 이어 『禪宗社會と信仰－續中國禪宗史の硏究－』(近代文藝社, 1993)을 출간하여 아베의 독무대 같은 느낌이다.

중국선종 연구가 선종 내부의 선자禪者의 사상과 행동을 대상으로 삼아왔다는 것은 틀림없는 역사적 사실인데, 선종이라는 존재 그 자체가 선자만으로 성립하는 것이 아니고 그것을 둘러싼 정치와 사회, 특히 위정자뿐 아니라 그와 관련된 사람들과의 관계를 무시하고서는 성립할 수 없다는 것은 일찍부터 인식하고 있었지만 자료 관계도 있고 해서 이러한 시점에 입각한 연구가 충분히 이루어지지 못한 것도 사실이다. 앞으로는 이 같은 견지에 입각한 종합적인 선종 연구의 진전을 기대한다.

⑬ 이상은 어디까지나 선종을 연구대상으로 삼은 성과고, 선종을 불교의 여러 종파 중 하나로 위치시키고, 다른 불교종파와의 관계 속에서 선을 다루는 연구도 있다. 앞서 든 천태종 입장에서 천태지관天台止觀과 중국선과의 관계에 주목한 연구자가 세키구치 신다이關口眞大고, 화엄

종과 그에 앞선 지론종地論宗에 대한 연구 속에서 선과의 관계를 밝히려한 연구로 발표된 지 좀 오래된 다카미네 료슈高峯了州의 『華嚴と禪との通路』(南都佛教研究會, 1956)가 있다. 근년의 연구로는 요시즈 요시히데吉津宜英의 『華嚴禪の思想史的研究』(禪學叢書·禪佛教, 大東出版社, 1985), 이시이 고세이石井公成의 『華嚴思想の研究』(春秋社, 1996) 등이 있다. 또한 삼론종 입장에서 관심을 보인 것으로는 히라이 슌에이平井俊榮의 『中國般若思想史研究』(春秋社, 1976)가 있다.

이와 관련하여 근년 동아시아 불교권이라는 광범한 시점에 입각한 연구의 필요성이 가마타 시게오鎌田茂雄에 의해 제창되었고, 다이나믹한 전개를 보인 동아시아 불교의 실태 속에서 선을 살펴볼 필요성이 강조되면서 기무라 기요타카木村淸孝·요시즈 요시히데吉津宜英·이시이 고세이石井公成 등에 의한 연구성과가 주목된다.

⑭ 또 하나, 최초기의 중국선 연구에서 후스가 이름을 날린 이후 연구성과가 거의 전해지지 않았던 중국에서 최근 선에 대한 연구가 매우 활발해진 것은 주목할 만하다. 앞서 베이징에서 개최된 중일선학연토회中日禪學硏討會 건에서도 다루었지만, 중국에서 출판된 선종 관계 연구성과 중 특히 일본 연구자가 펴낸 유익한 단행본『六祖壇經』과『菩提達摩南宗定是非論』을 포함한 둔황현 박물관본을 이용하여 교정과 연구를 정리한 양쩡원楊曾文의 『敦煌新本六祖壇經』(上海古籍出版社, 1993)과 그 신판인 『新版 敦煌新本六祖壇經』(北京: 宗教文化出版社, 2001), 저우사오량周紹良(編)의 『敦煌寫本壇經原本』(北京: 文物出版社, 1997), 양쩡원楊曾文(編校)의 『神會和尙禪話錄』(中國佛教典籍選刊, 北京: 中華書局, 1996) 등은 중국 선종사 연구에서 빠질 수 없는 최신 성과들이다. 앞으로 중국선종사 연구성과에도 충분히 주목할 필요가 있다.

⑮ 마지막으로, 중국선종 연구를 4기로 나눠 논술한 위의 일본과 구미에서 출판된 연구서든, 최근 주목받고 있는 중국의 연구서든 모두

상당히 전문적인 학술서다. 이 책의 원래 의도가 앞으로 중국 선종을 연구하려는 사람들에게 안내서가 되어줄 '연구입문'이라는 견지에서 보면, 보다 일반적이고 초심자도 친숙하게 다가갈 수 있는 책이 필요한 것은 틀림없다. 종래 이러한 책이 필요하다고 외치면서도 쉽게 실현하지 못했지만, 최근 드디어 이 같은 요청에 부응하는 책이 출현하였다. 바로 이부키 아쓰시伊吹敦의 『禪の歷史』(法藏館, 2001)다. 이 책은 중국선뿐 아니라 일본선까지 포함한 실로 선禪의 역사를 개관한 것으로 이해하기 쉽게 서술되어 있고 최근의 학술적 연구성과까지 담아낸 최적의 선 개설서다. 초심자들에게는 이 책으로 시작해서 점차 각 분야의 전문 학술서로 나아가는 방식을 취하라고 권하고 싶다.

제9절 밀교密教

히라이 유케이平井宥慶
다이쇼대학大正大學 교수

머리말

인도불교에서 시작되는 밀교는, 그 이름으로 언급되는 불교 현상現象이 너무 다양하고, 때론 심오한 신비성으로 채색되어 역사상 여러 모습을 취하기 때문에 근대 지식인은 이것을 제대로 알아챌 눈을 갖지 못해 근대 불교연구가 두드러진 진보를 보였음에도 불구하고 밀교에 대한 연구는 지지부진하였다. 아니, 오히려 부정적인 평가까지 수반되어 퇴보한 것처럼 보였다. 그러다가 요 근래 밀교도 더없이 중요한 불교문화의 하나라고 인식하게 되어, 이른바 밀교 '복권復權'의 역사야말로 근대 밀교 연구가 걸어온 발자취의 실상이라 하겠다.

1) 총설 연구

(1) 현대 중국에서의 연구서

1999년 11월 얀야오중嚴耀中의 『漢傳密教』(上海: 學林出版社)가 출판되었다. 황신촨黃心川 선생은 〈서序〉에서 중국의 근년 밀교 연구가 티베트西藏밀교(내지 한정적 범위의 중국밀교)로 치우쳐 있는 상황에서 나온 이책을 "한지漢地에서 이뤄진 밀교의 역사적 발전에 대해 전면적이고 전문적으로 고찰한 논고"라고 하였다. 책은 〈1. 密教和漢傳密教(=定義問題)〉부터 〈20. "獅子大王"考(民神と密教信仰)〉까지 20개 테마를 설정하여 밀교신앙의 깊은 뜻을 탐색하였다. 단, 일본인의 관점에서 수당대 밀교라고하면 선무외·금강지·불공·일행·혜과를 과제로 보는데, 이에 대한 논술은 거의 찾아볼 수 없다. 여기에서 중국인 연구자의 관심 방향이 어느쪽인지 알 수 있다고 하겠다.

논자는 상하이 사범대학 교수로, 다수의 자료·참고문헌을 참조하고일본인 학자의 책들도 찾아보았다. 그 가운데서도 특히 인용한 일본저술로 두드러진 것이 오무라 세이가이大村西崖의 『密教發達志』(佛書刊行會, 1918)다. 이렇게 오래 된 책이 여전히 권위를 갖고 있다는 것인데, 사실밀교 연구의 실상을 잘 보여준다. 오무라 세이가이(1868~1927)는 원래동양미술사가로, 그의 책은 근대의 실증적 연구법을 밀교의 미술·문헌에 적용하여 밀교의 신비성에 일격을 가한 '기념비적 노작'(佐藤隆硏 編, 『密敎辭典』, 法藏館, 1975)으로 평가받고 있다. 중국 연구자가 많이 참조한것도 이유가 있다. 다만 당시 이 책에 대해서는 곤다 라이후權田雷斧가『我觀密教發達志』(1925 初刊 ; 『權田雷斧名著選集7』, 東洋文化出版, 1985 ; 『權田雷斧著作集5』, うしお出版, 1994)를, 가토 세이신加藤精神 등이 『密教發達志批判講演集』(1920)을 발표하여 비판하였다. 한편으로는 오무라의 책이 한문으로쓰여진 것이라 중국인에게 익숙하고 쉬웠을지도 모르겠다.

그러나 뤼지안푸呂建福의 『中國密教史』(北京: 中國社會科學出版社, 1995)는 오

무라의 책을 전혀 인용하지 않았다. 권말의 주요 참고서목에도 없다. 그 대신 빈번하게 인용한 책이 『講座敦煌』(전9권, 大東出版社)인데 그 가운데 6권 『敦煌胡語文獻』(1985)과 7권 『敦煌と中國佛敎』(1984)에 수록된 논문들을 참조하였고, 그 밖에 일본의 밀교연구로 도가노오 쇼운栂尾祥雲의 『祕密佛敎の歷史』(『栂尾祥雲全集1』, 高野山大學, 1982 재판 전6권), 고지로 다카미치神代峻通(譯)의 『インド密敎學序說』(密敎文化硏究所, 1962), 미야사카 유쇼宮坂有勝의 『インド密敎』(講座佛敎3, 大藏出版, 1959), 마쓰나가 유케이松長有慶의 『密敎の歷史』(サーラ叢書, 平樂寺書店, 1969)·『密敎經典成立史論』(法藏館, 1980)·『現代密敎講座』(전8권, 大東出版社, 1976)·『眞言宗全書』(同刊行會, 1934), 사카이 신텐酒井眞典의 『チベット密敎敎理の硏究』(高野山出版社, 1956), 모리타 류센森田龍僊의 『秘密佛敎の硏究』(臨川書店, 1973복간), 무라카미 센쇼村上專精의 『日本佛敎史綱』·『密敎大辭典』(同編纂會, 1931, 1970재판) 등이 있다. 이것들은 일본에서 이루어진 밀교연구의 대강을 살필 때 빠트려서는 안 되는 저서이므로 이 분야를 공부하는 사람들은 기억해두기 바란다.

총 7개 장으로 구성된 『中國密敎史』는 밀교의 교리적 개략(제1장)으로부터 위진남북조魏晉南北朝(제2장) 이후의 유입을 거쳐 근대밀교(제7장)까지를 망라한 논술로, 시대별 논술은 상투적이다. 시대별로 보면 다른 시대의 밀교는 〈제5장 송宋·요遼시대〉, 〈제6장 원·명시대〉 식으로 배치한 데 비해, 당대唐代 밀교 부분은 제3, 4장의 2개 장에 걸쳐 배치하여 중점적으로 서술하였다. 〈제4장 당대唐代 밀종의 형성과 발전〉의 경우, 제5절에서 일본적 발전을 논하고 일본 밀교에 대해서도 소홀히 다루지 않았다. 지금까지는 일본에 일본밀교사가 있는 것과 달리 중국에는 그런 식의 중국밀교사가 없었는데, 이 책이 중국불교학계에 하나의 전환점이 된 것은 틀림 없다.

앞서 언급한 『漢傳密敎』는 이 『中國密敎史』를 자주 인용한 반면, 1996년에 출판된 저우이리앙周一良(著), 첸원중錢文忠(譯)의 『唐代密宗』(上海遼東出

版社)은 인용하지 않았다. 또 1979년 타이베이에서 『密宗教史』(大乘文化出版社)가 출판되었는데 거기에 포함된 장웨이차오蔣維喬의 『密敎史』는 『漢傳密敎』에 자주 인용되었다. 『唐代密宗』은 1945년 영문으로 발표된 (원제) 「中國密宗」의 한역본으로, 주로 선무외·금강지·불공을 논술한 까닭에 제목을 '唐代密宗'이라고 했다고 하며, 그 밖에 「佛學論文選」도 모아 게재하였다. 그 첫 편인 「宋高僧傳善無畏傳中的幾個問題」에서는 선무외善無畏의 행로와 관련하여 "노출토번路出吐蕃"이라는 말을 포착하고 이를 '오공悟空'이 말한 '동접토번東接吐蕃'과 결합시켜 '동로東路'라고 상정하였는데, 그 이상의 구체적인 지적은 없다(이에 대해서는 토번세력의 북방 新疆지역 침공을 상정해야 할 것이다. 平井宥慶, 「中國への道-善無畏にかかわる八世紀內陸アジアの歷史狀況-」·「善無畏の來唐再考」. 후술). 그러나 저우이리앙周-良이 일찍이 여기에 관심을 기울인 것은 역시 혜안이라 할 수 있겠다.

이상 중국밀교(내지 인도를 포함)의 역사적 대강은 선무외·금강지·불공을 한 세트로 묶고 '그 이전'과 '그 이후'의 세 부분으로 나눌 수 있다는 견해는 여러 책에서 거의 일치해서 지지하고 있다. 앞으로도 이 대강을 전제로 해서 논술할 것이다.

(2) 전집류로 보는 중국밀교 연구

시리즈밀교シリーズ密敎 전4권(春秋社, 1999) 중 제3권이 『中國密敎』(1권 インド密敎, 2권 チベット密敎, 4권 日本密敎)다. 제3권은 요리토모 모토히로賴富本宏의 〈서론-중국밀교란 무엇인가〉로 시작하며, 역사편·사상편·미술편·실천의례편으로 구성되어 있다. 분석 과제는 밀교의 전통적인 문제들을 비롯하여 특별히 오늘날의 과제로서 한국 관련 문제, 중국의 도교와 밀교의 해후, 둔황 미술, 라마교와의 관련 등을 안배하고, 동남아시아 의례불교를 언급한 것도 신선한데 거기에는 연구방법에서 두드러진 진전이 보인다. 일찍이 중국밀교 연구라고 해놓고도 한역 밀교경전을

서술하는 선에서 마무리지어 버리는 때가 있었다. 이는 살아 있는 자료를 죽은 자료 취급하는 전형인데, 그런 과거에 비해 이제는 자료를 중국 땅에서 살아 움직이는 것으로 포착하고, 자료의 시대성을 밝히려는 연구태도가 선명하게 보인다. 그런 의미에서 새로 출토된 자료(吳立民·韓金科, 『法門寺地宮唐密曼茶羅之硏究』, 香港: 中國佛敎文化出版公司, 1998. 賴富本宏, 「書評」, 『密敎學硏究』 32, 2001)에도 주의를 기울여야 하는데, 해당 저술의 이러한 연구 자세에는 장족의 발전이 인정된다.

미야사카 유쇼宮坂有勝·마쓰나가 유케이松長有慶·요리토모 모토히로賴富本宏(編)의 『密敎大系』(전12권, 法藏館, 1994)는 이미 발표된 논문들을 모아 펴낸 것으로, 다시 말해 높은 평가를 받았던 논문들의 집약이라 할 수 있다. 구성을 보면, 〈1. 총설·중국밀교〉, 〈2. 『대일경大日經』계 밀교-선무외善無畏에서 일행一行으로-〉, 〈3. 『금강정경金剛頂經』계 밀교-금강지金剛에서 불공不空으로-〉, 〈4. 금태양부金胎兩部와 당대후기 밀교〉, 〈5. 동남아시아 밀교〉로 나누어 논문을 수록하고 마쓰나가 유케이松長有慶 박사가 이들 논문에 해설을 달았다.

위와 같은 구성은 이른바 금태양부대경金胎兩部大經의 각 계통에 따른 관계 논문을 수록한 것이어서 대략 전통적이라고 할 수 있겠지만, '중국' 안에 〈5〉항을 삽입한 것은 완전히 새로운 체제가 아닌가 한다. 〈5〉항에서는 스리랑카·인도네시아(자바=보로부두르 등)의 밀교를 논하였다.

앞에서 든 시리즈밀교 제1권 『インド密敎』(1999)는 〈제1부 불교의 밀교〉 부분에 〈보설補說〉(제11장)로서 마쓰나가 게이지松長惠史의 「ジャバの密敎」를 실었다. 마쓰나가는 앞서 언급한 단행본 『インドネシアの密敎』(法藏館, 1999)를 출간하여 자바섬을 중심으로 인도네시아 밀교를 논하였다. 인도네시아 제도와 밀교와의 관계는 단적으로 금강지와 불공의 행장에서 알 수 있다. 그의 지견은 분명 중국측의 한자문헌에 크게 의지하고 있지만, 근대에는 현지의 건조유물과 새로 발견된 문헌(비문류碑文類)을

중요 자료로 인식하면서 연구를 진행하고 있으며 이는 인도문화권의 연장선상에 놓을 수 있다. 이 경우 전자에 중점을 두면 중국밀교 항목, 후자라면 인도 항목에 속하게 된다. '밀교대계密敎大系'식 배치에서 '시리 즈밀교'식 배치로의 변화는 바로 연구방법에서 일어난 주목할 만한 변화라고 해야 할 것이다.

기존 논문의 집약이라는 기획 측면에서 보면『眞言宗選書』(전20권＋별 권, 同刊行會, 同朋舍出版, 1986)도 있는데, 고전이라 부를 만한 저작물들을 집록하였다. 그 제8권『敎相の眞言宗史Ⅱ』에는 깃쇼 신유吉祥眞雄의『印度 と支那(中國)密敎史』(解題: 武内孝善)가 실렸는데(전11장), 원본은 1929년 5월 에 출판되었다(확실히 고전이다). 자료적으로는 한역 불전에 의거한 바가 많고, 중국에 전해진 전적의 중요성을 재인식하게 된다. 〈별권別卷〉은 슈치인대학 밀교학회種智院大學密敎學會(編)의『文獻目錄』이다.『佛敎の根本 眞理』(1956년 발행)부터『平川彰博士古稀記念論集·佛敎思想の諸問題』(1989년 6월 발행)까지 '주요 기념논집'류에서 채집하였는데, '중국밀교'는 〈Ⅱ. 아시 아 여러 지역의 밀교〉에 속해 있다. 이 시기 사이에 나온 논문들을 검색하는 데 편리하다.

한편, 변화라고 하면 '강좌물講座物'의 편집틀에서 찾아볼 수 있다. 다카이 류슈高井隆秀·도리고에 마사미치鳥越正道·요리토미 모토히로賴富本 宏(編)의 '講座密敎文化'(人文書院, 1984)는 제1권『密敎の流傳』, 제2권『密敎の 文化』, 제3권『密敎のほとけたち』, 제4권『密敎と現代』의 전4권으로 구성되 었는데 책이 출판된 1984년 시점에는 앞서 언급한 식으로 국가를 구별하지 않았다. 이 시리즈에서 중국밀교와 직접 관련된 부분을 모아보면 1권(총 10개 절로 구성)에 실린 요리토모 모토히로賴富本宏의「中國密敎の展開」, 도 리고에 마사미치鳥越正道의「中國密敎遺跡の現狀」2절과 부수적으로 4권에 실린 후지요시 마스미藤善眞澄의「空海と長安」으로, 전체적으로 보아 많다 고는 할 수 없다. 이 강좌물이 나라별 구성을 채용하지 않은 것은,

그런 구성을 채택할 수 있을 만큼 중국밀교 연구가 충분하지 못했던 상황을 반영한 것이 아닐까 한다. 다만 이 강좌 제1권에 실린 이노쿠치 다이준井ノ口泰淳의 「シルクロードの密敎」, 다무라 다카테루田村隆照의 「ジャバへの密敎傳播」, 기무라 다케히코木村武應의 「朝鮮半島における密敎」가 연구 영역의 지평을 넓혀, 앞서 언급한 '시리즈밀교'의 과제를 선구적으로 제공하고 있어 크게 평가할 만하다.

미야사카 유쇼宮坂宥勝·우메하라 다케시梅原猛·가나오카 슈유金岡秀友 (編)의 '講座密敎'(春秋社, 1976~1987)는 제1권 『密敎の理論と實踐』, 제2권 『密敎の歷史』, 제3권 『空海の人生と思想』, 제4권 『密敎の文化』, 제5권 『密敎小辭典』의 전5권으로 구성되어 있으며 이 역시 국가별 구성을 취하지 않았다. 이 가운데 중국밀교 관계 논문은 제1권에 사상(宮坂宥勝, 「インド·中國」)과 실천(那須政隆, 「中國」), 제2권에 중국밀교(勝又俊敎, 「歷史過程と金剛界」; 長部和雄, 「胎藏界」), 제4권에 예술(石田尙豊, 「中國·朝鮮」), 제5권에 중국·일본(金岡秀友·野村全宏·眞柴弘宗·福田亮成)을 배치하여, 사상·실천·역사·미술을 빠짐없이 배려한 것이 보인다. 이들 총서가 연구분야의 대강을 개진한 점은 중요하지만, 좀 노골적으로 표현한다면 나라별 구분을 사용하지 않은 것(감히 말하자면 하지 못했다)을 보면, '중국'밀교 연구가 엄연히 다른 영역에서 독립되어 있는 존재라는 인식이 약했다는 인상을 지울 수 없다. 그렇다고 이것을 편자 탓으로는 돌릴 수 없다. 1975년대 초반 일본밀교학계의 연구상황을 반영한 것으로 보이기 때문이다. 다만 여기에 이미 이와모토 유타카岩本裕의 「南海の密敎」를 선보이고 있어 선견 있는 총서라 할 수 있겠다. 또 요시오카 요시토요吉岡義豊의 「密敎と道敎」는 주로 『삼교지귀三敎指歸』 문제를 논하였는데 일본밀교 문제를 다루었다. 하지만 요시오카는 중국밀교와 도교의 관계에 대해 "더욱 자료가 정리되어야 한다"(135쪽)는 지적을 잊지 않았다.

미야사카 유쇼宮坂宥勝·가나오카 슈유金岡秀友·마쓰나가 유케이松長有慶

(編)의 '현대밀교강좌現代密敎講座'(大東出版社, 1975~1993)는 〈역사편〉(1), 〈사상편〉(2·3), 〈행도行道편〉(4·5), 〈미술편〉(6), 〈문화편〉(7), 〈연구편〉(8)의 총 8권으로 구성되었다. 중국밀교와 직결되는 것은 가나오카 슈유金岡秀友의 제1권 『インド·中國·日本を中心とする密敎の歷史』(1979)와, 다무라 다카테루田村隆照의 제6권 『中國·日本の密敎美術』이다.

시리즈 제1권의 〈제3장 중국·티베트·몽골 密敎史〉는 '1절 역사'와 '2절 기조基調 교리사'로 나누고(다른 장도 같다), '1절 역사' 1에서 〈시나(원문)밀교의 구분에 대해-특히 초기와 후기의 문제점〉을 논하였다. 분량은 총 7쪽(전체 456쪽)으로 몽골·티베트보다 적다. 여기에서는 두 권의 책을 인용하였는데 하나는 마쓰나가 유케이松長有慶의 『密敎の歷史』고 다른 하나는 도가노오 쇼운栂尾祥雲의 『祕密佛敎史』(1923 초간 ; 『栂尾祥雲全集1』, 高野山大學, 1982 재간)다. 마쓰나가의 책에서도 중국밀교에는 총13장 중 겨우 1장을 할당하였기 때문에 이 '7쪽' 분량은 필연이다. 말이 좀 길어지는 것 같은데, 이는 필자들 탓이 아니다. 바로 해당 시기의 낙후된 중국밀교 연구상황을 여실히 반영한 것으로, 이는 역사관의 변천과 관련 있으므로 역사 부문에서 관련 설명을 덧붙이겠다.

한편 제8권(1976) 연구편에는 도가노오 쇼즈이栂尾祥瑞의 「外國人の密敎硏究-現代における密敎理解の方法-」와 마쓰나가 유케이松長有慶(編)의 「日本人の密敎硏究-密敎文獻目錄-」가 수록되었다. 서문과 4개 장으로 구성하여 전자는 저자가 쓴 글이고, 후자는 저서와 논문을 다섯 분야로 나누어 다음 5편의 목록으로 작성하였다. 〈제1편 밀교관계 기본도서목록〉, 〈제2편 고보 대사弘法大師를 중심으로 한 밀교학 관계 논문목록〉, 〈제3편 일본밀교사 관계 문헌목록〉, 〈제4편 인도 및 동아시아(일본 제외)의 밀교 관계 문헌목록〉, 〈제5편 십권十卷 주석서 목록〉. 논문의 집록 기간은 제5편을 제외하면 1868년부터 1975년까지다. 범례에 따르면 "카드에 정리해둔 목록 중 극히 일부분만 싣고" "중요한 연구를 선택"하여 엄선

한 논고들만 기재한 것이라 지금도 충분히 유익하며 초심자는 5편을 모두 필히 보아야 한다.

이 가운데 수당시대로 한정하면, 해당 저서와 논문은 실제로 극단적으로 한정되는데 목록을 일람해 보면 잘 알 수 있다. 거기에서 시야를 중국밀교로까지 넓히면, 제1편 〈5. 밀교사〉(28편 수록)와 제4편 〈11. 조사연구〉(35편 수록), 〈13. 중국밀교권〉(29편 수록)이 직접 참고가 된다. 제4편 〈1. 총론〉의 '해외의 밀교연구'(1-3)와 〈10. 특수연구〉의 '당대 오륜탑연구' 등도 참고가 된다. 하지만 이 분류항목들이 얼마나 다양한지 염두에 둔다면, 밀교 연구의 다양성을 깊이 생각해보지 않을 수 없다.

그러나 수당대가 중국밀교의 전성기라는 사실에는 변함이 없다. 이 시기는 중국사에서도 가장 국제적인 시대로, 밀교는 이 국제적인 문화교류의 산물이기도 하다. 따라서 밀교라는 불교 형태는 수당대만을 따로 떼어내어 연구하기 어려운 성격을 띠고 있다. 그리고 이것은 '밀교'라는 개념의 다의성에 영향을 미친다. 지금까지의 연구서를 보면 대개 첫머리에서 밀교의 정의(내지 시대구분)에 대해 논한다. 이는 다른 불교학 분야에서는 거의 보이지 않는 현상이다. 정의를 언급하면서 논의를 시작한다는 것은, 밀교가 얼마나 복잡한 요소들의 집적인지를 보여주는 증좌고, 그 속에서 수당대가 전성기였다는 것은 그 시대의 등장인물을 역사적으로 파악할 수 있다는 뜻이기도 하다. 새삼 수당대의 밀교 연구에 힘써 매진해야 한다는 생각이 든다.

(3) 밀교의 역사적 고찰

인문과학의 연구분야는 광활한 지평 너머로까지 확대되고 있는데, 필자 생각으로는 역사적 고찰은 인문과학의 전체 영역과 관련되는 기본학이라고 이해된다. 이에 중국불교사에서는 밀교가 어떻게 언급되는지 가마타 시게오鎌田茂雄 박사의 대저 『中國佛教史』(전6권, 東京大學出版會,

1982~1999)를 통해 살펴보고자 한다. 가마타 씨는 이 책에 앞서 『中國佛敎史』(岩波書店, 1978)라는 단행본을 출간했는데 불교 비전문 출판사에서 나온 것이라 당시 화제가 되었다. 그보다 1년 전에 미치바타 료슈道端良秀의 『中國佛敎史』(法藏館)가 나왔지만, 그 초판이 1939년에 나왔고 다음해 증보를 거쳐 1977년에 개정신판으로 나온 것이었다. 따라서 가마타의 책은 새로운 연구로서 발표된, 전후 오랜만에 선보인 중국불교의 전 역사를 훑어본 성과였다. 미치바타의 개정본 출판까지 아울러 감안하면, 이 무렵 서서히 중국불교사 전반에 새로운 전망이 나오기 시작했다는 생각이 든다. 가마타 박사의 필생의 저작이 된 것은 제6권으로, 예고되었던 7~8권은 박사의 타계로 무산되었다(2001.5.12. 73세). 일찍이 쓰카모토 젠류塚本善隆 박사가 『中國佛敎通史』(鈴木學術財團, 1968)를 저술하기 시작하였으나 제1권만 완성하고 타계하신 일이 떠오른다. 가마타 박사 사후 『新中國佛敎史』(大東出版社, 2001)가 출판되었는데 그 〈후기에 대신하여〉(池田魯參)에 의하면 앞으로 나머지 7~8권도 출판될 것 같기는 하다.

한편 1999년 제6권 『隋·唐の佛敎(下)』가 출판되어 그 〈제4장 수당의 제종諸宗〉 제7절에서 삼론종·천태종·삼계교·법상종·화엄종·율종·선종·정토교와 함께 '밀교'가 병술되었다. 가마타 박사는 밀교 연구에 대해서는 꼭 전일적이지는 않았으나, 그 자신의 사관 아래 거의 과부족 없이 수당대 전후의 밀교를 정리해냈다. 특히 '중국밀교의 사상사적 의의'를 논하기를, 종래 당말 이후의 중국밀교에 대해서는 '쇠망'만 떠들어댔지만 박사는 "많은 신주神呪와 진언眞言이 후대 민중불교에 큰 영향을 주었다"(754쪽)는 것을 실증하고, "송대 이후의 불교 조상彫像 가운데 밀교상의 영향이 두드러지게 나타난다"고 지적한 것은 오랜 세월에 걸친 실지답사를 통해 얻은 연구로서 중국불교 전반에 대한 깊은 통찰을 통해 이끌어낸 특필할 만한 성과라 할 수 있다. 1975년대 이전 연구가 극히 드물었던 상황을 회고해 보면, 이것이야말로 연구방법론에서 전후

오십수년을 걸려 이뤄낸 질적 약진이라 할 수 있다.

1965년대 후반부터 『アジア佛教史』(佼成出版社)의 출판이 개시되어 『中國編』 1~5권(1974~1976)이 나왔다. 제1권(전반 : 藤堂恭俊, 후반 : 塩入良道, 1975, 전 384쪽)에서는 불교전래로부터 수당까지를 논하고, 밀교는 〈제8장 수·당의 중국불교〉의 〈3. 인도불교에 대한 추구와 새로 전래한 불교〉 1항 '밀교의 전래'라는 제목으로 총 8쪽 분량을 할애하여 초기 전래로부터 선무외·금강지·불공·혜과까지를 전부 논하였다. 참으로 간단한 서술이라 하지 않을 수 없다. 그러나 이 또한 저자들의 배려가 부족해서가 아니라, 시대의 요청이 아직 그 정도밖에 안 되었다고 보아야 한다. 차라리 이런 시리즈류의 종합적인 불교사를 기획하여 이를 실행하고 나아가 완결시킨 것만으로도 정말 경사라 할 수 있으며 따라서 불교연구사에서 기념비적이라 할 수 있 것이다.

밀교 항목에서 시오이리 요시미치塩入良道는 당말 이후의 밀교에 대해 "민간에는 뿌리 깊은 밀교신앙이 있었던 것 같지만, 도교 등에 흡수되었다"(299쪽)고 서술하였다. 돌이켜보건대 박사는 불명경전佛名經典 연구자였다. 밀교의 이러한 경향을 언급한 것은 이 시대에는 너무나도 진취적인 것이었다. 가마타 박사가 앞서 언급한 내용을 확실하게 지적할 수 있기까지 4반세기 이상의 시간이 걸린 것을 생각하면, 새삼 절절히 가슴에 차오르는 것이 있다. 덧붙이자면 두 박사님은 생전에 가깝게 지냈다.

가마타 박사가 앞의 책에서 인용한 저작·논문의 수가 많고, 이것들은 요즘도 연구의 기준이 되는 것들이니 연구자는 다음 논저들을 참고해야 할 것이다(인용순. 논저 이름만 나온 것은 이미 언급한 것들).

오무라 세이가이大村西崖·도가노오 쇼운栂尾祥雲·오사베 가즈오長部和雄, 『唐代密教史雜考』(1971)·『一行禪師の研究』(이상 神戸商科大學出版會, 1963)·『密教大

系·中國密教』「漢譯三種悉地法の系譜」.

뤼지안푸呂建福, 「法門寺出土文物中的關密教內容考釋」(『首屆國際法門寺歷史文化學
　術檢討會論文選集』, 陝西人民教育出版社, 1992).

저우이리앙周一良·와타나베 쇼코渡邊照宏, 『お經の話』(岩波書店, 1967).

마쓰나가 유케이松長有慶, 『密敎經典成立史論』(法藏館, 1980).

사와 류켄佐和隆研, 『密敎美術の原像』(法藏館, 1982).

오사베 가즈오長部和雄·나카무라 료오中村凉應, 『密敎の流傳』(講座密敎文化Ⅰ).

히라이 유케이平井有慶·쓰다 신이치津田眞一, 「百六十心の硏究-大日經住心品
　の體系化の試み-」(『豊山學報』14·15, 1970).

요시다 고세키吉田宏晢, 「『大日經』「住心品」における大乘的なものと密敎的なも
　の」(『勝又俊敎古稀記念』, 春秋社, 1981)·「藏漢注釋による大日經住心品解說(智山宗
　務廳, 1984)·「『大日經廣釋』部分釋」(1)~(3)(『大正大學硏究紀要』67~69, 1982~
　1984)·「一行阿闍梨の思想」(『牧尾良海頌壽記念』, 1984)·「不空三藏の密敎について」
　(『牧尾博士喜壽記念』, 1991).

이와사키 히데오岩崎日出男, 「善無畏三藏の在唐中における活動について-菩薩戒
　授與の活動を中心として-」(앞의 『東洋の思想と宗敎6』, 1989)·「金剛智三藏の在唐
　中の活動ついて」(『密敎學會報』29, 1990)·「不空三藏の護國活動の展開について」
　(앞의 『東洋の思想と宗敎6』)·「不空三藏の五臺山文殊信仰の宣布について」(『印佛硏』
　42-1, 1993).

가스가 레이치春日禮智, 「一行傳の硏究」(『東洋史硏究』7-1, 1942).

이케다 슈조池田宗讓, 「『胎藏緣起』と『血脈譜一行傳』-開元十四年『清瀧毀戒』の
　意味とその傳敎大師による削除の理由を求めて-」(『三康文化硏究所年報』29, 1998).

쓰카모토 젠류塚本善隆, 「南岳承遠傳とその淨土敎-玉泉寺蘭若和尙惠眞の敎學-」
　(『塚本善隆著作集』전7권, 大東出版社, 1974~1976).

세키구치 신다이關口眞大, 「玉泉天台について」(『天台學報』1, 1960).

기타오 류신北尾隆心, 「菩提心論の成立について-特に思想背景について-」(『密敎學

研究』20, 1988).

　오노즈카 기초小野塚幾澄, 「不空の密教について-その根底にあるもの-」(『大正大學
　　研究紀要』65, 1980).

　가쓰마타 슌교勝又俊教, 「惠果和尙傳の研究」(『櫛田博士頌壽記念』, 山喜房佛書林, 1973).

　미사키 료슈三崎良周, 「唐末の密教と蘇悉地」(『密教學密教史論文集』, 高野山大學, 1965).

　마쓰나가 유켄松永有見, 「三種悉地破地獄儀軌の研究」(『密敎研究』35, 1975).

가마타 박사의 인용 범위는 밀교계 자료 외에『구당서舊唐書』·『역대명
화기歷代名畫記』내지『전당문全唐文』·『보각총편寶刻叢編』이라고 하는 동양
사 일반 자료에까지 미쳤는데 주목할 만하다. 이제까지의 연구는 구카
이 대사空海大師가 배운 당밀교唐密敎로 시점이 제한되고 방향도 치우친
경향을 보였음을 부정할 수 없다. 그러나 자료를 널리 섭렵하게 되면서
밀교사는 중국불교사 전반 안으로 들어가게 되었는데, 이것을 전문적인
밀교 연구자가 아닌 박사 개인의 노력으로 일구어냈던 것이다. 박사는
더욱 광범하게 자료를 구함으로써 보다 탁월한 시점을 갖춘 사관史觀을
구축하는 방법을 사용하여 불교사에서 질적 전환을 이루어냈다. 이렇
게 해서 불교학도 참학문으로서의 가치를 갖게 되니, 이야말로 앞에서
역사적 고찰이 인문학 분야에서 기초적 학문이 된다라고 말한 연유다.
　『大乘佛典 中國·日本篇8-中國密敎-』(賴富本宏 譯, 中央公論社, 1988)은『대일
경(초)大日經(抄)』·『금강정경(초)金剛頂經(抄)』·『보리심론菩提心論』·『섭무애
경攝無礙經』의 현대어 번역본에 번역자의 해설을 덧붙인 것으로 매우
유익하다. 또 제1절에 21쪽 분량을 할애한〈중국밀교 개설〉이 있는데
이 해설에 95개의 주기註記를 달고 주요 저서·논문을 인용하고 있어
앞으로 이 부분을 연구하려면 꼭 참조해야 한다. 그 밖에 마지막으로
〈중국밀교사 연표〉와〈참고문헌〉(통사와 연구서)도 참고가 된다. 덧붙여
이 책을 통해 경전 역시 역사적으로 연구할 필요가 있음을 알 수 있을

것이다(경전의 역사성에 대해서는 竹村牧南,「佛教-その讀みかえの精神史-」,『國文學』 48-6, 2000).

이 책은 경전을 번역한 것이라 인도밀교의 범주에 속하는 것으로 보이지만, 실제로는 중국밀교가 갖는 여러 모습을 논한 것이다. 이 또한 밀교의 역사적 고찰이 다면성을 띤다는 것을 말한다. 또 이 책에 실린 마쓰나가 유케이松長有慶의「兩部に關する傳統說をめぐって」(『月報』 8)도, 『대일경』과 『금강정경』의 관계에 대해 간략하게 핵심을 짚은 서술이라 놓칠 수 없다.

쇼와昭和시대가 막을 내리는 시기에 불교 비전문 출판사에서 기획시리즈로 내놓은 '大乘佛典 中國·日本篇'의 한 권이 『中國密敎』였다는 것은 밀교 연구가 장족의 발전을 이룬 사실을 보여주는 '사건'이라고 해도 될 것이다. 강좌물을 통해 꾸준히 연구를 거듭해온 성과라고 할 수 있다.

2) 부문 연구

(1) 개설 속의 중국밀교 연구

밀교에 대한 근대적 연구의 낙후성은 1965년대 초두에 심각하였다. 일반 불교학의 경우, 전후 20년여를 지나면서 각 분야에서 속속 성과를 내기 시작하였지만, 밀교학에서는 초심자에게 도움이 될 최신 연구서가 거의 없었기 때문이다. 그러한 때 앞서 본 마쓰나가 유케이松長有慶의 『密敎の歷史』와 가나오카 슈유金岡秀友의 『密敎の哲學』(サ-ラ叢書, 1969)이 연달아 출판되었다(平樂寺書店). 이 개설서의 출판은 바로 연구의 초학자들에게는 가뭄끝 단비 같은 것이었다.

위의 두 책은 모두 첫머리에서 근대 불교학이 '밀교'에 대해 갖고 있는 오해 내지 미신을 지적하였다. 그리고 밀교에 대한 근대적 연구는 이제 출발점에 선 것이니 연구의 진척에 따라 조만간 새로 바꿔 쓰게

될 것이라고 하였다. 이는 저자들의 겸손의 미덕과 함께, 당시 밀교학
연구에 대한 엄격한 인식을 표명한 것이라 할 수 있다. 이제 연구가
시작되고 그 성과가 축적되기 시작되었다.

『密敎の歷史』부터 보자. 책은 총13개 장으로 구성되어 있는데, 제7장
에서 중국밀교를 다루었다. 제1부터 6장까지는 인도기의 밀교(티베트
포함)를, 제8장 이후는 일본밀교를 다루었으며, 중국밀교와 관련된 장은
15쪽 분량의 제7장뿐이다. 제7장은 〈1. 밀주경전密呪經典의 전래유포〉,
〈2. 조직적인 밀교경전의 이식〉, 〈3. 양부불이兩部不二와 소실지경蘇悉地
經〉으로 구성으로 되었는데 〈2〉에서 선무외·금강지·일행一行·불공을 논
하고, 〈3〉에서 혜과 이후를 논했다. 이것이 당시 중국과 관련한 밀교연
구의 범주였다.

『密敎の哲學』에서는, 중국밀교를 〈제4장 밀교의 불타관〉, 〈제3절 대일
大日사상의 발전〉의 첫 부분 '대일사상大日思想의 인도적 발전과 중국·일
본적 발전'에서 볼 수 있다. 약 2쪽 분량인데, 대일여래 사상이 티베트에
서는 발전했지만 중국에서는 거의 인정되지 않았다고 한다. 이것도
중국 관계 연구가 축적되지 못한 상황을 보여준다고 할 수 있다. 이러한
상황은 1995년 마쓰나가 유케이松長有慶(編)의 『密敎を知るためのブックガイ
ド』(法藏館)가 출판되었을 때도 여전하였다. 여기에 실린 이와사키 히데
오岩崎日出男의 「中國密敎」에 "인도·티베트 밀교 및 일본밀교 연구에 비하
면 그 수가 적다"(120쪽)라고 서술된 내용 그대로다. 이 마쓰나가의 편저
는 당시까지의 연구상황을 파악하는 데 매우 편리하여 참조할 가치가
있다. 이 책에서는 '중국밀교' 부문이 〈II. 밀교의 흐름〉에서 티베트밀교
·일본밀교와 항목을 달리하여 함께 서술되어 있다. 1995년 시점에서
이 분야의 연구성과가 점차 축적되었다는 것은 "과거에 비해 상당히
개선되었다"는 표현이 그 증좌일 것이다.

근년 '중국밀교'라는 말이 포함된 단행본은 요리토모 모토히로賴富本宏

의 『中國密敎の硏究』(大東出版社, 1979)뿐이라고 할 수 있다. 이는 '般若と贊寧の密敎理解を中心として'라는 부제로 알 수 있듯이 꼭 밀교 계승자가 아니라 불자의 중국밀교 관련 내용을 다룬 연구다. 반야般若는 고보 대사弘法大師(空海)가 장안에서 직접 사사한 범어학자梵語學者로 번역경전에 밀교적 색채가 농후한 것도 있으며 거기에 "특이한 사상"(서장)이 인정된다고 한다. 찬영贊寧은 송대 사람으로서 『송고승전宋高僧傳』의 편찬자로 이름이 높으며 율律에 밝았다. 요리토모가 그를 선택한 것은 바로 찬영이 제1급 역사가로 인정받는 인물이기 때문인데, 찬영의 눈을 통해 중국인의 밀교상을 묘사하려 했다는 데 그 의의가 있다. 앞으로 이렇게 살아있는 역사의 시선에 입각한 연구가 더욱 요구된다 하겠다.

(2) 구카이空海 연구로 보는 중국밀교 연구

오노즈카 기초小野塚幾澄의 『空海敎學における背景思想の硏究』(山喜房佛書林, 2000)는 「자료편」을 포함하여 1,400여 쪽에 이르는 방대한 저작으로 저자의 평생에 걸친 연구를 집대성한 것이라 할 수 있다. 애초 구카이의 사상을 파악하려면 반드시 중국학에 대한 소양을 갖추어야 하므로 구카이에 대한 연구는 바로 중국밀교 연구라고 봐도 좋을 것이다. 특히 〈제1편 구카이空海 사상의 배경을 이루는 여러 자료의 기초적 연구〉의 〈제1장 구카이 교학敎學에 영향을 미친 밀교경론의궤장소密敎經論儀軌章疏〉에 기술한 〈제1절 불공不空의 밀교에 대해서〉와 〈제2절 불공·혜과에서 구카이로-『어청래목록御請來目錄』에 보이는 것〉은 직접 중국밀교를 설명한 글이다. 이 책은 구카이의 저작에 대량으로 인용된 경론들을 세밀히 조사하여 전체 모습을 밝히려 한 저작으로, 〈자료편〉에 원문도 게재하여 앞으로의 구카이 연구에 반드시 참고해야 할 성과다.

시즈카 지엔靜慈円의 『空海密敎の源流と展開』(大藏出版, 1994)는 구카이 연구가 중국학 연구에도 바로 통한다는 것을 잘 보여주는 성과다. 제1편의

제목이 딱 〈구카이와 중국사상〉인데, '구카이와 유교', '구카이와 도교', '구카이의 삼교사상三敎思想', '구카이와 중국문학'으로 나누어 기술하였다. 〈제2편 구카이의 행동과 사상〉에서도 도처에 중국학을 의식한 설문設問들을 볼 수 있고, 여록餘錄에서도 '『회남자淮南子』의 영향', '『초사楚辭』의 영향', '구카이의 사부문학辭賦文學'을 논하여 구카이 연구에는 중국학에 대한 소양이 크게 요구된다는 사실을 여실히 보여주었다.

가토 세이이치加藤精一의 『弘法大師思想論』(春秋社, 2002)은 총 5개 장으로 구성되어 있다. 3장은 제목 자체가 〈고호 대사弘法大師와 중국불교〉(9개의 절로 구성)로 되어 있고, 나머지 장도 중국불교에 대한 지식 없이는 추구할 수 없는 절 제목들을 포함하고 있어 구카이 교학에 중국불교학이 얼마나 깊이 흡수되어 있는지를 알 수 있다. 가토 박사는 순수학술서만 해도 『密敎の佛身觀』·『弘法大師空海傳』·『日本密敎の形成と展開』·『空海入門』 등 다수에 이르는데 이 책은 그 최근 저서다.

후쿠다 료세이福田亮成의 『空海思想の探究』(大藏出版, 2000)에서는 구카이 연구의 전형을 볼 수 있다. 즉, 본각론本覺論·삼밀가지三密加持·중중제망론重重帝網論·삼마지법문三摩地法門·법신설법설法身說法說·십주심十住心·삼평등관三平等觀 등등. 이것들은 중국학을 직접 논한 것은 아니지만 '구카이空海'라는 연구대상을 살피기 위해서는 관찰을 위한 다양한 눈이 필요하다는 사실을 여실히 보여준다(이 책은 후쿠다 씨의 최신 학술서다). 애초에 십주심十住心에서 3개의 주심住心은 중국학에 대한 전망이 없고서는 발상이 불가능하다. 이는 구카이 시대의 학술조류가 중국사상학계와는 떨어질 수 없는 정신적 배경에 의해 뒷받침되고 있었음을 말한다. 후쿠다 씨는 『弘法大師が出會った人々』(山喜房佛書林, 2001)에서 구카이가 당나라 땅에서 일본승려 에이추永忠와 교류한 점에 주목하여 구카이가 일본과 중국의 성격을 모두 가지고 있음을 보여준다.

(3) 밀교도상학密教圖像學으로 보는 중국밀교 연구

요리토모 모토히로賴富本宏의 『祕密佛の硏究』(法藏館, 1990)는 인도밀교의 불상 형태에 초점을 맞춰 정력적으로 검증을 진행한 성과지만, 연구자료에 한역경전漢譯經典·논서論書·도상圖像(예를 들면 敦煌圖樣)까지 빠짐없이 포함시킨 대저로서 중국밀교 연구에도 빠질 수 없는 저술이다. 이 책에는 인도세계에 실제로 존재하는 조상조형물이 다량으로 사용되었는데 (이전에는 佐和隆硏 編, 『密教美術の原像-インド·オリッサ地方の佛教遺蹟-』, 法藏館, 1982가 있었다), 현지답사의 성과를 이용한 연구의 가장 좋은 견본을 보여준다. 조형물에 직접 초점을 맞추는 연구방법은 조형 표현을 중시하는 밀교 연구에서는 당연한 것임에도 『密教發達志』(1918)가 출간된 이래 진척된 것이 없었다. 그러다가 헤이세이平成 시대 들어 한꺼번에 꽃을 피웠다고 할 수 있다(최근 출간된 森雅秀, 『インド密教の佛たち』, 春秋社, 2001도 있다. 賴富本宏, 「書評」, 『北陸宗教文化』 14, 2002).

마나베 슌쇼眞鍋俊照의 『密教圖像と儀軌の硏究』(上·下, 法藏館, 2000)는 연구대상이 거의 일본밀교지만, 조형표현물을 최적의 자료로 삼는 도상학적 방법론이라는 측면에서 앞서 언급한 최근 연구동향에 잘 합치하여 어느 쪽의 밀교 연구에나 참고가 될 유익한 성과라 하겠다. 문헌연구에도 현물現物은 중요하며, 인쇄물만이 아니라 여러 판본과 사본(즉 실물)을 대조 검토하여 텍스트를 확정할 필요성도 보여주었다.

그런데 조형造形자료를 이용할 때는 상당한 표현기술도 요구되는 것 같다. 앞서 언급한 마나베 씨가 직접 만다라曼茶羅와 지고 대사稚兒大師 등을 묘사한 것처럼 말이다(『現代マンダラと現代藝術』, 法藏館, 2003). 핫타 유키오八田幸雄의 『胎藏圖像の硏究』(法藏館, 2002)는 엔친円珍이 일본으로 가지고 들어온 『태장도상胎藏圖像』을 장경 소수본所收本을 가지고 재현하려 한 것으로, 전사轉寫할 때 나라奈良 국립박물관에 소장된 원본을 대조하는 등, 그 작업에 조형표현적 자질이 요구되었을 것이다. 원본은 당나라에

서 전래되었다고 되어 있어 이 성과 역시 중국불교와 관련되어 있다고 보고 싶다. 이런 도상학적 밀교 연구에는 만다라에 대한 관심도 빠질 수 없다.

그 성과 가운데 뛰어난 것이 소메카와 에이스케染川英輔가 도판을 담당하고 고미네 미치히코小峰彌彦·고야마 노리오小山典勇·다카하시 히사오高橋尚夫·히로사와 다카유키廣澤隆之가 해설을 한 『曼茶羅圖典』(大法輪閣, 1993)이다. 최근에는 고미네 미치히코小峰彌彦·다카하시 히사오高橋尚夫(監修)의 『圖解別尊曼茶羅』(大法輪閣, 2001)도 출판되었다. 최근 소메카와 에이스케 씨는 실제로 양계만다라兩界曼茶羅를 완성시켰다(觀藏院版).

다나카 기미아키田中公明의 『敦煌密敎と美術』(法藏館, 2000)에도 주목하고 싶다. 둔황 자료는 우선 둔황이라는 한 지방의 불교 양태를 밝히는 것이지만, 주변 영역(중국 중원 내지 티베트)의 역사사상歷史事象을 밝히는 자료로도 이용할 수 있다. 위 책은 둔황 불교를 매개로 하면서, 티베트 밀교의 한 국면을 연구 해명하였다. 경전을 포함한 모든 자료를 볼 때는 당연히 역사성에 유의해야 하지만, 저자는 특히 둔황 문헌류가 시간(시대)을 추정할 수 있는 성격의 자료라는 점을 염두에 두고 이 책을 저술하였다.

박형국朴亨國의 『ヴァイローチャナ佛の圖像學的硏究』(法藏館, 2001)는 〈제1부 비로자나불의 도상학적 연구의 전제〉에서 중국을 중심으로 시대별로 논하고, 제2부에서 인도와 인도네시아, 제3부에서 한국, 제4부에서 일본의 밀교불에 대해 논했다. 제4부 〈제3장 오사카大阪 곤고지金剛寺의 금강계대일金剛界大日·부동不動·강삼세降三世 삼존三尊 형식에 관한 일 고찰〉의 부제 '중국 쓰촨성四川省 반타사석굴盤陀寺石窟의 대일삼존감大日三尊龕의 소개를 겸하여'에서도 볼 수 있듯이 중국밀교의 현존불에 관심을 보이면서 비교 검토를 행하였다. 또한 한반도 불교의 밀교에도 큰 관심을 기울이는 등, 신선한 밀교연구서라 할 수 있다. 앞으로 더욱 정진이 기대되는 분야다.

(4) 현지조사의 중국밀교 연구

이흥범李興範의 『韓國古代伽藍の形成と展開の研究』(山喜房佛書林, 2003)는 전적인 밀교연구서는 아니지만, 가람배치 형식에서 한반도 불교와 중국 내지 일본 불교가람과의 깊은 관련을 밝히고, 몇몇 밀교사원-예를 들면 청룡사靑龍寺-형식과 관계 있는 사원도 언급하였다. 동아시아불교권을 하나의 시야에 넣은 종합적 연구의 필요성이 실감된다. 이 또한 실지 답사를 통한 연구성과로, 앞으로 실물에 입각한 연구가 틀림없이 더욱 중요해질 것이다.

오래 전 도키와 다이조常盤大定·세키노 다다시關野貞의 『中國佛敎史籍』(전12권, 法藏館, 1925 ; 전후 복간)이 출간되었었다. 그러나 일본 불교학계에서 주류는 사상연구 쪽이었고, 중국·인도에 동란의 시대가 엄습하여 오랜 공백기가 있었다. 최근에야 겨우 앞서 언급한 가마타鎌田 박사와 후쿠이 후미마사福井文雅 박사의 「マレーシア佛敎管見」(『東方界』, 1981. 또 福井文雅, 『般若心經の歷史的研究』(春秋社, 1987)는 『般若心經秘鍵』 연구에도 필수적이다. 반야경의 대표적 연구에는 木村高尉의 『梵文二萬五千頌般若』I~V(山喜房佛書林, 2006)가 있다) 등, 현지답사 노력이 열매를 맺고 있다. 중국에서 청룡사靑龍寺(「唐靑龍寺遺址發掘簡報」, 『考古』 1974-5 ; 暢燿, 『靑龍寺』, 三秦出版社, 1986) 발굴이 진행된 것은 주지한 대로다.

최근에는 법문사法門寺(앞서 언급한 책들 외에 法門寺博物館 編, 『法門寺』, 陝西旅遊出版社, 1994 ; 李本華 編, 『讚舍利』, 法門寺, 2001 등) 발굴이 세간을 떠들썩하게 하였고, 이마이 조엔今井淨円의 「智慧輪と法門寺」(『密敎學硏究』 34, 2002 ; 「晚唐における中國密敎の一斷面-智慧輪三藏奉納の法門寺文物を中心として-」, 『平安佛敎學會年報』 2, 2003)가 발표되었다. 이 발견으로 당대唐代 밀교의 '현물現物'을 눈으로 볼 수 있게 된 것은 요행이라 하지 않을 수 없다.

둔황의 밀교 조상造像 내지 화류畵類에 관한 보고는, 중국에서 『敦煌硏究』, 『敦煌學輯刊』 등의 전문지가 창간되어 이를 중심으로 발표되고 있다. 그 밖에 석굴의 불적佛跡에도 밀교적 연구의 눈이 쏠리기 시작하여 창칭常靑의 「試論龍門初唐密敎彫刻」(『考古學報』 2001-3), 싱쥔邢軍의 「廣元千佛崖初唐密敎造像析」(『文物』 1990-6) 등의 연구도 발표되었다. 띵밍이丁明夷의 「四川石窟雜識」(『文物』 1988-8)은 둔황과 쓰촨에 존재하는 석굴의 제재題材를 비교하였다.

(5) 진언학眞言學으로 보는 중국밀교 연구

신의진언교학연구회新義眞言敎學硏究會(榊義孝 代表·大塚伸夫·全·本多·渡邊·藤田·大塚秀見·元山·小林·田中·早川·原·遠藤·倉持·巖)의 『大疏第三重·釋論第三重の硏究』(大正大學綜合佛敎硏究所, 1997)는 복수의 판본·사본을 전거로 써서 텍스트 교정을 행하였다. 이는 일본밀교의 성과지만, 그 내용을 해명하기 위해서는 중국불교에 대한 지식이 필요하다는 것을 통감케 하여 밀교연구의 다의성을 생각지 않을 수 없다. 다이쇼대학 금강정경연구회大正大學金剛頂經硏究會(遠藤祐純 代表·苫米地·伊藤·松丸·高橋·小川)의 『六卷本〈金剛頂瑜伽中略出念誦法〉の硏究'慈覺大師將來本校訂譯注篇'』(ノンブル社, 1999)도 여러 본본을 교정校訂한 작업물로 직접적으로는 일본밀교의 성과지만, 해당 경전이 금강지金剛智와 관련된다는 점에서 중국밀교 연구에도 꼭 필요하다.

기무라 히데아키木村秀明의 「長谷寺藏梵文貝葉版本」(『新義眞言敎學硏究』, 大藏出版, 2002)은 일본밀교 연구에도 범어학梵語學 지식이 필요하다는 것을 보여줌과 동시에 현물의 중요성도 알려준다. 이는 기타오 류신北尾隆心의 『道場觀等觀想圖解說』(東方出版, 1999 ; 平井宥慶, 「書評」, 『密敎學硏究』 33, 2001)도 마찬가지인데, 현물에 가까이 다가서는 연구자세를 보여준다. 노구치 게이야野口圭也의 「〈卽身成佛〉のサンスクリット表現」(『新義眞言敎學硏究』)은 범어학의 일부로 보이지만, 사실 한역경전 읽기와 관련된 연구성과다.

한역경전은 중국밀교에서도 가장 중대한 자료로, 밀교연구의 다면성多面性이 여기에서도 나온다. 오쓰카 노부오大塚伸夫의 「『蘇婆呼童子請問經』にみられる初期密教者像について」(『密敎學硏究』 33, 2001)는 『소파호동자청문경蘇婆呼童子請問經』을 기본자료로 삼아 인도밀교도의 실체에 접근하려 한 것이다. 티벳어 번역을 병용한 연구지만, 그 한역자가 수바가라輸婆迦羅로서 그는 말할 것도 없이 선무외善無畏이니, 중국밀교로선 간과할 수 없다. 해당 경전의 배후에 흐르는 시대성을 속속들이 탐색하여 사실의 역사사상歷史事象에 다가서려는 연구자세에서 신선한 탐색의 숨결이 느껴진다.

중국 밀교학과 관련하여 중국 불교학 전반에 대한 인식의 필요성은, 하야카와 미치오早川道雄의 「『釋摩訶衍論』에 對する『大乘起信論義記』の影響について」(『豐山學報』 46, 2003)에 단적으로 드러나는데, 하야카오 씨는 법장法藏사상에 착안하였다. 엔도 준이치로遠藤純一郎의 「『釋摩訶衍論』と密敎(その1)-『釋摩訶衍論』における字輪について-」(『智山學報』 51, 2002)는 '도교적 요소'에 착안하여 밀교를 논했다. 밀교 연구는 실로 다방면에 걸쳐 있다. 사토 아쓰시佐藤厚의 「韓國佛敎における華嚴敎學と密敎との融合-『健拏標訶一乘修行者祕密義記』小考-」(『印佛硏』 51-2, 2003)은 자료는 한국불교, 교학은 신라화엄, 거기에다 『대승기신론』과 중국 고유사상의 결합을 고려하였다. 다양성 넘치는 밀교 연구에는 다원적인 시점이 불가결하다. 쓰네즈카 아키라常塚聽의 「唐宋期の文學におけるマニ敎-外來宗敎の受容の側面から-」(『宗敎硏究』 335, 2003) 같은 연구도 있다. 다케다 가즈아키武田和昭의 『星曼茶羅の硏究』(法藏館, 1995), 아루가 다쿠미有賀匠의 「星曼茶羅と妙見菩薩の圖像學的硏究」(『密敎文化』 204, 2005) 등은 도교 등 중국문화에 대한 소양을 필요로 하는 연구분야다. 당연히 동아시아의 문화적 혼합성이 고찰되어야 할 것이다.

중국 밀교의 중추는 불공화상不空和尙이다. 그에 대한 연구는 많지만

최근 연구로는 무카이 류켄向井隆健의 「不空三藏の文殊菩薩信仰」(『大正大學硏究紀要』 86, 2001), 이와모토 히로무岩本弘의 「不空三藏の譯經活動をめぐる一考察-乾元元年の譯經許可文書を中心として-」(『密敎文化』 199·200, 2002) 등이 있다. 오대산 불공에 대해서는 히라이 유케이平井宥慶의 「五臺山と密敎-不空と金閣寺-」(『豊山敎學大會紀要』 14, 1986)가 있다.

　선무외善無畏에 대해, 히라이 유케이平井宥慶는 「中國への道-善無畏來唐にかかわる八世紀內陸アジアの歷史狀況-」(『那須政隆米壽記念』, 1984)와 「善無畏の〈來唐〉再考」(『豊山敎學大會紀要』 12, 1984)에서 선무외가 당으로 들어온 노정을 검증하였다. 예컨대 『송고승전』의 "路出吐蕃"(토번으로 길을 나섰다)이라고 하는 문장에 나오는 '토번'에 대해 종래에는 현재의 라싸를 말한다고 주를 달기도 하고 현재의 네팔에서 라싸를 경유한 것을 가리킨다(앞의 『唐代密敎』, 131쪽)고 설명하기도 했다. 이에 비해 히라이 씨는 해당 시대 내륙아시아의 국제정세를 분석하여, 토번이 지금의 시짱西藏지방에서 크게 북으로 뻗어나가 타클라마칸 사막 주변-하서회랑 지방으로 세력을 신장시킨 사실을 밝혔으며, 따라서 선무외는 다른 경우와 별반 다름 없이 서역행로를 거쳐 입당하였다고 논하면서 『고승전』 기록을 당시 국제관계를 여실히 반영한 자료적 가치가 큰 것이라고 보았다. 이 논고에서는 또 선무외가 번역한 『대일경』에 대해서도, 무행無行이 가져온 것이라는 견해와는 달리 선무외가 직접 들여왔을 가능성에 대해서도 논하여, 자료 전망의 범위가 연구자의 시점에 따라 다양하게 넓어질 수 있음을 보여주었다. 이 논고의 타당성에 대해서는 아직 고찰의 여지가 있지만, 적어도 새로운 자료를 구할 수 없는 답답한 상황에서 새로운 물꼬를 터준 것 같다.

　번각연구회飜刻硏究會의 『〈良賁撰〉凡聖界地章』(大正大學綜合佛敎硏究所, 2006)은 대사大師(空海)에게 영향을 준 당나라 승려 양분良賁(717~777)이 저술한 저작의 '가키쿠다시書下し'(한문에 가나를 섞어 일본어 어순으로 고쳐 쓴 문장 | 옮

긴이 주) 연구다.

다케우치 고젠武內孝善의 「唐代密教における灌頂儀禮-『東塔院義眞阿闍梨記錄 円行入壇』考-」(『弘法大師の思想とその源流』, 高野山大學密教文化硏究所, 1998)는 한 마디로 당대唐代 밀교를 다룬 연구다. 앞에서 언급한 양분 연구와 함께 구카이空海를 연구하면 당대 밀교 내지 불교 연구가 된다는 것을 보여주는 모델이다. 오사와 쇼칸大澤聖寬 씨(大正大學)의 『비장기秘藏記』를 중심으로 한 연구이력 역시 같은 예를 보여준다고 하겠다. 다케우치 씨는 최근 자신의 연구를 『弘法大師空海の硏究』(吉川弘文館, 2006)로 정리하여 간행하였다.

이제까지 연구에 도움이 될 것으로 보이는 논문들을 무작위로 골라 소개하였다. 언급하지 못한 논고가 아직 많지만 지면에는 제한이 있다. 우수한 논문은 선행연구를 충분하게 인용하고 있으므로, 초학자들은 이들 논문에서 거론된 저작과 논문류들을 참고하여 더 많은 참고문헌을 찾아보기 바란다.

제4장 송대와 요·금의 불교

이시이 슈도石井修道

고마자와대학駒澤大學 교수

당이 907년 멸망한 후, 오대시대를 거쳐 건륭建隆 원년(960)에 태조 조광윤이 전 중국을 통일하여 송이 건국되었다. 이 즈음 북쪽에서는 요遼(契丹에서 바뀜)가 세력을 장악하였다. 요遼의 건국은 오대(후량·후당·후진·후한·후주)로 거슬러올라간다. 당말에 거란족을 통일한 태조 야율아보기耶律阿保機(재위 916~926)는 916년 국호를 거란契丹이라 하고, 926년 발해국을 멸망시킨 후 남진하여 후량後梁과 항쟁을 반복했다. 거란 태종(재위 926~947)은 하동절도사河東節度使 석경당石敬瑭과 결탁하여 원군을 보내 후당을 멸망시키고, 약속에 따라 연운16주를 손에 넣고 947년 국호를 요로 고쳤다. 요는 태종 이후 세종 때 끊임 없는 내홍 속에서도, 목종穆宗·경종景宗·성종成宗·흥종興宗·도종道宗으로 쭉 이어졌다. 요의 마지막 황제 천조제天祚帝를 붙잡아 보대保大 5년(1125) 요를 완전히 멸망시킨 것은 여진족이 세운 금金의 태종이었다. 금은 아골타阿骨打(태조)가 정화政和 5년(1115)에 건국하였다. 한편 54년간 흥망을 거듭하며 단명한 오대의 마지막 왕조인 후주後周의 공제恭帝를 폐하고 제위에 오른 인물이 송 태조 조광윤이다. 송이 건국된 뒤, 요 성종과 송 진종 사이에 경덕 원년(1004) 전연澶淵의 맹이 체결되어 100여 년간 화평이 유지되었다. 금은 1125년 요를 완전히 멸망시킨 후, 송의 음모가 발각되자 정강靖康

원년(1126) 송의 도읍 개봉을 공격했다. 정강 2년 3월에는 상황 휘종, 이어서 4월 1일에는 황제 흠종을 비롯하여 황제 일족 수백명을 납치하여 북방으로 끌고갔다. 바로 '정강의 변'이다. 이로써 960~1127년까지 계속된 북송시대는 막을 내렸다.

송의 황제 일족은 거의 북방으로 납치당했는데, 그 화를 피한 인물 중에 나중에 남송의 고종高宗이 된 휘종의 아홉 번째 아들 강왕康王과 비구니가 된 철종哲宗(徽宗의 형)의 황후 맹씨孟氏가 있었다. 강왕은 하남성河南省 응천부應天府에서 맹태후의 의지에 따라 황제에 즉위하였다. 이날이 5월 1일로, 연호는 정강靖康에서 건염建炎으로 바뀌었다. 이로부터 남송南宋이 시작되고 고종이 제1대 황제(재위 1127~62)로 즉위했다. 도읍은 임안부臨安府(杭州)에 두었다. 금군과의 전쟁에 지쳐 있던 고종은 화평을 유지하고 싶어했다. 주전론과 강화론이 대립을 반복하다 결국 고종이 진회秦檜를 중용하여 화평책을 추진했다. 금군과의 싸움은 송의 재정을 압박하고 인민을 불안에 빠뜨렸다. 소흥紹興 12년(1142) 9월 13일 정식으로 화의가 공포되고, 대사면이 행해졌다. 화의 내용은, 하남河南·섬서陝西 등을 송에 반환하되 그 대신 송은 금을 신례臣禮로써 대하고 은 25만 량과 비단絹 25만 필을 매해 금으로 보내기로 했다. 화의를 진행한 진회는 이후 소흥 25년(1155) 10월 23일까지 재상직에 있으면서 고종시대의 정치를 뒷받침하였다. 재상직을 그만둔 그날 밤 진회는 66세의 나이로 병사했다.

남송은 굴욕적인 화의에 의지하여 그 후 효종孝宗(재위 1162~1189), 영종寧宗(재위 1194~1224), 이종理宗(1224~1264) 등을 거쳐, 애산厓山싸움으로 상흥祥興 2년(1279) 원나라에 멸망당할 때까지 존속하였다.

한편 이 시대의 불교를 연구하기 위한 불교측 기본자료에 대한 경향을 보자. 세상에 고승전高僧傳 4집四集으로 불리며 전승되는 것이 있는데, 『고승전高僧傳』, 『속고승전續高僧傳』, 『대송고승전大宋高僧傳』, 『대명고승전

大明高僧傳』을 말한다.『고승전』14권은 양나라 혜교(497~554)가 천감天監 18년(519)에 완성한 것으로『양고승전梁高僧傳』이라고도 불리며, 후한 영 평永平 10년(67)부터 천감 18년까지 453년간에 걸친 고승의 사적事蹟으로 본전本傳 257인, 부전付傳 234인의 전기를 실었다. 고승의 덕업德業은 10科 로 나누어 본전의 역경에 35인, 의해義解에 101인, 신이神異에 20인, 습선 習禪에 21인, 명률明律에 13인, 망신亡身에 11인, 송경誦經에 21인, 흥복興福 에 14인, 경사經師에 11인, 창도唱導에 10인을 수록하였다.『속고승전』 30권은 당나라 남산도선南山道宣(596~667)이『고승전』의 뒤를 이어 정관貞 觀 19년(645)에 일단 완성하고 그 후 보필補筆한 것으로 알려져 있다. 『당고승전唐高僧傳』으로도 불리며 송본宋本에 의하면, 본전 485인, 부전 209인의 전기를 수록하였다.『속고승전』역시『고승전』과 마찬가지로 10과로 분류하였는데 내용이 완전히 같지는 않지만, 본전의 역경 15인, 의해 161인, 습선 95인, 명률 28인, 호법 18인, 감통 118인, 유신 12인, 독송 14인, 흥복 12인 및 남산도선南山道宣에 12인을 수록하였다.『대송고 승전』30권은 찬영贊寧(919~1001)이『속고승전』을 이어 단공端拱 원년(988) 에 완성하였다. 서문에서는 본전 533인, 부전 130인이라 하였지만,『大 正藏』본에는 본전 531인, 부전 125인의 전기가 보인다. 10과의 분류는 『속고승전』과 동일하고, 본전의 역경 32인, 의해 72인, 습선 103인, 명률 58인, 호법 18인, 감통 89인, 유신 22인, 독송 42인, 흥복 50인 및 잡과에 45인을 수록하였다.『대명고승전』8권은 여성如惺(생몰년 불상) 이 만력萬曆 45년(1617)에 완성하였다. 이시이 슈도石井修道의『宋代禪宗史 の研究』(大東出版社, 1987)에서 분석한 것처럼 10과의 분류는 붕괴했다.『대 명고승전』은 본전 112인, 부전 69인이고, 3과를 상세히 보면 본전의 역경 1인, 의해 44인 및 습선 67인을 수록하였고, 시대별로 보면 송대 72인, 원대 22인 및 명대 18인이다. '고승전 4집'이라고는 하지만, 앞의 3집까지는 그 이전의 저술을 이어 상호보완하는 방식으로 구성된 반면

네 번째 『대명고승전』은 그 이전의 저술을 뒤따라 보충하지 않았다. 여성이 직접 "남송에서 지금(명)까지"라고 지적했듯이 북송에 대한 기술이 없는 것이다. 따라서 이시이石#가 지적한 대로 『대송고승전』 이후 1백년의 공백이 생겨 송대까지 망라한 자료가 될 수 없게 되었다. 이러한 공백을 보충해줄 주요 자료로는, 역시 여성이 "전등傳燈의 여러 기록諸錄"이라고 한 도원道原이 찬술한 『경덕전등록景德傳燈錄』 등이 있다. 이 때문에 송대 연구는, 나중에 상세히 서술하겠지만 『경덕전등록』 및 등사燈史로 불리는 선종의 역사서 연구를 중시하게 되었다. 이윽고 천태계天台系에서도 사서史書가 만들어져, 가희嘉熙 연간(1237~40)에 완성된 종감宗鑑의 『석문정통釋門正統』 8권, 함순咸淳 5년(1269) 지반志磐이 찬술한 『불조통기佛祖統紀』 54권 및 지정至正 4년(1344)에 쓴 서문이 있는 염상念常이 찬술한 『불조역대통재佛祖歷代通載』 22권이 성립되었다. 연구는 이들 불교 관계 자료를 구사하며 진행되어야 한다. 입문서를 들자면, 가마타 시게오鎌田茂雄의 『中國佛敎史』(岩波書店, 1978)와 궈펑郭朋의 『宋元佛敎』(福建人民出版社, 1981), 미치바타 료슈道端良秀의 『中國佛敎史全集1-中國佛敎通史-』(書苑, 1985)이 입수하기 쉽다.

그러나 요·금 불교를 다룰 경우, 북쪽지역의 정보가 될 현존자료가 매우 부족한 것이 사실이다. 이 부족분을 메워줄 것이 지방의 금석자료와 지방지·사지 등이고, 앞으로는 고고학 자료를 이용한 현지조사 방법도 도입해야 한다.

이하에서는 제1절 선종, 제2절 천태종·화엄종·율종·밀교·정토교, 제3절 요·금 불교로 나누고, 마지막에서 기타 문제와 공구서 등을 다루기로 한다.

제1절 선종 연구

이 시대에 가장 큰 세력을 이룬 집단은 선종이다. 그 선종을 다음 둘로 나누어 살펴보기로 한다.

1) 등사燈史·공안집公案集

선종 연구에서 선종사서(등사)의 하나인『경덕전등록』(1004년 성립)의 중요성은 특기해야 할 사안이다. 이 책을 기본으로 해서 해석과 재해석 등을 반복하며 오랜 선종의 역사가 전개되었다고 봐도 될 것이다.

단, 근래 연구에서 이를 보충해주는 중요한 등사燈史가 있는데, 952년 성립한『조당집祖堂集』이다.『조당집』에는 오대五代까지의 선禪을 기술하였는데, 송대의 선을 명확히 밝히는 일은『조당집』의 선과 송대 선禪 사이의 차이에 대한 연구와 밀접히 관련되어 있다.『조당집』20권은 20세기 초두 고려대장경의 장외보판藏外補版으로서 해인사에서 발견되었는데, 둔황 선적禪籍과 비교해도 손색 없을 귀중한 선종 문헌이다.『조당집』에 대한 연구는 야나기다 세이잔柳田聖山의「『祖堂集』の資料價値(1)-唐期禪籍の批判的措置に關する一つの試み-」(『禪學硏究』44, 1953 ;『禪佛敎の硏究』, 法藏館, 1999)로 본격화되어, 같은 야나기다柳田(編著)의 『祖堂集索引』(3冊, 京都大學人文科學硏究所, 1980~1984)으로 일자색인一字索引을 완성하고 아울러 〈해설〉에서 연구사도 총괄하였으며, 사상사 연구로서『唐代の禪宗』(大東出版社, 2004)을 출간하였다.

『조당집』연구라고 하면 야나기다의 독무대 같은 느낌이 드는데, 근년 기누가와 겐지衣川賢次의「祖堂集の校理」(『東洋文化』83, 2003)가 이 무대에 새로운 파문을 던졌다.「서문序文」에 대해 새로운 견해를 내어 현존하는『조당집』은 952년 성립되었을 당시의 모습 그대로가 아니라는 설을 내놓은 것이다. 기누가와는 시나 고유椎名宏雄의「『祖堂集』の編成」(『宗學硏

究』21, 1979)과 특히 아서 웨일리Arthur Waley의 「『祖堂集』にみえる宋代の白話物語A Sung Colloquial Story from the Tsu-t'ang chi」(「ウェイリ氏の二編の遺稿〈Two Posthumous Atricles by Arthur Waley〉」에 수록, *Asia Major* 14-2, 1968)에 의해 952년 이후 성립설이 확인되었다고 하였다. 다만, 기누가와에 따르면 거의 현행본과 같은 모습으로 정리된 시기는, 개판된 1245년과는 거리가 있고 구어사口語史의 연구성과를 참조해 보아도 송초로 볼 수 있다. 이 시기는 1004년에 성립된『경덕전등록』이 그 역할을 대신하기 이전으로 보인다.

　『경덕전등록』과 법안종法眼宗과의 관계를 문제 삼은 것이 이시이石井의 「『景德傳燈錄』の歷史的性格」(앞의『宋代禪宗史の硏究』)이다. 『경덕전등록』에 남겨진 '착어著語'야말로, 송대 선禪에서 크게 전개를 보인 '송고문頌古門'이고 '염고문拈古門'이다. 불국유백佛國惟白이 편찬한『건중정국속등록建中靖國續燈錄』은 기록 내용을 정종문正宗門·대기문大機門·염고문拈古門·송고문頌古門·게송문偈頌門의 다섯으로 분류하였는데 그 후에 발전한 '착어'의 성격을 잘 엿볼 수 있다. 또 염고문의 입장에서 재편성된 것이 종영宗永이 편찬한『종문통요집宗門統要集』10권, 회옹오명晦翁悟明이 편찬한『종문연등회요宗門聯燈會要』30권인데, 송대의 선이 공안집公案集을 필요로 하였으며, 동시에 등사燈史의 성격도 그 영향을 받았음을 알 수 있다. 더욱이 롱신장榮新江은 「俄藏『景德傳燈錄』非敦煌寫本弁」(『段文傑敦煌硏究五十年紀年文集』, 世界圖書出版公司, 1996 ;『鳴沙集』, 新文豊出版公司, 1999)에서, 둔황사본으로 간주된 상트페테르부르크 소장『경덕전등록』을 카라호토Kara Khoto(黑水城) 문서로 판정했다.

　원래 송대는 불교사서佛敎史書라고 할 수 있는 편찬서들이 출현한 시대다. 선종에서도『경덕전등록』에 이어『천성광등록天聖廣燈錄』(1029),『건중정국속등록建中靖國續燈錄』(1101),『종문연등회요宗門聯燈會要』(1183) 및『가태보등록嘉泰寶燈錄』(1202)이 편찬되었고 이어서 1252년『오등회원五燈會元』

20권으로 집대성된다. 이 문제를 정리한 것이 이시이 슈도石井修道의 「宋代禪宗史の特色-宋代の燈史の系譜を手がかりとして-」(『東洋文化』 83, 2003) 고, 「南宋禪をどうとらえるのか」(鈴木哲雄 編, 『宋代禪宗の社會的影響』, 山喜房佛書林, 2002)다. 각범혜홍覺範慧洪의 『선림승보전禪林僧寶傳』도 사서 중 하나이며 권5까지의 역주본이 야나기다 세이잔柳田聖山(編)의 『禪の文化-資料編-』 (京都大學人文科學硏究所, 1988)이다. 또 일서逸書 및 새로 발견된 찬술도 소개 되었다. 『종문척영집宗門摭英集』 등의 영인을 포함한 『曉星先生八十頌壽高 麗佛籍集逸』(동국대학교출판부, 1985), 『조원통록촬요祖源通錄撮要』의 영인을 포함한 고익진高翊晉의 「『조원통록촬요』의 출현과 그 사료가치」(『불교학보』 21, 동국대학교, 1984 ; 法岳光德 日譯, 『禪文硏紀要』 15, 1988) 및 니시구치 요시오西口 芳男의 「黃龍慧南の臨濟宗轉向と泐潭懷澄-附論『宗門摭英集』の位置とその資料 的價値-」(『禪文硏紀要』 16, 1990) 등이 있다.

한편 분양선소汾陽善昭(974~1024)의 「송고頌古」를 거쳐, 설두중현雪竇重顯 (908~1052)이 『설두송고雪竇頌古』를 대성함으로써 선과 문학이 결합되어 새로운 선문헌 분야가 생겨났다. 이리야 요시타카入矢義高·가지야 소닌梶 谷宗忍·야나기다 세이잔柳田聖山(共著)의 『雪竇頌古』(筑馬書房, 1981)는 그 뛰어 난 역주본이다. 『설두송고』는 임제종의 원오극근圓悟克勤(1063~1135)이 평창評唱하여 『벽암록碧巖錄』이 되었고 임제종의 근본성전으로 꼽히고 있다. 새로운 훈주본訓注本으로 이리야 요시타카入矢義高·미조구치 유조溝 口雄三·스에키 후미히코末木文美士·이토 후미오伊藤文生(譯注)의 신판 『碧巖錄』 (3책, 岩波文庫, 1992, 1997)이 있고 여기에서 새로운 훈독법이 시도되었다. 이 성과를 이어서 스에키 후미히코末木文美士(編)의 『碧巖錄』(3책) 현대어 번역본(岩波書店, 2001, 2003)이 간행되었다. 단, 『벽암록』은 오가와 다카시 小川隆가 「『碧巖錄』雜考(一)」(『禪文化』 185~, 2002~) 이후 연재한 내용에서 알 수 있듯이, 송대의 선禪에 덧붙여진 것과 『조당집』과 『전등록』의 원화原話를 새로이 해석하여 그 차이를 밝히려는 시도는 꼭 필요한 관점일 것이다. 또한 굉지정각宏智正覺(1091~1157)이 지은『굉지송고宏智頌古』에 만송행수萬松行秀(1166~1246)가 평창評唱하여 만든『종용록從容錄』이 조동종의 근본성전이 되었는데, 이에 대한 완전한 역주 연구는 아직 없고, 텍스트 및 역주 연구의 성과는 나가이 마사시永井政之가『禪籍善本古注集成·從容錄』(名著普及會, 1983)에서 정리하였다.

2) 묵조默照·간화看話

송대 선의 대표자는 굉지정각과 대혜종고大慧宗杲(1089~1163)고, 이들은 송대 선의 2대 사조인 묵조선默照禪과 간화선看話禪을 대성한 인물이다. 중국선종사는 결과적으로 조동종曹洞宗과 임제종臨濟宗이 주 흐름을 형성하고 그 사조가 계승되었다. 송대 선을 수입한 일본의 선도 역시 이 흐름을 계승하였다고 할 수 있다. 이 때문에 송대 선을 생각할 때 묵조선·간화선에 대한 연구는 피해갈 수 없다.

지금 언급한 대로 송대 선자禪者의 대표는 대혜종고, 대혜가 대성한 간화선 혹은 공안선이라고 불리는 것은 당대에는 없었던 송대 선의 특징이다. 대혜가 간화선을 대성한 후 선 사상은 선의 역사에서 크게 달라져 간화선이 융성하게 되고, 이어서 중국선의 성격을 결정짓게 된다. 대혜는 선의 성격에 대오大悟의 경험주의를 대대적으로 도입하고, 그 경험을 단계적으로 추체험하는 방법으로서 공안을 사용하였다. 후루타 쇼킨古田紹欽의「公案の歷史的發展形態における眞理性の問題」(宮本正尊 編,『佛敎の根本眞理』, 三省堂, 1956 ;『古田紹欽著作集2』, 講談社, 1981)에 이 공안에 대한 연구가 있다. 공안을 이용하여 수행자를 지도하는 방법은, 대혜도 직접 서술하였듯이 수행자를 대오시키는 데 매우 효과적이었다. 그 경험을 통해 대혜는 자신 있게 이 지도방법을 채용한 것인데, 대표적인 공안이 '무자無字의 공안公案'이다.

대오를 강조하는 대혜에게 대오를 인정하지 않는 집단은 못마땅한 존재였다. 그 가장 큰 집단이 묵조선을 주장하는 조동종曹洞宗이었다. 그래서 대혜는 자주 '묵조사선默照邪禪'이라며 험담하고 공격했다. 대혜 이후에도 임제계 간화선을 받드는 사람들은 묵조사선默照邪禪이라는 비 판을 쭉 계승하였다. 조동종을 '묵조사선'이라며 공격한 임제종의 비판 속에서 두 집단은 파국적인 대립을 반복하였다.

대혜는 많은 저술을 남겼는데, 그의 주장은 선명하다는 특징도 있고 해서 많은 사람들에게 직접적으로 받아들여졌다. 『대혜서大慧書』는 대혜 가 거사居士에게 보낸 편지인데, 이에 대한 뛰어난 역주서로 아라키 겐고荒木見悟의 『大慧書』(禪の語錄17, 筑摩書房, 1969)가 있다. 또 『대혜법어大慧 法語』에 관해서는, 이시이 슈도石井修道가 『禪語錄』(中央公論社, 1992)에서 첫 역주를 시도하였다. 대혜 관련 연구가 많은 것에 비해 대혜가 비판한 상대인 묵조선에 대한 연구는 충분치 않다. 이시이石井는 오이타 현大分縣 센푸쿠지泉福寺에 소장된 송판宋版 『굉지록宏智錄』 6책과 에도江戶시대 유 포본과 대조한 영인본 『宏智錄(上)』(名著普及會, 1984)을 간행하였고, 전기傳 記 연구도 앞의 『宋代禪宗史の研究』로 일단 정리되었다.

근년, 대혜에게 묵조사선이라고 공격당한 대상자를 밝힌 흥미로운 연구가 발표되었다. 이시이 슈도石井修道의 「大慧宗杲とその弟子たち(六)- 眞歇淸了との關係をめぐって-」(『印佛硏』 23-1, 1974)와 야나기다 세이잔柳田聖山 의 「看話と默照」(『花大紀要』 6, 1975)를 통해 대혜의 공격 대상이 진헐청료眞 歇淸了로 한정되어 묵조선의 성격이 차츰 밝혀지게 된 것이다. 이때 대혜 가 『변사정설弁邪正說』을 설한 일이 알려졌는데, 히로타 소겐廣田宗玄의 「大慧宗杲の『弁邪正說』について」(『禪學硏究』 78, 2000) 및 「大慧宗杲の邪禪批判 の諸相」(『禪文硏紀要』 27, 2004)에 의해 대혜의 『정법안장正法眼藏』 말미에 나 오는 시중示衆이 그에 상당한다는 것이 논증되었다. 이 설에 기초하여 「『正法眼藏』卷三下末示衆譯注」(唐代語錄禪宗班, 『禪文硏紀要』 27, 2004)가 공표되 었다. 히로타廣田는 「大慧宗杲の『碧巖錄』燒却の問題」(『禪學硏究』 82, 2004)를

비롯하여 대혜를 다룬 다른 논문들도 발표하였다. 대혜의 스승 원오圓悟에 대한 연구로는 쓰치야 다이스케土屋太祐의「北宋期禪宗の無事禪批判と圜悟克勤」(『東洋文化』83, 2003)이 주목된다. 또한 도겐道元의 스승인 천동여정天童如淨에 대해서는 가가미시마 겐류鏡島元隆의『天童如淨禪師の研究』(春秋社, 1983)가 있다.

대혜가 대성한 간화선은 폭발적인 확산을 보이며 이후 임제선의 성격을 결정지었다. 이 성격은『무문관無門關』과『십우도十牛圖』에 뚜렷히 나타난다. 전자의 역주로는 히라타 다카시平田高士의『無門關』(禪の語錄18, 筑摩書房, 1969)이 있고, 후자의 역주로는 가지야 소닌梶谷宗忍·야나기다 세이잔柳田聖山·쓰지무라 고이치辻村公一의『信心銘·證道歌·十牛圖·坐禪儀』(禪の語錄16, 筑摩書房, 1974) 및 우에다 시즈테루上田閑照·야나기다 세이잔柳田聖山의『十牛圖 自己の現象學』(筑摩書房, 1982)이 있다.

대혜의 간화선은 이후의 선종사에서, 교단 내에서는 해체로의 방향을 결정짓고 중국에서는 새로운 전개를 보여주었다는 주장이 있다. 마에카와 도루前川亨의「禪宗史の終焉と寶卷の生成-『銷釋金剛科儀』と『香山寶卷』を中心に-」(『東洋文化』83, 2003)이 그것이다. 또한 대혜의 영향 아래 성립한 한국의 지눌에 대한 연구성과로는 이종익李鍾益의『韓國佛教の研究-高麗普照國師を中心として-』(國書刊行會, 1980) 및 공안선公案禪과도 관련되는 나카지마 시로中島志郎의「高麗中期禪宗史-崔氏武臣政權下の敎宗と禪宗の動向を中心して-」(『研究報告』7, 國際禪學研究所, 2000)를 들어 둔다.

제2절 천태종·화엄종·율종·밀교·정토교

이미 서술한 것처럼 송대宋代 선종에 대한 연구는 그 중요성 때문에 특히 많은 성과를 냈다. 송대 불교를 생각할 경우, 연구의 범위와 과제는

선종까지 포함시킨 다카오 기켄高雄義堅의 『宋代佛教史の硏究』(百華苑, 1975)에 가장 잘 정리되어 있어 우선적으로 참고해야 할 것이다. 목차를 보면 1. 宋代の度及び度牒制, 2. 宋代の僧官制度, 3. 宋代寺院の住持制, 4. 天台と禪との抗爭, 5. 宋代禪宗の性格, 6. 宋代社會と淨土教, 7. 宋室の南渡と佛教の復興, 8. 佛敎史書の出現, 9. 入宋僧俊芿と南宋佛敎, 10. 宋代淨土敎典籍と我國諸家の態度의 총 10개 장으로 구성되어 광범위한 과제를 다루고 있다.

그런데 여기서 다룰 제종諸宗에 대해서는, 각론의 종파에서도 문제가 될 것이다. 우선 당말오대의 쟁란으로 중국에서 많은 불교전적이 흩어져 사라졌다. 이것과 크게 관계가 있는 것이 고려승 의천義天(1055~1101)인데, 입송하여 진수정원晉水淨源에게 화엄을, 천축자변天竺慈辨에게 천태를, 영지원조靈芝元照에게 율律을, 금산요원金山了元에게 선禪을 배우고 귀국한 후 『의천록義天錄』 2권을 편찬하고 고려속장高麗續藏 400여 권을 간행한 인물로 알려져 있다. 당시 의천은 고려에서 송으로 전적들을 가져갔고 송나라 의화義和는 이 화엄전적을 개판開板함으로써 송대의 화엄·천태에 큰 영향을 주게 되었던 것이다.

1) 천태종

송대의 천태종은 조송천태趙宋天台라 칭하며, 지의智顗와 담연湛然의 교학 이후 크게 융성하였다. 대표적인 인물로 사명지례四明知禮가 있다. 당시 천태교학은 선종과 청량징관·규봉종밀의 영향을 크게 받았는데 지례는 이것을 이단이라고 하며 지의와 담연의 설說로 돌아갈 것을 주장하였다. 이러한 지례의 입장을 산가파山家派라고 부르고, 지례에게 이단으로 지칭된 것을 산외파山外派라고 한다. 교학의 대립점을 크게 보면, 산가파의 '성구설性具說'·'망심관妄心觀'에 대한 산외파의 '성기설性起說'·'진심관眞心觀'이다. 천태 내부에서 벌어진 이 논쟁과 밀접히 관련되어 있는 것이 천태의 사명지례와 선종의 천동자응天童子凝 간의 논쟁이다.

지례는, 어디까지나 종밀의 저술에 입각하여 달마문하의 이총지尼總持가 말한 "단번뇌증보리斷煩惱証菩提"(=二物相合)도, 도육道育이 말한 "미즉번뇌迷卽煩惱 오즉보리悟卽菩提"(=背面相飜)도, 혜가慧可가 말한 "본무번뇌本無煩惱 원시보리元是菩提"(=極頓)의 어떤 득법得法도 천태에서 말하는 당체전시當體全是의 '즉卽'에는 미치지 못한다고 하였다. 달리 표현하자면, 종밀의 '지지일자중묘지문知之一字衆妙之門'과 지례의 '즉지일자중묘지문卽之一字衆妙之門' 간의 대립이었다. 그러나 선종 측에서 지례 쪽이 문제삼은 것은 종밀의 이설異說이라고 주장하여 결말을 내지는 못했다. 이처럼 산외파인 자광오은慈光晤恩·봉선원청奉先源清·영광홍민靈光洪敏·고산지원孤山智円·범천경소梵天慶昭 등과 4명四明 3가三家로 불리는 지례의 법손 광지상현廣智尚賢·신조본여神照本如·남병범진南屛梵瑧 등 간의 상세한 논쟁이 검토되기에 이르렀다. 또 후에 신지종의神智從義의 선종비판 문제가 언급되었다. 이러한 문제를 다룬 연구로는 시마지 다이토島地大等의 『天台敎學史』(隆文館, 1986 재간) 이래, 안도 도시오安藤俊雄의 『天台性具思想論』(法藏館, 1973 재간)·『天台思想史』(法藏館, 1959)·『天台學-根本思想とその展開-』(平樂寺書店, 1968)이 있다. 린밍유林鳴宇의 『宋代天台敎學史の硏究-『金光明經』の硏究を中心として-』(山喜房佛書林, 2003)는 『금광명경』의 광략廣略 2본 문제를 둘러싸고 벌어진 산가·산외 논쟁을 중심으로 이 문제를 상세히 다루었다. 송대 천태종을 연구하기 위한 자료로는 앞서 언급한 종감의 『석문정통』과 지반의 『불조통기』가 있고, 간편한 입문서로는 다케 가쿠초武覺超의 『中國天台史』(同朋社出版, 1987)가 있다.

2) 화엄종

화엄종은 크게 『기신론』·『금강경』 및 『수능엄경』 주석서와 『화엄오교장』 연구를 중심으로 전개되었다고 볼 수 있다. 송대의 화엄교학은 '2수4가二水四家'의 6인으로 대표된다. 2수는 장수자선長水子璿과 진수정원

晉水淨源, 4가는 보정도정普靜道亭·화엄관복華嚴觀復·가당사회可堂師會·무림
희적武林希迪을 가리킨다. 자선의 대표작은『기신론필삭기起信論筆削記』20
권,『금강경찬요간정기金剛經纂要刊定記』7권 및『수능엄의소주경首楞嚴義疏
注經』20권이다. 송대 화엄교학이 흥륭한 이유를 연구한 것은 도키와
다이조常盤大定의「宋代における華嚴教學興隆の緣由」(『支那佛教の研究』 第3, 春秋
社, 1943)다.『수능엄경』과『원각경』은 송대에 유행하였으며 삼교일치三
教一致 사상의 근거로도 되었다. 다카미네 료슈高峰了州의「首楞嚴經の思想
史的研究序説」(『龍大論集』 348, 1954 ;『華嚴論集』, 國書刊行會, 1976)은 송대에『수능
엄경』의 유행이 끼친 영향을 분석하였다. 요시다 다케시吉田剛는 학위논
문으로『宋朝華嚴教學史の研究』를 발표하고 몇 개의 관련 논문을 내놓았
다. 송대 화엄이 일본의 단에이湛睿에게 끼친 영향을 다룬 노도미 조텐納
富常天의『金澤文庫資料の研究』(法藏館, 1982)도 있다. 최근 연구로는 요시즈
요시히데吉津宜英의「華嚴教學の與えた宋代禪宗への影響」(앞의『宋代禪宗の社會的
影響』)을 들어 둔다.

3) 율종

율종은 불타야사佛陀耶舍·축염불竺念佛이 번역한 법장부法藏部의 광률廣
律인『사분율四分律』을 주류로 삼아 전개되었다.『사분율』학파는 당대唐
代 법려法礪의 상부종相部宗, 회소懷素의 동탑종東塔宗, 도선道宣의 남산종南山
宗 셋으로 나뉘는데, 앞의 두 종파가 원래의 소승적 해석에 그치면서
오대五代 때 소멸한 것에 비해 남산종은 도선이 대승적 해석을 포함시키
면서 송대에도 살아남았다. 특히 도선은『사분율산번보궐행사초四分律刪
繁補闕行事鈔』,『사분율함주계본소四分律含注戒本疏』,『사분율산보수기갈마
소四分律刪補隨機羯磨疏』의 율종 3대부를 저술하여 계율 연구에서 부동의
지위를 굳혔는데, 송대의 율종은 그의 대표작『행사초』의 주석서를
거듭한 주석이 학파의 큰 흐름을 형성하였다. 그 대표작이 영지원조靈芝

元照의『사분율행사초자지기四分律行事鈔資持記』다.『행사초』이외의 성과를 하나 든다면, 대소경률사大昭慶律寺에서 활약한 윤감允堪의『사분율함주계본소발휘기四分律含注戒本疏發揮記』가 있다. 윤감도『행사초』에 주석을 했다고 하는데 현존하지 않는다. 송대 율종의 대표적인 연구성과로는 사토 다쓰겐佐藤達玄의『中國佛敎における戒律の研究』(木耳社, 1986)와 사토 세이준佐藤成順의『宋代佛敎の研究-元照の淨土敎-』(山喜房佛書林, 2001)가 있다. 다만, 원조元照의 계율에 대한 본격적인 연구는 아직 없고, 야마모토 겐류山本元隆의 석사학위논문「宋代戒律史に關する一考察-靈芝元照を中心として-」이 주목된다. 선종의 청규에 대해서는 후술하겠다.

4) 밀교

밀교는 송대의 역경譯經과 밀접하게 관계되어 있다. 건덕乾德 3년(965)에 창주滄州의 도원道圓이 인도에서 불사리와 패엽범경貝葉梵經을 가져온 이래 입축구법승入竺求法僧이 이어지고 한편으로는 천축승의 도래도 증대했다. 태평흥국 7년(982)에는 태평흥국사太平興國寺에 역경원譯經院이 창설되어 천식재天息災(法賢)·법천法天·시호施護·법호法護 등이 번역 일에 종사하고, 역경삼장譯經三藏 유정惟淨도 경전 번역에 참가했다. 번역된 대표적 경전은 시호施護 등이 번역한『불설일체여래진실섭대승현증삼매대교왕경佛說一切如來眞實攝大乘現證三昧大敎王經』30권이다. 이 경전은 불공不空이 번역한 것 중 빠진 부분을 보충한 것으로,『금강정경金剛頂經』십팔회十八會 중 초회初會의 완역에 상당한다. 이 밖에 번역 밀교경전이 많이 남아 있지만, 영향도 적고 연구성과 또한 많지 않다. 마쓰모토 분자부로松本文三郎의「趙宋の譯經事業」(『佛敎史雜考』, 創元社, 1944)은 이 시대의 역경을 다룬 것이다.

5) 정토종

정토교는 송대에 융성했는데, 그 연구의 특색 중 하나는 독립된 종파로서가 아니라 선, 천태, 율律과 공통되는 수행법을 행한 것으로, 태정융합台淨融合, 율정겸수律淨兼修, 선정쌍수禪淨雙修라는 특색을 띤다. 천태의 경우, 사명지례가 사명四明 연경사延慶寺에서 염불시계회念佛施戒會를 일으키고, 자운준식慈雲遵式은 사명四明 보운사寶雲寺에서 염불을 닦고 『왕생정토결의행원이문往生淨土決疑行願二門』을 저술했으며, 신조본여神照本如는 백련사白蓮社를 결사結社하여 정업淨業을 전수했다. 율종의 영지원조는 준식遵式을 사숙私淑하고 율종 저술 외에 『관무량수경의소觀無量壽經義疏』, 『아미타경의소阿彌陀經義疏』, 『직생정토예참행법直生淨土禮懺行法』, 『지원집芝園集』 등을 저술하였는데 이 가운데서 정토사상을 볼 수 있다. 앞서 든 사토 세이준佐藤成順의 『宋代佛教の研究-元照の淨土教-』(山喜房佛書林, 2001)는 이 같은 면을 중심으로 다루었고, 후쿠시마 고사이福島光哉의 『宋代天台淨土教の研究』(文榮堂書店, 1995) 역시 동일한 연구과제를 해명하였다. 선종에서는 『종경록宗鏡錄』 100권, 『만선동귀집万善同歸集』 3권을 저술한 것으로 알려진 영명연수永明延壽가 연사蓮社 제6조로 꼽힌다. 연수의 정토사상에 대한 연구로는 나카무라 가오루中村薰의 『中國華嚴淨土思想の研究』(法藏館, 2001)가 있다. 또 『선원청규禪苑淸規』의 편찬자로 알려진 장로종색長蘆宗賾도 선정쌍수禪淨雙修가 지적되고 있다. 송대 정토교에서 하나 더 주목할 것이 염불결사 문제다. 연종蓮宗 제7조로 꼽히는 소경성상昭慶省常의 정행사淨行社는 특히 유명하다. 또 '왕생전往生傳'이 저술되었는데, 준식의 『왕생서방약전往生西方略傳』 1권(서문만), 계주戒珠의 『정토왕생전淨土往生傳』 3권, 왕고王古의 『신수왕생전新修往生傳』 3권, 육사수陸師壽의 『정토보주집淨土寶珠集』 8권 등이 있다. 정토교 전적인 종효宗曉가 편찬한 『낙방문류樂邦文類』 5권, 왕일휴王日休가 찬술한 『용서증광정토문龍舒增廣淨土文』 12권은 당시의 정토교를 파악하는 데 중요하다. 이상의 것을 다룬 연구로는 다카오

기켄高雄義堅(앞의 『宋代佛教史の研究』) 외에, 오가사와라 센슈小笠原宣秀의 『中國
近世淨土教史の研究』(百華苑, 1963)가 있는데 특히 그 안에 수록된 「白蓮宗の
研究」는 서민적 염불결사를 밝힌 점에서 주목된다. 야마구치 고엔山口光
円의 『天台淨土教史』(法藏館, 1967)를 비롯한 조송천태趙宋天台 연구에서는
다수의 정토교에 대해서도 언급하였다. 선정쌍수禪淨雙修도 언급한 것이
많은데, 이는 원대 이후가 더 현저하므로 그 성과를 참조하기 바란다.

제3절 요·금 불교

요遼·금金과 송宋과의 관계는 앞에서 간단히 다뤘는데, 요를 간단히
이해하려면 시마다 마사오島田正郎의 『契丹國-遊牧の民キタイの王朝-』(東方
書店, 1993)이 있고, 본격적인 연구로는 같은 시마다 씨의 『遼朝史の研究』(創文
社, 1979)가 있다. 또 오타기 마쓰오愛宕松男의 『東洋史學論集3-キタイ·モンゴ
ル史-』(三一書房, 1990)에서도 거란에 대해 논하였다. 금金에 대한 연구로
는 도야마 군지外山軍治의 『金朝史の研究』(同朋社出版, 1964)와 미카미 스기오
三上次男의 『金史研究』(1~3, 中央公論美術出版, 1972~1973)가 뛰어나다.

불교만 다룬 논저는 적다. 요遼의 불교에 대해서는 가미오 가즈하루神
尾弌春의 『契丹佛教文化史考』(滿洲文化協會, 1937 ; 第一書房, 1982 재판)가 여전히
뛰어난 성과로서 이용되고 있다. 목차를 보면, 1. 契丹民族の興亡と其の佛
教文化の源流, 2. 契丹の寺院, 3. 契丹の佛塔, 4. 契丹の大藏經, 5. 契丹高僧の小
傳と其の教學の傾向, 6. 契丹佛教文獻の東流, 7. 金元佛教に對する契丹佛教の寄
與로 구성되어 있다. 요의 불교가 화엄, 밀교와 밀접히 관계되어 있다는
것은 연구해 보아야 할 과제다. 각원覺苑의 『대일경의석연밀초大日經義釋
演密鈔』10권, 도전道殿의 『顯密圓通成佛心要集』4권, 선연鮮演의 『화엄경담
현결택華嚴經談玄決擇』6권, 도종道宗의 『화엄경수품찬華嚴經隨品讚』 등이 알

려져 있는데, 요의 교학이 화엄, 밀교와의 융합과 일치를 주장하였음을 엿볼 수 있다. 이는 와키야 기켄脇谷撝謙의 『華嚴經要義』(興教書院, 1920)에서 언급되어 있다. 또 음운音韻 자의字義에 관한 연구도 남아 있는데, 희린希麟 이 찬술한 『속일체경음의續一切經音義』 10권, 행균行均이 펴낸 『용감수감龍龕手鑑』 4권이 있다. 또 다무라 지쓰조田村實造의 『中國征服王朝の研究(下)』(3 책, 同朋舍出版, 1985)의 第1篇 遼朝の文化建設, 第2篇 金朝の文化建設에는 요 및 금의 불교에 대한 언급이 많다.

금金의 불교를 다룬 대표적인 연구로는, 나온 지 시간이 좀 지났지만 노가미 슌조野上俊靜의 『遼金の佛敎』(平樂寺書店, 1953)를 들 수 있다. 이 분야 의 연구에서는 빠져서는 안 될 저서로서 크게 요와 금 2편으로 구성하고 다음에서 보듯 총 16개의 논문을 수록하였다(제목 앞의 번호는 편의상 붙인 것).

遼代篇 : 1.遼朝と佛敎, 2.遼代に於ける佛敎研究, 3.『龍龕手鑑』雜考, 4.遼代社會 に於ける佛敎, 5.遼代燕京の佛敎, 6.遼代の邑會について, 7.契丹人と佛敎, 8. '遼代佛敎'に關する研究の發展

金代篇 : 9.金帝室と佛敎, 10.金李屛山攷, 11.金の財政策と宗敎敎團, 12.'二稅戶' 攷, 13.'全眞敎'發生の一考察, 14.宋人の見た金初の佛敎-『松漠紀聞』の記載 を中心として, 15.'金代の佛敎'に關する研究について-, 16.胡族國家と佛敎

요·금에서 간과하면 안 될 불교문화사업이 운거사雲居寺의 석경石經 각조刻造가 있다. 수隋 정완靜琬에서 시작하여 당唐 회창會昌 이후 두절된 석경 각조는 요대에 국가적인 지원을 받으며 크게 진전하였고 이는 금金으로 계속 이어졌다. 이 경전의 저본이 요대에 편찬된 환상幻의 『거란대장경契丹大藏經』이다. 쓰카모토 젠류塚本善隆의 「石經山雲居寺と石經 大藏經」(『東方學報(京都)』 5副刊, 1935 ; 개정논문 『塚本善隆著作集5』, 大東出版社, 1975)

은 이를 본격적으로 다룬 연구성과고, 게가사와 야스노리氣賀澤保規(編)의
『中國佛敎石經の硏究-房山雲居寺石經を中心に-』(京都大學學術出版會, 1996)에 근
년의 성과가 수록되어 있다. 현재 『房山石經』(30책, 華夏出版社, 2000) 안에
22책이 영인판 '遼金刻經'으로도 접할 수 있게 되었다. 또 1934년 산시성
山西省 조성현趙城縣 광승사廣勝寺에서 금판대장경金版大藏經이 발견되었는
데, 이 발견에 대한 경과보고로 쓰카모토 젠류塚本善隆의 「金刻大藏經の發
見とその刊行」(『日華佛敎硏究會年報』 1, 1936)이 있고, 그 밖에 「佛敎資料としての
金刻大藏經」(앞의 책, 1975)이 있다. 금판대장경 중 일부가 『宋藏遺珍』(全12
函, 上海: 影印宋板藏經會, 1936~)으로 영인 간행되어 연구자들에게 도움이 되
었는데, 이어 『中華大藏經(漢文部分)』(45책, 中華書局, 1984~1990)으로 영인
간행되었다.

요·금의 미술 관계 문물文物은 일찍부터 주목을 받아왔다. 세키노
다다시關野貞의 『支那の建築と藝術』(岩波書店, 1938)은 그 대표작이며, 2005년
에도 도쿄대학 총합연구박물관東京大學總合硏究博物館 주최로 '세키노 다다
시 아시아답사關野貞アジア踏査' 전시회가 열렸고, 앞으로도 역사상 중요한
연구분야로서 지적되고 있다. 세키노의 연구에 동행하였던 다케시마
다쿠이치竹島卓一의 『遼金時代の建築と其佛像』(龍文書局, 1944)을 그 성과로서
소개해 둔다.

제4절 기타 연구

이 시대를 연구하는 데는 다방면에서의 과제가 있겠지만, 이하에
생각나는 대로 몇 가지를 지적하여 정리해 두고자 한다.

송대 연구에서는 '송원지방지총서宋元地方志叢書'가 몇 종씩 출판되었고
이는 연구에서 빠질 수 없다. 나아가 당시 사원을 둘러싼 일상생활을

다른 저서로 이리야 요시타카入矢義高·우메하라 가오루梅原郁(譯注)의 『東京夢華錄』(岩波書店, 1983) 및 임안臨安(杭州)·소주蘇州 등을 대상으로 한 우메하라 가오루梅原郁(編)의 『中國近世の都市と文化』(京都大學人文科學研究所, 1984)와 이하라 히로시伊原弘의 『中國中世都市紀行-宋代の都市と都市生活-』(中公新書, 1988)을 언급해 둔다.

이들 문제는 불교미술과 사원건축 연구에서도 폭넓게 검토되어야 한다. 참고해야 할 주요한 논저를 들면, 현지 보고로는 도키와 다이조常盤大定·세키노 다다시關野貞의 『中國文化史蹟解說』(上·下, 法藏館, 1975·1976)이 필독서고, 연구서로는 스즈키 게이鈴木敬의 『中國繪畫史(上)』 및 『中國繪畫史(中之一) 南宋·遼·金』(吉川弘文館, 1981~1984), 기타 교토국립박물관京都國立博物館(編)의 『禪の美術』(法藏館, 1983)과 요코야마 히데야横山秀哉의 『禪の建築』(彰國寺, 1967)이 있고, 세키구치 긴야關口欣也의 「中國兩浙の宋元古建築」(1), (2)(『佛敎美術』 155·157, 1984) 등 일련의 논문이 있어 관련 분야로서 눈을 돌릴 필요가 있을 것이다.

『경덕전등록景德傳燈錄』은 성립 후 입장入藏되는 명예를 얻는다. 송대는 인쇄문화가 발전한 시대로 선종의 발전에도 크게 영향을 끼쳤다. 대장회大藏會(編)의 『大藏經-成立と變遷-』(百華苑, 1964)에 서술되어 있듯이, 북송관판北宋官版대장경, 요관판遼官版대장경, 고려판대장경, 금판金版대장경, 북송복주동선사판北宋福州東禪寺版대장경, 북송복주개원사판北宋福州開元寺版대장경, 남송사계판南宋思溪版대장경, 남송적사판南宋磧砂版대장경 순으로 차례로 대장경 개판이 이루어지고 사판私版도 개판이 시작되었다. 『景德傳燈錄』(禪文化研究所, 1991)은, 니시구치 요시오西口芳男가 해제를 붙인 동선사판東禪寺版 송판宋版이 영인되어 입수하기 간단해졌을 뿐 아니라, 『索引』도 최근 출간되었다. 또 야나기다 세이잔柳田聖山(編)의 『禪學叢書』(第1輯 第12冊, 中文出版社, 1973~1980)와 야나기다 세이잔柳田聖山·시나 고유椎名宏雄(共編)의 『禪學典籍叢刊』(전11권 13책, 별권1책, 臨川書店, 1999~2001)이 출판되어 귀중한 텍스트를 연구에 이용할 수 있게 되었다. 더욱이 선문화연구소禪文化研究所에서 『虛堂錄犁耕·付索引』(1990)을 비롯하여 '基本典籍叢刊第一期'(9종 13권)의 색인 등도 출판하여 종래에 비해 이용이 크게 편리해졌다. 또 『大正藏』과 『續藏』을 컴퓨터 디스크화시켜 더욱 이용하기 편해졌는데, 기본자료의 구두점 등은 세심한 주의를 기울여 정정해야 할 부분도 많다.

특히 송대의 선적禪籍과 관련해서는 야나기다 세이잔柳田聖山의 「禪籍解題」(『禪家語錄2』, 筑摩書房, 1974)가 가장 편리하다. 근년의 선적에 대한 서지학적 연구로는 시나 고유椎名宏雄의 개개 성과가 많으며 『宋元版禪籍の研究』(大東出版社, 1993)는 체계적으로 잘 정리된 것이다. 또 아이타니 요시미쓰會谷佳光의 『宋代書籍聚散考』(汲古書院, 2004)도 이용하기 좋다. 그 이전의 연구로는 기미야 야스히코木宮泰彦의 『日本古印刷文化史』(富山房, 1932), 구로다 료黑田亮의 『朝鮮舊書考』(岩波書店, 1940), 가와세 가즈마川瀨一馬의 『古活字版の研究』(日本古書協會, 1967)·『五山版の研究』(日本古書協會, 1970) 등을 빼놓을 수 없다. 야나기다 세이잔柳田聖山의 「語錄の歷史-禪文獻の成立的研究-」(『東方學報』57, 1985 ; 『禪文獻の研究(上)』, 法藏館, 2001)는 선문헌의 성격을 염두에 둘 때 귀중한 논문이다. 나아가 선어록을 많이 포함한 명대明代 남장본南藏本을 정력적으로 분석한 연구가 최근 출간되었는데, 노자와 요시미野澤佳美의 『明代大藏經史の研究-南藏の歷史學的基礎研究-』(汲古書院, 1998)가 그것이다.

일·중교류사 분야에서도 많은 성과를 거두었는데, 주요 저작으로 쓰지 젠노스케辻善之助의 『日支文化の交流』(創元社, 1938), 모리 가쓰미森克己의 『日宋文化交流の諸問題』(刀江書院, 1950), 기미야 야스히코木宮泰彦의 『日華文化交流史』(富山房, 1955)가 있다. 세료지淸凉寺 석가상을 들여온 인물로 유명한 조넨奝然에 대한 연구로는 기미야 유키히코木宮之彦의 『入宋僧奝然の研究-主としてその隨身品と將來品-』(鹿島出版會, 1983)가 있고, 『塚本善隆著

作集7』(大東出版社, 1975)에도 조넨을 다룬 논문이 수록되어 있다. 또 조진成尋에 대해서도 『塚本善隆著作集6』(大東出版社, 1974)에 논문이 있고, 시마즈 구사코島津草子의 『成尋阿闍梨母集・參天台五臺山記』(大藏出版, 1959)도 참고가 될 것이다.

사원寺院제도에 대한 연구는 송대 불교 전체 안에서 고찰할 필요가 있는데 다카오 기켄高雄義堅의 연구(앞의 『宋代佛敎の硏究』)가 뛰어나고, 지쿠사 마사아키竺沙雅章의 『中國佛敎社會史硏究』(同朋舍出版, 1982)의 〈前篇 宋代佛敎社會史硏究〉와 웡만치黃敏枝의 『宋代佛敎社會經濟史論集』(臺灣學生書局, 1989) 및 모로토 다쓰오諸戶立雄의 『中國佛敎制度史の硏究』(平河出版社, 1990)에 자세하다. 또 이시카와 시게오石川重雄의 「宋代勅差住持制小考-高麗寺尙書省牒碑を手がかりに-」(『宋代の政治と社會』, 汲古書院, 1988), 가나이 노리유키金井德幸의 「宋代禪刹の形成過程-十方住持の法制化-」(『駒大禪硏年報』 15, 2003) 등 일련의 논문에서 활발하게 구명되고 있다. 특히 선종사원 구성원의 세세한 일상 속 위의작법威儀作法과 마음가짐, 일중日中・월중月中・연중年中 행사 규정은 '청규淸規'로서 편집되었다. 현존하는 최고의 청규는 북송의 장로 종색長蘆宗賾이 편찬한 『선원청규禪苑淸規』인데, 고려본 등과 대조하여 교정한 가가미시마 겐류鏡島元隆・사토 다쓰겐佐藤達玄・고사카 기유小坂機融(共譯共註), 가가미시마鏡島(解說)의 『譯註禪苑淸規』(曹洞宗宗務廳, 1972)가 출판되었다. 종색의 『선원청규』는 이후의 청규 성립에 큰 영향을 주었다. 송대에도 무량종수無量宗壽의 『입중일용청규入衆日用淸規』(1209), 『입중수지入衆須知』(1263경), 유면惟勉의 『총림교정청규총요叢林校定淸規總要』(1274)가 나왔다. 원대 이후는 물론이고 일본과 조선에서도 많이 편집되었으며, 그 영향은 선종 이외의 교가敎家와 도교道敎에도 미쳤다.

선종의 사원제도는 머지않아 남송 영종대寧宗代에 사원에 대한 강력한 국가통제에 입각한 오산제도五山制度로 귀착된다. 그 영향을 받은 일본의 오산제도는 교토와 가마쿠라鎌倉 곳곳에서 받아들여졌지만, 중국제도와 그 성격이 완전히 일치하지는 않는다. 중국 오산제도를 연구할 때 빠트려서는 안 될 편리한 자료가 다마무라 다케지玉村竹二(校訂)의 『扶桑五山記』(鎌倉市敎育委員會, 1963)인데, 이는 일본제도에는 유효하지만 중국제도를 살피기 위한 자료로는 충분하지 않다. 이 같은 실상에 입각하여 종합적인 재검토를 시도한 것이 이시이 슈도石井修道의 「中國の五山十刹制度の基礎的硏究」(1~4)(『駒大佛敎論集』13-16, 1982~1985)다. 일본에 직접 영향을 준 원대元代의 오산제도에 대해서는 최근 노구치 요시타카野口善敬의 『元代禪宗史硏究』(禪文化硏究所, 2005)가 출판되어 유익하다. 강력한 종교지배가 선종교단에 미친 영향은 간과할 수 없다. 축성상당祝聖上堂의 성립 기원에 대해 이시이 슈도石井修道는 『道元禪の成立史的硏究』(大藏出版, 1991)에서 진종대眞宗代까지 소급된다고 지적하였다. 축성祝聖의 성립이야말로 송대 선禪의 성격을 상징한다고 보아도 된다. 그 후 신종대神宗代에 등장하는 동경東京 대상국사大相國寺 내의 혜림선원慧林禪院과 지해선원智海禪院의 개창에 의한 북송 수도의 종교통제, 휘종대徽宗代의 숭녕사관제도崇寧寺觀制度에 의한 지방 파급, 이러한 것들이 선종의 오산제도로 발전해 나갔다. 최근 주목할 만한 성과로는 류창둥劉長東의 『宋代佛敎政策論稿』(四川出版集團巴蜀書社, 2005)가 있다.

송대 불교 연구에서 중요한 분야 중 하나가 불교의 서민화를 어떻게 파악할 것인가다. 선종의 경우는 지식인들이 받아들였는데, 여기에서 선과 유교와의 교섭이 중요하다. 연구서로는 우선 아라키 겐고荒木見悟의 『儒敎と佛敎』(平樂寺書店, 1963 ; 신판, 硏文出版, 1993)를 들 수 있다. 유불일치儒佛一致를 설파한 운문종의 불일계숭佛日契嵩에 대한 연구로는 아라키 겐고荒木見悟(譯注)의 『輔敎編』(禪の語錄14, 筑摩書房, 1981)이 있고, 마키타 다이료牧田諦亮는 「趙宋佛敎史における契嵩の立場」(『中國佛敎史硏究 2』, 大東出版社, 1984)에서 불교사에서 차지하는 위치 문제를 논하였다. 또 안도 도모노부安藤智信의 「宋の張商英について-佛敎關係の事蹟を中心として-」(『東方學』 22, 1961)가 있

다. 이처럼 송대에는 불교자도 지식인 계급도 유불도 삼교일치를 주장하는 사람들이 많이 배출되었다. 한편, 당의 한유韓愈 등이 불교를 배격한 데 이어 북송의 도학道學에서 시작하여 남송의 주자朱子가 배선훼불排禪毀佛 사상을 대성하였다. 이 분야를 다룬 연구로는 통사로 다케우치 요시노리武內義範의 『中國思想史』(岩波書店, 1936), 펑유란馮友蘭의 『中國哲學史』(商務印書館, 1934), 허우와이루侯外盧(主編)의 『中國思想通史』(人民出版社, 1957) 등이 있고, 도키와 다이조常盤大定의 『支那における佛敎と儒敎道敎』(東洋文庫, 1930), 구보타 료온久保田量遠의 『支那儒道佛三敎史論』(東方書院, 1931)・『支那儒道佛交涉史』(大東出版社, 1943)가 선구적 업적이다. 주자朱子와 선禪의 관계에 대해서는, 야나기다 세이잔柳田聖山의 「無字の周邊」(『禪文硏紀要』 7, 1975)이 있다. 주자 연구는 입수하기 쉬운 것으로 시마다 겐지島田虔次의 『朱子學と陽明學』(岩波書店, 1967), 아라키 겐고荒木見悟의 『朱子文集・語錄抄』(世界の名著〈續4〉朱子・王陽明, 中央公論社, 1974), 요시카와 고지로吉川幸次郎・미우라 구니오三浦國雄의 『朱子集』(朝日新聞社, 1976), 미우라 구니오三浦國雄의 『朱子』(講談社, 1979), 아즈마 주지吾妻重二의 『朱子學の新硏究-近世士大夫の思想的地平-』(創文社, 2004) 등이 있다.

불교가 민중에게 침투한 것은 앞서 든 정토교 관계 논문에서 많이 지적되었는데, 불교윤리, 사회복지 및 불교와 술酒 등을 논한 미치바타 료슈道端良秀의 『中國佛敎史の硏究』(法藏館, 1970)는 시점을 달리한 흥미로운 성과고, 나가이 마사시永井政之의 『中國禪宗敎團と民衆』(內山書店, 2000)은 지금까지 남아 있는 민간신앙과 출가散聖 관계에 초점을 맞춘 것이어서 흥미롭다.

송대의 불교와 도교의 관계에 대해서는 천유엔陳垣의 『南宋初河北新道敎考』(輔仁大學, 1941), 요시오카 요시토요吉岡義豊의 『道敎の硏究』(法藏館, 1952), 구보 노리타다窪德忠의 『中國の宗敎改革』(法藏館, 1967)・『道敎史』(山川出版社, 1977)를 들어둔다.

송대와 요·금의 불교를 고찰하는 것은 정치·경제 동향과 무관하지 않기 때문에, 그 시대를 알 필요가 있다. 가까이 두고 볼 참고서로스도 요시유키周藤吉之·나카지마 사토시中嶋敏의 『五代と宋の興亡』(講談社學術文庫, 2004)을 들 수 있다. 이 시대의 정치, 경제사와 관련해서는 뛰어난 연구성과가 나와 있는데, 주요한 것으로 소가베 시즈오曾我部靜雄의 『宋代政經史の硏究』(吉川弘文館, 1974), 히노 가이자부로日野開三郎의 「宋代の貨幣と金融」上·下(『東洋史學論集』6·7;三一書房, 1983), 우메하라 가오루梅原郁의 『宋代官僚制度硏究』(同朋舍出版, 1985), 야나기다 세쓰코柳田節子의 『宋代鄕村制の硏究』(創文社, 1986), 시바 요시노부斯波義信의 『宋代商業史硏究』(風間書房, 1968)·『宋代江南經濟史の硏究』(汲古書院, 1988), 데라지 준寺地遵의 『南宋初期政治史硏究』(溪水社, 1988), 시마스에 가즈야스島居一康의 『宋代稅制史硏究』(汲古書院, 1994), 미야자와 도모유키宮澤知之의 『宋代中國の國家と經濟』(創文社, 1998) 등이 있다. 동시대에 건국된 티베트계 탕구트족의 서하西夏(1138~1227)는 송·요·금과 화평·항쟁을 반복하다 원에게 멸망당한 나라다. 이 서하를 포함하여 나카지마 사토시中嶋敏의 『東洋史學論集－宋代史硏究とその周邊－』및 續編(汲古書院, 1988, 2002)은 보다 전문적인 연구에 참조할 필요가 있을 것이다.

이상의 연구성과 중 발행년까지의 성과에 대해서는 송사제요편찬협력위원회宋史提要編纂協力委員會(編)의 『宋代硏究文獻提要』(東洋文庫, 1961)에 거의 망라되어 있다. 근년에는 인명색인, 연표, 지도도 출판되어 간단히 이용할 수 있게 되었다.

제5장 원·명·청대의 중국불교 연구동향

나가이 마사시永井政之
고마자와대학駒澤大學 교수

원·명·청대의 중국불교 연구동향은 다른 시대에 비해 서술이 결코 용이하지 않다. 필자는 전에 다나카 료쇼田中良昭(編)의 『禪學硏究入門』(大東出版社, 1994)에서 금원대金元代에 명청대明淸代까지 합쳐 선종 연구에 초점을 맞추어 연구동향을 개관한 적이 있다. 이 책이 목적으로 삼는, 선종이라는 틀을 불교 연구로까지 시야를 넓혀 명청불교 연구동향을 서술한다면 폭넓은 서술이 되어 좋겠지만 일이 그렇게 간단치 않다. 『禪學硏究入門』에서도 서술하였던 것처럼, 현대의 중국불교 연구는 복잡다기한 중국사상계 전체로까지 시야를 넓혀야 한다. '불교'라는 한정된 분야의 설정이 애초에 가능한가라는 의문조차 든다.

우선 방법론 문제부터 확인해 두고자 한다.

제1절 방법론

대체 원명청元明淸 불교 연구가 다른 시대에 비해 질과 양 모든 면에서 진척이 안 되는 이유는 무엇일까. 이 점을 명쾌히 지적한 것이 미조구치 유조溝口雄三의 『李卓吾』(集英社, 1968)인데, 저자는 일본에서 이루어진 중국

사상 연구는 어디까지나 한문·당시唐詩·고전·경서로 그쳤으며, 지적 교양을 위해 이것들을 배웠더라도 그것이 반드시 중국적 세계를 배우려 한 것은 아니었다고 지적하였다.

이는 불교연구에도 적용할 수 있는데, 일본불교와 관계 있는 중국불교의 교리교학, 역사-결국 역사적으로는 당·송시대, 시대를 내려와도 명대 불교의 일부-는 배웠다 해도, 직접적으로 관계가 없는 원명청의 불교는 도래승渡來僧을 중심으로 한 연구 등 일부 예외를 제외하면 거의 연구대상으로 삼은 적이 없었다고 할 수 있다.

이러한 현상 속에서 중국인이 파악한 불교, 나아가 널리 중국인 사상의 일단으로서 불교를 살펴봐야 한다고 제언한 것이 아라키 겐고荒木見悟의 「宋元時代の佛敎·道敎に關する硏究回顧」(『久留米大學比較文化硏究所紀要』 1, 1987)다. 연구대상으로 삼은 시대는 송·원이지만, 여기에서 사용한 방법론은 불교와 유교의 섹트주의를 배제하고, 이 두 사상과 균등하게 거리를 유지하면서 종교가 중국인에게 갖는 의미를 밝히고자 하였다. 이 같은 방법론은 니시 진조西順藏·구보 노리타다窪德忠(編)의 『中國文化叢書6 宗敎』(大修館書店, 1967)에서도 채택되었다. 특히 아래에서 언급하는 '편집 방침'은 원·명·청대로 한정되지 않고 중국불교를 살펴볼 때 매우 유효할 것이다.

(1) 종교를 사회현상의 일환으로 이해하고, 그런 의미에서 중국종교를 중국종교사 형태로 취급한다. 따라서 이 중국종교사의 시도는, 종교의 내재적 이해와 외재적 이해를, 양자의 상호관계에서 심화시키려 한 것이고, 또는 중국종교에 대한 파악을 중국역사사회에 대한 파악과 서로 매개해주는 역할을 할 수 있다고 생각한다.

(2) 중국종교사를 불교사·도교사라는 분파적 종교사에서 해방시켜, 완벽하게 정비된 교단종교를, 그러하지 못한, 예컨대 결사종교結社宗敎

라든가 종교라고는 규정하기 어려울 정도로 생활적인 것, 예를 들면 민간신앙 같은 것과 함께 병렬하여 이들의 중국적 특질, 여러 문화와의 관계, 사회적 정치적 의미를 생각한다.

(3) 교의教義·교전敎典·교리敎理에 관한 서술은 앞의 취지와 관계가 있는 것으로 한정한다.

이러한 제언은 발표된 지 벌써 40년의 세월이 지났지만 충분하게 확산되었다고는 할 수 없다. 필자는 아라키 겐고荒木見悟가 주장한 '본래성本來性과 현실성現實性'이라는 문제설정이 타당하다고 본다.

아라키荒木는 『佛敎と儒敎』(平樂寺書店, 1963) 〈후기〉에서, 유儒·불佛의 철학적 모태로서 본래성과 현실성과의 관계를 생각하면서 여러 사상의 대립과 조화를 찾아내고자 하였고, 중국사상사를 생각할 때 이 '본래성과 현실성'이라는 철학적 문제권의 설정은 불가피하다고 하였다. 결국 사상과 종교의 어디쯤에 멈춰서서 논지를 전개하기도 하고, 혹은 표면상 문언文言의 이동異同을 따져 비교하더라도, 해당 사상, 나아가 중국사상 전체를 적확히 파악한 것은 아니라고 주장한 것이다. 이후 아라키가 발표한 연구성과들은 이러한 입장을 일관되게 관철하였는데, 이에 대해서는 나중에 서술하겠다.

덧붙이자면 아라키가 보여준 이 같은 흐름의 선구로는 시마다 겐지島田虔次의 『中國における近代思惟の挫折』(筑摩書房, 1949)이 있고, 시마다島田를 비판적으로 계승한 연구로 미조구치 유조溝口雄三의 『中國前近代思想の屈折と展開』(東京大學出版會, 1980)가 있다. 또 중국의 역사의 특징을 정체성으로 파악하고, 이 특징에는 유교가 깊이 관련되어 있다고 본 마루야마 마사오丸山眞男의 『日本政治思想史硏究』(東京大學出版會, 1952), 마루야마를 비판한 모리모토 준이치로守本順一郎의 『東洋政治思想史硏究』(未來社, 1967)와 이와마 가즈오岩間一男의 『中國政治思想史硏究』(未來社, 1968)가 있다. 모리

모토守本와 이와마岩間의 불교이해에는 적지 않은 문제가 있으며, 특히 이와마에 대해서는 미조구치溝口의 「中國思想史硏究上のいくつかの問題-岩間一男氏『中國政治思想史硏究』をめぐって-」(『歷史學硏究』 400, 1973)가 엄히 비판하였다.

제2절 원대 불교

한漢민족에 의해 송이 건국되고 그로부터 약 160년 후 휘종·흠종이 금에게 북방으로 납치되면서, 중국은 북방을 지배하는 금金과 임안으로 천도한 남송으로 이분되었다. 13세기 중엽, 금을 멸망시킨 몽골은 이어 남송을 멸망시키고, 원이 전 중국을 통일하였다. 그간의 항쟁과 역사적 전개, 몽골 지배의 특징 등에 대해서는 스즈키 俊鈴木俊(編)의 『世界各國史 9 中國史 新編』(山川出版社, 1964)과 마쓰마루 미치오松丸道雄 등의 『世界歷史大系·中國史4』(山川出版社, 1999)를 참조하기 바란다.

원에서는 다양한 측면에서 몽골지상주의를 관철하였지만, 다른 한편으로 반反몽골적인 것만 아니라면 관용적인 태도를 취하기도 했다(松丸 等, 앞의 책, 516쪽). 종교도 도교 일파인 전진교全眞敎를 보호하고 불교를 보호하였던 데서 알 수 있듯이 강온을 섞은 정책을 취하였다.

그런데 원조 불교에 대한 연구 상황은, 노구치 요시타카野口善敬의 『元代禪宗史硏究』(禪文化硏究所, 2005)가 연구개요에서 지적한 것처럼 꼭 왕성한 것은 아니다. 거기에는 우선 선禪을 포함하여 '송대까지의 불교를 수용하여 성립한 일본불교'라고 하는 일본 측 사정과 연관되어 있다. 아울러 당연하지만 원대 연구에는 필요한 자료를 해독하기 위한 한문 독해능력은 물론 몽골어·소그드어·파스파 문자 등 원나라를 구성하는 다양한 민족들의 언어도 해독할 줄 알아야 한다는 매우 번거로운 문제

도 있다. 원대불교에 대한 연구는, 종래 한문문헌 쪽으로 치우쳤던 면도 있고 해서 많은 경우 '통사'의 틀에서 벗어나지 못했다. 그 와중에 출간된 노가미 슌조野上俊靜의 『元史釋老傳の硏究』(朋友書店, 1978)는 정사正史에 보이는 원대불교에 대해 신중하게 역주를 달면서 해독한 귀중한 성과다. 거기에다 「元代の宗敎」, 「元の功德使司について」 등 9편의 논문을 수록하고 있어 원대불교 연구에는 필독서다. 노가미는 이전에 『遼金の佛敎』(平樂寺書店, 1953)를 출간한 바 있어 아울러 함께 읽어야 한다.

1) 제도

원의 불교에서 세력이 가장 컸던 것은 티베트 불교(라마교)인데, 노가미 슌조野上俊靜가 원왕조에서 라마교가 차지하는 위치를 논한 「元の佛敎に關する一考察-ラマ敎と漢人佛敎-」, 「元代ラマ敎と民衆」(모두 앞의 책) 등이 있다. 라마승 가운데 특히 파스파八思巴는 쿠빌라이의 신임을 얻어 국사國師, 제사帝師가 되었고, '파스파 문자'를 정하여 원의 정치를 도왔다. 이 같은 정치와 불교와의 관계를 다룬 연구로는 후지시마 다테키藤島建樹의 「元朝『宣政院』考-その二面的性格を中心として-」(『大谷學報』 46-4, 1967), 노가미野上의 「元の宣政院について」(앞의 책), 니시오 겐류西尾賢隆의 「元朝の江南統治における佛敎」(『佛敎史學』 15-2, 1971), 노구치 요시타카野口善敬의 「元代江南における住持任命權者の變遷」(앞의 책)이 있고, 대도大都 대경수사大慶壽寺에 머물면서 원조 불교정책의 일익을 담당한 해운인간海雲印簡(1202~1257)에 대해서는 이와이 히로사토岩井大慧의 「元初に於ける帝室と禪僧との關係について」(『東洋學報』 11-4, 12-1, 2, 1992), 노가미野上의 「元代道・佛二敎の確執」(앞의 책)이 있다. 파스파를 비롯한 제사帝師에 대해서는 노가미野上・이나바 마사나리稻葉正就의 「元の帝師について」(『石濱古稀記念』, 1958)와, 이나바稻葉의 「元の帝師に關する硏究」(『大谷大學硏究年報』 17, 1964)・「元の帝師について-オラーン史(Hulan Deb gter)を史料として-」(『印佛硏』 8-1, 1960) 등이 있다.

1297년, 원의 판도는 강남에 미쳤고 세조 때는 강남석교총통소江南釋敎 總統所가 설치되었다. 이에 대한 연구로는 니시오西尾의 「元朝の江南統治に おける佛敎」(『佛敎史學』 15-2, 1971)가 있으며, 강남석교총통이 된 양련진가楊 璉眞伽는 정치와 연결되어 송조의 능묘陵墓를 파헤치는 한편, 사원 부흥을 꾀한 것으로도 알려졌다. 이에 대해서는 노가미野上의 「桑哥と楊璉眞伽- 元代宗敎史の一面-」(앞의 책)이 있고, 오야부 마사야大藪正哉의 「元代の法制と 江南の佛寺道觀」(『元代の法制と宗敎』, 秀英出版, 1983), 노구치野口의 「元代江南にお ける住持任命權者の變遷」(앞의 책)에서도 언급되었다. 이것과 관련해서 오 야부大藪의 『元代の法制と宗敎』가 도첩과 형법 등 원조의 종교정책을 다각 적으로 논한 것을 일독할 필요가 있다.

또 사원경제를 둘러싼 연구로 요코하마 히데橫山英의 「元代の寺院財産 とその性格素描」(『史學硏究』 2, 1950), 오타기 마쓰오愛宕松男의 「元朝における佛寺 道觀の稅粮優免について」(『塚本博士頌壽記念』, 1961), 사토 다쓰겐佐藤達玄의 「元 代叢林の經濟生活-勅修百丈淸規をめぐって-」(『印佛硏』 16-1, 1967), 니시오西尾 의 「元代の叢林經營をめぐって」(『禪文硏紀要』 5, 1973)가 있다.

2) 문헌

현존하지는 않지만, 원대에 도장道藏으로 『현도보장玄都寶藏』 7,800여 권이 편찬되었다고 하며, 불교 측에서도 다양한 전적이 간행되었다. 이에 대해서는 가나오카 슈유金岡秀友의 「蒙古大藏經の成立過程」(『佛敎史學』 6-1, 1957), 지쿠사 마사아키竺沙雅章의 「元版大藏經槪觀」(『宋元佛敎文化史硏究』, 汲古書院, 2000) 등이 있으며, 선적을 중심으로 한 시나 고유椎名宏雄의 정력 적인 연구가 주목된다. 개별로는 『禪學硏究入門』을 참조해주시고, 많은 논문을 수록한 저서로는 시나 고유椎名宏雄의 『宋元版禪籍の硏究』(大東出版 社, 1993)가 있다. 시나椎名는 야나기다 세이잔柳田聖山과 함께 『禪籍善本叢刊』 전13권(臨川書店, 1999)을 간행하여 귀중한 송원판 선적을 영인 소개하였다.

노구치野口의「元代明初僧侶著述·傳記一覽」(앞의 책 부록1)은 해당 시대의 불교자와 관련된 저술인데, 전기사료를 모두 망라해서 소개하고 있어 참고도서로서 유효하다. 또 청규清規의 부흥을 목표로 한『칙수백장청규 勅修百丈清規』를 중심으로 한 논고에 대해서는『禪學硏究入門』을 참조하기 바란다.

3) 개인

해운인간海雲印簡 이외의 개인에 대한 연구도 있다. 북쪽지역에서 전개된 조동종의 대표자 만송행수万松行秀(1166~1243)는, 원조 정치에 깊숙이 관계한 야율초재耶律楚材(1189~1243)의 귀의를 받았던 인물로도 유명한데, 그의 전기에 대해서는 나가이 마사시永井政之가「万松行秀の傳記をめぐる諸問題」(『飯田博士古稀記念』, 國書刊行會, 1981)에서 전기를 해명하고 베이징 시내에 묘탑이 현존하는 것 등을 논하였다. 나가이永井는 따로『禪籍善本古注集成·從容錄』(名著普及會, 1983)을 편찬했는데, 만송의 주저술인『종용록從容錄』의 저본화를 꾀해 주석서를 모은 것이다. 만송의 귀의자 야율초재에 대해서는 근년 스기야마 마사아키杉山正明의『耶律楚材とその時代』(白帝社, 1996)가 간행되었고, 야율초재전耶律楚材傳의 큰 단서가 된「신도비神道碑」성립 배경의 문제점을 지적했다. 거짓과 진실이 뒤섞인 야율초재의 전기를 해명하려면 다소 시간이 필요할 것이다. 여하튼 야율초재에 대해서는 발표된 지 좀 오래된 천유엔陳垣의「耶律楚材之生卒年」(『陳垣學術論文集2』, 原 1930 간행)에서 그 생몰년을 1189~1243년으로 고증한 것이 있고「耶律楚材父子信仰の異趣」(『陳垣學術論文集1』, 原 1925 간행)가 있다. 또 이와무라 시노부岩村忍의『耶律楚材』(生活社, 1942)가 있고, 이이다 리교飯田利行는 야율초재의 주저서인『담연거사문집湛然居士文集』을 일본어로 번역하고 주를 붙인『湛然居士文集譯』(國書刊行會, 1985)과『大モンゴル禪人宰相·耶律楚材』(柏美術出版, 1994)를 출간하였다. 나아가 문학작품으로 진슌신陳舜臣

의 『耶律楚材』(2권, 集英社, 1994)도 있다.

야율초재와 함께, 만송과 직접 만나고 저서 『명도집설鳴道集說』을 남긴 이병산李屏山에 대해서는 도키와 다이조常盤大定의 「金の李屏山撰『鳴道集說』について」(『服部先生古稀記念』, 1941)와 노가미 슌조野上俊靜의 「金李屏山考」(앞의 책), 그의 생몰년을 1175~1231년으로 고증한 게이카 아쓰요시桂華淳祥의 「李屏山の傳について」(『佛教史學』 20-1, 1975)·「『鳴道集說』の一考察」(『印佛研』 28-2, 1980) 등이 있다.

원조가 강남을 지배 아래 두게 된 후, 일본 오산五山과의 관계에서 주목할 만한 선승으로는 중봉명본中峰明本(1263~1323)과 고림청무古林清茂(1262~1329)가 있다. 정토교에 마음이 기운 선자로도 알려진 중봉에 대해서는 핫토리 겐도服部顯道의 『天目中峰國師の研究』(八千代出版, 1980)가 있고, 그 이전의 연구로 모치즈키 신코望月信亨의 「明本·梵琦の淨土兼修」(『中國淨土教理史』, 法藏館, 1975), 오가사와라 센슈小笠原宣秀의 「中峰明本の淨土敎」(『大原先生古稀記念』, 1967), 후지시마 다테키藤島建樹의 「元朝佛敎の一樣相-中峰明本をめぐる居士たち-」(『大谷學報』 57-3, 1877)이 있고, 중봉의 법을 이어 이른바 '환주파幻住派'를 형성한 사람들을 중심으로 한 연구로 니시오 겐류西尾賢隆의 「元の幻住明本とその海東への波紋」·「幻住明本と日元の居士」(『中世の日中交流と禪宗』, 吉川弘文館, 1999)가 있다. 고림청무古林清茂를 중심으로 한 연구로는 후루타 쇼킨古田紹欽의 「古林清茂とその主なる文人」(『禪學研究』 41, 1948)이 있고, 그 일파로 고림의 호를 따서 금강당하金剛幢下라고 불린 사람들의 동향을 다룬 니시오西尾의 「金剛幢下竺仙梵僊の渡來」(『禪學研究』 69, 1991)가 있다.

앞서 든 노구치 요시타카野口善敬의 책에 따르면 원조에서는 교종이 부흥하고 특히 화엄종과 자은종이 활발히 활동하였다고 하는데, 이에 대한 연구로 지쿠사 마사아키竺沙雅章의 「宋元代の慈恩宗」·「元代華北の華嚴宗」·「燕京·大都の華嚴宗」·「宋元時代の杭州寺院と慈恩宗」(모두 앞의 책)과 노

구치野口의 「元代の禪宗と敎宗-至元25年正月19日の事件を中心に-」(앞의 책)
이 있다.

4) 도불道佛 논쟁

원조가 도교를 보호하였고, 특히 화북華北에서 구처기丘處機가 이끄는
전진교全眞敎가 융성을 구가한 사실은 잘 알려져 있는 바인데, 불교에서
영향을 받은 것을 논한 연구로는 구보 노리타다窪德忠의 『中國の宗敎改革
-全眞敎の成立-』(法藏館, 1967)이 있다. 구보 노리타다는 따로 「元代道佛論
爭硏究序說」(『結城敎授頌壽記念』, 1964)과 「元代の佛道關係-『至元弁僞錄』を中心
として-」(『駒大大學院佛敎年報』20, 1987)를 출간하여 불교측 자료인 『지원변위
록至元弁僞錄』만 가지고 논쟁을 이해하는 것을 비판하였다. 나아가 도불道
佛 논쟁을 중심으로 한 연구로 노가미 슌조野上俊靜의 「元代道佛二敎の確執」
(앞의 책)이 있고, 천유엔陳垣의 『南宋初河北新道敎考』(中華書房, 1963), 천궈푸
陳國符의 『道藏源流攷』(同)도 아울러 읽어보아야 한다.

또한 논쟁의 중심에 선 인물로 만송의 제자인 설정복유雪庭福裕(1203~
1275)와 임천종륜林泉從倫이 알려져 있다. 설정雪庭은 그의 비명이 숭산嵩山
소림사少林寺에 현존하는데, 와시오 진교鷲尾順敬의 『菩提達磨嵩山史蹟大觀』
(同刊行會, 1932, 뒤에 복간)에 탁본 등이 수록되어 있다.

제3절 명대 불교 개설

명대 불교를 알기 위해서는 당연히 명대 전체에 대해 이해가 필요하
다. 이 분야의 성과는 적지 않지만, 여기에서는 스즈키 슌鈴木俊(編)의
앞의 책과 마쓰마루 미치오松丸道雄 등의 『世界歷史大系·中國史4』(山川出版
社, 1999)를 들어 두고자 한다. 한편, 불교를 중심으로 한 통사로는 미치바

타 료슈道端良秀의『槪說支那佛教史』(法藏館, 1939. 후에『中國佛教通史』로 제목을
바꿔 同著作集10에 수록), 다카오 기켄高雄義堅의『中國佛教史論』(平樂寺書店, 1952),
나카무라 하지메中村元(編)의『アジア佛教史·中國編Ⅱ』(佼成出版社, 1976),『中
國佛教史論集(明淸佛教編篇)』(現代佛學叢刊100, 臺灣大乘文化出版社, 1977), 가마타
시게오鎌田茂雄의『中國佛教史』(岩波全書, 1978), 궈펑郭朋의『明淸佛教』(福建人民
出版社, 1982) 등이 있다. 특히 선종에 연구의 초점을 맞춘 것으로 누카리야
가이텐忽滑谷快天의『禪學思想史(下)』(名著刊行會, 1979 영인)가 있고, 고호 지산
孤峰智璨의『印度·支那·日本禪宗史』(摠持寺, 1974 영인)가 있는데, 모두 통사의
마지막 부분에서 명청시대를 다루고, 당연하지만 다른 시대에 비해
서술에 농담濃淡이 있음은 부정할 수 없다.

1) 제도

그런데 14세기 중엽이 되면 원조元朝의 지배력이 약화되고 홍건군紅巾
軍이 기의起義하였다. 홍건군은 후술할 백련교도白蓮教徒에 의한 무장집단
으로, 그 일파에 가담하여 두각을 나타내어 홍무洪武 원년(1368)에 명明을
건국한 인물이 태조 주원장朱元璋(洪武帝)이다. 농민출신인 그는 유교로
마음이 기울어「육론六論」을 발포하여 이를 통치방침으로 삼고, 종교에
대해서는 음사사교淫祀邪教를 금하는 등 엄히 대응하였다.

이러한 것들을 논한 연구로 류치 기요시龍池淸의「明初の佛教」(『支那佛教
史學』2-4, 1938)·「明の太祖の佛教政策」(『佛教思想講座8』, 1939)·「明代の僧官」(『支那
佛教史學』4-3, 1940), 노가미 슌조野上俊靜의「明初の僧道衙門」(『大谷學報』27-1,
1950), 마노 센류間野潛龍의「中國明代の僧官について」(『大谷學報』36-3, 1956), 시
가 다카요시滋賀高義의「明初の法會と佛教政策」(『大谷大學研究年報』21, 1969)이
있고, 시미즈 다이지淸水泰次의 「明代に於ける佛道の取締」(『史學雜誌』40-3,
1929)·「明代に於ける佛道の取締(續)」(『密教學報』187-89, 1929)·「明代僧道統制考」
(『東洋社會紀要』2, 1937)가 있다. 또 교단의 내부개혁에 대해 논하고, 승려의

역할분담을 지적한 류치 기요시龍池淸의 「明代の瑜伽敎僧」(『東方學報(東京)』 11-1, 1940)이 있다. 사원의 부흥과 관련된 경제적 측면에 대해서는 스즈키 다다시鈴木正의 「明代帝室財政と佛敎」(『歷史硏究』 6-11, 1936), 하세베 유케이長谷部幽蹊의 「明淸時代佛敎界の展望-寺刹の復興をめぐって-」(『禪硏究所紀要』 6-7, 1976), 노구치 데쓰로野口鐵郎의 「明代寺田の稅役と砧基道人」(『佛敎史學』 14-2, 1968), 이시다 노리유키石田德行의 「明代の寺莊について-特に南京寺莊を中心として-」(『東洋史論集』 7, 1965)·「明代南京の寺莊について-特に寺莊の稅役負擔を中心として-」(『花大禪學硏究』 55, 1966), 지쿠사 마사아키竺沙雅章의 「明代寺田の賦役について」(『明淸時代の政治と社會』, 京都大學人文科學硏究所, 1983) 등이 있다. 지쿠사 마사아키竺沙雅章의 『中國佛敎社會史硏究』(同朋舍出版, 1982)는 따로 명대만 다룬 연구는 아니지만 중국 불교교단과 사회와의 관계를 살피는 데 필독서라 할 수 있다.

2) 문헌

원이라는 이민족 통치를 거쳐 가까스로 한漢민족의 복권이 이루어진 가운데 행해진 대장경 간행도 명대 불교를 살필 때 중요하다. 개별 전적에 대해서는 생략하겠지만, 나온 지 오래 된 도쿠시 유쇼禿氏祐祥의 「明初に於ける大藏經校刻の事業」(『密敎硏究』 11, 1923)이 있고, 하세베 유케이長谷部幽蹊의 「明代以降における藏經の開雕」(1~3)(『愛知學院大·一般敎育硏究』 30-3/4, 31-1/2, 1983, 1984)가 있다. 덧붙여 하세베長谷部는 열정적으로 명·청 불교에 대한 해명에 힘써 각 승려들의 주요 저작을 망라한 「明淸佛敎主要文獻書誌要說」(1~5)(『愛知學院大·一般敎育硏究』 32/3-34/3, 1985~1987)과 「明淸佛敎文獻著者別小目錄」(Ⅰ~Ⅲ)(『愛知學院大·一般敎育硏究』 27-4·28-1·2, 1980)을 발표하였다. 또 대장경에 대해서는 노자와 요시미野澤佳美의 『明代大藏經史の硏究』(汲古書院, 1998)가 최신 성과로서 유효하고, 개별 문헌에 대해서는 역시 고마자와 대학도서관駒澤大學圖書館(編)의 『新纂禪籍目錄』(1962)을 참조할 필요가 있다.

3) 승전僧傳

명말에는 적지 않은 등사燈史가 만들어진다. 이들 등사의 색인 역할을 하는 것이 하세베 유케이長谷部幽蹊의 『明淸佛教史研究序說』(新文豊出版公司, 1979)과 『明淸佛教教團史研究』(同朋舍出版, 1993)일 것이다. 그러나 여기에는 해당 승려의 연보와 비명碑銘에 의거한 데이터가 수록되어 있지 않기 때문에, 천유엔陳垣의 『釋氏疑年錄』(中華書局, 1964)의 성과가 유효할 것이다. 또 『禪學大辭典』(大修館書店, 1978)은 어록 등을 남긴 승려의 전기를 약술하여 이용에 편리하며, 노구치 요시타카野口善敬의 「明末淸代佛教の語錄·著述とその法系」(『東洋古典學研究』, 同研究會, 2000)가 있다. 근년 비명 등의 원자료를 영인한 쉬즈창徐自强(編)의 『中國歷代禪師傳記資料滙編』(3책, 全國圖書館文獻編微複制中心, 2003)은 충분치는 않지만 원전을 소급할 때 편리하다.

자서自序는 강희康熙 11년(1672) 청초에 성립하는데, 명대에 융성한 선종, 특히 청원계靑原系를 의식하면서 편집한 『조등대통祖燈大統』과 『동상조헌록洞上祖憲錄』이 하세베長谷部에 의해 소개 분석되었다(『祖燈大統』について」, 『宗學硏究』 19, 1977 ; 「智沄撰『洞上祖憲錄』について」, 『禪硏究所紀要』 11, 1982). 『조등대통』과 『동상조헌록』은 모두 『禪宗全書』 19~22(藍吉富 編, 文殊文化有限公司, 1990)에 수록되었다. 하세베는 이 밖에도 「智楷撰『正名錄』について」(『印佛硏』 30-1, 1981)에서 자신이 발견한 자료를 소개하고 「普慧藏所收の禪籍一本について−『祖燈大統』に含まれる『祖燈辨訛』を中心に−」(『禪研究所紀要』 9, 1980), 「『祖燈辨訛』考釋』 1·2(『禪研究所紀要』 13·14, 1984·1985)을 발표하였다. 위에서 언급한 것들을 제외하면 개별 자료의 역사적 성격에 대한 연구는 아직 불충분한 감이 있다. 비은통용費隱通容(1593~1661)의 『오등엄통五燈嚴統』 편찬과 관련하여 일어난 다양한 파문 상황을 논한 것으로는 나가이 마사시永井政之의 「五燈會元續略の成立について」(『印佛硏』 24-1, 1975), 「明末に生きた

禪者たち-費隱通容による『五燈嚴統』の成立-」(『駒大宗教論集』9, 1979)이 있다. 개개 등사의 성격 등에 대해서는 앞으로의 성과를 기다린다.

또 하세베는 승려전기 기술에서 보이는 차이를 분석한 「明代における禪の法系·史傳に關する異說考」(1~4)(『愛智學院大·一般敎育硏究』25-2~4, 1977~1978)와 「海舟普慈·永慈に關する疑点」(『印佛硏』26-1, 1977)을 발표하였다.

지역불교의 전개를 살펴본 것으로는 근년 간행된 『中國佛寺志彙刊』1~3집(明文書局, 丹靑圖書公司, 1980, 1985)과 『中國佛寺誌叢刊』(江蘇廣陵古籍刻印社, 1996), 『中國名山勝蹟志叢刊』 1~4집(文海出版社)이 있는데, 각각의 사원의 역사를 파악하는 데 중요하다. 더욱이 각지 지방지의 '사관寺觀' 기사가 유효하다는 것은 말할 것도 없다. 이처럼 특정 지역과 사원에 관한 분야를 논한 연구가 근년 산발적으로 공표되고 있는데, 여기서는 천유엔陳垣의 『明季滇黔佛敎考』(中華書局, 1962)를 언급하는 것으로 그치고자 한다.

4) 유불儒佛 관계

송의 주자학으로 대표되는 불교비판에 대항하여 삼교일치三敎一致를 주장한 『상직편尙直篇』과 도장道藏의 위경僞經을 작파한 『상리편尙理篇』을 저술한 공곡경륭空谷景隆(1392~?)을 다룬 연구로는 마노 센류間野潛龍의 「明の景隆における佛敎觀」(『印佛硏』11-2, 1963), 노구치 요시타카野口善敬의 「明代前期禪門の一斷面-毒峰本善と空谷景隆-」(『日本中國學會報』34, 1982)이 있다. 명대에 성립한 양명학과 불교와의 관계를 논한 연구성과는 적지 않지만, 여기에서는 아라키 겐고荒木見悟의 연구만 언급하기로 하겠다. 아라키는 『明代思想硏究』(創文社, 1979)에서 일반에 그다지 관심의 대상이 되지 못했던 인물들을 거론하고 그중에서도 관동명管東溟에 대해 『明末宗敎思想』(同)에서 상세히 논하였다. 이에 대한 서평으로 미조구치 유조溝口雄三의 「無善無惡論の思想史的意義」(『歷史學硏究』487, 1987)가 있다. 또한 아라키荒木의 『佛敎と陽明學』(レグルス文庫116, 第三文明社, 1979)은 명의 3대사로 불리는

자백달관紫柏達觀·감산덕청憨山德淸·운서주굉雲棲袾宏과　우익지욱蕅益智旭·
각랑도성覺浪道盛에 대해 평이한 서술방식을 써서 논하였는데 이 분야의
방법론과 대략적인 흐름을 살피는 데 적합한 입문서라 할 수 있다.
운서주굉에 대해서는 아라키가『죽창수필竹窓隨筆』의 현대어 번역본(明德
出版社, 1969)을 내놓았고, 운서를 종합적으로 논한『雲棲袾宏の硏究』(大藏出
版, 1985)는 필독서다. 이 밖에도 아라키는『陽明學の展開と佛敎』(硏文出版,
1984)를 출판하였는데 여기에는 후술할 2점 외에「陽明學評價の問題」·「禪
僧無念深有と李卓吾」 등이 수록되었다.

5) 명明의 4대사四大師

(1) 운서주굉雲棲袾宏

　도원道元의 비판을 통해서도 알 수 있듯이, 일본에서는 선정일치禪淨一
致의 입장을 취한 예가 결코 많지 않지만, 중국에서는 선정일치는 물론
삼교일치三敎一致도 드물지 않고, 특히 명대에는 적지 않은 사람들이
선정일치를 주창했다. 그 대표자라고 할 인물이 운서주굉(1535~1615)이
다. 현존하는『운서법휘雲棲法彙』34권을 저술한 운서에 대해서는 앞서
언급한 아라키 겐고荒木見悟의 성과 외에「戒殺放生思想の發展」(앞의『陽明學
の開展と佛敎』), 다카오 기켄高雄義堅의 「雲棲大師袾宏について」(『內藤頌壽記念』,
1930), 마스나가 레이호增永靈鳳의「雲棲袾宏の敎學」(『駒澤史學』8, 1938), 후지
요시 지카이藤吉慈海의『禪關策進』(禪の語錄19, 筑摩書房, 1970), 사카이 다다오酒
井忠夫의「袾宏の自知錄について」(『福井博士頌壽記念』, 1969)가 있으며, 저작 전
체를 다룬 연구로는 사사키 노무마사佐々木宣正의「雲棲袾宏とその著作」(『六
條學報』102·103, 1910)이 있다. 또 후지요시藤吉는 개별 논문들을 모아『禪淨
雙修の展開』(春秋社, 1974)를 출간하고 그 전에『淨土敎思想硏究』(其中堂, 1969)
도 내놓았다. 물론 이처럼 운서의 세계를 선정일치만으로 정리하는
것은 어디까지나 편의적인 것이고, 앞서 언급하였듯이 명대의 불교자

대부분이 선정일치사상을 부정하지 않은 이상, 개개 불교자에 대해서는 선정일치사상을 포함한 종합적인 연구가 필요하다.

(2) 자백진가紫柏眞可

불교자이면서 양명학—특히 태주학파泰州學派에 가까운 인물이 자백진가(1543~1603, 字는 達觀)다. 화엄과 법상을 배운 그는 「아미타불찬阿彌陀佛贊」 등을 지어 염불을 고취하는 한편, 감산덕청憨山德淸과 밀장도개密藏道開 등과 협력하여 오대산에서 각장刻藏을 개시하였다. 각장 작업은 후에 경산徑山 숙조원寂照院에서 행해져 그의 사후에 완성되었다. 다른 사람의 무고로 옥중에서 사망하였으며 『자백존자전집紫柏尊者全集』 40권을 남겼다. 진가는 이처럼 중요한 인물이지만 그에 대한 연구성과가 꼭 많은 것은 아니다. 여기에서는 다이시시쿠린大獅子吼林의 「明季の哲僧紫柏尊者」(『觀想』16, 1925)와 아라키 겐고荒木見悟의 「紫柏眞可について」(『日本の禪語錄3 大應』, 講談社, 1978)를 들어 두고자 한다.

(3) 감산덕청憨山德淸

오랫동안 황폐해져 있던 육조혜능의 옛땅 조계 보림사를 부흥시킨 인물로 『몽유집夢遊集』 40권(혹은 55권)을 남긴 감산덕청(1546~1623)에 대한 연구로는 하세베 유케이長谷部幽蹊의 「明末叢林における修行生活の一形態—德淸による曹溪の復興をめぐって—」(『禪研究所紀要』8, 1979)가 있고, 아라키 겐고荒木見悟의 「憨山德淸の生涯とその思想」(앞의 『陽明學の展開と佛敎』), 가와무라 고쇼河村孝照의 「德淸著『起信論疏略』の資料的價値」(『東洋學研究』17, 1983)가 있다.

(4) 우익지욱藕益智旭

석경가釋經家로 유명하며 어느 한 종파에 구애받지 않고 활약한 지욱智旭(1599~1655)에 대한 연구성과는 적지 않다. 교학 관계 성과로는 쓰지오

카 료넨辻岡良稔의「藕益の性相調和思想に就いて-特に大乘起信論裂網疏を中心として-」(『叡山學報』12, 1936), 안도 도시오安藤俊雄의「藕益智旭の性具思想-傳燈との交渉を中心として-」(『印佛硏』3-1, 1954), 시성옌釋聖嚴의「智旭の思想と天台學」(『印佛硏』23-1, 1974), 이케다 로산池田魯參의「智旭敎學と天台敎判」(『印佛硏』25-1, 1976)·「『敎觀綱宗·釋義』の敎判論」(『駒大佛敎論集』7, 1976) 등이 있고, 도네가와 히로유키利根川浩行의「藕益智旭の戒學」(『印佛硏』29-1, 1980)·「智旭撰『重定受菩薩戒法』について」(『天台學報』23, 1980), 아사이 엔도淺井円道의「智旭の法華經會義等の硏究」(『法華經硏究Ⅳ』, 1972)가 있다. 다른 종교와의 관계를 논한 성과로는 아라키 겐고荒木見悟의「智旭の思想と陽明學-ある佛敎心學者の步んだ道-」(『佛敎史學』13-3, 1967)과 이와키 에이키岩城英規의「智旭『周易禪解』について」(『印佛硏』21-2, 1991)가 있다. 스성옌釋聖嚴의『明末中國佛敎の硏究』(山喜房佛書林, 1975)는 전기와 사상 등에 관한 저자의 연구를 종합한 것인데, 아라키와는 방법론을 달리한다. 이 책에 대해서는 가마타 시게오鎌田茂雄의 서평인「張聖嚴『明末中國佛敎硏究』」(『鈴木學術年報』12·13합병호, 1975)가 있고, 아라키의「張聖嚴氏の批判に答える-『明末中國佛敎の硏究』の所論について-」(『中國哲學論集』3, 1977)가 있다.

6) 각인各人

명초의 정치가이자 승려인 도연道衍(1335~1418)은 정난靖難의 변으로 영락제를 옹립한 공을 세우고, 환속해서 요광효姚廣孝라는 이름으로『태조실록太祖實錄』과『영락대전永樂大全』의 편집에 참여하였다. 송유宋儒의 불교비판에 저항한 인물로 알려져 있다. 마키타 다이료牧田諦亮의「道衍傳小稿-姚廣孝の生涯-」(『東洋史硏究』8-2, 1959)·「道衍禪師の慨き」(『禪文化』62, 1971)가 있다.

명말이 되자 조동종은 미증유의 발전을 이룩하였다. 그 가운데 수창계壽昌系로 불리고 후에 일본으로 건너간 동고심월東皐心越의 법조부法祖父

에 해당하는 선자禪者 각랑도성覺浪道盛에 대한 연구로는 아라키 겐고荒木見悟의 「覺浪道盛研究序說」(『東北大·集刊東洋學』 35, 1976)이 있고 『憂國烈火禪－禪僧覺浪道盛のたたかい－』(研文出版, 2000)이 간행되었다. 또한 각랑이 주석한 여산廬山 원통사圓通寺의 '청규'를 소개한 나가이 마사시永井政之의 「祇園寺藏, 新出覺浪道盛『尊正規』について」(1·2)(『曹洞宗研究紀要』 10·11, 1978·79)가 있다. 회계會稽(저장성) 운문산雲門山에 주석한 담연원징湛然圓澄(1561~1626)에 대해서는 사와다 미즈호澤田瑞穗의 「明季緇流曲家·散木湛然圓澄禪師事蹟」(『天理大學報』 28, 1959), 아라키의 「明末の禪僧湛然圓澄について」(『廣島大·支那學研究』 28, 1962), 사사키 쇼카쿠佐々木章格의 「湛然圓澄註『涅槃經會疏解』について」(『印佛研』 27-1, 1978) 등이 있다.

장시성江西省 박산博山을 중심으로 활약한 무이원래無異元來에 대해서는 하세베 유케이長谷部幽蹊의 「無異元來禪師略傳」(『禪研究所紀要』 4·5합병호, 1977)·「博山の門流」(1, 2)(『印佛研』 24-2, 25-1, 1976)·「鐵眉三巴掌の急逝にまつわる疑惑」(『印佛研』 28-1, 1979)·「三峰一門の隆替」(Ⅰ~Ⅵ)(『愛知學院大·一般教育研究』 31-4, 32-13, 33-3·4, 1984~1986)가 있다.

또 일본으로 건너가 황벽종黃檗宗을 전한 은원융기隱元隆琦(1592~1673)와 조동종을 전한 심월흥주心越興儔(1639~1696)에 대해서는 『禪學研究入門』을 참조하기 바란다.

7) 승쟁僧諍

명말청초의 불교계는 다른 종교와 대립하며 논변과 융합도 있었지만, 교단 내부에서도 다양한 쟁론이 발흥했다. 이것들을 망라한 연구가 천유엔陳垣의 『清初僧諍記』(中華書局, 1962)고, 근년 노구치 요시타카野口善敬에 의해 『譯注·清初僧諍記－中國佛教の苦惱と士大夫たち－』(中國書店, 1989)로 간행되었다. 노구치는 폭넓은 연구 시야를 갖춰 명청불교 연구를 계속하고 있는데, 그 한 분야로서 교단 내의 쟁론을 다룬 「'本來無一物'は外道の法」

(『禪文研紀要』18, 1984)·「明末における'主人公'論爭-密雲圓悟の臨濟禪の性格を巡っ て-」(『九州大·哲學年報』45, 1986)·「明末淸初僧諍研究資料について」(『第1回中國域外 漢籍國際學術會議論文集』, 1987)·「明末淸初僧諍覺書-覺浪道盛の密雲圓悟批判を巡っ て-」(『宗學硏究』29, 1987)·「牧雲通門の『五論』をめぐって-明末淸初僧諍覺書(2)-」 (『宗學硏究』32, 1990)·「『宗範』について-明末淸初僧諍覺書(3)-」(『宗學硏究』33, 1991) 등의 성과를 발표하였다.

제4절 청대 불교

17세기 초두, 이미 쇠락의 길을 걷던 명나라는 누루하치(淸 太祖), 홍타 이지(太宗)를 받드는 청국과 한창 전란중이었다. 1644년(崇禎 17, 順治 원년) 5월 청군은 북경에 입성하고 10월 순치제順治帝가 즉위하여 중원 지배를 시작하였으나 이후 얼마간은 전란이 계속되었다. 그러다 강희제康熙帝 시대에 들어 점차 안정되었다. 청대의 이러한 역사적 동향을 다양한 분야에 걸쳐 종합적으로 논술한 것이 마쓰마루 미치오松丸道雄 등의 『世界 歷史體系·中國史』(4·5, 山川出版社, 2002)다. 개별 해설을 중심으로 하는 헤이 본샤平凡社의 『東洋歷史事典』도 이용에 편리하며 모치즈키 신코望月信亨의 『佛教大辭典』 補遺(世界聖典刊行協會)도 유효하다.

그런데 이러한 이민족 정권 하의 불교를 연구하는 일은 명대 이상으 로 대단히 곤란한 작업이다. 원자료는 방대하지만, 하나같이 연구가 진행중인데다 이마저 전 시대에 비하면 양질 모두 적다는 사실을 부정 할 수 없다. 그 간접적인 원인을 보면, 『禪學研究入門』에서도 서술하였듯 이 일본에서 이루어지는 중국불교 연구는 아무래도 그 연구자가 입각해 있는 한 종파를 중심으로 해서 이루어지고 있다는 점, 저작을 독해하려 면 종전의 불교사상 전반에 대한 이해만이 아니라 3교三敎 전체에 대한 이해가 필수라는 점에 기인한다.

우선 통사로서 탄쉬안談玄의「淸代佛敎の槪況」(『日華佛敎硏究會年報』6, 1943)
이 있고, 야지마 겐료矢島玄亮의「槪觀淸朝佛敎史」(『智山學報』9, 1961)가 있는
데 '개관'의 범주를 벗어나지 않는다. 가와무라 고쇼河村孝照의「淸代佛敎
史考」(『東洋學硏究』14, 1980)는 청대에 찬술된 저작을『청사고淸史稿』석가부釋
家部와『속장續藏』을 이용해서 정리하였다. 가와무라의 연구에는 따로
「淸代佛敎者の硏究活動-注釋類を通して-」(『印佛硏』28-2, 1980)이 있다. 청말
부터 민국에 이르는 격동기의 중국불교 담당자들을 개별적으로 논급한
시둥취釋東初의『中國佛敎近代史』(中華佛敎文化館, 1974)도 언급해 둔다.

어쨌든 순치제와 강희제, 옹정제 모두 불교에 대한 관심이 강했다.
옹정제가 스스로를 원명거사圓明居士라 칭하며『어선어록御選語錄』을 편찬
한 사실은 유명하며, 청조의 많은 불교정책 역시 명대의 것에서 배웠다.
이에 대한 연구로 야마노우치 신쿄山內晉卿의「淸朝帝室と佛敎」(『六條學報』
210, 1919), 천유엔陳垣의「語錄と順治宮廷」·「順治皇帝出家」(『陳垣集』, 中國社會
科學出版社, 1995), 쓰카모토 슌코塚本俊孝의「雍正帝の佛敎敎團批判」(『印佛硏』
7-1, 1958)·「雍正帝の佛敎敎團への訓誨」(『印佛硏』9-1, 1961)·「乾隆帝の敎團肅正政
策と雍正帝」(『佛敎文化硏究』11, 1962)·「雍正·乾隆二帝の佛學」(『印佛硏』11-2, 1963),
쓰카모토 젠류塚本善隆의「明·淸政治の佛敎去勢-特に乾隆帝の政策-」(『塚本俊
孝著作集5』, 大東出版社, 1975) 등이 알려져 있다.

그런데 명·청대 불교의 특징 중 하나로 거사불교居士佛敎를 들 수 있다.
이는 중국불교에 전문가(출가자)가 없어졌다는 것을 의미한다. 어떤 의
미에서는 현실 속에서 불교를 어떻게 포착하고, 어떻게 살아나갈 것인
가 하는 '종교'에 관한 중국인 고유의 명제에 대한 하나의 해답이라고도
할 수 있다. 이 분야에서는 도쿠시 유쇼禿氏祐祥의「居士佛敎について」(『日華佛
敎硏究會年報』1, 1936), 오가와 간이치小川貫弌의「居士佛敎の近世的發達」(『龍大論
集』339, 1950)·「居士佛敎の論理的性格」(『龍谷史壇』35, 1951)·「中國における居士佛

敎と倫理」(『日佛年報』27, 1962)가 있다. 또 류청요우劉成有의「近現代居士佛敎研究』(巴蜀書社, 2002)가 있다.

이와 관련하여『거사전居士傳』을 저술한 팽소승彭紹升(1740~1796. 자는 允初, 尺木居士·知歸子. 법호는 際淸)의 불교신앙은 명말의 운서주굉으로부터 영향을 받았는데 이를 논한 연구로 오기스 요리미치荻須順道의「近世中國に於ける居士佛敎に就いて-彭際淸を中心として-」(『禪學硏究』40, 1947), 다케우치 하지메竹內肇의「彭紹升の「居士傳」について」(『宗敎硏究』238, 1979)가 있고, 나카무라 가오루中村薰의「彭際淸『華嚴念佛三昧論』について」(『印佛硏』 31-1, 1982), 전기와 사상에 대해 논한 마키타 다이료牧田諦亮의「居士佛敎に於ける彭際淸の地位」(『中國佛敎史硏究 2』, 大東出版社, 1984), 아라키 겐고荒木見悟의「彭際淸をめぐる二人の人物」(앞의『陽明學の展開と佛敎』)이 있다.

또한 금릉각경처金陵刻經處를 개설하여 불전의 간행과 불교 교육에 진력하고, 나아가 탄쓰퉁譚嗣同과 장타이옌章太炎 등의 사상에 영향을 주고 어우양젠歐陽漸의 스승이 된 양원후이楊文會(1837~1911)에 대해서는 쓰카모토 젠류塚本善隆의『中國近世佛敎史の諸問題』(앞의 전집5)에서 논하였고, 사카모토 히로코坂元ひろ子의「楊文會と淸末居士佛敎」(『世界歷史大系·中國史5』, 山川出版社, 2002), 러우위리에樓宇烈의「中國近代佛學の振興者-楊文會-」(坂元ひろ子 譯,『東洋學術硏究』25-1, 1986), 후지야 고에쓰藤谷浩悦의「楊文會の生涯とその社會觀」(『筑波大學創立記念』, 雄山閣出版, 1986) 등이 있고, 이것들을 계승한 천지둥陳繼東의『淸末佛敎の硏究-楊文會を中心として-』(山喜房佛書林, 2003)가 있다. 특히 천지둥의 책은 앞부분에서 선행 연구 등을 언급하고 있어 편리하다.

『해조음海潮音』을 창간하고 무창불학원武昌佛學院을 창설하는 등 이후 중국불교계에 큰 영향을 준 타이쉬太虛(1890~1949)에 대해서는 그의 저작을 망라한『太虛大師全集』64권이 있다. 타이쉬에 대해서는 중국불교를 다루는 통사에서는 볼 수 있지만, 그 사상과 활약의 의의를 밝히는 데는 아직 시간이 필요하다.

1) 묘산흥학운동廟産興學運動

양원후이 등의 노력에 힘입어 부흥한 중국불교계에 괴멸적 타격을 준 것이 호광총독湖廣總督 장지동張之洞(1837~1909)에 의한 '묘산흥학운동廟産興學運動'이었다. 이 운동에 대한 연구로는 마키타 다이료牧田諦亮의 「清末以後に於る廟産興學と佛教教團」(『東亞研究』 64, 1942), 쓰카모토 젠류塚本善隆의 「中華民國の佛教」(『三教授頌壽記念』, 1952), 후지이 소센藤井草宣의 「中國佛教の寺田喪失-解放までの經緯-」(『東海佛教』 3, 1957) 등이 있다.

2) 불교의 민중수용

사회 유대, 즉 불교가 중국민중에게 어떻게 수용되어 갔는가 하는 문제는 명·청시대만으로 한정되지 않는다. 에릭 취르허Erich Zürcher의 『佛教の中國傳來』(田中純男 等 譯, セリカ書房, 1995)가 중국불교에 대해 평하기를 '진신불교縉紳佛教'라고 하였듯이, 중국불교 하면 떠오르는 전통적인 이미지는 대개 엘리트층이 수용하고 이해한 불교이며, 민중이 받아들인 불교는 반드시 그렇게 고매한 이론을 구사하는 것은 아니었다. 불교자측 역시 이론일변도로 민중을 교화한 것도 아니다. 이것을 중국불교가 갖는 이중구조라고 평가해 버리는 것은 섣부른 감이 있고, 그렇게 간단하게 정의할 수 없다는 데 중국불교의 복잡성이 있다고 하겠다. 앞에서 언급한 아라키 겐고荒木見悟의 지적을 빌리면 바로 현실성 속에 본래성이 어떻게 나타나느냐 하는 문제겠다. 이러한 현실성과 본래성의 긴장관계를 보려면 당연히 불교측 자료만이 아니라 도교와 유교, 나아가 일반 소설과 수필 등에 대한 검토가 요구될 것이다.

여하튼 좁은 범위의 불교사라고 하면 명·청시대, 특히 청대에는 교단이든 개인이든 눈에 띄는 활약이 적어 그만큼 불교가 쇠퇴한 느낌이 드는 것은 부정하기 어렵다. 그렇지만 앞에서 서술하였듯이 그보다 시야를 넓혀 변용을 거치며 민중 속으로 침투한 불교라는 점에 초점을 맞춘다면 이 때만큼 다채로운 전개를 보인 시대도 없다고 할 수 있다.

3) 보권寶卷 연구

이 같은 민중의 불교수용을 염두에 둘 때 간과할 수 없는 것이 정전둬鄭振鐸가 『佛曲叙錄』(小說月報 17外, 1927 ; 『中國文學論集』, 上海開明書店, 1934 재록 ; 『中國文學硏究』, 北京作家出版社, 1957 재록)에서 처음 언급한 '보권寶卷'이라는 존재다. 이후 보권은 다양한 각도에서 연구되었는데, 특히 그 종교적 측면에 주목한 것이 샹다向達의 「明淸之際之寶卷文學與白蓮敎」(『文學』2-6, 1934 ; 『唐代長安與西域文明』, 北京三聯書店, 1957 재록)로, 이 글에서 62종의 보권에 대해 언급한 황육편黃育楩의 『파사상변破邪詳弁』의 존재를 지적하였다. 사카이 다다오酒井忠夫의 『中國善書の硏究』(弘文堂, 1960), 사와다 미즈호澤田瑞穗의 『寶卷の硏究』(采華書林, 1963 ; 증보판 國書刊行會, 1975)와 19세기 중엽의 다양한 교파를 비판적으로 다룬 황육편의 『파사상변』을 역주한 사와다澤田의 『校注破邪詳弁』(道敎刊行會, 1972), 처시룬車錫倫의 『中國寶卷硏究論集』(學海出版社, 1996), 다니엘 오버마이어Daniel L. Overmyer의 Precious Volumes-An Introduction to Chinese Sectarian Scripture from the Sixteenth and Seventeenth Centuries (Harvard College, 1999) 등은 보권의 세계를 알기 위한 필독서라 할 수 있다. 또한 사와다澤田와 요시오카 요시토요吉岡義豊 덕에 예전에는 입수가 어려웠던 보권이 복각되었고, 현존하는 보권을 망라하여 영인 출판한 장시쉰張希舜 등(編)의 『寶卷』 初集(40권, 山西人民出版社, 1994)과 왕치엔촨王見川 등(編)의 『明淸民間宗敎經卷文獻』(12책, 新文豊出版公司, 1999) 등의 간행은 원자료를 제공하기 위한 것으로 매우 유익하다.

개별 보권에 대해서는 언급할 수 없지만, 예컨대 간본刊本으로는 현재 20종 정도가 알려져 있는 '향산보권香山寶卷'에 관한 관음신앙을 둘러싼 연구로 쓰카모토 센류塚本善隆의 「近世シナ大衆の女身觀音信仰」(『山口博士還曆記念』, 法藏館, 1955), 요시오카吉岡의 「民衆社會における寶卷流宗敎の展開」(同著作

集1, 五月書房, 1989), 사와다澤田의 「香山觀音緣起の淸代-異本-」(『中國の庶民文藝』, 東方書店, 1986), 아이다 유타카相田洋의 「金蘭會·寶卷·木魚書-中國における結婚拒否運動と民衆文藝-」(『柳田節子古稀記念』, 汲古書院, 1993), 이야나가 노부미彌永信美의 『觀音變容譚-佛敎神話學Ⅱ-』(法藏館, 2002), 마에카와 도루前川亨의 「禪宗史の終焉と寶卷の生成-鎖釋金剛科儀と香山寶卷を中心に-」(『東洋文化』 83, 2003) 등이 있고, 묘선전설妙善傳說을 생각할 때 중요한 '향산사비香山寺碑'의 존재에 대해 언급한 글렌 덧브리지Glen Dudbridge의 The Legend of Miao-shan (Oxford Univ. Press, 1978)과 라이루이허賴瑞和의 『妙善傳說的兩種新資料』(『中外文學』 9-2, 1980) 등이 있다.

4) 결사結社

나아가 근대 중국의 비밀결사의 동향 등도 시야에 넣어야 한다. 이 분야에서는 후한 이후 청대에 이르기까지 다양한 기의起義를 다룬 스즈키 나카마사鈴木中正의 『中國史における革命と宗敎』(東京大學出版會, 1974)가 있고, 노구치 데쓰로野口鐵郎의 『明代白蓮敎史の硏究』(雄山閣出版, 1986)와 아사이 모토이淺井紀의 『明淸代民間宗敎結社の硏究』(硏文出版, 1990), 원대 자료를 수집한 양너楊訥의 『元代白蓮敎資料彙編』(中華書局, 1989)이 있다. 이 밖에도 다양한 개별 논문이 있는데, 아이다 유타카相田洋의 「白蓮敎の成立と展開-中國民衆の變革思想の形成-」(『中國民衆反亂の世界』, 汲古書院, 1983)에서 〈白蓮敎硏究小史〉는 연구사를 개관한 것으로 편리하다.

송대의 백운종白雲宗에 기원한다는 나교羅敎는 명나라 정덕正德 연간 (1506~1522) 무렵 나청羅淸(羅懷, 羅祖, 無爲祖)에 의해 창시되었는데, 이를 둘러싼 연구로 시게마쓰 슌쇼重松俊章의 「宋元代の白雲宗門」(『史淵』 2, 1930)과 쓰카모토 젠류塚本善隆의 「羅敎の成立と流傳について」(『東方學報』 17, 1949), 사카이 다다오酒井忠夫의 『中國帮會史の硏究-紅帮篇-』(同, 1998)가 있다. 근년 중국에서 이루어진 뛰어난 연구성과로 리쉬위李世瑜의 『現代華北祕密

宗教』(1948 原 ; 上海文藝出版社, 1990) 이하의 논저를 들어 두고자 한다.

전체를 다룬 논저

차이샤오칭蔡少卿, 『中國近代會黨史硏究』(中華書局, 1987).

중국회당사연구회中國會黨史硏究會, 『會黨史硏究』(學林出版社, 1987).

허베이문사자료편집부河北文史資料編輯部, 『近代中國帮會內幕』 2권(河北人民出版社, 1992)·『近代中國土匪實錄』 3권(同, 1993).

친바오치秦寶琦, 『中國地下社會』(學苑出版社, 1993).

주유민周育民, 『中國帮會史』(上海人民出版社, 1993).

판춴산范春三 등, 『舊中國三敎九流揭秘』 2권(中國社會出版社, 1997).

난빙원南炳文, 『佛道祕密宗敎與明代社會』(天津古籍出版社, 2002).

탄쑹린譚松林, 『中國祕密社會』 6권(福建人民出版社, 2002).

개별을 다룬 논저

구스타프 슐레겔Gustave Schlegel, 『天地會硏究』(1963 원간 ; 北人民出版社, 1990).

허즈칭赫治清, 『天地會起源硏究』(社會科學文獻出版社, 1996).

마시샤馬西沙, 『淸代八卦敎』(中國人民出版社, 1989).

궈수린郭樹林, 『天師道』(上海社會科學院, 1990).

궈위메이郭予明, 『上海小刀會起義史』(中國大百科全書上海分社, 1993).

여기에 천궈핑陳國屛의 『淸門考源』(1933 初版 ; 河北人民出版社, 1990 복간. 나중에 左久梓, 『中國の祕密宗敎と祕密結社』, 心交社, 1993 수록)과 샤오위샨蕭一山의 『近代祕密社會史料』(1933 原刊 ; 上海文藝出版社, 1991)는 결사 내의 은어와 수어手語를 소개하고 있다. 다이웨이궝戴魏光의 『洪門史』(1974 原刊 ; 河北人民出版社, 1988), 쥐린朱琳의 『洪門史』(河北人民出版社, 1990), 셩커生可의 『靑紅帮之黑幕』(원 간년 미상 ; 河北人民出版社, 1990) 등이 있다. 마시샤馬西沙·한빙팡韓秉方의 『中國民間

宗教史』(上海人民出版社, 1992)・『中國民間宗教』(2권, 中國社會科學出版社, 2004)는 한
대漢代 말기의 도교에서 시작하여 청대에 이르기까지의 민간종교를 널
리 논한 대저다. 또 이 분야의 고전으로 평가받고 있는 데 흐로트De
Groot의 Sectarianism and Religious Persecution in China (Amsterdam, 1903 ;
牧尾良海 譯, 『中國における宗教受難史』, 國書刊行會, 1980)는 특히 명대 이후의 여러
종파들을 널리 다루었는데 일본어 번역본도 나와 있어 편리하다. 소개
한 범위는 한정적이지만 푸원치漢文起의 『中國民間祕密宗教辭典』(四川辭書出
版社, 1996)은 문자 그대로 사전임과 동시에 부록에 중국·일본의 연구성
과를 소개하였다. 또한 다니엘 오버마이어Daniel L. Overmyer의 Folk
Buddhist Religion (Harvard Univ. Press, 1976)이 린바라 후미코林原文子(監譯)의
『中國民間佛教教派の研究』(研文出版, 2005)로 번역 출판되어 구미의 성과도
소개되어 편리하다.

　　이 밖에 임조은林兆恩의 삼일교三一教를 둘러싼 연구성과로는 마노 센류
間野潜龍의 「明代における三教思想−特に林兆恩を中心にして−」(『東洋史研究』 12-1,
1952)・『明代文化史研究』(同朋舍出版, 1979), 주디 베를링Judith A. Berling의 The
Syncrefic Religion of Lin Chao en (Columbia Univ. Press 1980), 정찌밍鄭志明의
『明代三一教主研究』(學生書局, 1988) 등이 있다.

5) 개별신앙

　　중국불교의 특색 중 하나가 특정한 불보살佛菩薩과 조사祖師에 대한
신앙이다. 이는 꼭 순수한 불교교리에서 도출되는 것만은 아니다. 오히
려 삼교가 복잡하게 융합되어 중국 민중에게 수용된 결과라고 할 수
있다. 이것은 중국 민중이 종교에 기대한 것이 무엇이었는지를 시사해
준다고도 할 수 있다. 관음신앙에 대해서는 앞에서 다뤘는데, 백련교의
성립과 전개도 미륵신앙과 관련된다고 할 수 있다. 나가이 마사시永井政
之의 『中國禪宗教團と民衆』(山內書店, 2000)은 불교, 특히 선종에 관련되는

몇몇 신앙을 다루었는데, 삼교三敎의 울타리를 치워버리고 보면, 구보
노리타다窪德忠의 『道敎史』(山川出版社, 1977)·『道敎の神々』(平河出版社, 1986), 히
라카와출판平河出版의 『道敎』(1983)가 평이한 서술로 초심자에게 도움이
된다. 또한 사와다 미즈호澤田瑞穗의 일련의 성과인『中國の民間信仰』(工作
舍, 1982), 『宋明淸小說叢考』(硏文出版, 1982), 『中國の呪法』(平河出版社, 1984) 등은
불교 관계만 다룬 것은 아니지만 중국 서민의 신앙을 살필 때 시사해주
는 바가 풍부하다. 중국 측에서는 위안허袁河의 『中國神話傳說詞典』(上海辭
書出版社, 1985), 종리宗力·류췬劉群의 『中國民間諸神』(河北人民出版社, 1986), 『道
敎大辭典』(浙江古籍出版社, 1987), 원판元版 등을 영인한 『繪圖三敎源流搜神大全
(外二種)』(上海古籍出版社, 1990, 『搜神記』·『新編連相搜神廣記』를 합철), 중국 길드의
신들을 치밀하게 살핀 리챠오李喬의 『中國行業神崇拜』(中國架橋出版公司, 1990),
유불도 삼교를 망라하여 다룬 마슈티옌馬書田의 『華夏諸神』(北京燕山出版社,
1990)·『中國民間諸神』(團結出版社, 1995) 등이 있다.

제5절 사적史蹟 조사

마지막으로 사적 조사와 관련된 것들을 들어보자. 여기에는 엔닌円仁
과 조진成尋·사쿠겐策彦 등의 중국 도해 기록도 포함될지 모르나 이 글에
서는 생략하기로 하고, 메이지明治 이후의 것을 중심으로 한다. 우선
언급해야 할 것은 도키와 다이조常盤大定·세키노 다다시關野貞의 『支那文化
史蹟』(金尾文淵堂, 1925 ;『中國文化史蹟』法藏館, 1975) 및 도키와 다이조의 『支那佛
敎史蹟並評解』(佛敎史蹟硏究會, 1925)다. 사진을 중심으로 옛날 불교사적들을
소개하면서 필요한 문헌, 특히 탁본을 소개한 것으로 귀중하며 가치가
매우 크다. 도키와 다이조는 따로 『中國佛敎史蹟踏査記』(國書刊行會, 1972
복간)를 냈는데 답사일정 등을 알아보는 데 편하고 논문으로는 구성하기

어려운 세계世界를 담고 있어 흥미롭다. 개별 논문도 적지 않지만, 미즈노 세이이치水野淸一·나가히로 도시오長廣敏雄의 『龍門石窟の硏究』(同朋舍出版, 1979 복간)·『雲崗石窟』(京都大學雲崗硏究會, 1951~1956), 마쓰모토 에이이치松本榮一의 『敦煌畵の硏究』(同朋舍出版, 1985 복간) 등 외에 둔황 막고굴莫高窟, 궁현鞏縣 석굴사石窟寺, 키질 석굴, 쿰트라 석굴, 병령사炳靈寺 석굴, 맥적산麥積山 석굴, 룽먼龍門 석굴, 윈강雲崗 석굴, 안서유림굴安西楡林窟을 벽화 중심으로 보고한 헤이본샤平凡社의 '中國石窟' 시리즈도 있다. 중국 조동종 법계와 관련된 사적을 소개한 『フォトグラフ中國曹洞禪』(曹洞宗宗務廳, 1993), 지역을 한정하여 소개한 스즈키 데쓰오鈴木哲雄의 『浙江江西地方禪宗史蹟訪錄』(山喜房佛書林, 1997)도 있다.

이 분야에 관해서는 중국측 연구성과 중에도 근년 볼 만한 것이 있는데, 문화부문물국文化部文物局이 펴낸 『中國名勝詞典』(上海辭書出版社, 1981)은 간결하고 각지 문물관리자들의 협력의 결과물로 그 가운데 전 중국에 걸친 불교사적을 소개해서 매우 편리하며 일본어 번역본도 나와 있다.

이들 사적을 조사 연구하려면 당연히 사전조사가 필요한데, 이를 위한 것으로 앞서 제시한 『中國佛寺史志彙刊』·『中國名山勝蹟志叢刊』·『中國佛寺志叢刊』이 있고, 푸젠·저장성을 중심으로 송원대 지방지地方志를 정리한 『宋元地方志叢書』(大化書局, 1980 ; 中華書局, 1990)도 유효有效하다.

이상으로 명청대 중국불교의 연구동향을 대략적으로 서술하였다. 현대중국의 불교동향과 관련해서는 민국시대 이후의 동향, 나아가 사회주의 정권 하에서의 종교문제를 다룬 중국측 성과도 적지 않지만 과감히 생략한다.

마지막으로 이 글을 작성할 때 노구치 요시타카野口善敬의 『近世中國佛敎硏究ガイド』(私家版, 1992)의 지적을 참고하였음을 기록하여, 인사를 대신코자 한다.

『중국불교 연구입문』은 오카베 가즈오岡部和雄와 다나카 료쇼田中良昭 등 일본 불교학의 권위자 18명의 공저다. 이 책은 중국불교에 대한 입문서이자 연구사적 성격을 갖는 것으로 시대별로 주제, 방향, 참고자료를 제시하여 대학이나 대학원에서 강의를 듣거나 혹은 논문을 작성할 때 지침서로서 편찬된 책이다. 그러나 연구입문이라는 서명에도 불구하고 실제로는 불교 및 불교사 연구자를 비롯한 관련 분야 연구자들의 참고서가 될 수 있고, 역사학 등 관련 분야들의 연구에서도 활용할 수 있다는 점에서 의의가 있다.

이 책은 〈총론〉과 〈각론〉의 2부, 그리고 본문에 소개된 참고문헌의 편·저자 인명을 검색할 수 있는 〈찾아보기〉로 구성되어 있다. 〈총론〉은 중국불교의 개요와 특색, 격의와 삼교교섭, 역경·경록·위경, 둔황의 불교, 대장경의 개판, 중국불교와 주변 여러 나라 등 모두 6장으로 편성하여 중국불교뿐 아니라 동아시아 한문불교문화권에 속하는 여러 나라 불교에 대한 연구방법, 경전과 문헌, 지역의 특징 등 불교 연구의 기본사항들을 정리하였다. 〈각론〉에서는 중국에 불교가 전래된 한·위·양진 시대, 남북조시대, 수·당시대, 송대와 요·금대, 원·명·청대 등 시대별로 구분하여 서술하였다. 한·위·양진 시대와 남북조시대의 불교에서는 불교 전래 전후의 여러 문제, 연구사와 연구방향을 제시한 뒤

각 시대별 주요 주제에 대해 개설하고 관련 사료 및 참고문헌을 소개하는 방식을 취하였다. 수·당시대의 불교에 대해서는 천태종, 삼론종, 삼계교, 법상종, 화엄종, 율종, 정토교, 선종, 밀교 등 9개 분야로 구분하였다. 여기에서는 연구사 개관, 개설서 및 연구서 등 주요 참고문헌 소개, 연구과제를 공통적으로 제시하고, 기타 종파별 핵심 주제에 대해 연구사적 검토를 행하였다. 송대와 요·금대 불교는 선종을 중심으로 천태종·화엄종·율종·밀교·정토교 등을 개관하고, 요·금 불교 분야는 현재의 연구상황을 반영하듯 간략히 검토하였다. 이어 원·명·청대 불교는 방법론과 함께 각 조대별朝代別 핵심 주제에 대해 연구사적 검토를 행하였다. 끝으로 〈찾아보기〉는 본문에 실린 항목과 직접 관계가 있는 참고문헌의 편·저자, 역자 등을 수록하였다. 특히 한국어 번역본에서는 일본과 중국 편·저자 인명을 해당 국가의 발음으로 표기하여 검색 및 활용에 도움이 되도록 하였다.

이 책의 특징은 무엇보다도 해당 분야의 권위자들이 집필한 불교학 및 불교사를 포함한 중국불교 연구에 최적이자 현재 유일한 입문서라는 점에 있다. 특히 연구입문서로서의 기본적인 특징 외에도 연구사를 검토하면서 역사적 사실을 중심으로 논저에 대해 논평하며 서술한 것을 장점으로 지적할 수 있다. 이를 통해 연구자는 함께 쓰인 연구논저를 알 수 있고 동시에 역사적 사실과 함께 불교역사를 개관할 수 있어 간략한 중국사를 포함한 중국불교사를 통람하는 효과를 볼 수 있을 것이다. 또한 이 책은 일부 통사, 논저, 연구법을 겸하여 서술한 불교사 입문서로서도 연구자에게 많은 도움을 줄 것이다. 연구자는 연구주제의 선정부터 가용할 수 있는 참고자료를 알 필요가 있다. 결국 어떤 저자 및 논저가 갖는 연구사적 위상과 의의를 명확히 판단하는 것이 선결 과제라 할 수 있다. 이러한 의미에서 이 책은 특정 연구주제의 출발점과 한계를 보여준다는 점에서 적절히 활용한다면 효용이 매우 클 것이다. 특히 역사적 사실, 논저, 방법론의 3자를 아울러 활용한다면 불교사 교재뿐 아니라 참고서로도 충분히 기능할 수 있을 것이다. 나아가 이 책을 통해 중국불교 연구의 핵심 주제 및 학술용어를 특정하고 습득할 수 있을 것이다. 불교 연구는 난해한 경전과 논서를 통해 이루어지는 만큼 불교용어의 개념과 핵심주제를 정확히 파악할 필요가 있다. 이와 관련하여 이 책을 통해 그러한 연구를 수행할 수 있는 기초지식을 함양할 수 있을 것으로 판단된다.

위와 같은 특징과 장점에도 불구하고 이 책은 일본의 연구성과를 중심으로 하여 현재 일본 불교학계의 중국불교 발전의 역사 관점을 보여주고 한국 및 중국 등의 연구는 일부만을 소개하였다. 따라서 이 책을 중심으로 일본학계의 연구성과를 섭렵한 위에 한국과 중국의 연구성과들을 보충하여 그 위치와 의의를 확인할 필요가 있다. 또한 여기에는 2006년 12월까지의 연구성과를 담은 것이므로 2007년 이후의 연구성과를 추가해야 한다는 점도 있다. 물론 그렇다고 해서 이 책의 가치와 효용이 줄어드는 것은 결코 아니다. 기타 연관하여 정리할 내용을 살펴보면, 최근 대장경을 포함한 불전, 논저, 불화 및 도상 등이 각종 웹사이트에서 텍스트 및 이미지로 제공되는 추세다. 이러한 자료의 활용에도 주의할 필요가 있다.

이 책을 번역하면서 가능한 저자의 용어와 표현을 그대로 전달하고자 직역하는 쪽을 택하였기 때문에 다소 어색한 부분도 있을 것이다. 이 책의 집필자들은 대부분 40~50년 동안 연구를 계속해오면서 나름의 용어를 선정하고 문장 표현에서 자신만의 특징을 갖추고 있다. 이에 그 본지를 흐리지 않도록 최대한 주의하되, 독자들의 가독력을 높이기 위해 부득이한 경우 우리나라의 용어와 표현으로 바꾸기도 하였다.

이 책의 번역이 불교연구 입문자를 위함이고, 나아가 불교연구자들의 저변확대와 심화연구를 위한 것이니 원문 집필진도 너그러이 이해해줄 것으로 생각한다.

이 책의 한국어판 번역과 출판은 일본 고마자와대학駒澤大學 명예교수이신 이시이 고세이 선생님이 출판사 및 집필진으로부터 번역 허가를 받아주셨기에 가능하였다. 옮긴이는 2007년 한국연구재단의 지원으로 일본 고마자와대학 불교학부의 외국인 연구원으로 '고려시대 한문불교 문화권의 불교 교류 연구'를 수행한 바 있다. 이 연구는 일본 내 한국불교사 및 화엄학 권위자인 이시이 고세이 선생님과 요시즈 요시히데吉津 宜英 선생님의 초청 및 지도로 가능하였다. 고려시대 불교사를 전공한 옮긴이는 화엄 및 천태교학 등 불교교학에 대한 연구 현황을 검토하면서 이시이 선생님으로부터 당시 막 출판된 이 책을 받아 활용하였다. 이시이 선생님과 요시즈 요시히데 선생님과는 매주 관련 연구의 진척을 논의하는 한편, 화엄학 및 기신론 관련 수업에 참여하였다.

그 밖에도 고마자와대학의 다른 선생님들로부터도 많은 도움을 받았다. 이 책의 〈삼론종〉 부분을 집필한 오쿠노 미쓰요시奧野光賢 선생님으로부터는 매주 〈삼론종〉 부분을 읽으면서 많은 교시를 받았고, 〈일본불교〉를 집필하신 사토 슈코佐藤秀孝 선생님께는 일본불교사와 송·원의 불교 교류와 관련된 논저와 교시를 받았다. 또한 〈대장경 개판〉을 집필하신 시나 고유椎名宏雄 선생님과는 이시이 고세이 선생님과 함께 고마자와대학 중앙도서관의 에다 도시오江田俊雄 문고를 조사하여 국내외 유일본인 『오삼집五杉集』 등을 학계에 소개하기도 하였다. 〈송대와 요·금의 불교〉를 집필하신 이시이 슈도石井修道 선생님의 『종용록』 등 선종서 독회 세미나에 참여하여 송·원대 선종의 연구성과를 확인하기도 하였다. 이 책의 번역은 옮긴이의 연구에 크나큰 도움을 주신 고마자와대학 선생님들을 소개하는 한편 작으나마 감사의 표시이기도 하다.

한국어 번역본의 출판은 도서출판 혜안의 오일주 대표님이 흔쾌히 맡아 주셨다. 출판업계의 어려운 상황에도 딱히 상업성이 없는 전문학술서의 출판을 맡아주신 도서출판 혜안에 특별한 고마움을 전한다. 특히, 편집부의 김현숙 선생님과 김태규 선생님은 일본 및 중국 고유명사의 한글표기, 본문의 오역, 오·탈자까지 상세히 교정해 주셨다. 그리고 티베트불교 부분은 중앙승가대학교 불교학부 최종남 선생님의 교시로 용어 표기를 수정할 수 있었다. 찾아보기 작업은 국민대학교 국사학과 대학원의 김나영 양이 수고해 주었다. 이와 관련하여 모든 분께 감사드린다.

이로써 불교연구자뿐 아니라 관련 학문분야의 연구자도 쉽게 접근할 수 있게 되어 본서의 학문적 활용 및 효용을 확대할 수 있게 되었다. 이 책이 관련 연구자들에게 조금이라도 도움이 된다면 옮긴이로서는 정말 큰 보람이 될 것이다.

2023년 7월 23일
옮긴이 **박 용 진**

93

＿ ㅎ

집필자 (집필순)

오카베 가즈오 岡部和雄 おかべ かずお   1935년 秋田縣生 駒澤大學卒業 駒澤大學名譽教授

이토 다카토시 伊藤隆壽 いとう たかとし   1944년 山形縣生 駒澤大學卒業 駒澤大學教授

가미야마 다이슌 上山大峻 かみやま だいしゅん 1934년 山口縣生 龍谷大學卒業 龍谷大學名譽教授

시나 고유 椎名宏雄 しいな こうゆう   1934년 東京都生 駒澤大學卒業 龍泉院住職

이시이 고세이 石井公成 いしい こうせい   1950년 東京都生 早稻田大學卒業 駒澤大學教授

사토 슈코 佐藤秀孝 さとう しゅうこう   1953년 新潟縣生 駒澤大學卒業 駒澤大學教授

기무라 세이지 木村誠司 きむら せいじ   1955년 北海道生 駒澤大學卒業 駒澤大學教授

이케다 로산 池田魯參 いけだ ろさん   1941년 長野縣生 駒澤大學卒業 駒澤大學教授

오쿠노 미쓰요시 奧野光賢 おくの みつよし   1958년 宮城縣生 駒澤大學卒業 駒澤大學教授

니시모토 데루마 西本照眞 にしもと てるま   1962년 廣島縣生 駒澤大學卒業 武藏野大學教授

요시다 미치오키 吉田道興 よしだ みちおき   1942년 東京都生 駒澤大學卒業 愛知學院大學教授

요시즈 요시히데 吉津宜英 よしづ よしひで   1943년 廣島縣生 駒澤大學卒業 駒澤大學教授

가와구치 고후 川口高風 かわぐち こうふう   1948년 愛知縣生 駒澤大學卒業 愛知學院教授

시바타 다이센 柴田泰山 しばた たいせん   1971년 福岡縣生 大正大學卒業 大正大學講師

다나카 료쇼 田中良昭 たなか りょうしょう   1933년 東京都生 駒澤大學卒業 駒澤大學名譽教授

히라이 유케이 平井宥慶 ひらい ゆうけい   1943년 東京都生 大正大學卒業 大正大學教授

이시이 슈도 石井修道 いしい しゅうどう   1943년 福岡縣生 駒澤大學卒業 駒澤大學教授

나가이 마사시 永井政之 ながい まさし   1946년 群馬縣生 駒澤大學卒業 駒澤大學教授

엮은이

오카베 가즈오岡部和雄

1935년 아키타현秋田縣 출생, 고마자와대학駒澤大學 졸업, 고마자와대학 명예교수

주요논저 | 『佛敎の步んだ道 Ⅰ』(東京書籍, 1986), 「四十二章經の成立と展開」(『駒澤大學佛敎學部硏究紀要』 251, 1967), 「經錄における賢聖集傳の地位」(『鈴木學術財團硏究年報』 11, 1975), 「禪僧の注抄と疑僞經典」(『講座敦煌 8』, 大東出版社, 1988), 「譯經史と禪宗」(『東洋の思想と宗敎』 23, 2006) 외

다나카 료쇼田中良昭

1933년 도쿄도東京都 출생, 고마자와대학駒澤大學 졸업, 고마자와대학 명예교수

주요논저 | 『敦煌禪宗文獻の硏究』(大東出版社, 1983), 『慧能硏究』(공저, 大修館, 1978), 『敦煌佛典と禪』(공편, 大東出版社, 1980), 『慧能』(공저, 大藏出版, 1982), 『禪學硏究入門』(편저, 大東出版社, 1994) 외

옮긴이

박 용 진朴鎔辰

강원 태백 출생. 2005년 국민대학교 대학원에서 『大覺國師 義天 硏究』로 문학박사 학위 취득. 2023년 현재 국민대학교 교양대학 교수. 전공은 고려시대 불교사이며, 고려 교장敎藏을 중심으로 동아시아 한문불교문화권의 불교사상 및 전적의 교류를 중심으로 연구하고 있다.

주요논저 | 『의천 그의 생애와 사상』, 「고려시대 동아시아 한문불교문화권의 海上 佛敎交流」, 「고려전기 義天 編定 『圓宗文類』 권1의 서지 및 교감」, 「의천 集 『석원사림(釋苑詞林)』의 편찬과 그 의의」, 「고려후기 백련사와 송 천태종 교류」, 「고려시대 국가의 사원 조성과 성격」 등이 있다. 공저로는 『고려 초조대장경과 동아시아의 대장경』·『고려 재조대장경과 동아시아의 대장경』·『불교문명 교류와 해역세계』 등

중국불교 연구입문
中國佛敎硏究入門

오카베 가즈오 · 다나카 료쇼 엮음
박용진 옮김

초판 1쇄 발행 2023년 8월 31일

펴낸이 오일주
펴낸곳 도서출판 혜안

등록번호 제22-471호
등록일자 1993년 7월 30일

주소 04052 서울시 마포구 와우산로 35길3(서교동) 102호
전화 02-3141-3711~2 / 팩스 02-3141-3710
이메일 hyeanpub@daum.net

ISBN 978-89-8494-701-6   93220

값 28,000 원